图解
打板技术

短线跟庄追逐涨停板实战技法

明发 阿荣◎著

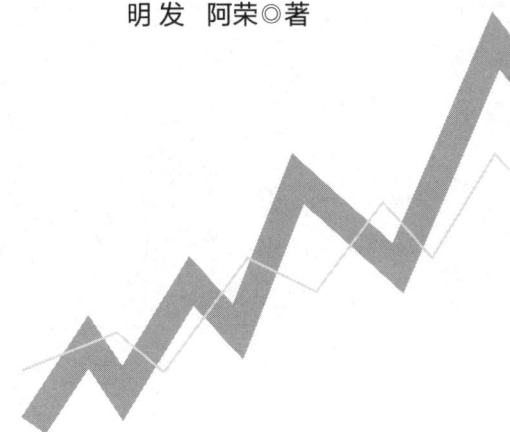

中国经济出版社
CHINA ECONOMIC PUBLISHING HOUSE
北京

图书在版编目（CIP）数据

图解打板技术：短线跟庄追逐涨停板实战技法 / 明发，阿荣著 . -- 北京：中国经济出版社，2025. 5.
ISBN 978-7-5136-8164-3

Ⅰ. F830.91-64

中国国家版本馆 CIP 数据核字第 2025H6V739 号

责任编辑　叶亲忠
责任印制　李　伟
封面设计　久品轩

出版发行	中国经济出版社
印 刷 者	天津嘉恒印务有限公司
经 销 者	各地新华书店
开　　本	710mm×1000mm　1/16
印　　张	17.25
字　　数	260 千字
版　　次	2025 年 5 月第 1 版
印　　次	2025 年 5 月第 1 次
定　　价	68.00 元

广告经营许可证　京西工商广字第 8179 号

中国经济出版社 网址 http://epc.sinopec.com/epc/ 社址 北京市东城区安定门外大街 58 号 邮编 100011
本版图书如存在印装质量问题，请与本社销售中心联系调换（联系电话：010-57512564）

版权所有　盗版必究（举报电话：010-57512600）
国家版权局反盗版举报中心（举报电话：12390）　　服务热线：010-57512564

前言

　　打板是一种高胜率快速赢利操盘交易模式，强调的是短线资金快速周转，复利递增，积小胜为大胜。每一个交易日都有涨停个股的出现，这些涨停个股就是板股，它们是股票市场运行交易中的一道亮丽风景线，但每一道亮丽风景线的背后，都是主力机构操纵的结果，且出现突然、运行时间短暂，打板时机稍纵即逝，普通投资者既要及时把握量价时空转换时机，快速跟庄打板盈利出局，又要认真分析预判，防范风险、规避陷阱。

　　打板要打股价走势已处于上升趋势的有确定性、有预期的强势板股，要立足短线操盘跟庄，快进快出，速战速决。

　　天下武功，唯快不破。跟庄打板也是同样的道理，短线打板讲究的就是一个"快"字，不管是板股的筛选，还是买卖点的确定和交易，抑或是止盈止损，必须得快且坚决果断。在你止盈或止损卖出该板股后，该板股后期即使连续涨停甚至成为大牛股，你也不要后悔，因为你的这笔交易已经结束了。

　　打板除快之外，还要做到稳、准、狠。要做到稳、准、狠，就需要普通投资者长期的潜心钻研与积累，学习研究是没有止境的，积累主要是盘感和经验教训的记忆或回放。对于稳，是建立在对板股的熟悉基础之上的，既要熟悉了解板股属于哪个热点龙头板块，又要坚持每天复盘跟踪走势，及时了解消息面、政策面、资金面等对板股和大盘的影响，还要不断发掘新的热点板块，以利正在操作的板股快速赢利出局后，能够及时跟进新的板股。对于准，就是要从政策面、基本面、技术面、消息面等方面去选择板股。对于狠，就是对选准了的板股，一方面要敢于下狠手，重仓跟进，力争暴利；另一方面如果股价到了止损位，就要毫不犹豫地清仓，割肉要狠，不能抱有侥幸心理。

必须多说一句的是，实战操盘中的短线跟庄打板，普通投资者不要去打主力机构正在建仓、洗盘、高位出货和下跌过程中拉出的涨停板股，这些板股操作难度大而且风险也大，一旦深套，将耗费巨大的资金和时间成本。

笔者虽然长期从事证券投资，但在证券专业知识结构、投资理念风格、操盘风险控制等方面还有薄弱之处，必然导致本书会有一些缺失和不足。还请各路投资大家和读者批评指正。

真心希望本书对读者有所启发和帮助。

目录

第一章　打板概述 ·· 001

第一节　简述打板 ·· 003
　一、打板 ··· 003
　二、短线打板 ·· 005
　三、打板的目的 ·· 008

第二节　参透涨停板股 ·· 010
　一、涨停板股 ·· 011
　二、涨停板股的性质 ··· 012
　三、连续涨停板股的特征 ·· 013

第二章　板股涨停诱因分析 ·· 025

第一节　外在因素分析 ·· 027
　一、政策面因素 ·· 027
　二、基本面因素 ·· 029
　三、发达国家或地区证券市场影响的因素 ··························· 032
　四、突发事件因素 ··· 035

第二节　内在动因分析 ·· 037
　一、以涨停的方式快速脱离成本区 ····································· 037
　二、以涨停的方式快速突破前高或平台等 ··························· 038
　三、以涨停的方式快速启动拉升行情 ·································· 050

四、以涨停的方式引诱跟风盘而展开出货 ……………………… 053

　第三节　涨停基因分析 …………………………………………… 055
　　一、短期活跃基因 ………………………………………………… 056
　　二、分时基因 ……………………………………………………… 058
　　三、趋势基因 ……………………………………………………… 060
　　四、突破基因 ……………………………………………………… 062
　　五、换手基因 ……………………………………………………… 064
　　六、大单成交基因 ………………………………………………… 066
　　七、人气（情绪）基因 …………………………………………… 068
　　八、缩量上涨基因 ………………………………………………… 070

第三章　涨停板股的选择 …………………………………………… 073

　第一节　选择确定性的板股 ……………………………………… 075
　　一、选择主线板块中热度持续的板股 …………………………… 075
　　二、选择龙头梯队中地位稳固的板股 …………………………… 077
　　三、选择量能释放（换手充分）的板股 ………………………… 080

　第二节　选择有预期的板股 ……………………………………… 082
　　一、选择业绩有预期的板股 ……………………………………… 083
　　二、选择热点板块中大题材的板股 ……………………………… 085
　　三、选择个股地位高的龙头板股 ………………………………… 088

　第三节　选择上升趋势的板股 …………………………………… 091
　　一、选择上升趋势中短线做多情绪高涨的龙头板股 …………… 092
　　二、选择上升趋势中有向上突破缺口的板股 …………………… 096
　　三、选择上升趋势中向上突破前高的板股 ……………………… 097
　　四、选择上升趋势中向上突破平台的板股 ……………………… 100

第四章　涨停板股买卖点的把握 …………………………………… 103

　第一节　涨停板股封板时间分析 ………………………………… 105
　　一、开盘即封板的板股 …………………………………………… 105
　　二、9:40前封板的板股 …………………………………………… 107

三、10∶30 前封板的板股 ·· 109

　　四、11∶30 前封板的板股 ·· 111

　　五、下午封板的板股 ·· 113

第二节　涨停板股买点的把握 ·· 116

　　一、打板时机的把握 ·· 116

　　二、狙击时机的把握 ·· 132

第三节　涨停板股卖点的把握 ·· 145

　　一、涨停分时打开或多次打开时卖出 ······························ 145

　　二、断板日卖出 ··· 147

　　三、冲高止盈卖出 ··· 150

　　四、跌破前一交易日收盘价时卖出 ·································· 152

　　五、跌破 5 日均线时卖出 ··· 154

　　六、止损卖出 ·· 157

　　七、跌停板卖出 ··· 160

第五章　打板路径·· 165

第一节　分时走势打板路径 ··· 167

　　一、分时一字板打板路径分析 ·· 167

　　二、分时秒封板打板路径分析 ·· 170

　　三、分时流畅板打板路径分析 ·· 172

　　四、分时多波次封板打板路径分析 ·································· 175

　　五、分时突破整理平台封板打板路径分析 ························ 182

　　六、低开分时震荡向上快速封板打板路径分析 ················· 184

　　七、分时烂板打板路径分析 ··· 186

第二节　K 线趋势拐点打板路径 ·· 192

　　一、底部反转涨停板股打板路径分析 ······························ 192

　　二、突破平台涨停板股打板路径分析 ······························ 195

　　三、突破坑口涨停板股打板路径分析 ······························ 197

　　四、向上跳空缺口涨停板股打板路径分析 ························ 208

第三节 强势量价关系打板路径 ············ 215
一、倍量以上涨停板股打板路径分析 ············ 216
二、缩量涨停板股打板路径分析 ············ 221
三、无量（微量）涨停板股打板路径分析 ············ 233

第四节 均线上的涨停打板路径 ············ 245
一、生命线上的涨停板股打板路径分析 ············ 245
二、决策线上的涨停板股打板路径分析 ············ 248
三、趋势线上的涨停板股打板路径分析 ············ 251
四、均线再次黏合向上发散涨停板股打板路径分析 ············ 254
五、均线再次交叉向上发散涨停板股打板路径分析 ············ 257
六、均线多头排列涨停板股打板路径分析 ············ 260

主要参考书目 ············ 263
后记 ············ 266

第一章

▼

打板概述

板股，是指交易日内股价被封死在涨停板或者跌停板上，想买的人买不到，或者想卖的人卖不出去的个股。

板股是由主力机构的操控行为所引发的，没有主力机构的操控，就没有板股的产生。主力机构拉涨停板或打跌停板的真正目的是实现快速盈利。

第一节　简述打板

打板分为打涨停板和打跌停板两种，打跌停板就是在个股跌停时买入，跌停时买入成交快，但风险大，盈利难度也大。本书不分析研究打跌停板问题，专门分析研究打涨停板或者说追逐涨停板又或者说狙击涨停板的问题。

一、打板

打板，是指以涨停价挂买单买入股票，在卖盘一挂单被消耗之前完成抢筹的行为。打板其实打的就是一个确定性预期，这个确定性预期也可以理解为下一个交易日的一个溢价预期。

打板也称为抢板、追板或伏击（狙击）涨停板，是短线操盘中一种重要的追高买入、强势做多战法，也是短期内赚钱效应最快的一种操盘跟庄交易技法。许多投资者尤其是游资热衷于打板，市场中有专门的"打板族"和量化打板机构。其实，就打板而言，打的不是板，而是涨势未止，因为有预期、能赚钱，所以投资者才热衷于打板。

实战操盘中，普通投资者打板买入筹码一般有三种模式。

一是打板，就是以涨停价挂买单买入某一只股票，在卖盘一挂单被消耗完之前完成抢买筹码的行为。由于普通投资者资金少，买单量小，打上强势板股的可能性较小。

二是扫板，也称狙击涨停板或半路板，原因是怕在涨停时打板买入很难成交，就在股价还未达到涨停价时或是在股价快速上冲时提前以涨停价挂买单买入，成本以均价计算。这种半路买入的风险较大，下一交易日确定性溢价的预期不高。

三是排板，即以涨停价挂买单排队在涨停板上等着抢买筹码。这里有两种情况，一种是首板后，在分析研判目标股票有可能连板的基础上，于下一交易日集合竞价时以涨停价挂买单排队等候买入（即使在集合竞价时没有买进，也有可能在涨停板被打开时买入）；另一种是股票涨停后，预判涨停板可能被打开，然后再封回，以涨停价挂买单排队等候买入筹码。这种排板买入的模式比撤单再追涨的买入概率大，但也存在涨停板被打开后封不回去的可能。

图1-1是000631顺发恒业2023年10月20日星期五下午收盘时的K线走势图。从该股K线走势可以看出，当日该股大幅高开（向上跳空4.09%开盘）后，强势涨停。我们在软件上将该股整个K线走势图进行缩小后可以看出，该股震荡下跌时间长、跌幅大，当日大阳线涨停后留下向上跳空突破缺口，且成交量大幅放大，后市上涨的概率大。像这种情况，普通投资者可以在当日该股涨停后跟庄打板。

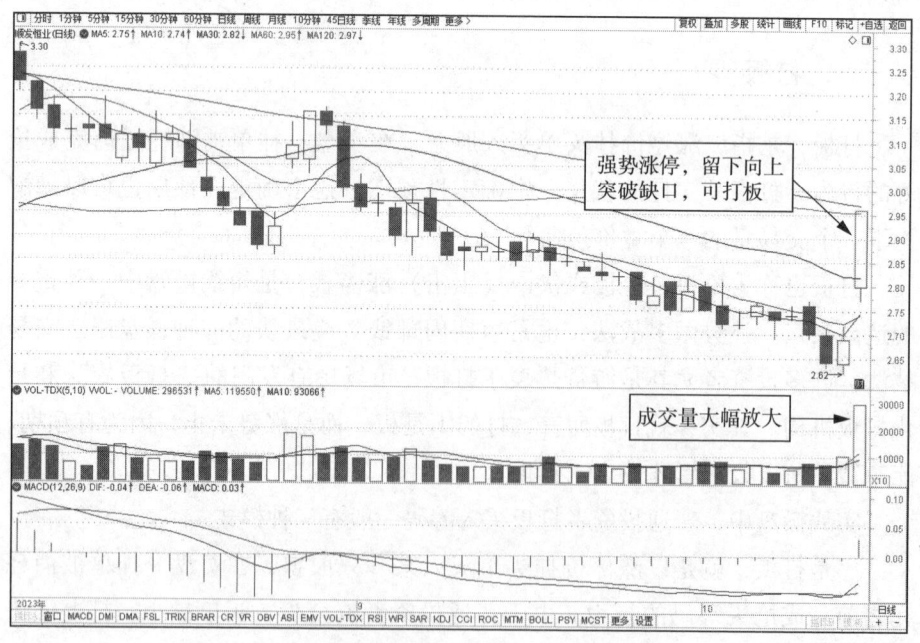

图1-1　顺发恒业（000631）日K线走势图

图1-2是000631顺发恒业2023年10月20日星期五下午收盘时的分时走势图。从分时走势可以看出，该股当日大幅高开后股价急速上冲，成交量快速放大，于9:35封上涨停板，9:36涨停板被连续4笔大卖单打开，9:37封回涨停板至收盘没再打开，分时价格线上留下一个小缺口，盘口强势特征明显。普通投资者可以在该股涨停后快速打板，当然也可以在该股即将涨停前快速狙击买入。

图1-2　顺发恒业（000631）分时走势图

二、短线打板

打板是一种短线操盘行为，投资者也称其为短线打板，是在涨停封板前的一瞬间，跟随封板买单快速买入，下一交易日开盘后，除非该个股继续涨停，否则坚决出局，寻找下一只目标股票继续打板。

笔者认为，真正意义上的短线打板，应该是专指打个股股性好、K线走势正处于上升趋势的强势板股，因为上升趋势中强者恒强，次日高开和连板的概率大，溢价预期也大。

处于上升趋势中的个股已经走出底部，主力机构完成了筑底建仓、震荡洗盘和试盘加仓等操盘行为，即将拉升或已经处于拉升初期，箭在弦上，不得不发，不管是打首板还是打二三板，下一交易日继续连板的可能性都非常大。在实战操盘中，虽然不同的投资者有不同的打板模式，操盘手法也不尽相同，有的喜欢打首板，有的喜欢打二三板，还有的喜欢打三板或五板中的首阴（强势洗盘当日），但对于股价已经处于高位的板股，普通投资者最好别打，即使要打，也应该轻仓，打板或狙击买入后如果该股当日没能封停或股价出现回落，下一交易日应该坚决止盈或止损出局。

图1-3是600593大连圣亚2024年1月10日星期三下午收盘时的K线走势图。在软件上将该股整个K线走势图进行缩小后可以看出，该股走势处于上升趋势中。

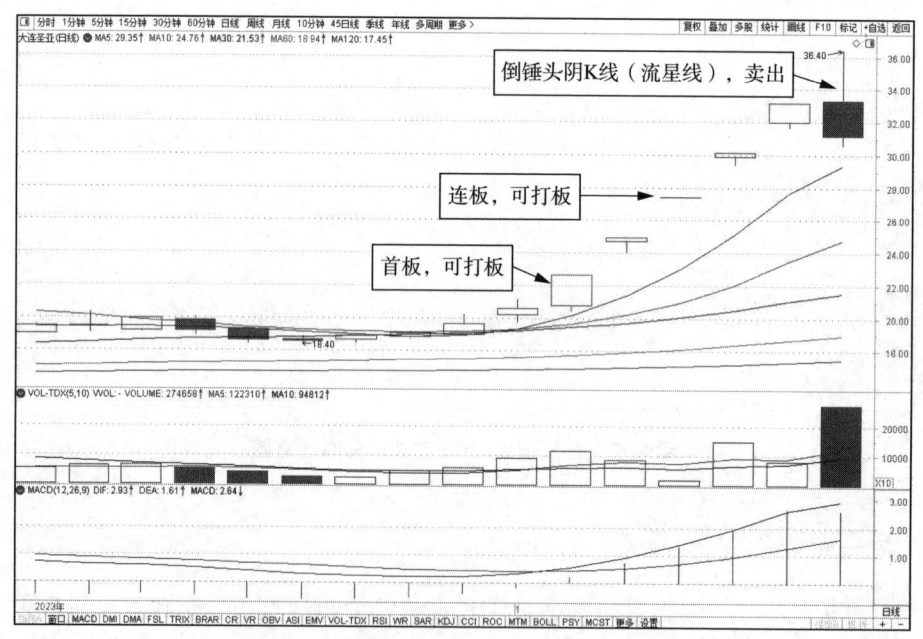

图1-3 大连圣亚（600593）日K线走势图

2024年1月3日，该股高开，收出一个大阳线涨停板，为首板，突破前高，成交量较前一交易日放大，形成放量大阳线涨停K线形态。像这种情况，普通投资者可以在当日该股涨停后跟庄打板。

2024年1月4日，该股大幅高开（向上跳空9.05%开盘），收出一个小阳线涨停板，为二板，突破前高，成交量较前一交易日萎缩，形成缩量小阳线涨停 K 线形态。像这种情况，普通投资者可以在当日该股集合竞价时以涨停价挂买单排队等候买入或在涨停后跟庄打板。此后该股连板上涨。

2024 年 1 月 10 日截图当日，该股高开，股价冲高回落，收出一根长上影线倒锤头阴 K 线（高位或相对高位的倒锤头阴 K 线又称为流星线），成交量较前一交易日大幅放大，显露出主力机构利用高开、盘中对敲拉高的操盘手法，吸引跟风盘进场而展开高位震荡出货的迹象。像这种情况，普通投资者应该在当日逢高卖出手中筹码。

图 1-4 是 600593 大连圣亚 2024 年 1 月 3 日星期三下午收盘时的分时走势图。从首板分时走势可以看出，该股当日小幅高开后股价呈震荡上行走势，成交量呈间断性放大状态，午后一开盘主力机构突然发力急速拉升，分两个波次于 13:03 封上涨停板，至收盘没再打开，分时盘口强势特征比较明显。像这种首板，普通投资者可以在该股涨停后打板，也可以在该股午后发力拉升时快速狙击买入。

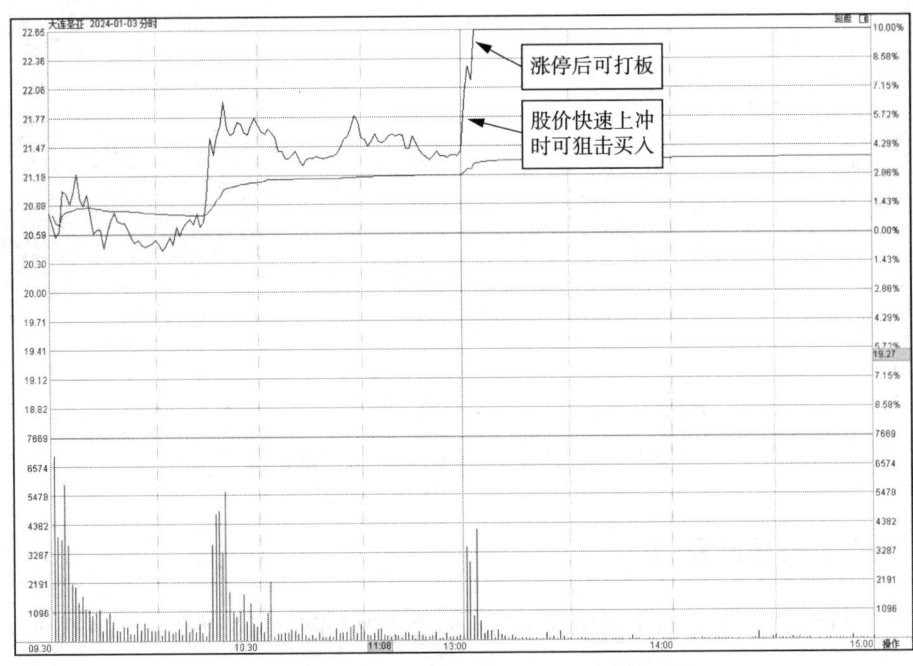

图 1-4　大连圣亚（600593）分时走势图

图 1-5 是 600593 大连圣亚 2024 年 1 月 4 日星期四下午收盘时的分时走势图。这是该个股首板后第一个连板即二板，从当日分时走势可以看出，该股早盘大幅高开（向上跳空 9.05% 开盘）后，股价快速上冲，于 9:31 封上涨停板，9:32 涨停板被大卖单砸开，9:36 封回涨停板至收盘没再打开，虽然当日分时价格线上留下了一个 4 分钟的小缺口，但盘口强势特征仍十分明显。对于这种前一交易日为首板的目标股票，如果首板打板不成功，普通投资者可以在下一交易日参考集合竞价，以涨停价挂买单排队等候买入或在涨停后跟庄打板，买入的希望还是有的。如果打板成功，可以持股待涨，等股价出现明显见顶信号时出局。

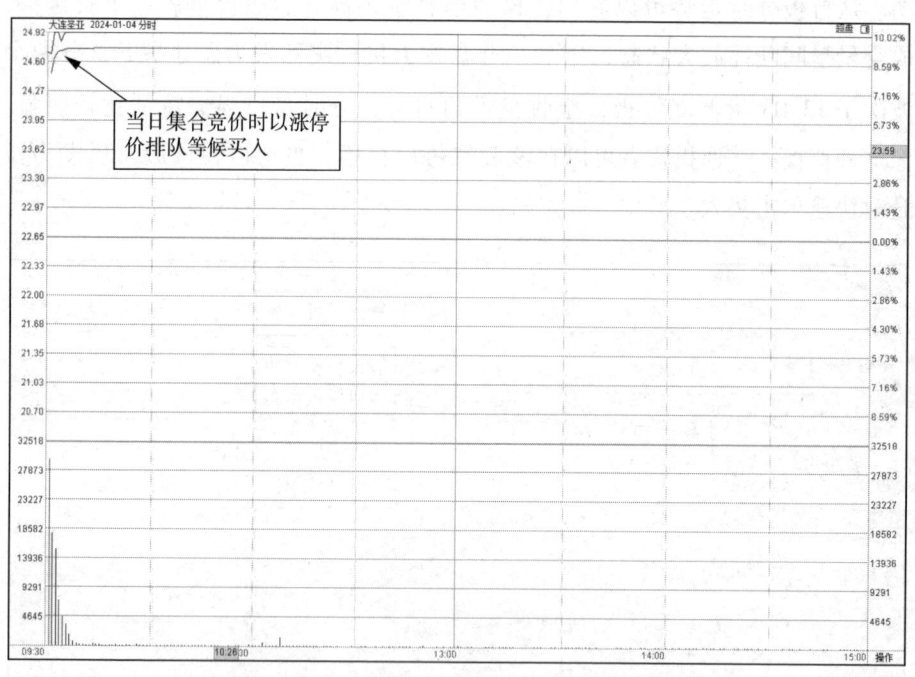

图 1-5 大连圣亚（600593）分时走势图

三、打板的目的

打板主要是为了骑上龙头和黑马。骑上了龙头和黑马，你不想盈利都难。

为了骑上龙头和黑马，普通投资者必须通过分析和研判，明白自己打的是什么题材，是龙头还是跟风，是套利板还是加速板。我们不能什么板都打，尤其不能老围着烂板打转转。这就要求我们必须选好目标板股，选好目标板股的重要工作就是做好交易日后的复盘工作，集中精力寻找可能成为龙头或黑马的板股。

图1-6是600571信雅达2023年12月8日星期五下午收盘时的K线走势图。在软件上将该股整个K线走势图进行缩小后可以看出，该股走势处于上升趋势中。

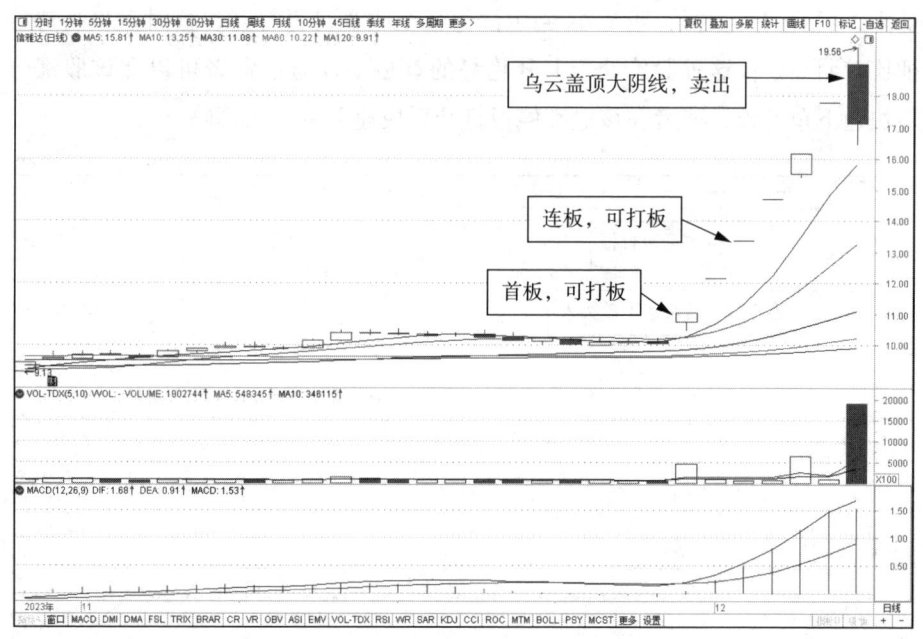

图1-6　信雅达（600571）日K线走势图

2023年11月30日，该股大幅高开（向上跳空7.07%开盘），收出一个小阳线涨停板，留下向上突破缺口，为首板，成交量较前一交易日大幅放大，形成向上突破缺口和放量小阳线涨停K线形态。从当时的板块或概念分析，该个股属于最先启动的AI概念龙头。像这种情况，普通投资者可以在当日该股涨停后跟庄打板。此后该股连板上涨，6个交易日收出了6个涨停板。

2023年12月8日截图当日，该股大幅高开（向上跳空6.92%开盘），股价冲高回落，收出一根乌云盖顶大阴线，成交量较前一交易日放大23倍多，显示出主力机构利用高开、盘中对敲拉高的操盘手法，吸引跟风盘进场而展开高位震荡出货的迹象。像这种情况，普通投资者应该在当日逢高卖出手中筹码。

图1-7是600571信雅达2023年11月30日星期四下午收盘时的分时走势图。这是该个股收出的首板，从当日分时走势可以看出，该股当日大幅高开后股价快速上冲，于9:31触及涨停板瞬间被打开，股价跌破当日开盘价后迅速勾头上行，于9:37触及涨停板瞬间再次被打开，股价下行且下行幅度比之前小，然后勾头上行，于9:44封上涨停板至收盘没再打开，分时盘口强势特征比较明显。像这种股价处于上升趋势的首板，普通投资者可以在该股涨停后快速下单打板，或者在该股涨停板打开后快速下单买入筹码。

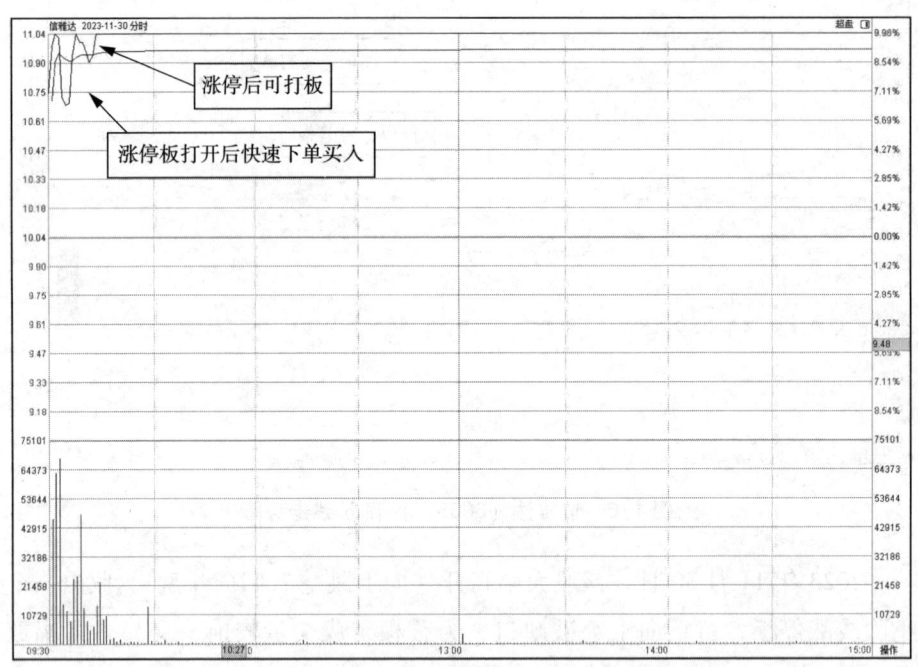

图1-7　信雅达（600571）分时走势图

第二节　参透涨停板股

个股涨停时的股价称为涨停板价，涨停板股也称为板股。

一、涨停板股

涨停板股，是指股票的涨幅达到了交易制度规定的最高限制，即个股每天的最大涨幅不能超过前一交易日的某个百分比。目前国内证券市场交易，普通股票的最大涨幅为前一交易日的收盘价向上浮动10%；特别处理的ST和*ST股票最大涨幅为前一交易日的收盘价向上浮动5%；新股上市首日最大涨幅为44%。创业板个股的最大涨幅为前一交易日的收盘价向上浮动20%；新股前5个交易日不设涨（跌）幅限制。科创板个股的最大涨幅为前一交易日的收盘价向上浮动20%；新股前5个交易日不设涨（跌）幅限制。新三板（精选层）个股的最大涨幅为前一交易日的收盘价向上浮动30%；新股上市首日不设涨（跌）幅限制。

图1-8是002559亚威股份2023年11月22日星期三下午收盘时的K线走势图。该股为深证主板普通股票，最大涨幅为前一交易日的收盘价向上浮动10%。在软件上将该股整个K线走势图进行缩小后可以看出，该股走势处于上升趋势中。

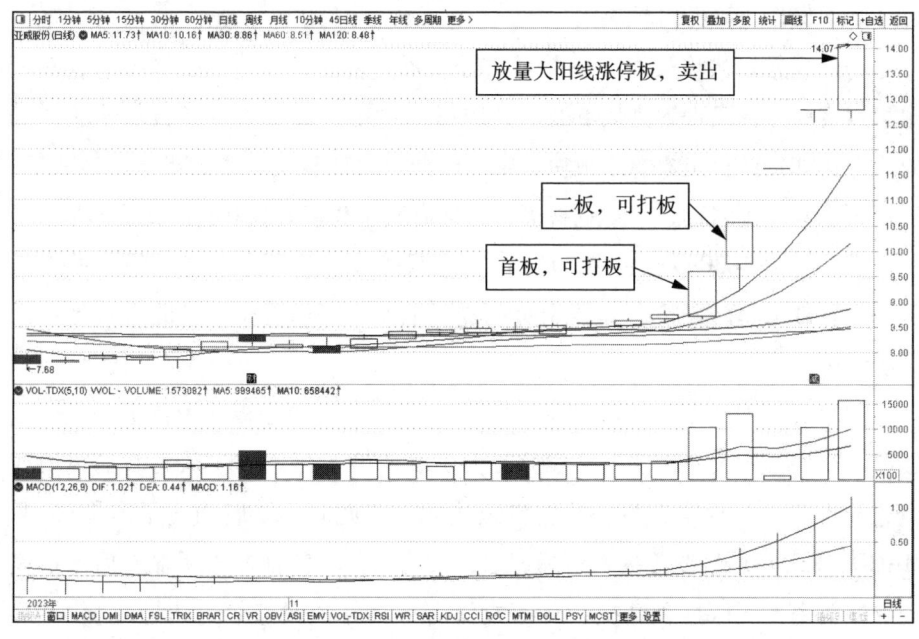

图1-8　亚威股份（002559）日K线走势图

2023年11月16日，该股低开，股价走高，收出一个大阳线涨停板，为首板，成交量较前一交易日放大近3倍，形成放量大阳线涨停K线形态。此时，该股均线呈多头排列，MACD、KDJ、均量线等技术指标走强，股价的强势特征非常明显，后市快速上涨的概率大。像这种情况，普通投资者可以在该股涨停后快速打板买入。此后该股连板上涨，一口气拉出了5个涨停板。

2023年11月22日截图当日，该股平开，股价走高，收出一个略带下影线的大阳线涨停板，成交量较前一交易日大幅放大，考虑到此时已经5连板，股价涨幅大，普通投资者应该在当日以涨停价卖出手中筹码。

二、涨停板股的性质

涨停板股是主力机构操控股价的行为和结果。

涨停板股是主力机构在坐庄过程中，综合政策面、基本面、消息面、大盘走势等情况，精心运作的交易日内涨幅的极限形态。每一个涨停板的背后，都透露出主力机构的操盘意图和目的，比如吸筹建仓或盘中洗盘或启动拉升或骗线出货等。只有参透涨停板的性质，才能把握主力机构的操盘意图和目的，从而做出正确的打板决策。

当然，如果从政策面、基本面、消息面、大盘走势等因素来分析，我们也可以将涨停板股理解为热点概念（题材）冲击、板块效应（板块轮动）等原因，比如资产重组概念或板块、生物医药概念或板块、华为概念或板块等，甚至可以具体到名称、事物题材等，这样有利于我们寻找和打上龙头板股。

图1-9是603099长白山2024年1月18日星期四下午收盘时的K线走势图。在软件上将该股整个K线走势图进行缩小后可以看出，该股走势处于上升趋势中。

2024年1月2日，该股高开，收出一个大阳线涨停板，为首板，成交量较前一交易日放大2倍多，形成放量大阳线涨停K线形态。从当时的板块或概念分析，该个股属于酒店及旅游板块龙头。此时，该股均线呈多头排列，MACD、KDJ、均量线等技术指标走强，股价的强势特征非常明显，后市快速上涨的概率大。像这种情况，普通投资者可以在该股涨停后快速打板买入。此后该股快速上涨，12个交易日拉出了9个涨停板。

2024年1月18日截图当日，该股大幅低开（向下跳空5.33%开盘），股价冲高回落（盘中一度跌停），收出一颗阴十字星，成交量较前一交易日放大，考虑到此时股价涨幅过大，MACD、KDJ、均量线等技术指标有走弱的迹象。像这种情况，普通投资者应该在当日逢高卖出手中筹码。

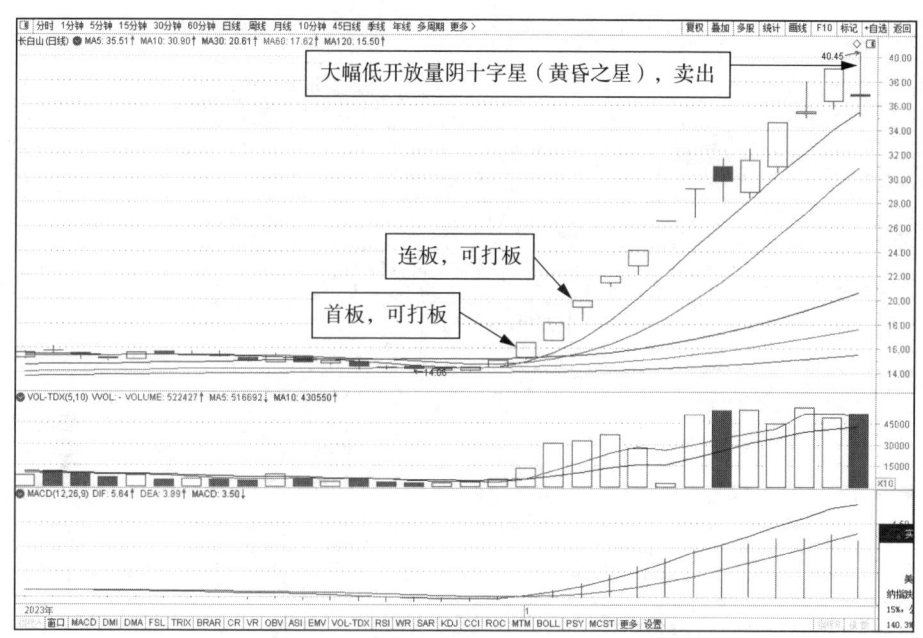

图1-9　长白山（603099）日K线走势图

三、连续涨停板股的特征

能够连续涨停的板股大多都有重大利好消息，且与之同一概念的股票形成市场的热点概念板块而整体启动，该板股一般情况下是这个热点概念板块的龙头。这种连续涨停板股基本有以下五个方面的特征。

（一）K线走势处于上升趋势

能够连续涨停的板股前期一般下跌时间较长、跌幅较大，止跌企稳后股价逐步震荡上行，随着主力机构建仓、洗盘、增仓、试盘等操盘步骤的展开，个股整体走势已经处于上升趋势，连续涨停拉升环节即将开启。

图1-10是000017深中华A 2024年1月24日星期三下午收盘时的K线走

势图。在软件上将该股整个 K 线走势图进行缩小后可以看出，该股走势处于上升趋势中。股价从前期相对高位，即 2015 年 6 月 2 日的最高价 26.71 元持续震荡下跌，至 2020 年 5 月 25 日的最低价 2.00 元止跌企稳，下跌时间长，跌幅大。

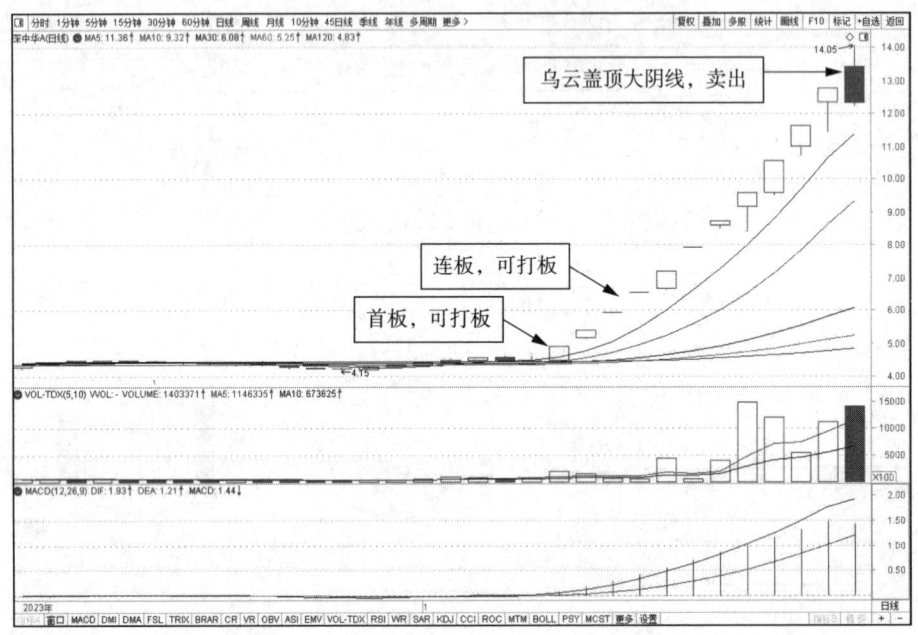

图 1-10　深中华 A（000017）日 K 线走势图

2020 年 5 月 25 日股价止跌企稳后，主力机构开始推升股价，股价脱离底部区域慢慢震荡上行，上升趋势逐渐形成。

2024 年 1 月 9 日，该股高开，收出一个大阳线涨停板，突破前高，成交量较前一交易日放大 2 倍多，形成大阳线涨停 K 线形态。此时，该股均线呈多头排列，MACD、KDJ、均量线等技术指标走强，股价的强势特征非常明显，后市快速上涨的概率大。像这种情况，普通投资者可以在该股涨停后快速打板买入。此后该股快速上涨，连续拉出了 12 个涨停板。

2024 年 1 月 24 日截图当日，该股大幅高开（向上跳空 5.09% 开盘），股价冲高回落（盘中涨停时间较长），收出一根带长上影线的乌云盖顶大阴线，成交量较前一交易日放大，此时股价已经远离 30 日均线。像这种情况，普通投资者应该在当日或下一交易日逢高卖出手中筹码。

图 1-11 是 000017 深中华 A 2024 年 1 月 9 日星期二下午收盘时的分时走势图。这是该个股收出的首板，从当日分时走势可以看出，该股当日高开后，股价展开横盘震荡走势，震荡幅度较小，分时价格线与分时均价线的运行呈交叉黏合和缠绕状态，股价没有跌破前一交易日收盘价，横盘震荡期间成交量呈萎缩状态。下午开盘后，股价突然快速上冲，于 13:02 封上涨停板至收盘涨停板没打开，分时盘口强势特征比较明显。像这种 K 线走势处于上升趋势，高开后股价展开小幅横盘震荡个股的首板，普通投资者可以在该股涨停后快速下单打板买入，也可以在股价快速上升时狙击买入。

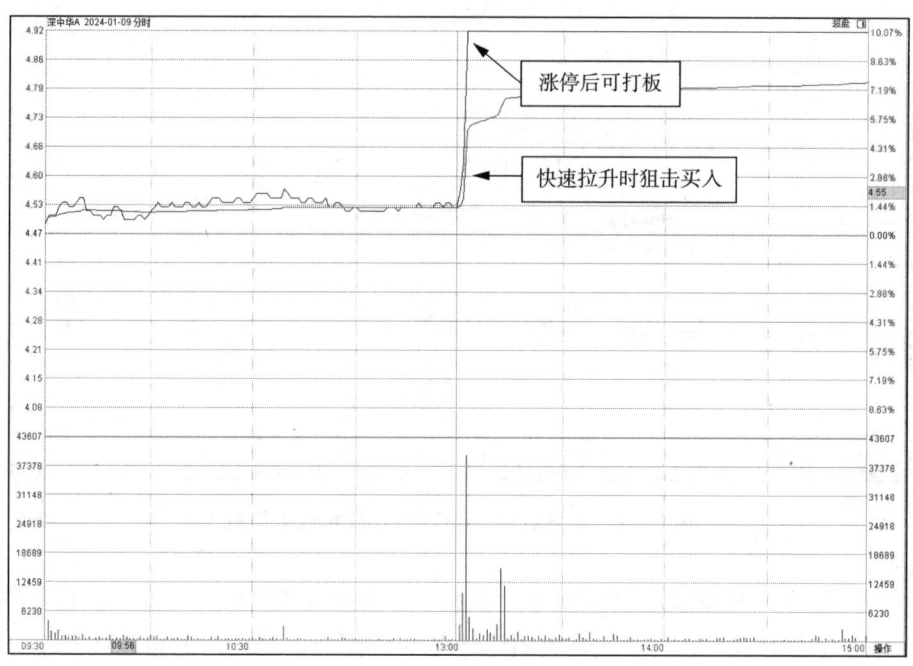

图 1-11　深中华 A（000017）分时走势图

（二）热点题材概念

沪深北市场目前共有 5000 多只股票，如果形成不了热点题材概念，进场资金的投入就不可能抱团，主力机构操控炒作的目标个股就不好选择。于是，上市公司和主力机构一起，不时创造出新的热点题材概念，市场也就有了热点题材概念所形成的板块轮动。热点题材概念给了投资者广阔的想象空间，板块的轮动给了投资者进场打板的希望和信心，连续涨停板股的不断出现给了投资者短线投机和打板的动力，而投资者首选的打板目标股票应该是热点概念板块的龙头。

图 1-12 是 603178 圣龙股份 2023 年 10 月 26 日星期四下午收盘时的 K 线走势图。在软件上将该股整个 K 线走势图进行缩小后可以看出，该股走势处于上升趋势中。

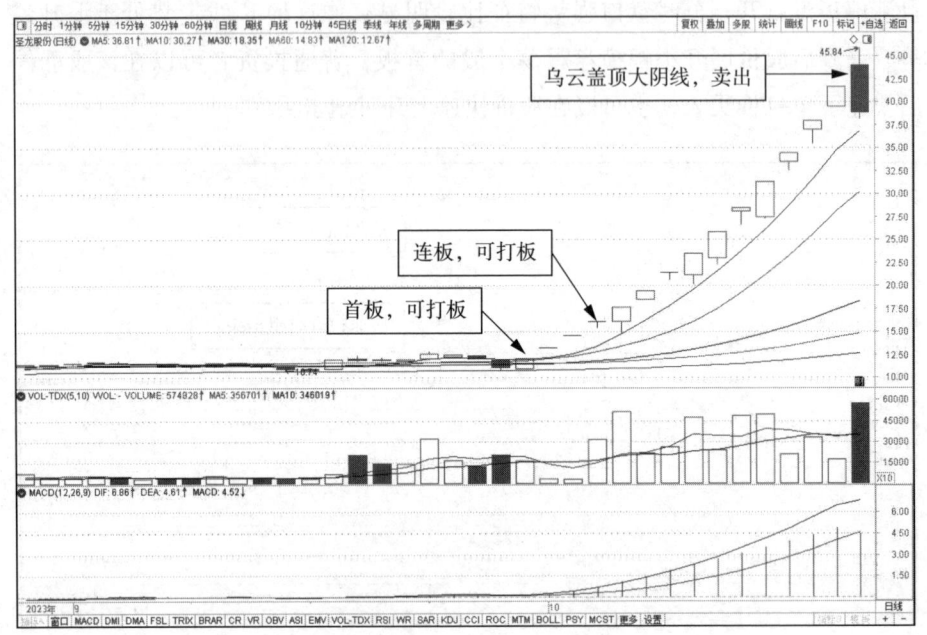

图 1-12　圣龙股份（603178）日 K 线走势图

2023 年 9 月 28 日，该股低开，收出一个大阳线涨停板，为首板，成交量较前一交易日放大，形成放量大阳线涨停 K 线形态。从当时的板块或概念分析，该个股属于华为汽车概念龙头，同一题材概念的个股还有赛力斯、北汽蓝谷、沪光股份、铭科精技等，形成了板块效应。像圣龙股份这样的题材概念龙头，普通投资者可以在当日该股涨停后快速打板买入。此后主力机构快速拉升，14 个交易日收出了 14 个涨停板。

2023 年 10 月 26 日截图当日，该股大幅高开（向上跳空 5.59%开盘），股价冲高回落（早盘涨停时间较长），收出一根略带上下影线的乌云盖顶大阴线，成交量较前一交易日放大 3 倍多，此时股价已经远离 30 日均线，KDJ 指标已经走弱。像这种情况，普通投资者应该在当日该股打开涨停后卖出手中筹码。

图1-13是603178圣龙股份2023年9月28日星期四下午收盘时的分时走势图。这是该个股收出的首板，从当日分时走势可以看出，该股早盘小幅低开，股价略回调后快速上冲，上涨至6%左右，再次展开短暂调整，然后一个波次于9:50封上涨停板，至收盘没再打开，分时盘口强势特征明显。像这种有题材概念且股价走势处于上升趋势中的个股首板，普通投资者可以在该股涨停后快速下单打板，也可以在主力机构展开第二波次快速拉升时狙击买入。

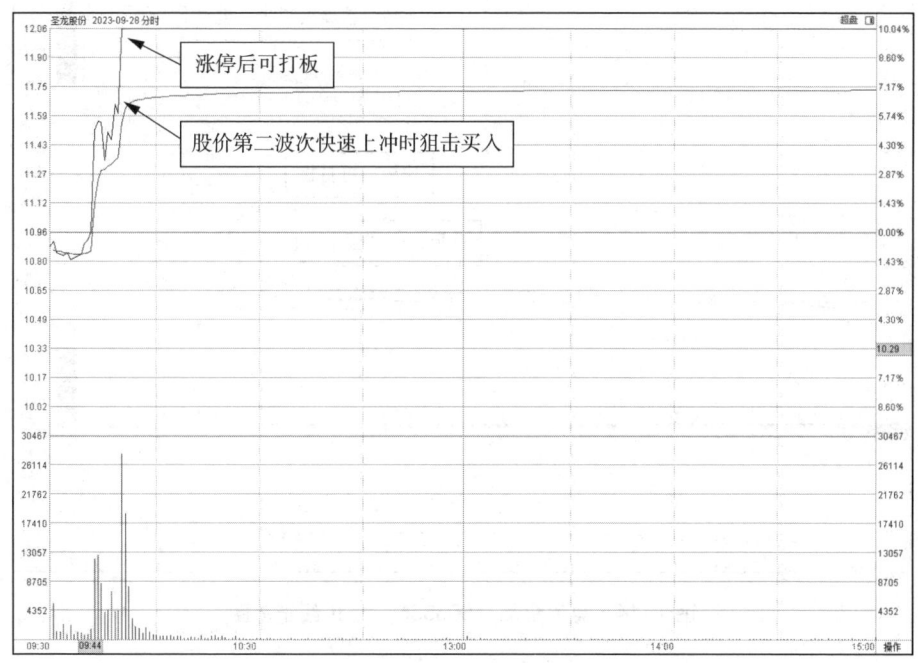

图1-13 圣龙股份（603178）分时走势图

（三）主力控盘程度高

个股止跌企稳后，随着成交量的逐步放大，底部逐渐抬高，上升趋势也逐步形成。随着股价的上涨，获利的投资者不断卖出手中股票，主力机构手中筹码越来越集中，控盘程度也越来越高，此时目标股票即将步入快速上涨阶段，普通投资者的打板机会也即将到来。

图1-14是603536惠发食品2023年12月6日星期三下午收盘时的K线走势图。在软件上将该股整个K线走势图进行缩小后可以看出，此时该股走势处于上升趋势中。股价从前期最低位，即2023年4月25日的最低价5.96

元止跌企稳后，主力机构开始向上推升股价，收集筹码，上升趋势逐步形成。8月1日、2日和3日，主力机构连续拉出3个涨停板，属吸筹建仓型涨停板。8月4日，该股涨停开盘，股价回落，收出一根乌云盖顶大阴线，主力机构展开回调洗盘行情，成交量呈逐渐萎缩状态，主力机构手中筹码越来越集中，控盘程度也越来越高。

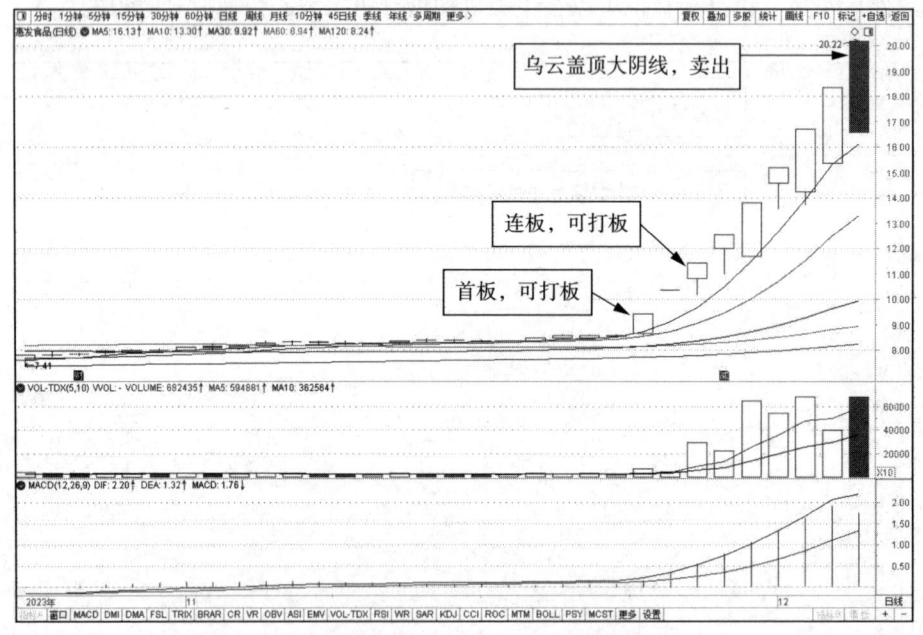

图1-14 惠发食品（603536）日K线走势图

2023年11月24日，该股高开，收出一个大阳线涨停板，为当月的首板，成交量较前一交易日放大3倍多，形成放量大阳线涨停K线形态。此时，该股均线呈多头排列，MACD、KDJ、均量线等技术指标走强，股价的强势特征非常明显，后市快速上涨的概率大。像这种情况，普通投资者可以在该股涨停后快速下单打板买入。此后该股快速上涨，连续拉出了8个涨停板。

2023年12月6日截图当日，该股大幅高开（向上跳空9.90%开盘），股价冲高回落（盘中涨停时间较长），收出一根乌云盖顶大阴线，成交量较前一交易日大幅放大，此时股价已经远离30日均线，KDJ指标已经走弱。像这种情况，普通投资者应该在当日该股打开涨停后卖出手中筹码。

图1-15是603536惠发食品2023年11月24日星期五下午收盘时的分时

走势图。这是该个股收出的首板，从当日分时走势可以看出，该股早盘小幅高开后，股价展开小幅震荡整理走势，9:38 开始勾头向上，然后快速上冲，几乎是一个波次直线上升，于 9:46 封上涨停板至收盘没打开，分时盘口强势特征明显。像这种 K 线走势处于上升趋势且主力机构控盘程度高的个股首板，普通投资者可以在该股涨停后打板买入，也可以在分时价格线勾头上冲时快速狙击买入。

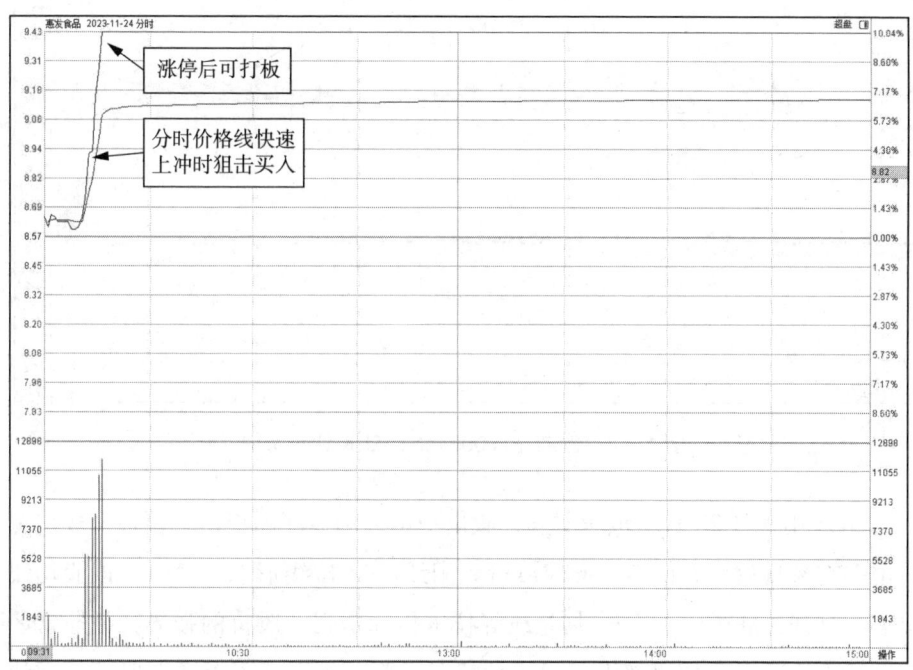

图 1-15　惠发食品（603536）分时走势图

（四）有重大利好消息

消息面的利好是讲究时机的。除去政策上的利好，上市公司的利好一般在个股走势处于关键时间段时发布，比如主力机构已经控盘即将拉升股价时，或者是股价已至高位出货时等，这就需要普通投资者在短线打板交易时，把握时机、快进快出，获利出局，落袋为安。

图 1-16 是 002456 欧菲光 2023 年 10 月 16 日星期一下午收盘时的 K 线走势图。在软件上将该股整个 K 线走势图进行缩小后可以看出，该股走势处于上升趋势中。股价从前期最低位，即 2023 年 4 月 28 日的最低价 4.50 元止跌

企稳后，主力机构开始向上推升股价，收集筹码，上升趋势逐步形成。

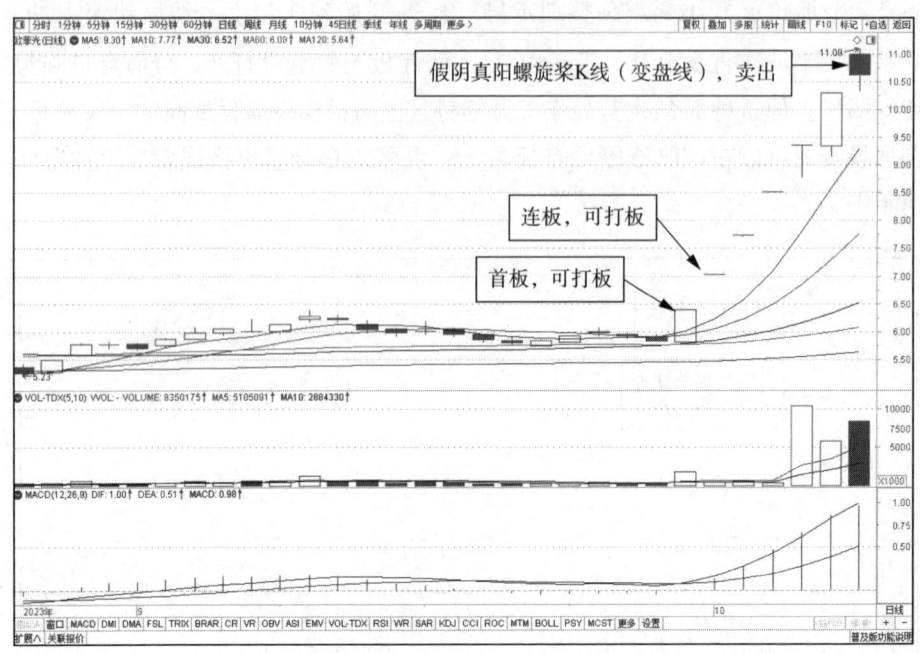

图 1-16 欧菲光（002456）日 K 线走势图

2023 年 9 月 28 日，该股平开，收出一个大阳线涨停板，为首板，成交量较前一交易日放大 6 倍多，形成放量大阳线涨停 K 线形态。此时，该股均线呈多头排列，MACD、KDJ、均量线等技术指标走强，股价的强势特征非常明显，后市快速上涨的概率大。像这种情况，普通投资者可以在该股涨停后快速打板买入。此后该股快速上涨，连续拉出了 6 个涨停板。

2023 年 10 月 13 日，在该股收出第 6 个涨停板当日，公司召开董事会，审议通过了《关于签署股权转让框架协议的议案》，同意公司及全资子公司深圳欧菲创新科技有限公司（以下简称欧菲创新），控股子公司江西欧迈斯微电子有限公司（以下简称江西欧迈斯）与南昌市产盟投资管理有限公司（以下简称南昌产盟）签署股权转让框架协议，公司与欧菲创新拟受让南昌产盟持有的江西欧迈斯 28.25% 的股权，股权转让价格由各方届时协商确定。按理说，这是一个利好消息，但此时该股已连续收出 6 个涨停板，股价已到高位，明显是主力机构在利用利好消息出货。

2023年10月16日截图当日,该股大幅高开(向上跳空6.70%开盘),股价冲高回落,收出一根假阴真阳螺旋桨K线(高位或相对高位的螺旋桨K线也称转势线或变盘线),成交量较前一交易日大幅放大。此时,股价已远离30日均线,KDJ指标已经走弱。像这种情况,普通投资者应该在当日逢高卖出手中筹码。

图1-17是002456欧菲光2023年9月28日星期四下午收盘时的分时走势图。这是该个股收出的首板,从当日分时走势可以看出,该股平开后,股价震荡上行,成交量同步放大,10:18封上涨停板,10:33涨停板被大卖单砸开,10:50封回涨停板至收盘没再打开,封板时间较早,分时盘口强势特征比较明显。像这种K线走势处于上升趋势的个股首板,普通投资者可以在该股涨停后打板买入,也可以在股价即将涨停前快速狙击买入,当然也可以在涨停板被打开后快速下单买入。

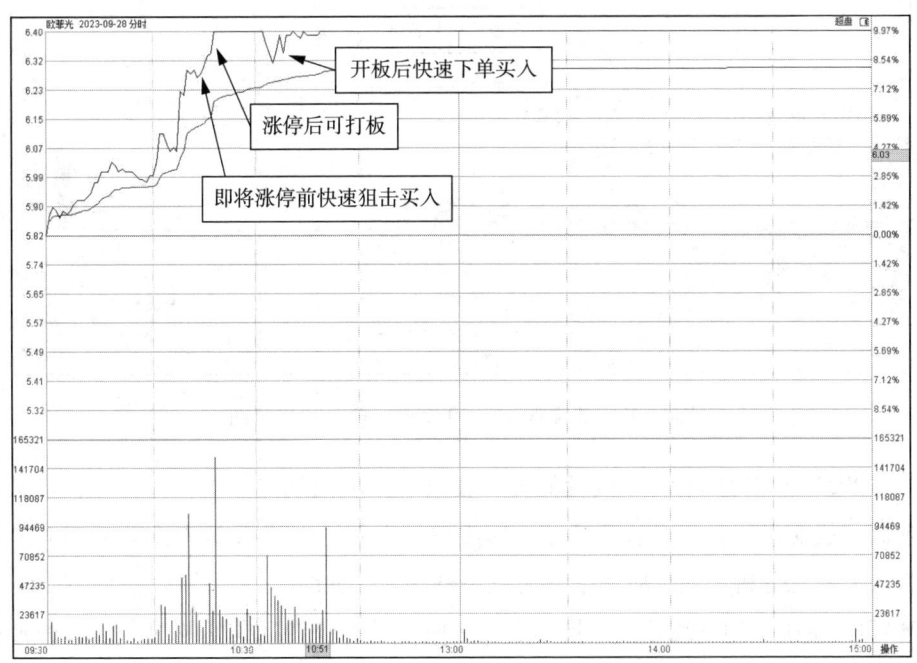

图1-17 欧菲光(002456)分时走势图

(五)成交小但市场资金活跃

有题材有概念有想象空间的股票首板之后,一般处于拉升初期,连续涨停的概率非常大。一方面，他们受到了源源不断的短线进场资金的追捧，封板和追板的单量大；另一方面，连板之后，由于市场惜售，成交量萎缩，连续涨停拉升的概率大。同时，普通投资者也要警惕，股价到了高位出现标志性反转 K 线且成交量同步放大时，应该卖出手中筹码，获利了结。

图 1-18 是 603266 天龙股份 2023 年 11 月 8 日星期三下午收盘时的 K 线走势图。在软件上将该股整个 K 线走势图进行缩小后可以看出，股价走势处于上升趋势中。

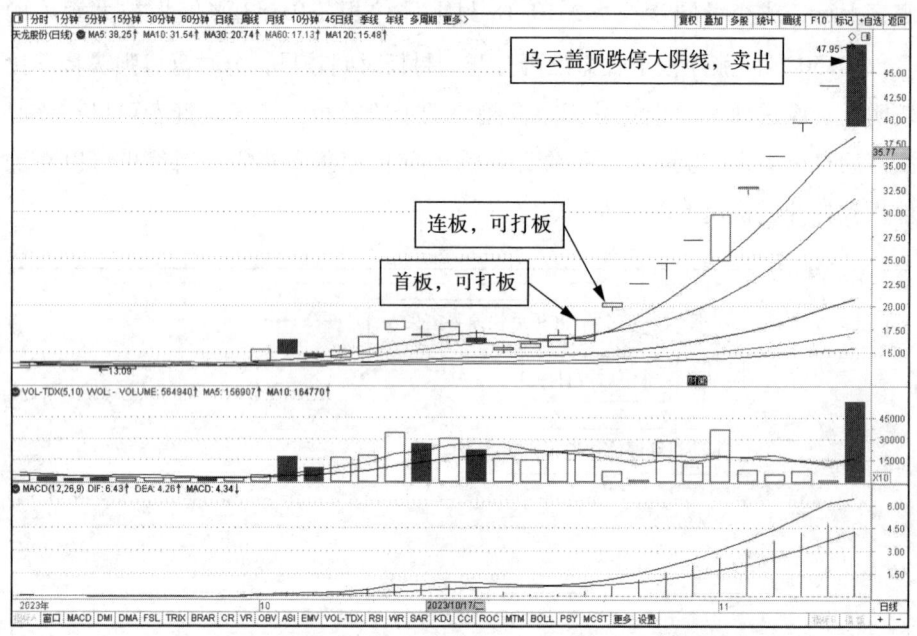

图 1-18　天龙股份（603266）日 K 线走势图

2023 年 10 月 25 日，该股低开，收出一个大阳线涨停板，为首板，突破前高，成交量较前一交易日萎缩，形成缩量大阳线涨停 K 线形态。从当时的板块或概念分析，该个股属于华为汽车概念股。此时，该股均线呈多头排列，MACD、KDJ、均量线等技术指标走强，股价的强势特征非常明显，后市快速上涨的概率大。像这种情况，普通投资者可以在该股涨停后快速下单打板买入。从次日开始，该股连板快速上涨，成交小，交易量萎缩（但封板追板单量大，资金活跃），盘中洗盘除外（比如在 10 月 30 日、11 月 1 日涨停板被打开，主力机构展开盘中洗盘，成交量同步放大，这也是普通投资者跟庄打板的好时机)。从该股K线走势可以看出,从10月25日首板到11月7日收出最后一个一字涨停板,10个交易日时间连续拉出了10个涨停板,涨幅巨大。

2023年11月8日截图当日,该股涨停开盘,股价回落,收出一根乌云盖顶跌停大阴线,成交量较前一交易日放大46倍多,此时股价已经远离30日均线且涨幅大,KDJ指标已经走弱。像这种情况,普通投资者应该在当日该股涨停开盘后卖出手中筹码。

图1-19是603266天龙股份2023年10月25日星期三下午收盘时的分时走势图。这是该个股收出的首板,从当日分时走势可以看出,该股早盘低开后,股价快速上冲,然后在分时均价线和前一交易日收盘价上方展开小幅横盘震荡走势。13:08股价快速上涨至8%左右,展开短暂回调洗盘,然后一个波次于13:19封上涨停板至收盘没再打开,分时盘口强势特征比较明显。像这种有题材概念且K线走势处于上升趋势中的个股首板,普通投资者可以在该股涨停后快速下单打板买入,也可以在展开第二波次快速拉升时狙击买入。

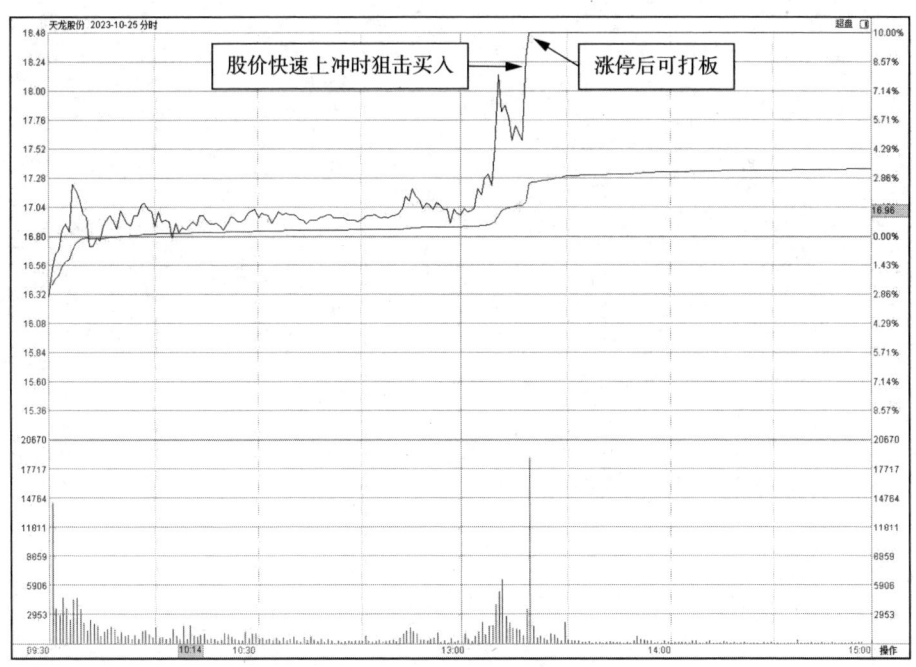

图1-19　天龙股份(603266)分时走势图

第二章

板股涨停诱因分析

有过炒股经历的投资者都知道，股票不是随随便便就能涨停的，能够涨停必然是其外在因素、内在动因和技术层面的涨停基因共同发生作用的结果。在二级市场中，股价的变化是建立在各种完整信息基础之上的，并且围绕市场中的最新信息变化而不断变化。在股价变化的过程中，潜伏其中的主力机构借助外在因素、内在动因和技术层面涨停基因的共同作用，顺势拉出或连续拉出涨停板，股价快速步入主升浪。但在实战跟庄打板过程中，我们必须充分认识到，不管是外在因素、内在动因还是技术层面的涨停基因，涨停的背后其实就是主力机构长期潜伏谋划运作的行为和结果。

第一节　外在因素分析

关于涨停外在因素的分析，我在《炒股就炒强势股⑤——强势涨停操盘跟庄实战技法》一书中有过一些简单的论述。所谓涨停的外在因素，即国家（政府）、企业、美（港）股、突发事件等利好消息方面的因素，一般有四个方面。

一、政策面因素

政策市是我国股市的最大特色。一方面是指指数下跌过深，市场极度低迷，影响股市功能，政府自然会出台利好政策推动指数反弹甚至反转；指数上涨过快过高，市场风险因素不断增加，影响到经济发展，政府的利空政策就随之而来，压制股指上涨。另一方面是指国家经济金融政策的重大变化，对股市涨跌起着决定性作用。尤其是对某一行业的政策倾斜或优惠，对该行业（或板块）股票的价格走势有着重大影响，市场资金的大幅流入（该板块），将导致多数个股涨停或连续涨停。

比如，2024年2月下旬，多地政府及企业出台氢能产业支持政策，多重利好接连落地，氢能源板块持续走强。2月26日，内蒙古能源局等联合发布

《关于加快推进氢能产业发展的通知》，允许在化工园区外建设太阳能、风能等可再生能源电解水制氢项目和制氢加氢站，太阳能、风能等可再生能源电解水制氢项目无须取得危险化学品安全生产许可。2月28日，佛山市南海区发布《打造氢能和氨氢融合装备制造千亿产业集群实施方案（2024—2030年）》，到2030年南海区氢能和氨氢融合装备制造产业将打造成为总产值超1000亿元、规模以上企业超100家的千亿产业集群。山东省从3月起免征氢能车辆高速公路通行费。2月28日，海马汽车宣布，氢燃料电池汽车7X-H即将在海口启动小批量示范运营，这款车型是在海马汽车海口基地生产车间内完成生产的；南都电源在投资者互动平台上表示，公司通过参股新源动力股份有限公司布局氢燃料电池领域。从2月28日起，以四川金顶、天元智能为龙头的氢能源概念股走出了一轮强势上涨行情。

图2-1是603273天元智能2024年3月7日星期四下午收盘时的K线走势图。在软件上将该股整个K线走势图进行缩小后可以看出，该股走势处于上升趋势中。股价从前期低位，即2024年2月6日的最低价13.73元止跌企稳后，主力机构开始向上推升股价，收集筹码，K线走势呈涨多跌少态势，成交量温和放大，上升趋势逐步形成。

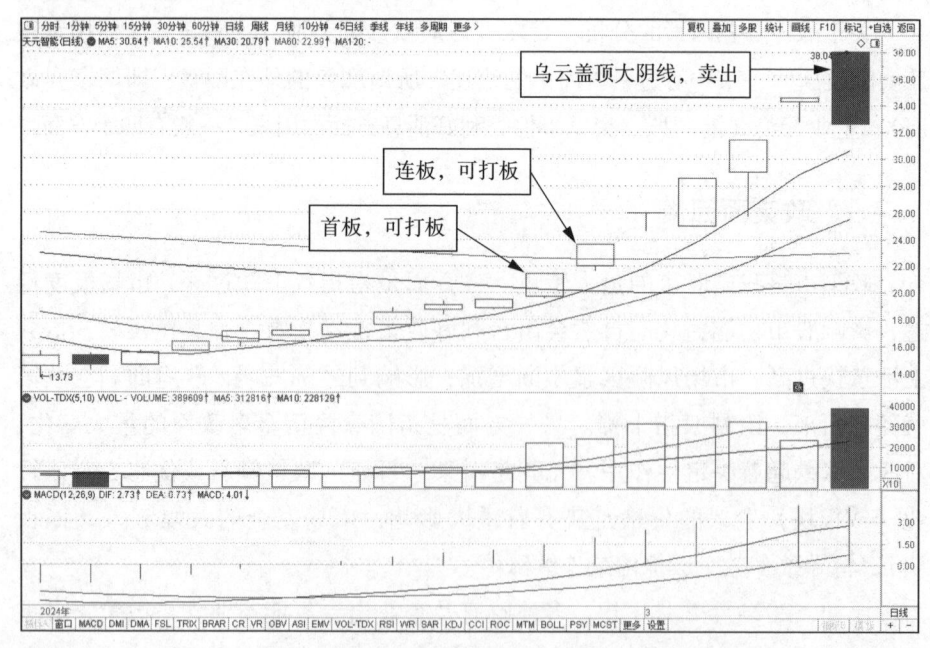

图2-1　天元智能（603273）日K线走势图

2024年2月28日，由于受氢能源利好消息的刺激，该股高开，收出一个大阳线涨停板，为首板，突破前高，成交量较前一交易日放大3倍多，形成放量大阳线涨停K线形态。此时，该股均线较弱，只有5日和10日均线向上，但MACD、KDJ、均量线等技术指标已经走强，股价的强势特征比较明显，后市快速上涨的概率较大。像这种情况，普通投资者可以在该股涨停后快速下单打板买入。此后该股快速上涨，连续拉出了6个涨停板。

2024年3月7日截图当日，该股涨停开盘，股价回落（当日涨停时间较长），收出一根略带下影线的乌云盖顶大阴线，成交量较前一交易日大幅放大，此时股价已经远离30日均线且涨幅大，KDJ指标已经走弱。像这种情况，普通投资者应该在当日该股打开涨停后卖出手中筹码。

图2-2是603273天元智能2024年2月28日星期三下午收盘时的分时走势图。这是该个股收出的首板，从当日分时走势可以看出，该股早盘高开后，股价震荡上行，成交量同步放大，9∶55股价直线上冲，最高冲至21.46元（差1分钱涨停），然后急速勾头回落，回落至20.40元展开横盘震荡整理行情。13∶38股价直线上冲，于13∶40封上涨停板瞬间被打开，股价略回落后，于13∶45再次涨停又瞬间被打开，13∶47封上涨停板，14∶49涨停板又一次被打开，14∶52封回涨停板至收盘没再打开。从分时盘口看，涨停板封板结构差，但换手（分歧转一致）充分，加上受氢能源利好消息的刺激，像这种K线走势处于上升趋势的个股首板，普通投资者可以在股价涨停后快速下单打板买入，也可以在股价快速上冲时狙击买入，当然也可以在涨停板打开后快速下单买入。

二、基本面因素

基本面因素是指企业重大（利好）事件，引发公司股票出现涨停或连续涨停。比如重大资产重组、股票摘星脱帽、业绩大幅增长（高送转或扭亏为盈）等重大利好等。

资产重组，它是证券市场中股票炒作的永恒话题。资产重组是上市公司进行资源整合的有效方式，是资本运作的重要途径。资产重组可以卸掉上市公司一些多年的包袱，提高上市公司的市场占有率、盈利能力和盈利水平。通过资产重组，能够有效推动上市公司股票在二级市场中大幅上涨，涨停和

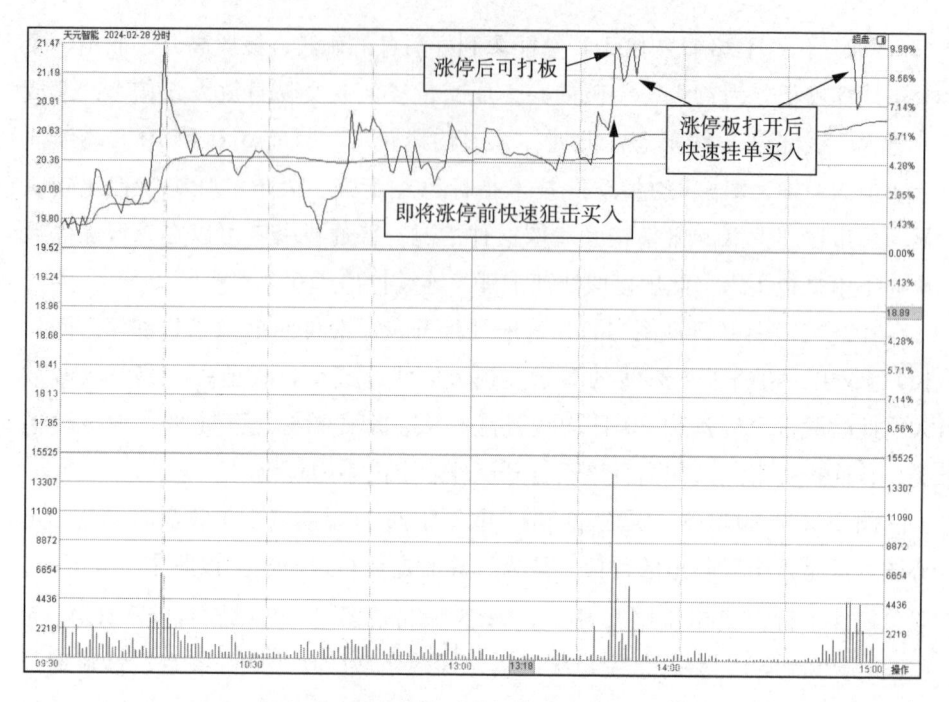

图 2-2　天元智能（603273）分时走势图

连板的情况时常发生。

图 2-3 是 600088 中视传媒 2024 年 2 月 2 日星期五下午收盘时的 K 线走势图。在软件上将该股整个 K 线走势图进行缩小后可以看出，该股走势处于上升趋势中。股价从前期相对低位，即 2023 年 10 月 23 日的最低价 11.33 元止跌企稳后，主力机构开始向上推升股价，收集筹码，股价震荡上行，成交量呈间断性放大状态。

2023 年 12 月 31 日中视传媒公告称，公司于 2023 年 12 月 28 日收到中视总公司通知，公司控股股东无锡太湖影视城的控股股东中央广播电视总台于 2023 年 12 月 28 日与中视总公司签署了《企业国有产权无偿划转协议》，中央广播电视总台将其持有的无锡太湖影视城 100%的股权通过国有股权无偿划转方式划转给中视总公司，从而导致中视总公司间接收购无锡太湖影视城控制的中视传媒 54.37%的股份，构成《上市公司收购管理办法》规定的重大股权（资产）收购。信息披露后，该股走势继续震荡上行，主力机构其间收出过 4 个涨停板，为吸筹建仓型涨停板。

2024 年 1 月 23 日，由于受"中字头+影视传媒+虚拟数字人+股权收购"

利好的刺激，该股高开，收出一个大阳线涨停板，为首板，成交量较前一交易日萎缩（表明市场做多倾向趋于一致，抛压较少），形成缩量大阳线涨停 K 线形态。此时，虽然该股均线（只有 5 日、60 日和 120 日均线向上）和其他技术指标表现较弱，但从该股量价表现看，此时股价正处于拉升途中，后市快速上涨的概率大。像这种情况，普通投资者可以在该股当日涨停时快速下单打板买入。此后该股快速上涨，连续拉出了 8 个涨停板。

2024 年 2 月 2 日截图当日，该股大幅高开（向上跳空 5.63% 开盘），股价回落（当日盘中涨停时间较长），收出一根带上影线的看跌吞没跌停大阴线，成交量较前一交易日萎缩，此时股价已经远离 30 日均线且涨幅大，KDJ 指标已经走弱。像这种情况，普通投资者应该在当日该股打开涨停后快速卖出手中筹码。

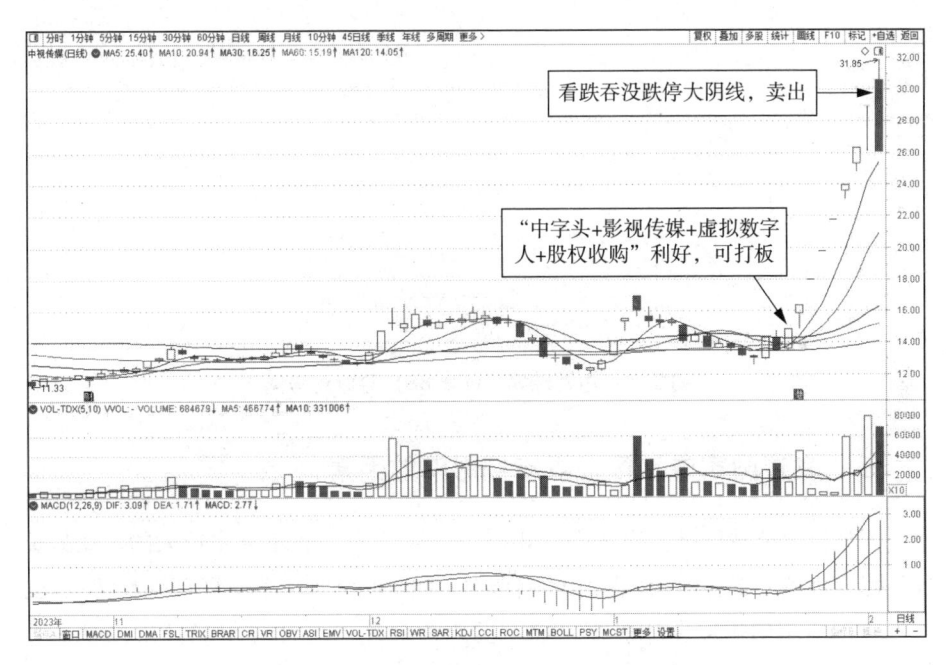

图 2-3　中视传媒（600088）日 K 线走势图

图 2-4 是 600088 中视传媒 2024 年 1 月 23 日星期二下午收盘时的分时走势图。这是该个股收出的首板，从当日分时走势可以看出，该股早盘高开，股价快速上冲后急速勾头回调，回落至前一交易日收盘价附近时，快速勾头上冲，分两个波次，于 9:40 封上涨停板至收盘没有打开。从分时盘口看，当日最高封单为 1366.83 万股，收盘封单为 493.90 万股，占实际流通盘的

031

2.72%，占当日成交量的39.17%，涨停板封板结构优。像这种受多重利好叠加、K线走势处于上升趋势的个股首板，普通投资者可以在该股涨停后跟庄打板，也可以在股价即将涨停前快速狙击买入。

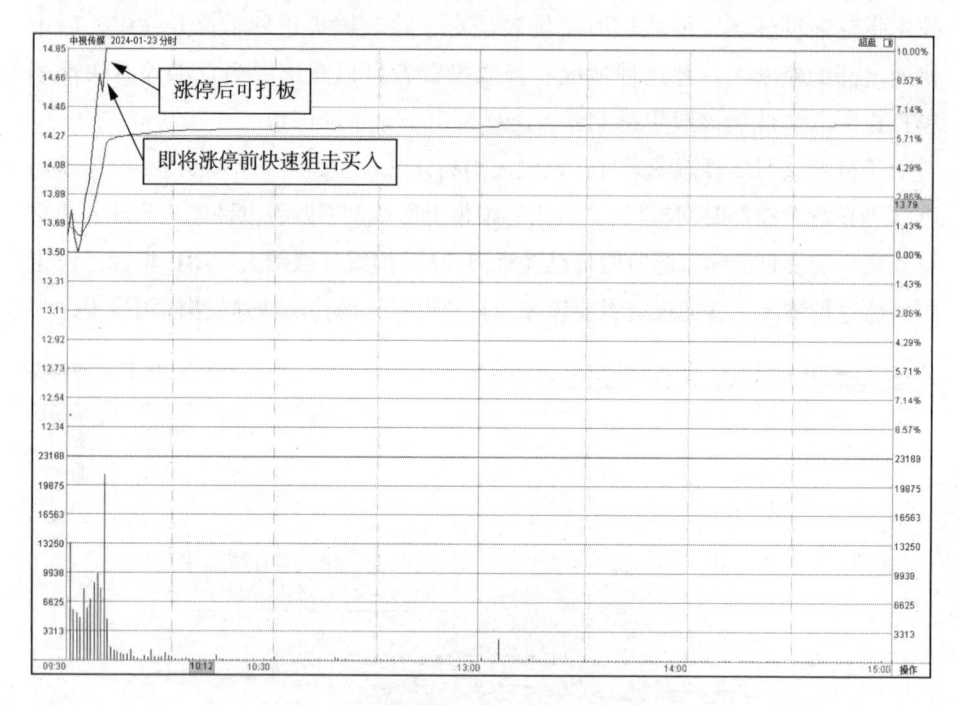

图2-4 中视传媒（600088）分时走势图

三、发达国家或地区证券市场影响的因素

发达国家或地区证券市场的变化对国内股市的影响还是比较大的，比如美股、港股市场的变化对国内股市影响重大，同时影响到个股的涨（跌）停变化。

美国股市影响着全球股市，加上国内沪深北三大证券市场开市以来一直是涨少跌多，且普通投资者众多，很容易受到美股消息的刺激和影响，不但美股指数的涨跌变化很大程度上影响着A股大盘的走势，而且美股个股的走势也影响到国内同行业个股的走势。

英伟达是成立于1993年，总部位于美国加利福尼亚州圣克拉拉市的一家人工智能计算公司，同时也是一家在美国纳斯达克证券交易所上市的公司。英伟达主营业务除GPU和SoC外，还在自动驾驶、机器人、游戏平台等领域进行技术创新和研究，享有较高的技术声誉和市场地位。其市场走势直接影响到A股英伟达概念股的走势。比如2023年上半年，鸿博股份、中际旭创、华工科技、长电科技、工业富联、胜宏科技、中兴通讯、沪电股份等一大批A股英伟达概念股，走出了持续半年多的强势行情。

图2-5是002229鸿博股份2023年2月14日星期二下午收盘时的K线走势图。鸿博股份的全资子公司英博数科，其算力出租是目前最好的Maas服务，其他企业可以通过英博数科的云服务来训练自己的模型，这与英伟达的模式如出一辙，英博数科也是中国地区英伟达唯一授权的DGX解决方案商。在软件上将该股整个K线走势图进行缩小后可以看出，该股走势处于上升趋势中。股价从前期低位，即2022年5月6日的最低价4.51元止跌企稳后，主力机构开始向上推升股价，收集筹码，股价震荡上行，成交量呈间断性放大状态，其间收出过8个涨停板，为吸筹建仓型涨停板。

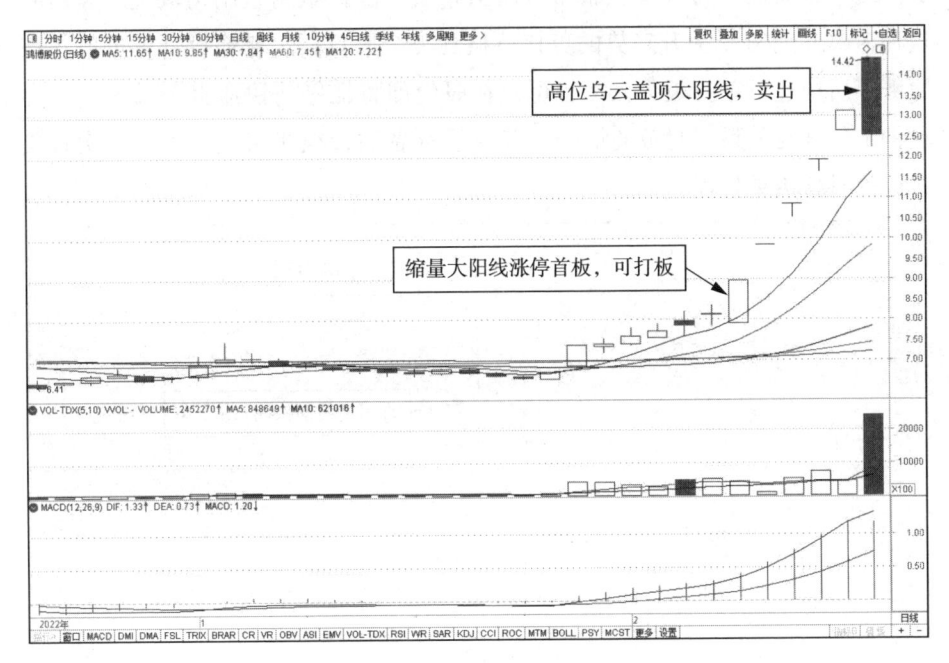

图2-5 鸿博股份（002229）日K线走势图

2023年2月7日，该股低开，收出一个大阳线涨停板，为首板，成交量较前一交易日萎缩（表明市场做多倾向趋于一致，抛压较少），形成缩量大阳线涨停K线形态。此时，该股均线呈多头排列，MACD、KDJ等技术指标走强，股价的强势特征已经相当明显，后市快速上涨的概率大。像这种情况，普通投资者可以在该股当日涨停后快速下单打板买入。此后该股快速上涨，连续拉出 5 个涨停板。

2023 年 2 月 14 日截图当日，该股涨停开盘，股价回落（当日早盘涨停时间较短），收出一根略带下影线的乌云盖顶大阴线，成交量较前一交易日放大 5 倍多，此时股价已经远离 30 日均线且涨幅大，KDJ 指标已经走弱。像这种情况，普通投资者应该在当日该股打开涨停时先卖出手中筹码，然后继续跟踪观察。

图 2-6 是 002229 鸿博股份 2023 年 2 月 7 日星期二下午收盘时的分时走势图。这是该股收出的首板，从当日分时走势可以看出，该股早盘低开，股价快速上行，成交量同步放大，从 9:39 开始，股价围绕前一交易日收盘价展开小幅横盘震荡行情。13:00，3 笔万手以上大买单将股价瞬间推升至涨停板，涨停板至收盘没有打开，从整个分时盘口看，涨停板封板结构较优。像当时这种 K 线走势处于上升趋势的英伟达概念类个股首板，普通投资者可以在该股涨停后快速下单打板买入，也可以在股价即将涨停前快速狙击买入（当时这种下午开盘就瞬间封板的情况，普通投资者估计很难买进，可以在次日集合竞价时挂买单打板）。

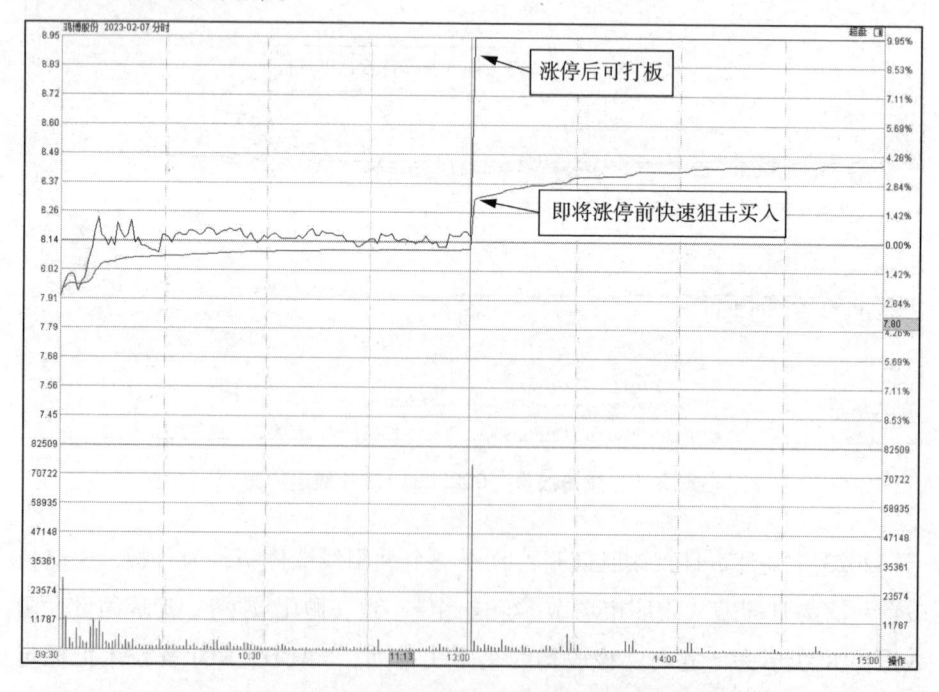

图 2-6　鸿博股份（002229）分时走势图

四、突发事件因素

突发事件因素是指由于突发性事件，对国家和社会造成巨大影响，对股市直接构成利好或者利空，导致股市暴涨或者暴跌。

比如 2020 年初开始暴发的新冠疫情，持续三年时间。受疫情影响，许多实体店倒闭，经济很不景气；证券市场大盘走势疲软，行情低迷，但新冠疫苗、抗新冠药、核酸检测等相关公司的股票，却走出了涨停甚至连续涨停的快速上涨行情，多数涉及抗新冠肺炎的医药类股票经历过爆炒，一些买进和持有该类股票的投资者赚得盆满钵满。

图 2-7 是 000756 新华制药 2022 年 5 月 16 日星期一下午收盘时的 K 线走势图。公司主要从事开发、制造和销售化学原料药、制剂、医药中间体及其他产品，退烧药布洛芬是该公司的主要产品。在软件上将该股整个 K 线走势图进行缩小后可以看出，该股走势处于上升趋势中。股价从前期相对低位，即 2021 年 11 月 8 日的最低价 7.32 元止跌企稳后，主力机构开始向上推升股价，收集筹码，股价震荡上行，成交量呈间断性放大状态，其间收出过 9 个涨停板，为吸筹建仓型涨停板。

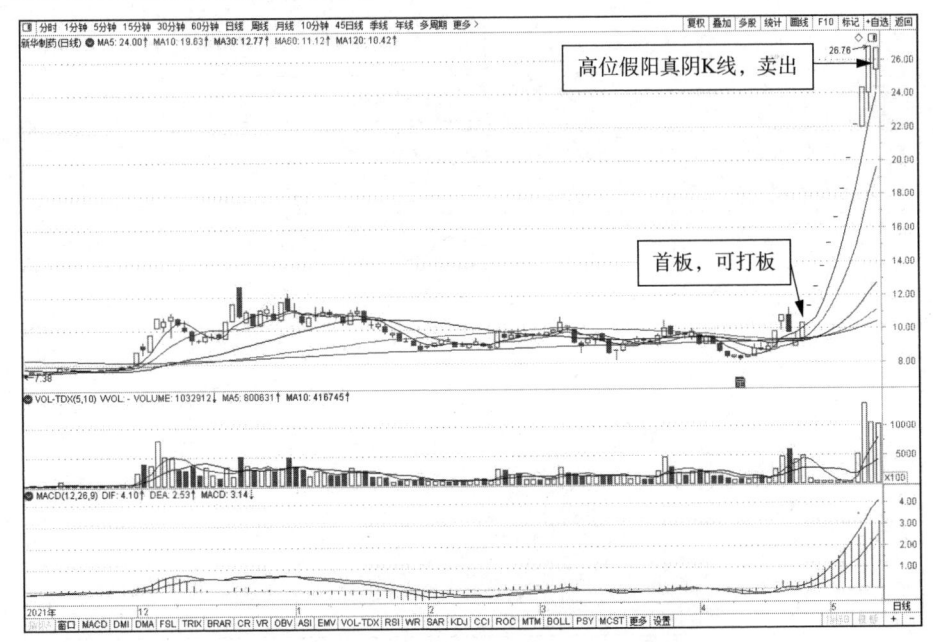

图 2-7　新华制药（000756）日 K 线走势图

2022年4月26日,该股高开,收出一个大阳线涨停板,为首板,突破前高,成交量较前一交易日放大,形成放量大阳线涨停K线形态。此时,该股均线系统呈多头排列,MACD、KDJ、均量线等技术指标走强,股价的强势特征已经相当明显,后市快速上涨的概率大。像这种情况,普通投资者可以在该股当日涨停后快速下单打板买入。此后该股快速上涨,连续拉出了11个涨停板。

2022年5月16日截图当日,该股大幅低开(向下跳空5.16%开盘),收出一根带下影线的假阳真阴K线(高位假阳真阴,千万小心),成交量较前一交易日萎缩,此时股价已经远离30日均线且涨幅大,KDJ指标已经走弱。像这种情况,普通投资者应该在当日逢高先卖出手中筹码,然后继续跟踪观察。

图2-8是000756新华制药2022年4月26日星期二下午收盘时的分时走势图。这是该个股收出的首板,从当日分时走势可以看出,该股早盘高开,股价展开震荡盘升行情,分时价格线时而跌(刺)破前一交易日收盘价,10:57,股价分三个波次于11:08封上涨停板;14:21、14:28及14:45涨停板分别被打开三次,每次打开时间短、跌幅小,从整个分时盘口看,涨停板封板结构较差。像当时这种K线走势处于上升趋势的医药类个股首板,普通投资者可以在股价涨停后挂买单打板,也可以在股价快速上冲时狙击买入。

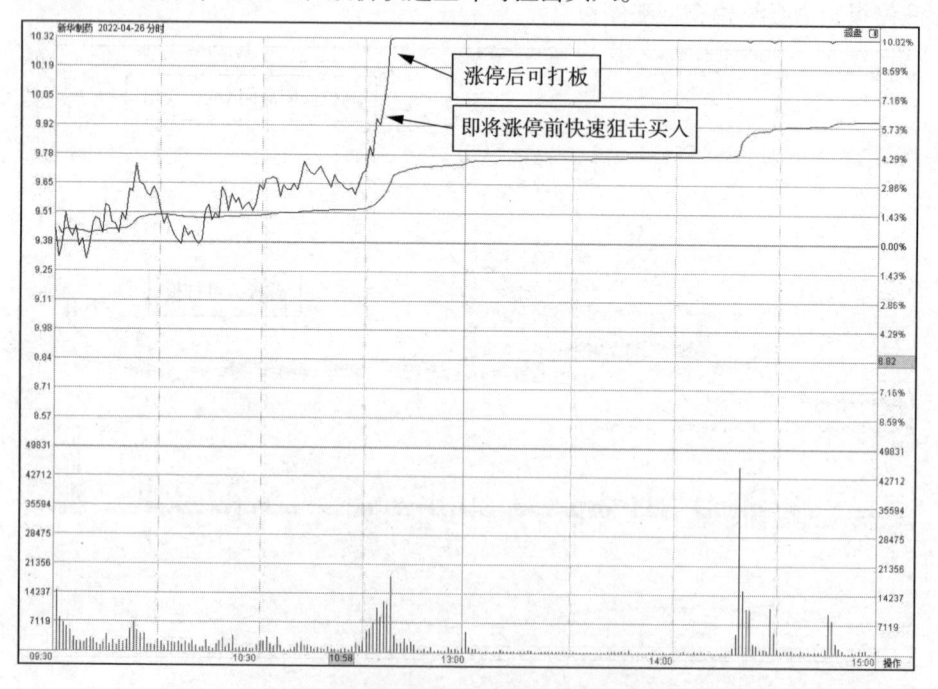

图2-8 新华制药(000756)分时走势图

第二节　内在动因分析

关于涨停内在动因的分析，我在《炒股就炒强势股⑤——强势涨停操盘跟庄实战技法》一书中，也有过一些简单的叙述。所谓涨停的内在动因，即主力机构拉涨停板的动机或行为背后的因素，一般有四个方面。

一、以涨停的方式快速脱离成本区

主力机构在低位（或相对低位）完成吸筹建仓或建仓吸筹到一定程度之后，为了不引起散户的注意，往往会借助个股利好，以涨停方式拉升股价快速脱离成本区，不让普通投资者有逢低跟进的机会。另外，涨停板还有一个强势助涨的功能，主力机构利用涨停板快速脱离成本区，散户会产生惜售心理，抛压就会更轻，想买进筹码的投资者因为股价涨停而难以买入，只好在下一交易日以更高的价格买入，从而助推股价上涨。

图2-9是002682龙洲股份2023年10月30日星期一下午收盘时的K线走势图。在软件上将该股整个K线走势图进行缩小后可以看出，该股走势处于上升趋势中。股价从前期相对低位，即2023年6月26日的最低价3.80元止跌企稳后，主力机构开始推升股价，收集筹码。

2023年10月20日，由于受新能源汽车概念的影响，该股低开高走，收出一个大阳线涨停板，为首板，突破前高，快速脱离成本区，成交量较前一交易日明显放大，形成放量大阳线涨停K线形态。此时，该股均线呈多头排列，MACD、KDJ、均量线等技术指标走强，股价的强势特征相当明显，后市快速上涨的概率大。像这种情况，普通投资者可以在该股涨停后快速下单打板买入。此后该股快速上涨，连续拉出了7个涨停板。

2023年10月30日截图当日，该股平开，收出一个大阳线涨停板，成交量较前一交易日大幅放大，此时股价已经远离30日均线且涨幅大，KDJ指标开始走弱。像这种情况，普通投资者应该在当日该股涨停打开后卖出手中筹码，落袋为安。

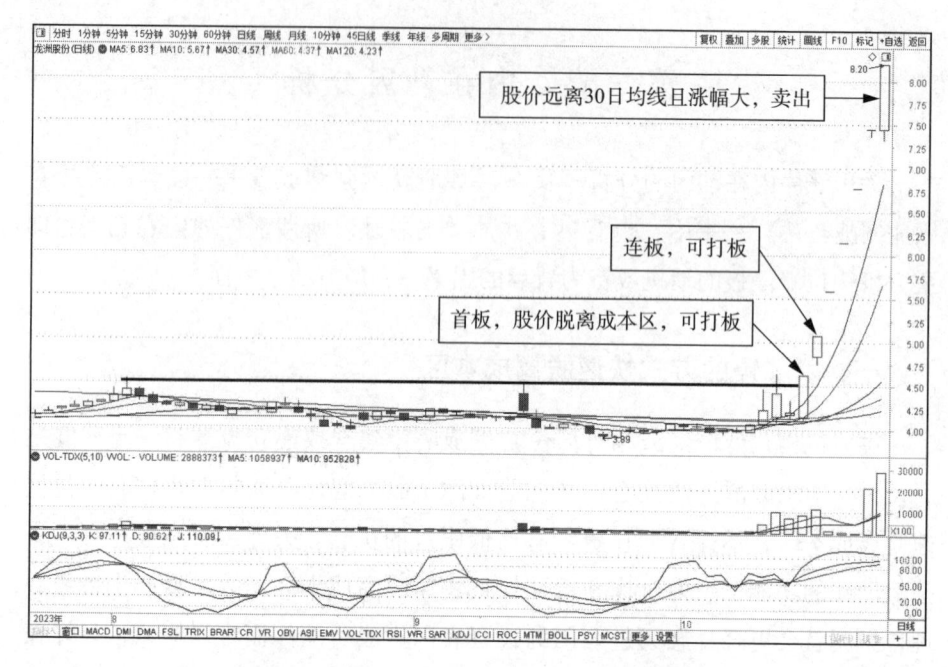

图 2-9　龙洲股份（002682）日 K 线走势图

图 2-10 是 002682 龙洲股份 2023 年 10 月 20 日星期五下午收盘时的分时走势图。这是该股收出的首板，当日股价脱离成本区，从分时走势可以看出，该股低开后，股价展开震荡整理走势，成交量呈萎缩状态，10:15 股价直线上冲，成交量同步放大，冲高至 4.38 元急速勾头回落，最低回落至 4.29 元。10:22 股价勾头向上直线上冲，于 10:24 封上涨停板至收盘没打开。从分时盘口看，封板时间较早，封板后没有被打开，涨停板封板结构较优。由于受新能源汽车概念的影响，像这种 K 线走势已经处于上升趋势且股价快速脱离成本区的个股首板，普通投资者可以在该股涨停后快速打板买入，也可以在股价即将涨停前快速狙击买入。

二、以涨停的方式快速突破前高或平台等

在股价向上运行过程中，主力机构往往会借助个股利好消息，采取拉涨停板的操盘手法，快速突破前高、平台、坑口、前期下跌密集成交区、主要均线等重要阻力位，这些都属于主力机构的行为因素。

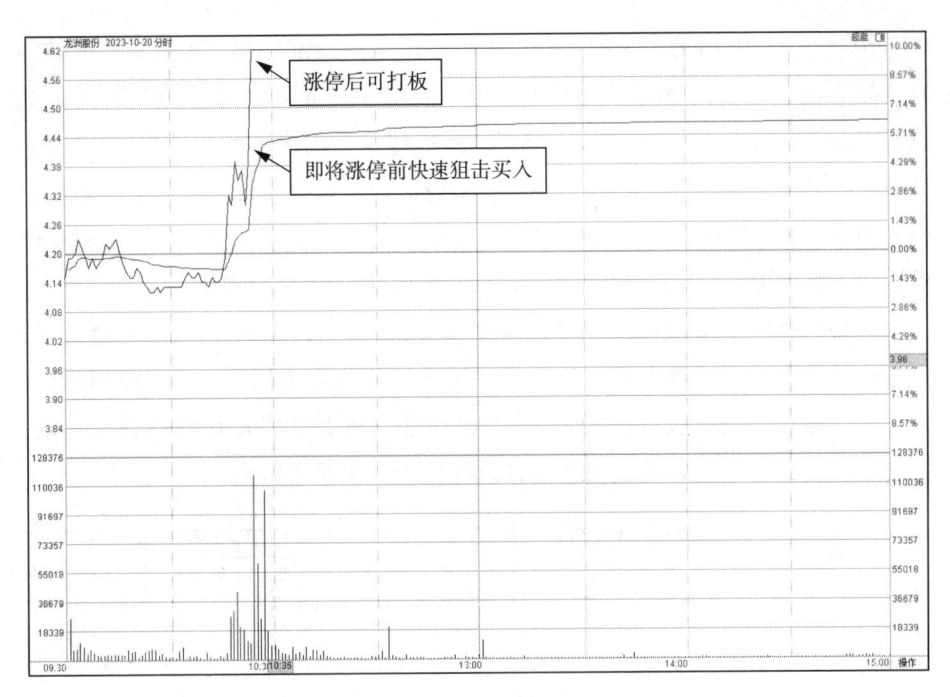

图 2-10　龙洲股份（002682）分时走势图

（一）以涨停的方式快速突破前高

处于上升趋势中的个股，股价上涨的阻力主要来自获利盘和前期套牢盘的抛压，其中以套牢盘为主。套牢盘的位置在前期高点附近。

以涨停的方式快速突破前高是指处于上升趋势中的目标股票，经过震荡洗盘或者横盘震荡整理之后，主力机构以拉涨停板的方式突破洗盘前或震荡整理过程中股价的高点。突破前高后，前期高点即变成股价上涨的底部，原来的阻力位变成了支撑位，预示主力机构志存高远，上升空间打开，一波上涨行情已经开启，这是普通投资者买入筹码的好时机。实战操盘过程中，普通投资者也要注意提防假突破或主力骗线，如突破后股价很快跌回到前期高点之下，应及时止损出局。

图 2-11 是 001300 三柏硕 2023 年 11 月 22 日星期三下午收盘时的 K 线走势图。在软件上将该股整个 K 线走势图进行缩小后可以看出，该股走势处于上升趋势中。股价从前期低位，即 2023 年 10 月 23 日的最低价 10.45 元止跌企稳后，主力机构开始向上推升股价，收集筹码。其间，收出过一个大阳线涨停板，为吸筹建仓型涨停板。

2023 年 11 月 10 日，该股高开，收出一个大阳线涨停板，为首板，突破前高（即突破了 2023 年 10 月 30 日 12.59 元以及 2023 年 8 月 22 日 13.24 元的高点），成交量较前一交易日放大 5 倍多，形成放量大阳线涨停 K 线形态。此时，该股均线呈多头排列，MACD、KDJ、均量线等技术指标走强，股价的强势特征相当明显，后市快速上涨的概率大。像这种情况，普通投资者可以在该股涨停后快速下单打板买入。此后该股快速上涨，连续拉出了 9 个涨停板。

2023 年 11 月 22 日截图当日，该股大幅高开（向上跳空 4.73% 开盘），收出一个长下影线阳线涨停板（高位长下影线 K 线也称为吊颈线），成交量较前一交易日放大，此时股价已经远离 30 日均线且涨幅大，KDJ 指标开始走弱。像这种情况，普通投资者应该在当日以涨停价卖出手中筹码。

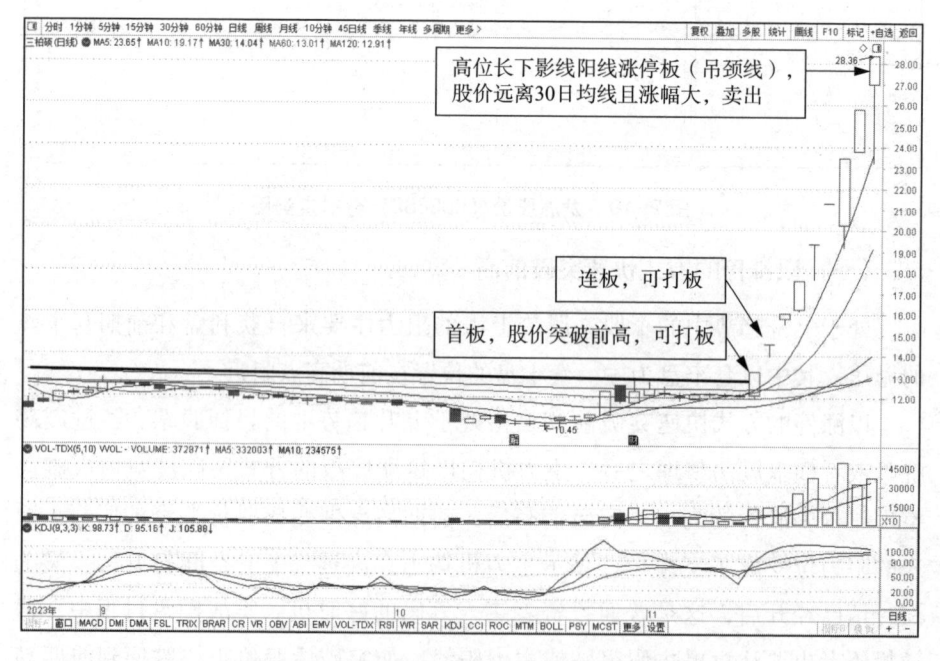

图 2-11　三柏硕（001300）日 K 线走势图

图 2-12 是 001300 三柏硕 2023 年 11 月 10 日星期五下午收盘时的分时走势图。这是该个股收出的首板，当日股价突破前高，从分时走势可以看出，该股高开后，股价震荡上行，成交量呈温和放大状态，10:30 股价直线上冲，成交量同步放大，冲高至 12.47 元急速勾头回落，最低回落至 12.31 元。10:37 股价勾头向上直线上冲，于 10:39 封上涨停板至收盘没有打开。从分时盘口看，

封板时间较早，封板后没有被打开，涨停板封板结构较优。像这种K线走势处于上升趋势且股价突破前高的个股首板，普通投资者可以在股价涨停后快速下单打板买入，也可以在股价即将涨停前快速狙击买入。

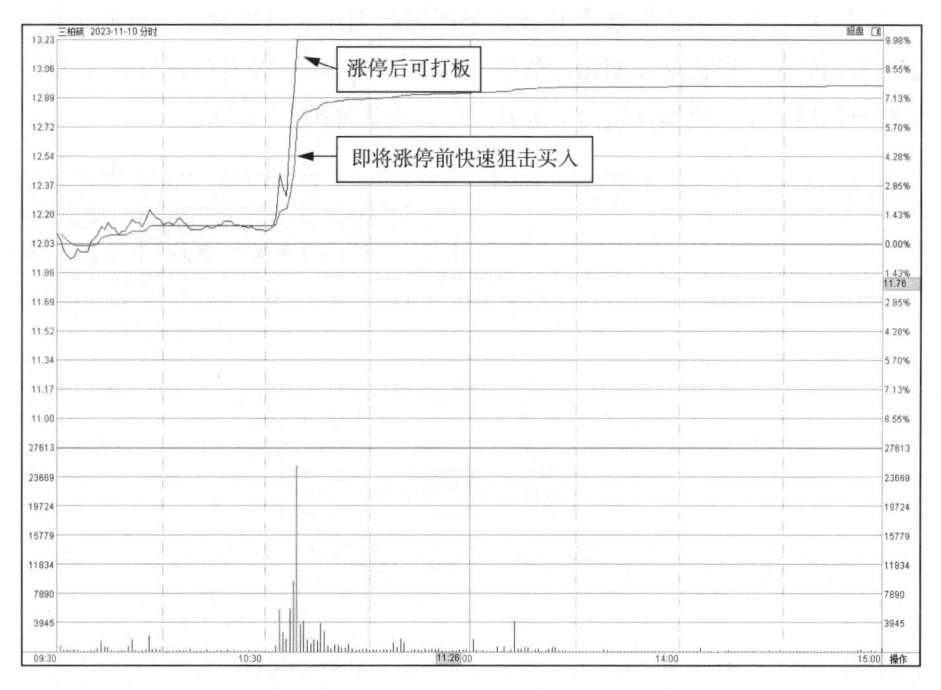

图 2-12 三柏硕（001300）分时走势图

（二）以涨停的方式快速突破平台

以涨停的方式突破平台与突破前高的战法特征基本相似，突破前高即突破前期高点（可以是前期的多个高点），释放前期获利盘和套牢盘，减轻后期拉升压力；突破平台则是突破股价横盘震荡整理走势所形成的箱体，同样是释放前期获利盘和套牢盘，减轻后期拉升压力。

个股股价启动之后已经有了较大的涨幅，主力机构采取横盘震荡整理的方式展开洗盘吸筹行情，成交量呈间断性放大状态；股价经过较长时间的横盘震荡整理走势之后，K线形态形成了一个横向整理的平台，在这个平台中可以看到日K线在震荡中带有比较长的上下影线。某一交易日，主力机构拉出一个放量大阳线涨停板（也可以是其他K线形态的涨停板），突破平台整理时的最高点，预示横盘震荡整理洗盘吸筹行情结束，一波上涨行情已经开启。

实战操盘过程中，普通投资者要注意提防假突破或主力骗线，设好止损位，如突破后股价很快跌回到平台之下，应及时止损出局。

图 2-13 是 603196 日播时尚 2023 年 5 月 29 日星期一下午收盘时的 K 线走势图。在软件上将该股整个 K 线走势图进行缩小后可以看出，该股走势处于上升趋势中。股价从前期相对低位，即 2022 年 4 月 28 日的最低价 5.42 元止跌企稳后，主力机构继续向上推升股价，收集筹码。

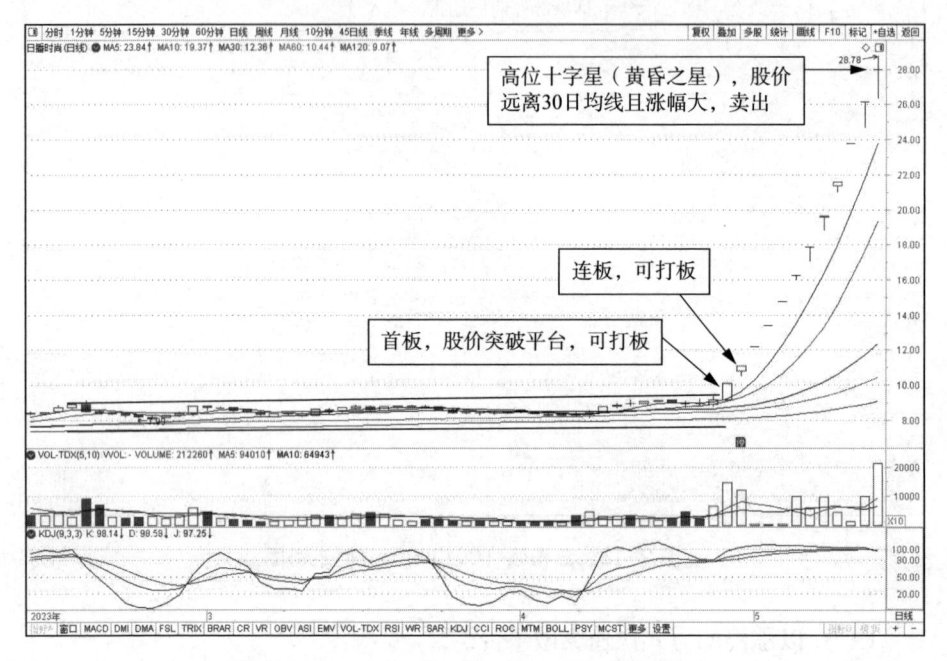

图 2-13　日播时尚（603196）日 K 线走势图

2023 年 2 月 16 日，该股高开，股价冲高回落，收出一根长上影线大阴线，当日收盘涨幅-4.84%，成交量较前一交易日大幅放大，股价展开横盘震荡整理走势。横盘震荡整理期间，成交量呈间断性放大状态，日 K 线在震荡中留下较长的上下影线。

2023 年 4 月 25 日，该股高开，收出一个大阳线涨停板，为首板，突破横盘震荡整理平台和前高，成交量较前一交易日放大 2 倍多，形成放量大阳线涨停 K 线形态。此时，该股均线呈多头排列，MACD、KDJ、均量线等技术指标走强，股价的强势特征相当明显，后市快速上涨的概率大。像这种情况，普通投资者可以在该股涨停后快速下单打板买入。此后该股快速上涨，连续拉出了 11 个涨停板。

2023 年 5 月 29 日截图当日，该股大幅高开（向上跳空 7.03%开盘），收出一根阳十字星（高位十字星也称为黄昏之星），成交量较前一交易日放大 2 倍多，此时股价已经远离 30 日均线且涨幅大，KDJ 等部分技术指标已经走弱。像这种情况，普通投资者应该在当日逢高卖出手中筹码。

图 2-14 是 603196 日播时尚 2023 年 4 月 25 日星期二下午收盘时的分时走势图。这是该股收出的首板，当日股价突破平台，从分时走势可以看出，该股高开后，股价震荡上行，成交量同步放大，9:53 股价冲高后回落，然后展开横盘震荡整理。下午开盘后股价开始逐渐走高，成交量同步放大，于 13:26 封上涨停板，至收盘没有打开。从分时盘口看，虽然封板时间较晚，但由于是带大量封板且封板后没有被打开，涨停板封板结构较优。像这种 K 线走势处于上升趋势且股价突破平台的个股首板，普通投资者可以在股价涨停后快速下单打板买入，也可以在股价即将涨停前快速下单狙击买入。

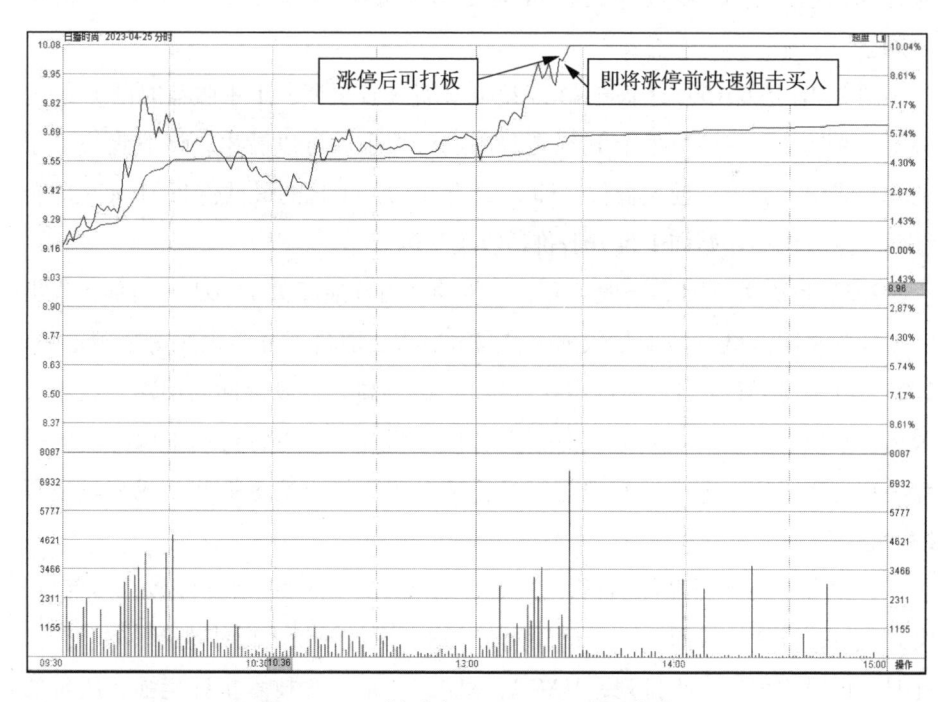

图 2-14　日播时尚（603196）分时走势图

(三) 以涨停的方式快速突破坑口

坑口是主力机构为了洗掉前期获利盘和套牢盘，采取挖坑的操盘手法打压股价而形成的坑状或坑沿状的 K 线形态，这种坑状或坑沿状的 K 线形态又称为"黄金坑""散户坑"或"炸弹坑"等，是主力行为所致。

以涨停的方式快速突破坑口，是个股股价启动之后已经有了较大的涨幅，主力机构采取横盘震荡整理的方式展开洗盘吸筹行情，经过较长时间的横盘震荡整理走势之后，主力机构在确定拉升前，借助大盘回调或市场其他利空因素的影响，采取挖坑的操盘手法打压股价，再次展开洗盘吸筹走势，以减少后期拉升阻力。某一交易日，主力机构拉出一个放量大阳线涨停板（也可以是其他 K 线形态的涨停板），反手做多，突破坑口，预示横盘震荡整理及挖坑打压洗盘行情结束，一波上涨行情已经开启。实战操盘过程中，普通投资者要注意的是，股价突破坑口之后可能出现回抽走势，如回抽走势跌幅过深，就可能是假突破或主力骗线，应及时止损出局。

图 2-15 是 601595 上海电影 2023 年 3 月 8 日星期三下午收盘时的 K 线走势图。在软件上将该股整个 K 线走势图进行缩小后可以看出，该股走势处于上升趋势中。股价从前期低位，即 2022 年 10 月 11 日的最低价 8.31 元止跌企稳后，主力机构开始向上推升股价，收集筹码。

2022 年 12 月 7 日，该股高开，股价冲至当日最高价 11.07 元回落，收出一根螺旋桨阳 K 线，成交量较前一交易日放大，股价展开横盘震荡整理走势。2023 年 1 月 30 日（当日大盘高开低走），该股高开，股价冲高回落，收出一根乌云盖顶大阴线，成交量较前一交易日大幅放大，主力机构采取挖坑的操盘手法打压股价，再次展开洗盘吸筹行情。挖坑打压洗盘期间，成交量呈萎缩状态。

2023 年 3 月 8 日截图当日，该股低开，收出一个大阳线涨停板，为首板，突破坑口，成交量较前一交易日放大 6 倍多，形成放量大阳线涨停 K 线形态。此时，该股均线呈多头排列，MACD、KDJ、均量线等技术指标走强，股价的强势特征相当明显，后市快速上涨的概率大。像这种情况，普通投资者可以在该股涨停后快速下单打板买入。之后，该股展开了一波快速上涨行情。

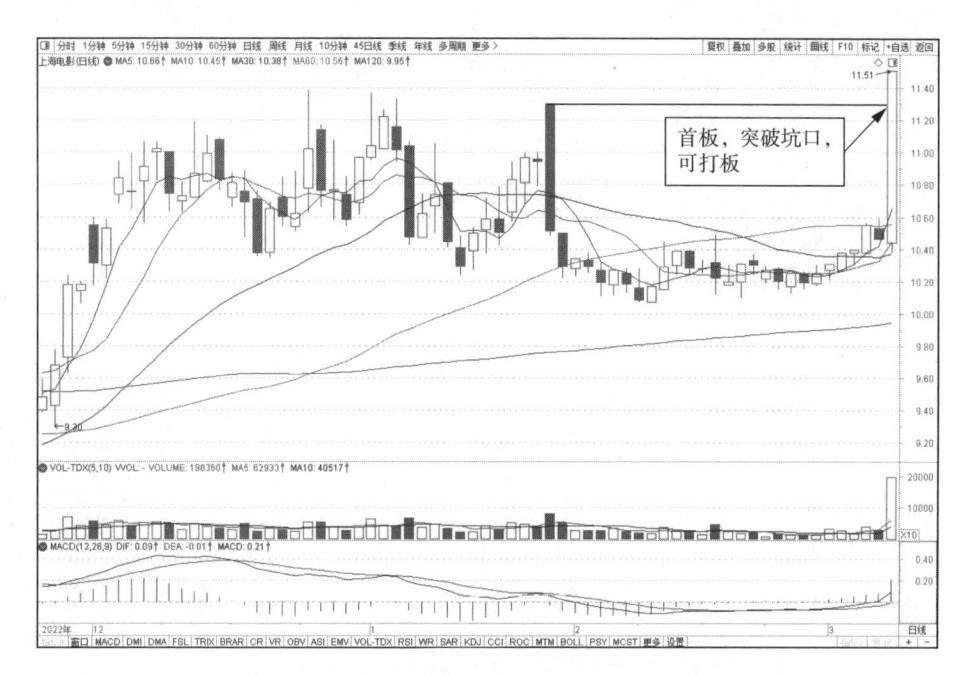

图 2-15　上海电影（601595）日 K 线走势图

图 2-16 是 601595 上海电影 2023 年 3 月 8 日星期三下午收盘时的分时走势图。这是该个股收出的首板，当日股价突破坑口，从分时走势可以看出，早盘该股低开后，股价震荡上行，成交量同步放大，10:56 封上涨停板，10:58 涨停板被大卖盘砸开，股价展开高位震荡整理，成交量呈萎缩状态。下午开盘后快速封回涨停板，至收盘没再打开。从分时盘口看，虽然股价上午涨停后被打开，且打开时间较长，但由于再封板时封单量大且没有再被打开，涨停板封板结构较优。像这种 K 线走势处于上升趋势且股价突破坑口的个股首板，普通投资者可以在股价涨停时快速下单打板买入，也可以在股价即将涨停前快速狙击买入，当然也可以在涨停板被打开后逢低买入。

（四）以涨停的方式快速突破前期下跌密集成交区

前期下跌密集成交区即前期高点附近区域，该区域伴随的大量成交甚至巨量成交无法套现，致使套牢盘堆积，成为后期股价上涨的重要阻力位。

以涨停的方式快速突破前期下跌密集成交区，是指处于上升趋势中的目标股票，经过较长时间的震荡下跌、反弹、再下跌，多次反复之后，前期套

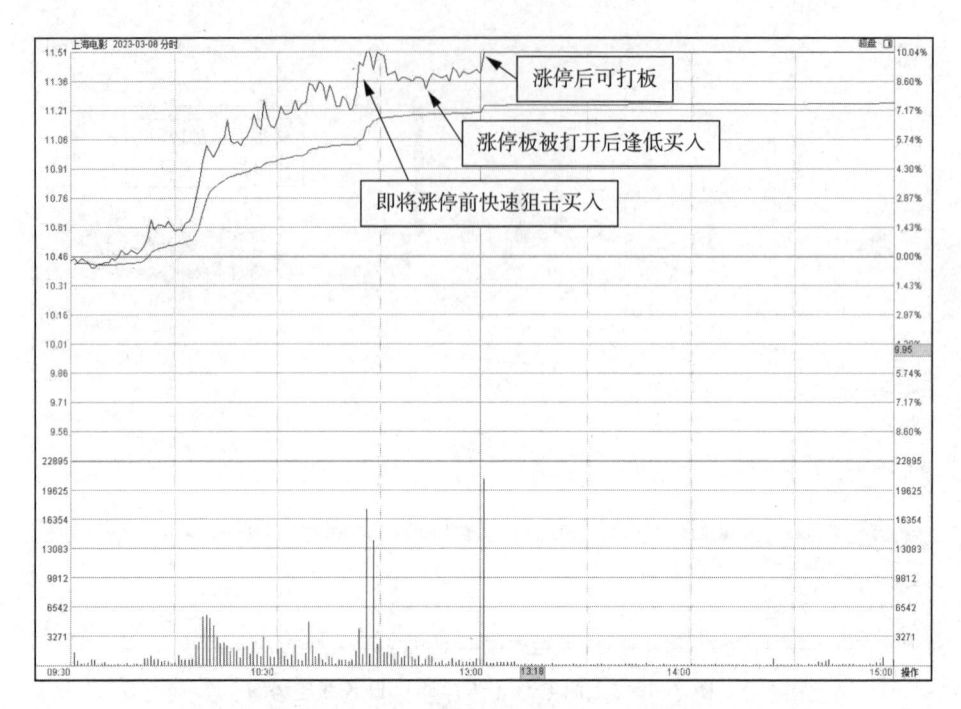

图 2-16 上海电影（601595）分时走势图

牢盘包括获利盘不断消化，洗盘比较彻底。某一交易日，主力机构拉出一个放量大阳线涨停板（也可以是其他 K 线形态的涨停板），突破前期下跌密集成交区或多个下跌密集成交区，意味着前期下跌密集成交区死扛的套牢盘已经变成了获利盘，预示一波上涨行情已经开启。实战操盘过程中，普通投资者要注意的是，股价突破前期下跌密集成交区之后可能出现回抽走势，如回抽走势跌幅过深，就可能是假突破或主力骗线，应及时止损出局。

图 2-17 是 002902 铭普光磁 2023 年 6 月 1 日星期四下午收盘时的 K 线走势图。在软件上将该股整个 K 线走势图进行缩小后可以看出，该股走势处于上升趋势中。股价从前期低位，即 2022 年 4 月 27 日的最低价 8.22 元止跌企稳后，主力机构开始向上推升股价，收集筹码。

2022 年 7 月 28 日，该股平开，股价冲至当日最高价 20.85 元回落，收出一根螺旋桨阳 K 线，成交量较前一交易日萎缩，形成第一个下跌密集成交区，随后股价展开震荡下跌（洗盘调整）走势，其间有过不同幅度的反弹。2023 年 4 月 6 日，该股低开，股价冲至当日最高价 19.79 元回落，收出一根略带上影线的阳 K 线，成交量较前一交易日大幅放大，形成第二个下跌密集成交区，随后股价再次展开震荡下跌（洗盘调整）走势。

2023 年 6 月 1 日截图当日，该股大幅高开（向上跳空 4.19% 开盘），收出一个大阳线涨停板，为首板（5 月 30 日收出一个大阳线涨停板，5 月 31 日收出一个跳空高开阳十字星，也可称为 3 天 2 板），突破 2022 年 7 月 28 日以及 2023 年 4 月 6 日的高位下跌密集成交区，成交量较前一交易日略萎缩（涨停的原因），形成缩量大阳线涨停 K 线形态。此时，该股均线呈多头排列，MACD、KDJ 等技术指标走强，股价的强势特征相当明显，后市快速上涨的概率大。像这种情况，普通投资者可以在股价涨停后快速下单打板买入。

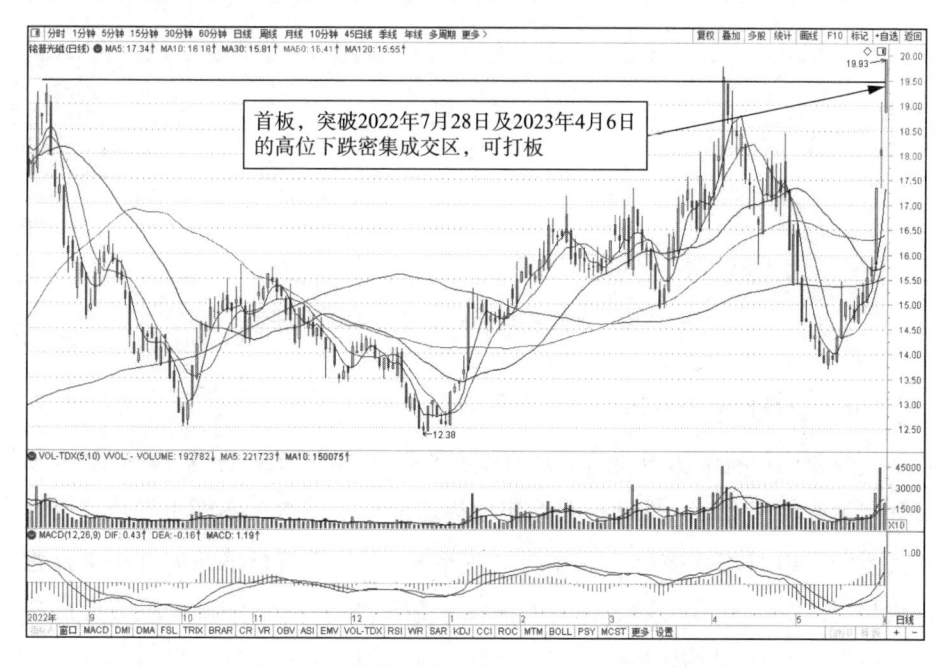

图 2-17　铭普光磁（002902）日 K 线走势图

图 2-18 是 002902 铭普光磁 2023 年 6 月 1 日星期四下午收盘时的分时走势图。这是该股收出的首板，当日股价突破前期两波下跌密集成交区，从分时走势可以看出，该股早盘大幅高开后，股价急速上冲，成交量同步放大，瞬间封上涨停板，至收盘没有打开，分时盘口强势特征特别明显，涨停板封板结构优。像这种 K 线走势处于上升趋势且股价突破前期下跌密集成交区的强势个股首板，普通投资者可以在股价涨停后快速下单打板买入，也可以在

股价即将涨停前快速狙击买入。

涨停后可打板
即将涨停前快速狙击买入

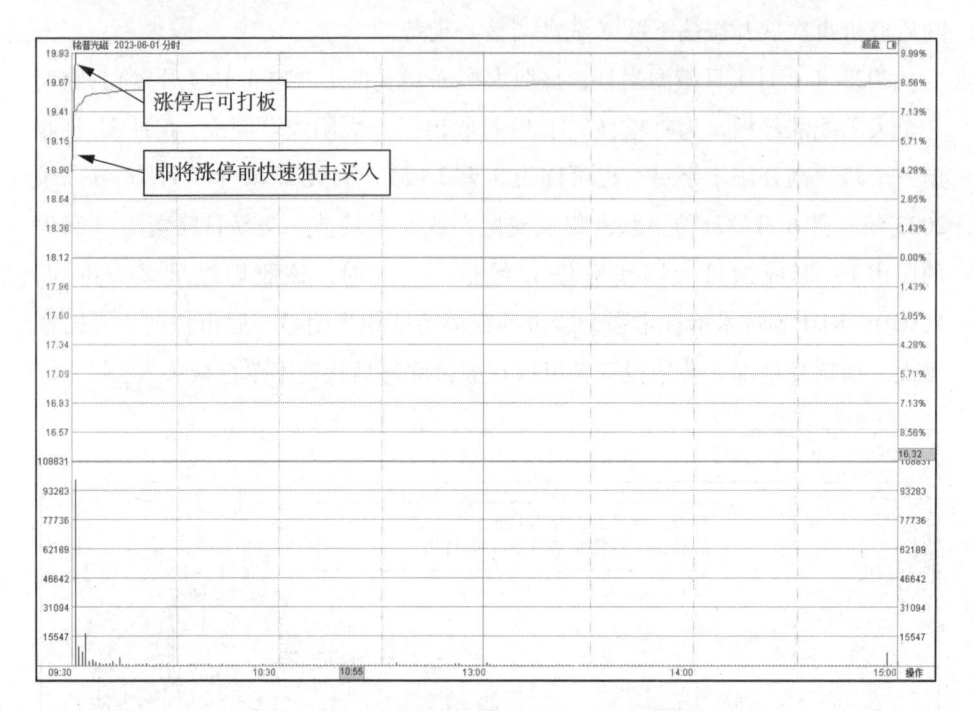

图 2-18　铭普光磁（002902）分时走势图

（五）以涨停的方式快速突破主要均线

短线跟庄打板中运用到的主要均线有 5 日、10 日、20 日及 30 日均线。5 日均线被称为攻击线，推动价格在短期内形成攻击态势，不断引导价格上涨或者下跌；10 日均线被称为操盘线（行情线），是维持行情并展开积极操盘的价格支撑线；20 日均线被称为万能线（辅助线），具有明确中期方向的特点，可以修正 30 日均线反应迟缓的问题，提前做出买卖预判。30 日均线被称为股价运行的生命线，它是短期行情和中长期行情的"分水岭"，是主力机构常用的一条操盘线，也是主力机构的护盘线。

以涨停的方式快速突破主要均线，是指股价在筑底期间或者在相对低位持续横盘震荡整理一段时间后，某一交易日主力机构拉出一个放量大阳线涨停板（也可以是其他 K 线形态的涨停板），突破 5 日、10 日、30 日等多根主要均线（一阳穿多线），意味着多方强势集中爆发，预示一波上涨行情已经开启。当然，以涨停的方式快速突破所有均线更好，气势确立后，往往是爆点。

但在实战操盘跟庄打板过程中，普通投资者一方面要充分考虑均线的滞后性问题，要充分发挥大势、分时、K线、成交量及其他技术指标的合力作用，以此来分析预判股价的后期走势；另一方面，股价突破主要均线之后可能出现回抽走势，如回抽走势跌穿主要均线，就可能是假突破或主力骗线，应及时止损出局。

图2-19是002835同为股份2024年4月12日星期五下午收盘时的K线走势图。在软件上将该股整个K线走势图进行缩小后可以看出，该股整体走势处于上升趋势中。股价从前期相对低位，即2024年2月7日的最低价9.80元止跌企稳后，主力机构开始向上推升股价，收集筹码，K线走势呈涨多跌少态势，其间收出1个吸筹建仓型涨停板。

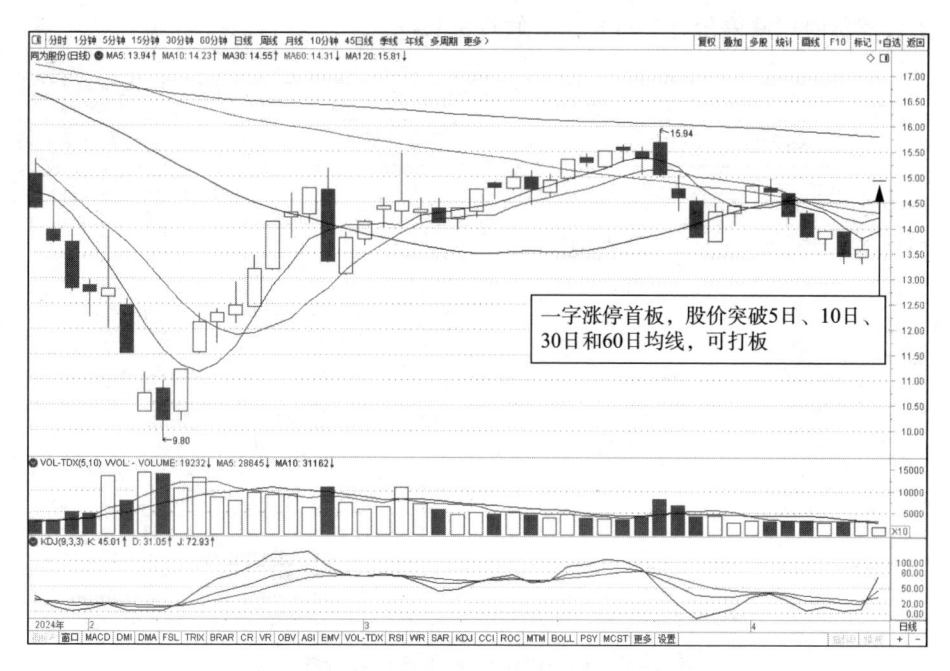

图2-19 同为股份（002835）日K线走势图

2024年3月25日，该股高开，股价冲至当日最高价15.94元回落，收出一根带上影线的看跌吞没大阴线，成交量较前一交易日大幅放大，随后股价展开震荡下跌（洗盘调整）走势。震荡下跌期间，成交量呈萎缩状态。

2024年4月12日截图当日，该股涨停开盘，收出一个一字涨停板，为首板，突破前高，留下向上突破缺口，突破5日、10日、30日和60日均线，成交量较前一交易日略萎缩（一字涨停的原因），形成向上突破缺口和缩量一字涨停K线形态。此时，5日、10日和30日均线呈多头排列，KDJ等部分技术指标走强，股价的强势特征较为明显，后市快速上涨的概率大。像这种情况，普通投资者可以在当日早盘该股涨停后快速下单打板买入。

图2-20是002835同为股份2024年4月12日星期五上午开盘后至9:32的分时走势图。这是该股收出的首板，当日股价突破5日、10日、30日和60日均线。从分时走势图可以看出，当日该股涨停开盘，从盘口右边近3分钟的成交明细可以看出，成交少且量小，百手以上大单只有6笔，普通投资者即使在当日集合竞价时，直接以涨停价挂买单排队等候打板，成交的可能性也不大。当然，当日没能成交也没关系，像如此强势的一字板，可以在次日集合竞价时以涨停价挂买单排队等候打板买进。

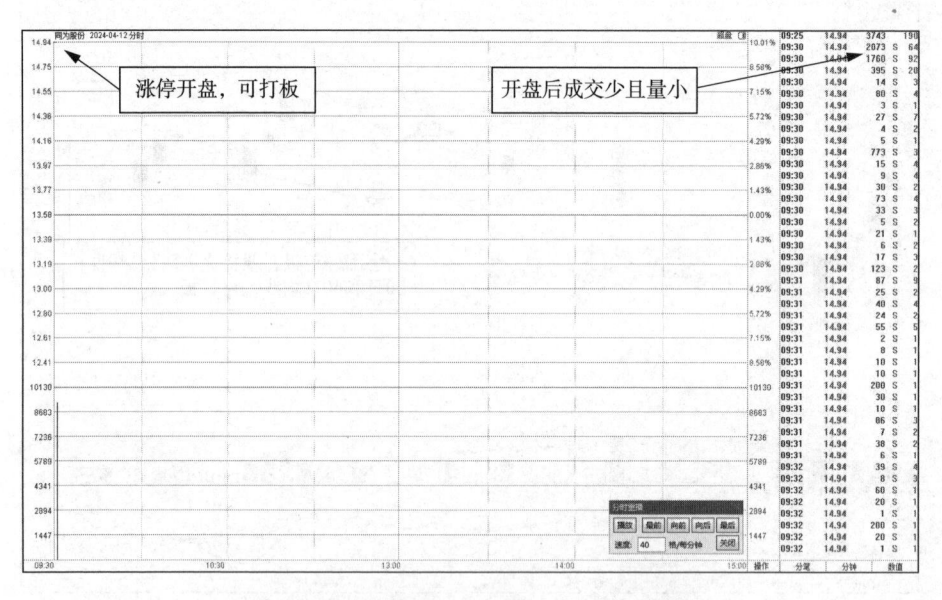

图2-20　同为股份（002835）分时走势图

三、以涨停的方式快速启动拉升行情

涨停板最重要的功能之一就是启动拉升行情，这也是最主要的涨停内在动因。涨停板是主力行为，主力机构要运作较大级别以上的行情，实现盈利

最大化，最直接的操盘手法就是通过拉涨停板来实现。通过拉涨停板启动行情，通过连续拉涨停板不断吸筹、不断扩大盈利。

以涨停的方式快速启动拉升行情，是指个股中期洗盘调整走势结束后，主力机构借助个股利好消息的影响，通过拉涨停板快速展开拉升行情，进入主升浪。

图 2-21 是 600178 东安动力 2023 年 12 月 5 日星期二下午收盘时的 K 线走势图。在软件上将该股整个 K 线走势图进行缩小后可以看出，该股走势处于上升趋势中。股价从前期相对低位，即 2023 年 6 月 8 日的最低价 5.75 元止跌企稳后，主力机构开始向上推升股价，收集筹码，K 线走势呈涨多跌少态势，其间收出 2 个吸筹建仓型涨停板。

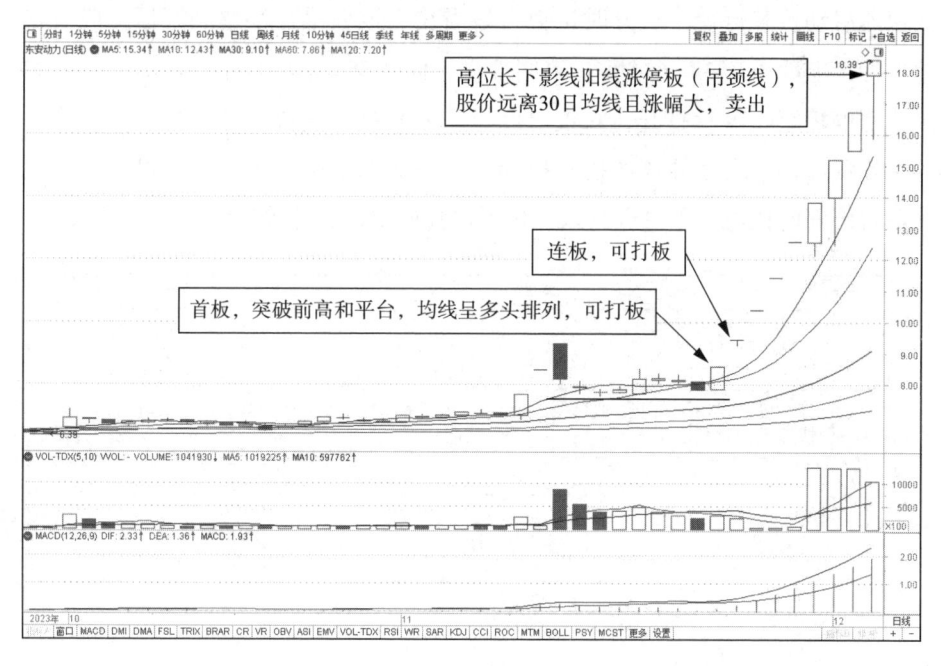

图 2-21 东安动力（600178）日 K 线走势图

2023 年 11 月 13 日，该股涨停开盘，股价回落，收出一根乌云盖顶大阴线，成交量较前一交易日放大 9 倍多，随后股价展开中期洗盘调整走势。洗盘调整期间，成交量呈萎缩状态。

2023 年 11 月 23 日，该股小幅高开，收出一个大阳线涨停板，为乌云盖顶大阴线后的首板，突破前高和平台，成交量较前一交易日放大，形成放量大阳线涨停 K 线形态。此时，该股均线呈多头排列，MACD、KDJ 等技术指标走强，股价的强势特征相当明显，预示该股拉升行情已经启动。像这种情况，普通投资者可以在该股涨停后快速下单打板买入。此后该股快速上涨，连续拉出了 9 个涨停板。

2023 年 12 月 5 日截图当日，该股大幅高开（向上跳空 7.00% 开盘），收出一个长下影线阳线涨停板，成交量较前一交易日萎缩，此时股价已经远离 30 日均线且涨幅大，KDJ、均量线等部分技术指标已经走弱。像这种情况，普通投资者应该在当日以涨停价卖出手中筹码。

图 2-22 是 600178 东安动力 2023 年 11 月 23 日星期四下午收盘时的分时走势图。这是该个股在乌云盖顶大阴线后收出的首板，当日股价以涨停的方式快速启动拉升行情。从分时走势可以看出，该股早盘小幅高开后，股价快速上冲，上冲至 8.35 元时展开回调洗盘，回调至 8.22 元勾头上冲，于 9:33 封上涨停板至收盘没打开，封板时间早，分时盘口强势特征非常明显。像这种中期洗盘调整之后且各项技术指标已显强势的个股首板，普通投资者可以在股价涨停时快速下单打板买入，也可以在股价即将涨停前快速狙击买入。

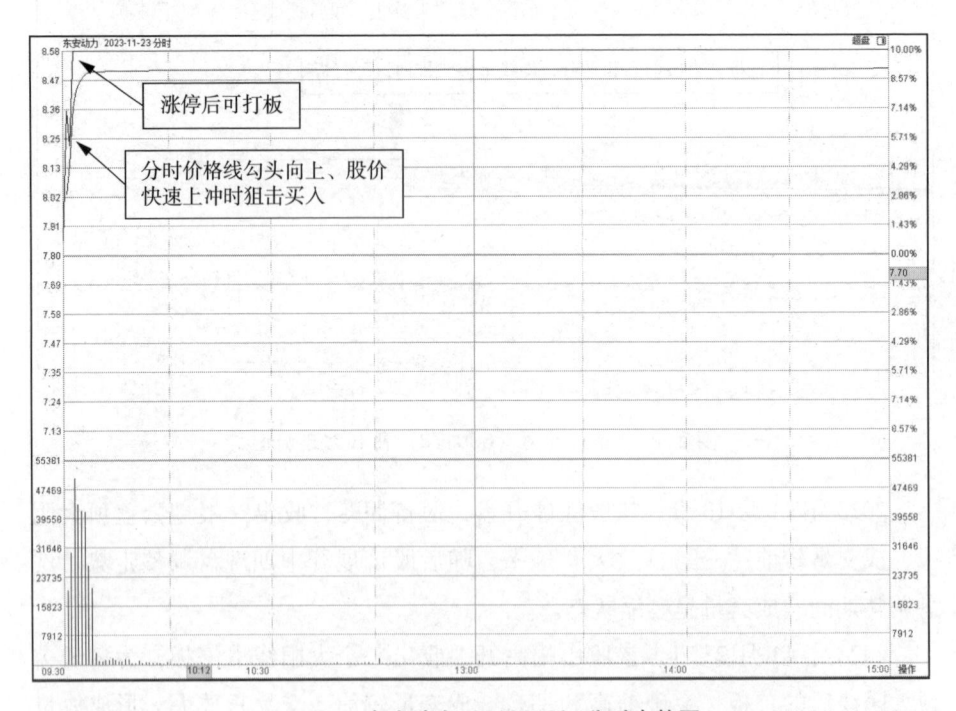

图 2-22　东安动力（600178）分时走势图

四、以涨停的方式引诱跟风盘而展开出货

涨停板第二个重要的功能，就是在拉升的后期，主力机构利用涨停板引诱跟风盘进场买进而悄悄派发出货，这也是最主要的涨停内在动因。

以涨停的方式引诱跟风盘而展开出货，是指在拉升行情的后期，主力机构借助大势向上、个股利好消息等影响，通过拉出涨停板吸引市场人气，引起场外资金注意，引诱普通投资者跟庄进场而展开派发出货。由于涨停板具有强大的赚钱效应，主力机构通过拉出涨停板，能很好地吸引市场资金的关注和买入，快速兑现筹码，实现真正的盈利。

图 2-23 是 603580 艾艾精工 2024 年 3 月 21 日星期四下午收盘时的 K 线走势图。在软件上将该股整个 K 线走势图进行缩小后可以看出，该股走势处于上升趋势中。股价从前期相对低位，即 2022 年 5 月 6 日的最低价 8.80 元止跌企稳后，随即展开震荡盘升行情。

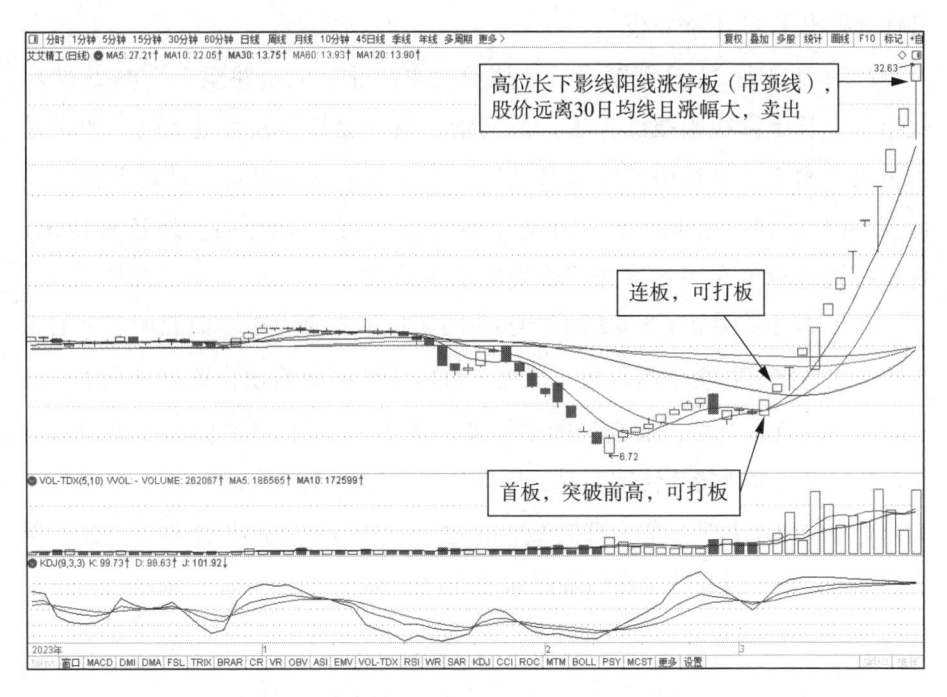

图 2-23 艾艾精工（603580）日 K 线走势图

2023年2月14日，该股高开，股价冲至当日最高价19.19元回落，收出一根假阴真阳螺旋桨K线，成交量较前一交易日大幅放大，随后股价展开震荡下跌（洗盘调整）走势。2023年5月23日开始，股价展开横盘震荡整理走势。受大盘持续下跌的影响，从2024年1月16日起，主力机构采取挖坑的操盘手法打压股价，再次展开洗盘行情。2024年2月8日，该股大幅低开，收出一根大阳线（收盘涨幅6.02%），成交量较前一交易日放大2倍多，股价止跌企稳，主力机构开始向上推升股价，收集筹码，K线走势呈涨多跌少态势。

2024年3月5日，该股小幅低开，收出一个大阳线涨停板，为首板，成交量较前一交易日萎缩（涨停的原因），形成大阳线涨停K线形态。从当时的板块或热点概念分析，该个股属于新型工业化概念（轻型输送带）龙头。此时，该股均线虽然未全部多头排列，但MACD、KDJ等技术指标已经走强，股价的强势特征较为明显，预示后市上涨的概率大。像这种情况，普通投资者可以在该股涨停后快速下单打板买入。此后主力机构快速拉升，13个交易日连续拉出了13个涨停板。

2024年3月21日截图当日，该股大幅高开（向上跳空6.20%开盘），收出一个长下影线阳线涨停板，成交量较前一交易日放大近3倍，明显是主力机构利用涨停板引诱跟风盘进场买进而悄悄派发出货，此时股价已经远离30日均线且涨幅大，KDJ等部分技术指标开始走弱。像这种情况，普通投资者应该在当日以涨停价卖出手中筹码。

图2-24是603580艾艾精工2024年3月5日星期二下午收盘时的分时走势图。这是该个股收出的首板，从当日分时走势可以看出，该股早盘小幅低开后，股价急速上冲，成交量同步放大，于9:32封上涨停板至收盘没有打开，分时盘口强势特征特别明显，涨停板封板结构优。像这种K线走势处于上升趋势的概念龙头强势个股首板，普通投资者可以在股价涨停后快速下单打板买入，也可以在股价即将涨停前快速狙击买入。

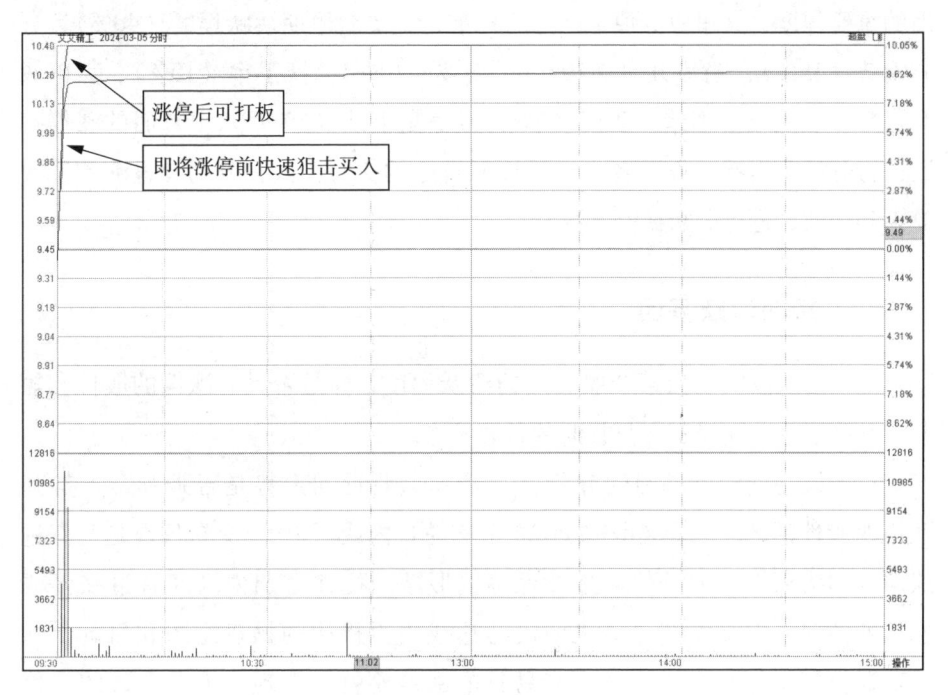

图 2-24　艾艾精工（603580）分时走势图

第三节　涨停基因分析

涨停基因分析是对个股近期活跃程度（近期是否有过涨停）、分时强势程度、大单资金流入等情况，以一定的分值进行估值分析后，逐一得出推动个股涨停的单个因素分值，各单个因素的组合就是涨停的原因，且总分值越高表明个股涨停的概率越大。

涨停基因是属于技术层面的涨停原因，技术层面的分析不考虑个股政策面、基本面、消息面等因素，而是透过个股过去的运行轨迹以及各技术指标留下的记录来研究预测个股未来走势或价格的变动趋势。但技术分析并非完美无缺，因为它依赖的是历史数据和市场交易者的行为模式，市场条件的变化可能导致技术分析失真或失效，所以它具有很大的局限性和滞后性。

实战操盘中，普通投资者一定要结合涨停的外在因素、内在动因及其他技术指标，进行综合分析预判后，再行打板决策。为了体现出各单个涨停基因的重要程度，这里以分值100分为标准，主要对短期活跃程度（40%）、分时走势（15%）、趋势方向（10%）、突破（10%）、换手率（10%）、大单成交（5%）、人气（情绪）程度（5%）及缩量上涨（5%）八个方面的涨停基因进行分析。当然，投资者也可以按照自己的交易模式，分别设置涨停基因类别和分值，进行分析研判和决策。

一、短期活跃基因

短期活跃基因是指某个股近期的活跃程度，即是否具有涨停的股性。短期活跃基因是普通投资者打板时的首要参考。

对个股短期活跃基因的分析，一是看该股近期走势是否强劲，走势强劲说明股性活跃。二是看该股近20个交易日内或近10个交易日内是否有过涨停，因为后期能够涨停或连续涨停的股票，往往短期内已经有过涨停或连板的情况，但又没有涨透也即没有达成主力机构的操盘意图和目的。如果普通投资者打开今日或某个交易日的涨停榜就会发现，绝大多数的涨停个股此前就已经收出过涨停板。比如上一交易日涨停、下一交易日连板，或是本月或近期涨停后再涨停。当然，也有一些很早涨停的股票，下跌调整或横盘震荡洗盘较长时间后再次涨停。三是看该股近期的最高涨幅和平均振幅等。

图2-25是603006联明股份2024年3月27日星期三下午收盘时的K线走势图。在软件上将该股整个K线走势图进行缩小后可以看出，该股走势处于上升趋势中。股价从前期最低位，即2024年2月8日的最低价6.60元止跌企稳后，主力机构开始向上推升股价，收集筹码，K线走势呈涨多跌少态势，主力机构洗盘控盘比较到位，股价的上升趋势已经形成。

2024年3月27日截图当日，该股大幅高开（向上跳空7.00%开盘），收出一个带下影线的小阳线涨停板，为二板，突破前高，留下向上突破缺口，成交量较前一交易日大幅放大，形成向上突破缺口和放量小阳线涨停K线形态。此时，该股均线（除60日均线外）呈多头排列，MACD、KDJ、均量线等技术指标走强，股价的强势特征相当明显，后市快速上涨的概率大。像这种情况，普通投资者可以在该股涨停后快速下单打板买入。

从该股的短期活跃基因分析，一是该股近期走势强劲，股性活跃。二是该股前一交易日收出涨停板，突破前高，成交量放大，当日该股大幅跳空高开，收出小阳线涨停板，留下向上突破缺口，成交量进一步放大。三是该股止跌企稳之后的上涨过程中，26个交易日内有19个交易日收出阳线且有2个交易日收出涨停板，主力机构明盘和暗盘资金呈持续流入状态。以短期活跃基因40%的分值估算，可估算为31分/40分，结合其他涨停动（基）因分析，该股后市短期连板的概率大。

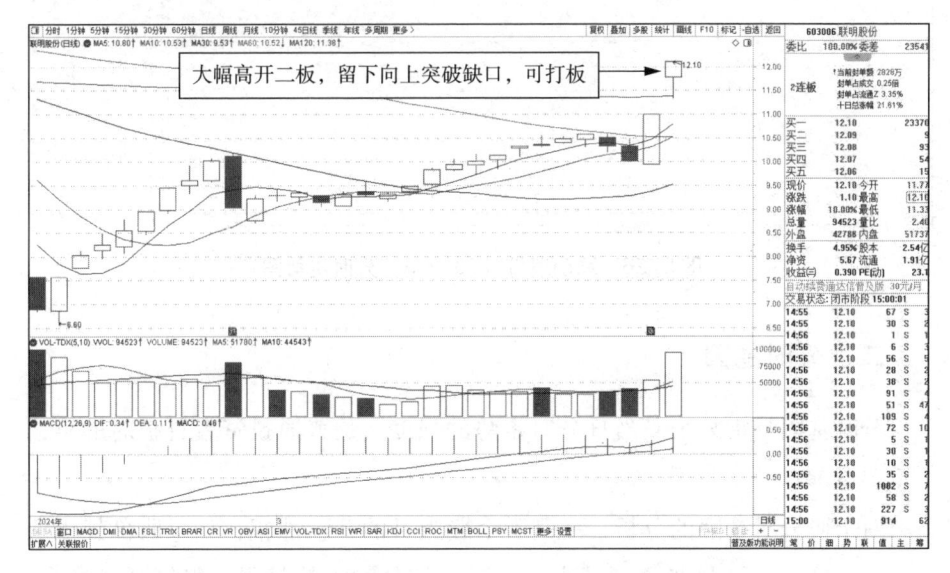

图2-25 联明股份（603006）日K线走势图

图2-26是603006联明股份2024年3月27日星期三下午收盘时的分时走势图。这是该个股收出的二板，从当日分时走势可以看出，该股早盘大幅高开后，股价快速回调，回调至11.33元急速勾头向上，分两个波次于9:34封上涨停板至收盘没打开，封板时间早，分时盘口强势特征明显。像这种K线走势已经处于上升趋势，主力机构控盘程度较高，且个股短期活跃基因估值较高的个股二板，普通投资者可以在当日该股涨停后跟庄打板，也可以在股价涨停前快速狙击买入，当然也可以在早盘大幅高开后股价回调过程中择机买入筹码。

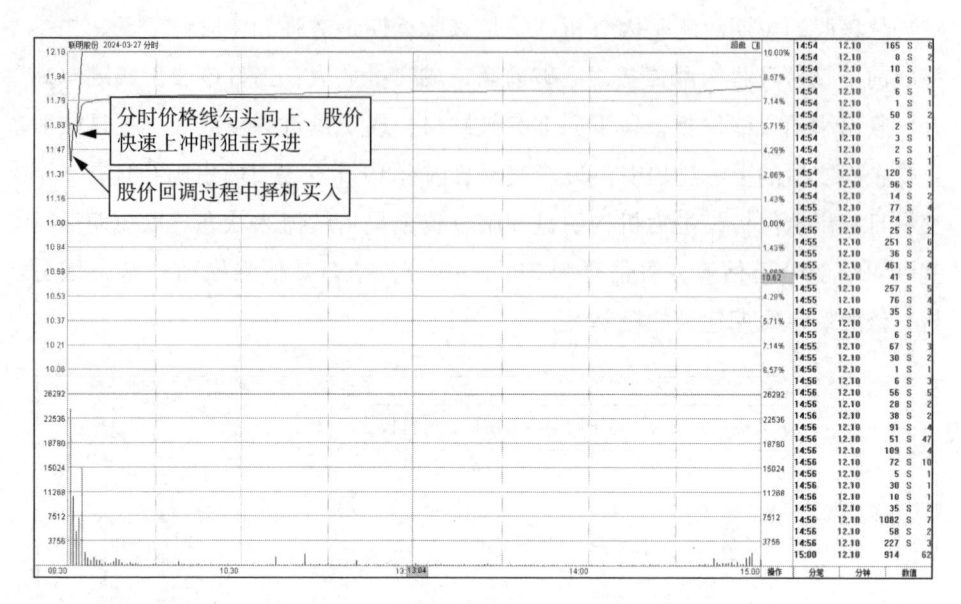

图 2-26 联明股份（603006）分时走势图

二、分时基因

分时基因是指某个股当日分时走势的强度，是普通投资者打板时的第二个重要参考。

对个股分时基因的分析，一是看个股当日的开盘涨幅，如果股价处于低位或相对低位，则早盘高开越多，表明当日分时走势越强，涨停开盘最强。二是看当日开盘后分时价格线的走势。开盘后分时价格线直接上冲封板为最强势；开盘后分时价格线分二个或三个波次于 10:00 前上冲封板为强势；开盘后分时价格线运行于分时均价线上方，平滑上行或震荡上行或横盘震荡，于 11:30 前上冲封板为较强势。三是看该股当日运行过程中的最低涨幅，以预判主力机构当日洗盘的托底价位。

图 2-27 是 001267 汇绿生态 2024 年 5 月 20 日星期一下午收盘时的 K 线走势图。在软件上将该股整个 K 线走势图进行缩小后可以看出，该股走势处于上升趋势中。股价从前期最低位，即 2024 年 4 月 16 日的最低价 3.34 元止跌企稳后，主力机构开始向上推升股价，收集筹码，K 线走势呈涨多跌少态势，主力机构筹码趋于集中，洗盘控盘程度比较到位，股价的上升趋势已经

形成。

2024年5月20日截图当日，该股涨停开盘，收出一个一字涨停板，为首板，突破前高，留下向上突破缺口，成交量较前一交易日大幅萎缩（一字涨停的原因），形成向上突破缺口和一字涨停K线形态。此时，该股均线（除120日均线外）呈多头排列，MACD、KDJ等技术指标走强，股价的强势特征相当明显，后市短期快速上涨的概率大。像这种情况，普通投资者可以在当日该股涨停开盘后跟庄打板，当然也可以在早盘集合竞价时视情况以涨停价挂买单排队等候买入。

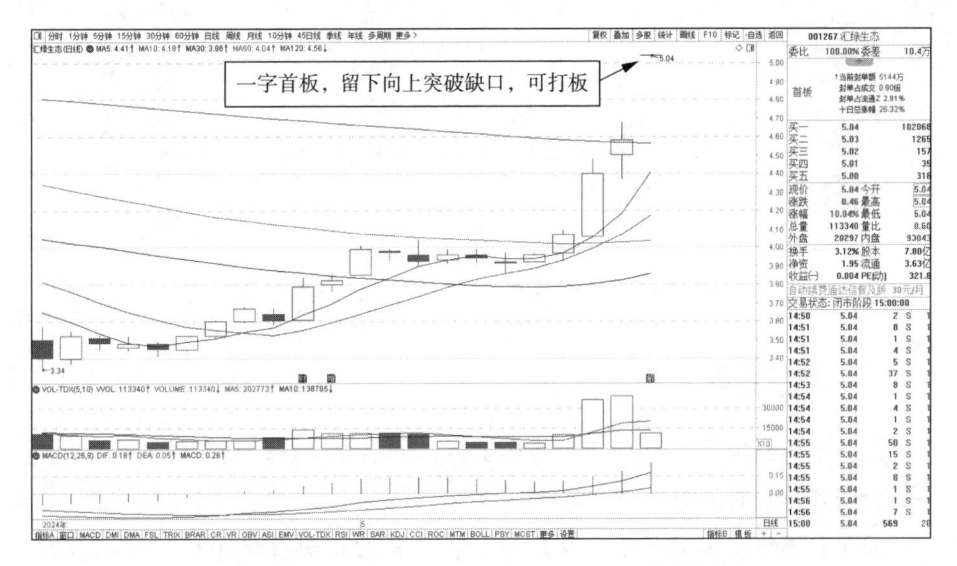

图2-27　汇绿生态（001267）日K线走势图

图2-28是001267汇绿生态2024年5月20日星期一下午收盘时的分时走势图。这是该个股收出的首板，从当日分时走势可以看出，该股早盘涨停开盘，至收盘没有打开，分时盘口强势特征明显。像这种K线走势已经处于上升趋势、主力机构筹码趋于集中、洗盘控盘程度较高的一字板首板，普通投资者可以在当日该股涨停开盘后跟庄打板，当然也可以在早盘集合竞价时视情况以涨停价挂买单排队等候买入。

从该股的分时基因分析，一是该股当日涨停开盘（涨幅10%），为最强开盘，且K线走势显示此时股价处于相对低位。二是当日分时走势为一字走势，盘中运行最高和最低涨幅均为10%、收盘涨幅为10%。以分时基因15%的分值估算，可估算为 14 分/15 分，结合其他涨停动（基）因分析，该股后市短期连板的概率大。

图 2-28 汇绿生态（001267）分时走势图

三、趋势基因

趋势基因是指个股的 K 线走势向上运行的强度，这是交易的前提，也是普通投资者打板时的第三个重要参考。

对个股趋势基因的分析，一是看个股日 K 线走势（做中长线要结合周、月 K 线分析）是否处于强势上升趋势，炒股一定要炒上升趋势强势股。二是看 15 分钟级别 K 线是否呈强势趋势。三是看五大均线（均线可自主设置）是否呈多头排列趋势。当然，还可以参考 MACD、KDJ、BOLL 等技术指标是否处于强势状态。

图 2-29 是 605258 协和电子 2024 年 6 月 4 日星期二下午收盘时的 K 线走势图。在软件上将该股整个 K 线走势图进行缩小后可以看出，该股走势处于上升趋势中。股价从前期最低位，即 2024 年 2 月 8 日的最低价 13.40 元止跌企稳后，主力机构开始向上推升股价，收集筹码，K 线走势呈涨多跌少态势，其间收出过 4 个涨停板，均为吸筹建仓型涨停板，主力机构筹码趋于集中，洗盘控盘程度比较高，股价的上升趋势已经形成。

2024年6月4日截图当日，该股涨停开盘，收出一个一字涨停板，为二板，突破前高，留下向上突破缺口，成交量较前一交易日大幅萎缩（一字涨停的原因），形成向上突破缺口缩量一字涨停K线形态。此时，该股均线（除120日均线外）呈多头排列，MACD、KDJ等技术指标走强，股价的强势特征相当明显，后市短期快速上涨的概率大。像这种情况，普通投资者可以在当日该股涨停开盘后跟庄打板，也可以在早盘集合竞价时视情况以涨停价挂买单排队等候买入。

从该股的趋势基因分析，一是该股的日K线走势处于强势上升趋势。二是五大均线（除120日均线外）呈多头排列。三是MACD、KDJ等技术指标已经走强。以趋势基因10%的分值估算，可估算为8分/10分，结合其他涨停动（基）因分析，该股后市短期连板的概率大。

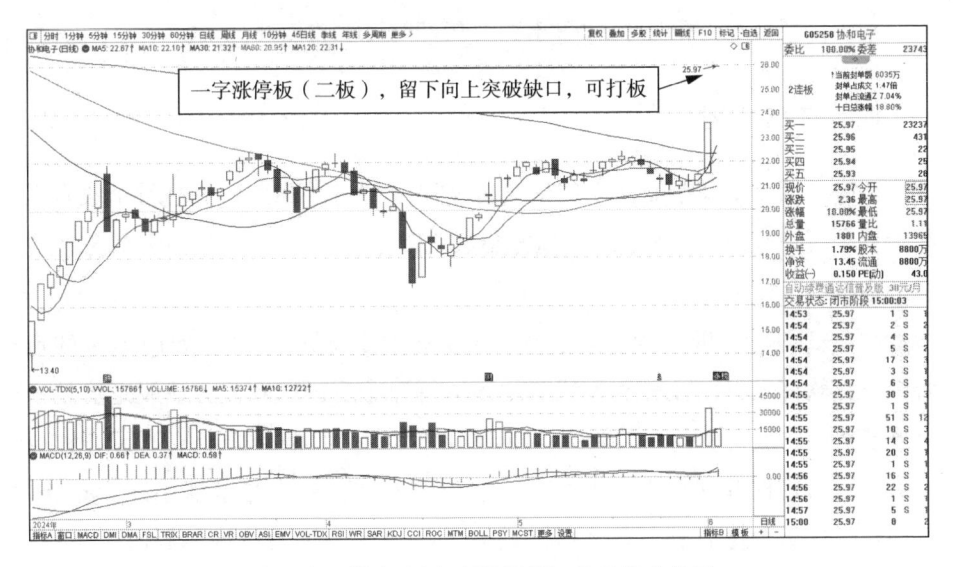

图2-29 协和电子（605258）日K线走势图

图2-30是605258协和电子2024年6月4日星期二下午收盘时的分时走势图。这是该个股收出的二板，从当日分时走势可以看出，该股早盘涨停开盘，至收盘没有打开，分时盘口强势特征明显。像这种K线走势已经处于上升趋势、主力机构筹码趋于集中、洗盘控盘程度较高的一字板二板，普通投资者可以在当日该股涨停开盘后跟庄打板，也可以在早盘集合竞价时视情况以涨停价挂买单排队等候买入。

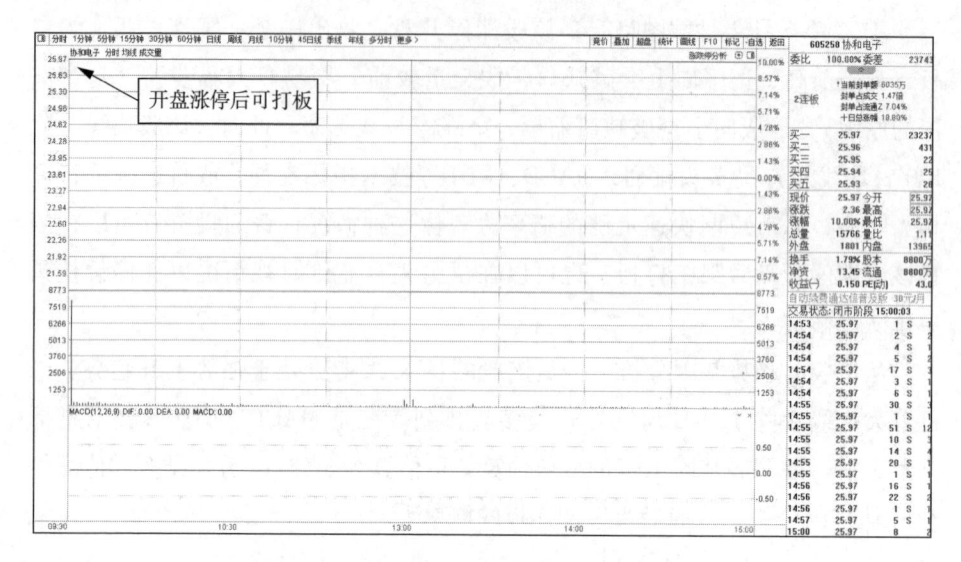

图 2-30 协和电子（605258）分时走势图

四、突破基因

突破基因是指某个股向上突破某区域以及拉升的强度。一是看个股日 K 线走势是否突破前高、平台、下跌密集成交区等。二是看 15 分钟级别 K 线拉升的强度。

图 2-31 是 603988 中电电机 2024 年 4 月 3 日星期三下午收盘时的 K 线走势图。在软件上将该股整个 K 线走势图进行缩小后可以看出，该股走势处于上升趋势中。股价从前期最低位，即 2024 年 2 月 8 日的最低价 5.92 元止跌企稳后，主力机构开始向上推升股价，收集筹码，K 线走势呈涨多跌少态势，其间收出过 2 个涨停板，均为吸筹建仓型涨停板，主力机构筹码趋于集中，洗盘控盘程度比较高，股价的上升趋势已经形成。

2024 年 4 月 3 日截图当日，该股涨停开盘，收出一个小 T 字涨停板（当日开盘价、涨停价和收盘价为 11.37 元，最低价为 11.30 元），为二板，基本突破前期下跌密集成交区，留下向上突破缺口，成交量较前一交易日放大，形成向上突破缺口和放量小 T 字涨停 K 线形态。此时，该股均线（除 60 日均线外）呈多头排列，MACD、KDJ、BOLL、均量线等技术指标走强，股价的强势特征相当明显，后市短期快速上涨的概率大。像这种情况，普通投资者可以在当日该股涨停开盘后跟庄打板,也可以在早盘集合竞价时视情况以涨停价挂买单排队等候买入。

从该股的突破基因分析,一是该股前一交易日收出一个大阳线涨停板,突破前高,留下向上突破缺口。二是当日收出一个小T字涨停板,基本突破前期下跌密集成交区,且成交量放大,显示该股股性活跃,后市上涨欲望强烈。由于当日收出的小T字板近似一字涨停板,15分钟级别K线周期拉升强度不明显。以突破基因10%的分值估算,可估算为8分/10分,结合其他涨停动(基)因分析,该股后市短期连板的概率大。

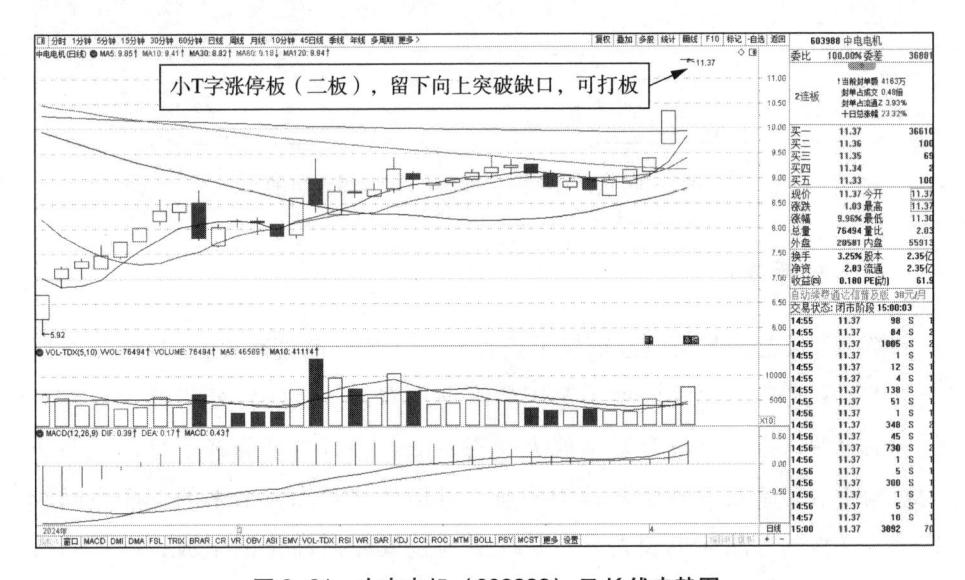

图2-31　中电电机(603988)日K线走势图

图2-32是603988中电电机2024年4月3日星期三下午收盘时的分时走势图。这是该个股收出的二板,从当日分时走势可以看出,该股涨停分时早盘涨停开盘,下午涨停收盘,虽然其间有大单瞬间卖出,但分时盘口强势特征仍十分明显。像这种K线走势已经处于上升趋势、主力机构筹码趋于集中、控盘程度较高、突破前高和前期下跌密集成交区的小T字板二板,普通投资者可以在当日该股涨停开盘后跟庄打板,也可以在早盘集合竞价时视情况以涨停价挂买单排队等候买入。

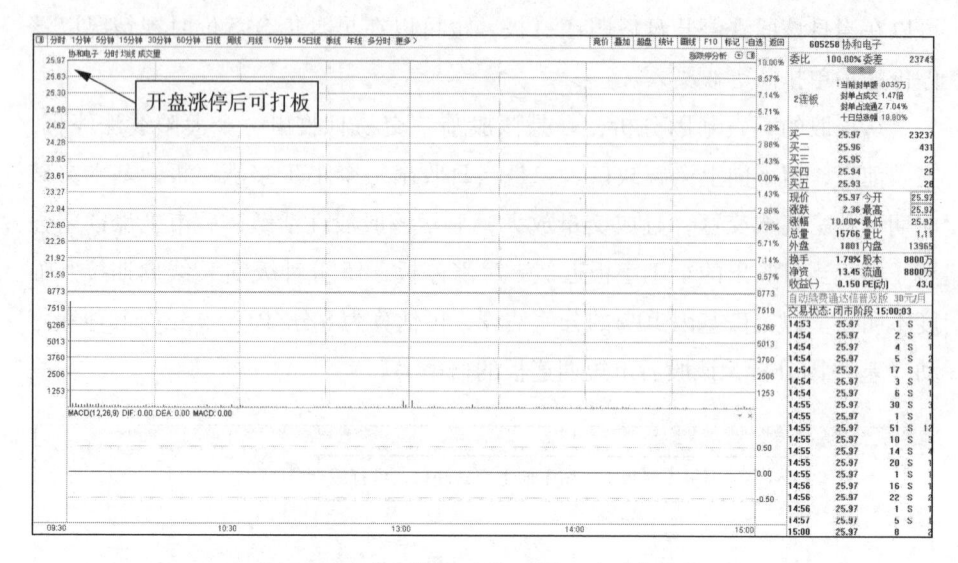

图 2-32　中电电机（603988）分时走势图

五、换手基因

换手基因是指某个股近期换手是否充分（视流通盘而论），反映出个股交易的活跃程度。对涨停换手基因要辩证地看，一是股价处于低位或相对低位的个股，近 5 日成交量呈放大状态，涨停当日出现高换手率，说明主力机构明盘和暗盘资金流入较为明显，可信度比较高，未来的上涨空间较广阔，连板的可能性也较大。二是处于高位或相对高位的个股，涨停当日出现高换手率，说明主力机构在派发出货，普通投资者应该清仓出局，回避风险。

图 2-33 是 000702 正虹科技 2024 年 5 月 21 日星期二下午收盘时的 K 线走势图。在软件上将该股整个 K 线走势图进行缩小后可以看出，该股走势处于上升趋势中。股价从前期相对低位，即 2024 年 2 月 8 日的最低价 2.94 元止跌企稳后，主力机构开始向上推升股价，收集筹码，K 线走势呈涨多跌少态势，其间收出过 3 个涨停板，均为吸筹建仓型涨停板，主力机构筹码趋于集中，洗盘控盘程度比较高，股价的上升趋势已经形成。

2024 年 5 月 21 日截图当日，该股高开，收出一个略带下影线的大阳线涨停板，为二板，突破前高，成交量较前一交易日大幅放大，形成放量大阳线涨停 K 线形态。此时，该股均线（除 120 日均线外）呈多头排列，MACD、KDJ、均量线等技术指标走强，股价的强势特征相当明显，后市快速上涨的概率大。像这种情况，普通投资者可以在该股涨停后快速下单打板买入。

从该股的换手基因分析，一是该股当日涨停换手率为 16.89%，较前一交易日涨停换手率 8.08% 放大 2 倍多，换手比较充分。二是该股股价处于相对低位，连续 5 日平均换手率为 10.71%，股性比较活跃。以短期换手基因 10% 的分值估算，可估算为 8 分/10 分，结合其他涨停动（基）因分析，该股后市短期连板的概率大。

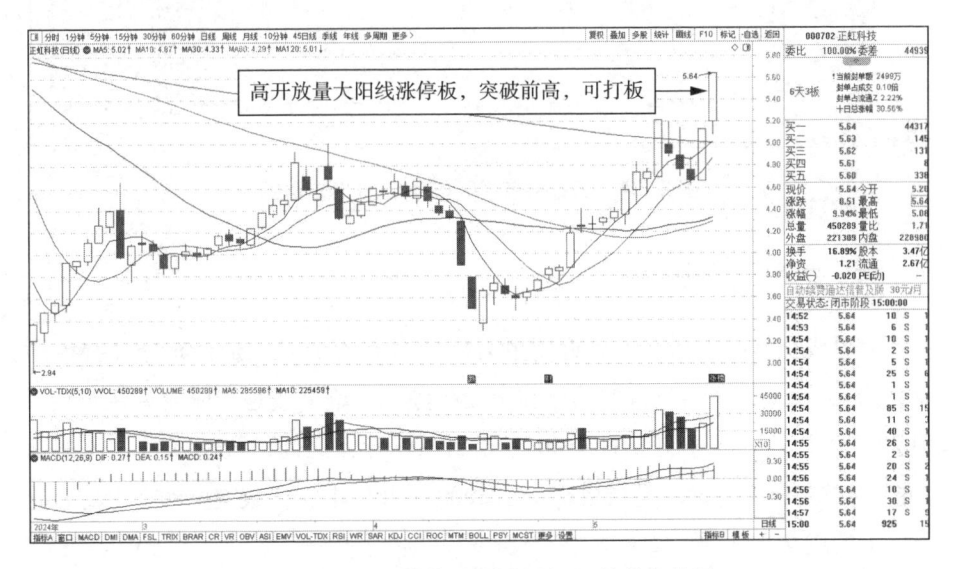

图 2-33　正虹科技（000702）日 K 线走势图

图 2-34 是 000702 正虹科技 2024 年 5 月 21 日星期二下午收盘时的分时走势图。这是该个股收出的二板，从当日分时走势可以看出，该股早盘小幅高开后，股价快速上冲，然后展开回调整理，股价一度跌破前一交易日收盘价，10:58 股价急速勾头上冲，于 11:03 封上涨停板至收盘没有打开，封板时间较早，分时盘口强势特征比较明显。像这种 K 线走势已经处于上升趋势、主力机构控盘程度较高，且个股短期换手基因估值较高的个股二板，普通投资者可以在当日该股涨停后跟庄打板，也可以在股价即将涨停前快速狙击买入。

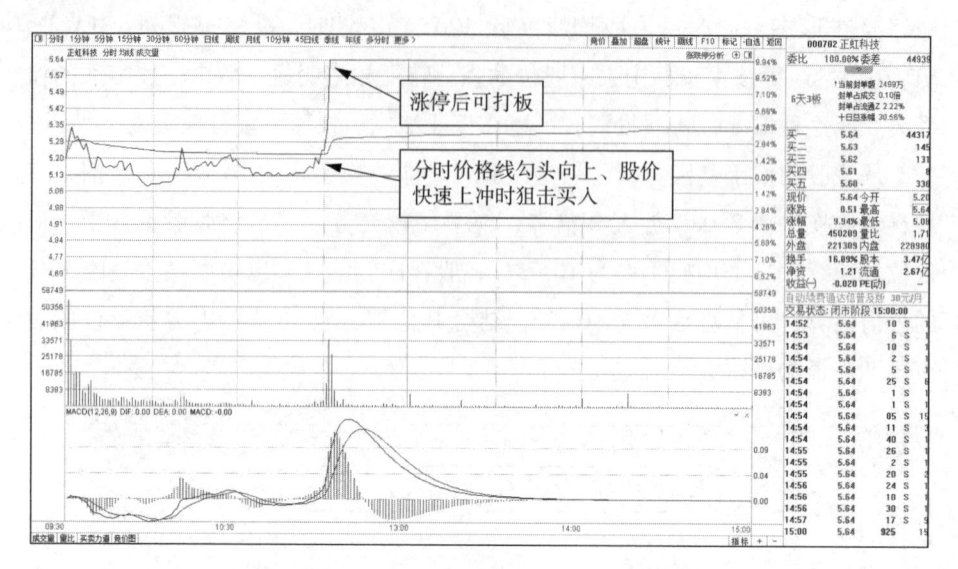

图 2-34　正虹科技（000702）分时走势图

六、大单成交基因

大单成交基因是指某个股近期主力机构明盘资金流入是否充分（视流通盘而论），反映出主力机构的动向和个股趋势。大单一般是指成交量在 600 手到 2000 手之间，或成交金额在 30 万元到 100 万元之间，或成交量占流通盘 0.1% 的成交单。特大单是指成交量在 2000 手及以上，或成交金额在 100 万元及以上的成交单。

对大单成交基因的分析，一是看该股短期内主力机构明盘资金净流入情况，如果出现大量的大单或特大单买入，说明主力机构看好该股，后市短期上涨的概率较大，连板的概率也较大；二是看涨停当日买一位置的封单量（额），如买一位置的封单量（额）大，说明下一交易日高开或涨停的概率较大。实战操盘中，普通投资者要小心防范主力机构在买一位置的大单或特大单的撤单行为。

图 2-35 是 600719 大连热电 2024 年 5 月 24 日星期五下午收盘时的 K 线走势图。在软件上将该股整个 K 线走势图进行缩小后可以看出，2023 年 7 月上中旬该股有过一波大幅拉升，之后展开大幅震荡整理走势，K 线走势处于上升趋势中。2024 年 2 月 6 日股价跌至最低价 5.82 元止跌企稳后，主力机构

开始向上推升股价，收集筹码，K 线走势呈涨多跌少态势，其间收出过一个涨停板，股价的上升趋势再次形成。

2024 年 5 月 24 日截图当日，该股高开，收出一个大阳线涨停板，为首板，突破前高，成交量较前一交易日萎缩（涨停的原因），形成缩量大阳线涨停 K 线形态。此时，该股均线呈多头排列，MACD、KDJ 等技术指标走强，股价的强势特征相当明显，后市短期快速上涨的概率大。像这种情况，普通投资者可以在该股涨停后快速下单打板买入。

从该股的大单成交基因分析，一是此时该股流通市值为 39.41 亿，属于较小盘面，短期内主力机构资金净流入 9179.93 万，大单成交（也即主力机构明盘资金流入）比较活跃。二是涨停当日买一位置的封单量为 55435 手，封单量大。以短期大单成交基因 5% 的分值估算，可估算为 4 分/5 分，结合其他涨停动（基）因分析，该股下一交易日高开或涨停的概率较大，且后市短期连板的概率也较大。

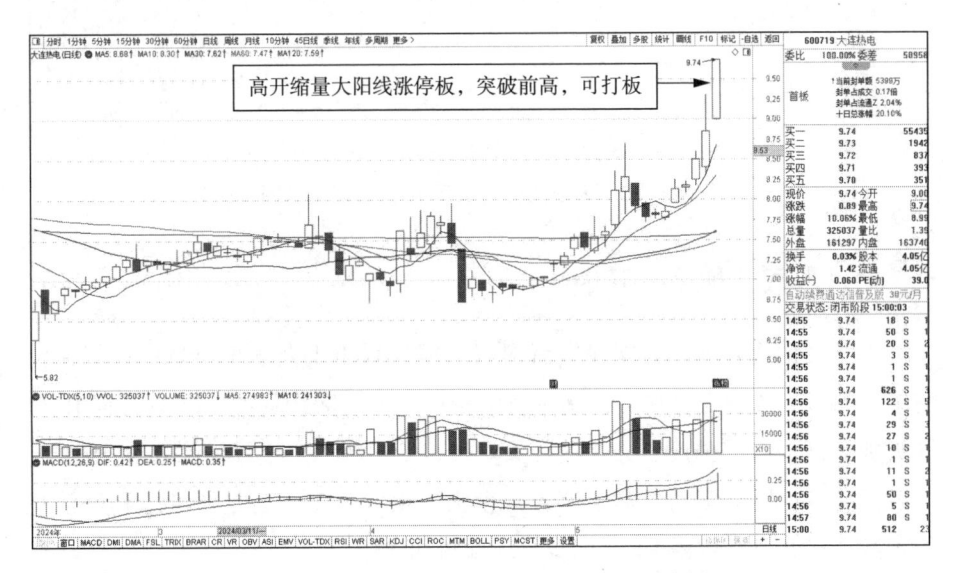

图 2-35　大连热电（600719）日 K 线走势图

图 2-36 是 600719 大连热电 2024 年 5 月 24 日星期五下午收盘时的分时走势图。这是该个股收出的首板，从当日分时走势可以看出，该股早盘小幅高开后，股价快速上冲，于 9:31 封停后瞬间被打开，股价回落至 9.50 元后急速勾头上冲，于 9:35 封停再次瞬间被打开，高位短暂回调后，于 9:37 封上

涨停板至收盘没再打开，封板时间早，分时盘口强势特征比较明显。像这种K线走势已经处于上升趋势、主力机构控盘程度较高，且个股短期大单成交密集的个股首板，普通投资者可以在当日该股涨停后跟庄打板，也可以在早盘高开后股价即将涨停前快速狙击买入，当然也可以在涨停板被打开后股价回调过程中快速跟庄买入。

图 2-36　大连热电（600719）分时走势图

七、人气（情绪）基因

人气（情绪）基因是指投资者对目标股票后市走向表现出来的市场主流情绪或趋于一致的交易观点，具体表现在买卖盘的活跃程度上。一是看 15 分钟级别 K 线拉升的强度。二是结合买卖盘、换手率和资金规模综合分析判断。一般情况下，换手率高、资金流入规模大，人气就旺。三是要考虑利好消息的刺激，利好消息鼓舞士气，是人气转暖的重要因素。

图 2-37 是 600714 金瑞矿业 2024 年 5 月 17 日星期五下午收盘时的 K 线走势图。在软件上将该股整个 K 线走势图进行缩小后可以看出，该股走势处于上升趋势中。股价从前期相对低位，即 2024 年 2 月 8 日的最低价 4.89 元止跌企稳后，主力机构开始向上推升股价，收集筹码，K 线走势呈涨多跌少态势，其间收出过 4 个涨停板，均为吸筹建仓型涨停板，主力机构筹码趋于集

中，洗盘控盘程度比较高，股价的上升趋势已经形成。

2024年5月17日截图当日，该股高开，收出一个略带下影线的大阳线涨停板，为首板，突破前高，成交量较前一交易日放大近5倍，形成放量大阳线涨停K线形态。此时，该股均线（除120日均线外）呈多头排列，MACD、KDJ、BOLL、均量线等技术指标走强，股价的强势特征相当明显，后市快速上涨的概率大。像这种情况，普通投资者可以在当日该股涨停后快速下单打板买入。

从该股的人气（情绪）基因分析，一是该股15分钟级别K线，10个周期内，收阳线的周期K线有9根，拉升强度大。二是换手率和资金流入规模较前一交易日大。三是该股当时属于"有色金属+国企改革"热点概念股，市场人气（情绪）较旺。以短期人气基因5%的分值估算，可估算为4分/5分，结合其他涨停动（基）因分析，该股后市短期连板的概率大。

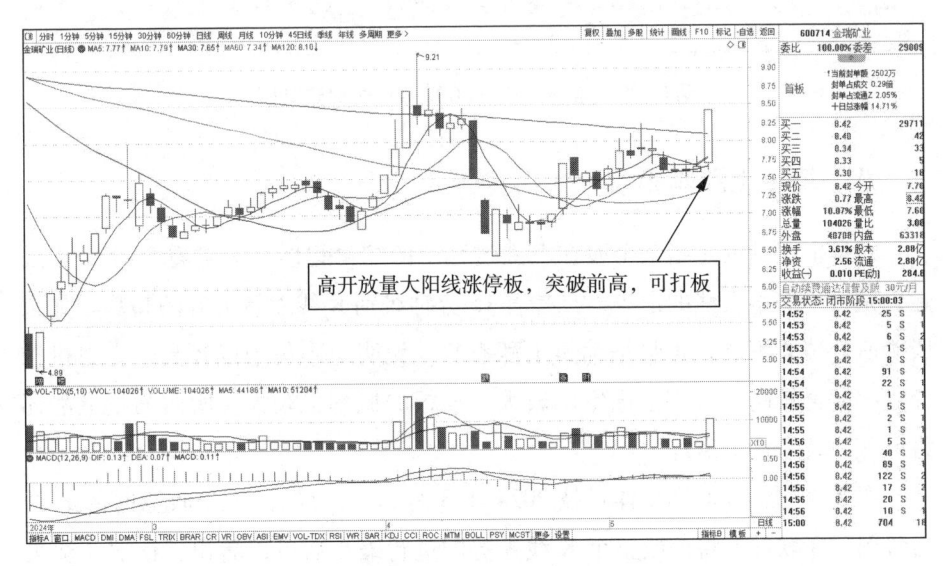

图2-37　金瑞矿业（600714）日K线走势图

图2-38是600714金瑞矿业2024年5月17日星期五下午收盘时的分时走势图。这是该个股收出的首板，从当日分时走势可以看出，该股早盘小幅高开后，股价略上冲即展开回调整理，基本围绕前一交易日收盘价展开小幅横盘整理走势，下午开盘后分两个台阶震荡上行，于13:43封上涨停板至收盘没有打开，涨停板封板结构较差。但由于此时该股主力机构洗盘控盘比较到

位，股价走势已经处于上升趋势，且该股短期人气基因较强，普通投资者可以在当日该股涨停后跟庄打板，也可以在股价即将涨停前快速狙击买入。

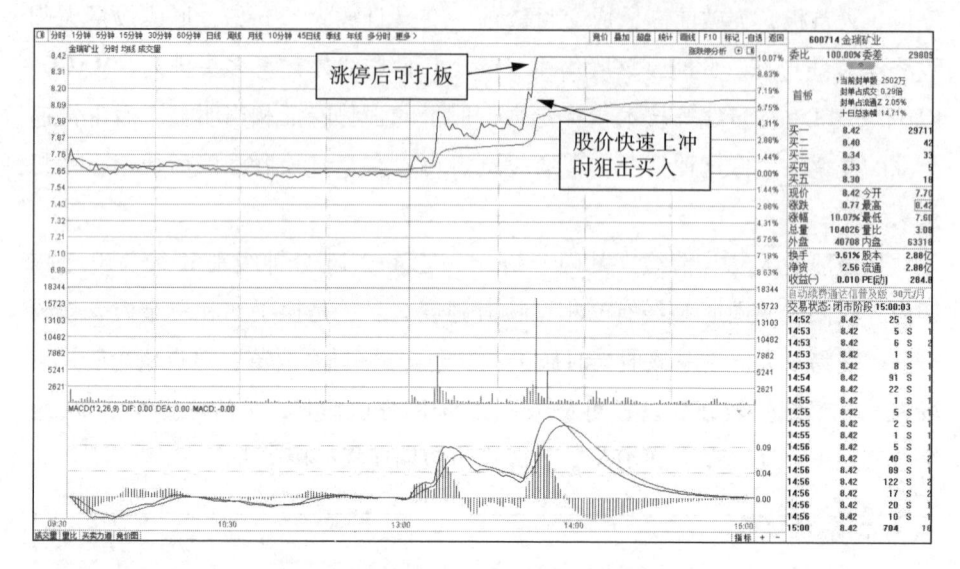

图 2-38 金瑞矿业（600714）分时走势图

八、缩量上涨基因

缩量上涨基因是指某个股在上涨过程中的缩量程度。一是看个股日 K 线走势是否呈缩量上涨的走势，二是看 15 分钟级别 K 线缩量上升的趋势。如果股价所处位置不高，走势呈缩量上涨态势，说明筹码集中度较高，主力机构控盘程度也较高，后市上涨空间较大，连板的概率也较大。所谓缩量上涨还将上涨，就是这个道理。

图 2-39 是 603679 华体科技 2024 年 3 月 28 日星期四下午收盘时的 K 线走势图。在软件上将该股整个 K 线走势图进行缩小后可以看出，该股走势处于上升趋势中。股价从前期最低位，即 2024 年 2 月 8 日的最低价 6.92 元止跌企稳后，主力机构开始向上推升股价，收集筹码，K 线走势呈涨多跌少态势，其间收出过 2 个涨停板，均为吸筹建仓型涨停板，主力机构筹码趋于集中，洗盘控盘程度比较高，股价的上升趋势已经形成。

2024 年 3 月 28 日截图当日，该股涨停开盘，收出一个一字涨停板，为二板，突破前高，留下向上突破缺口，成交量较前一交易日大幅萎缩（一字涨停的原因），形成向上突破缺口和缩量一字涨停 K 线形态。此时，该股均线呈多头排列，MACD、KDJ 等技术指标走强，股价的强势特征相当明显，后市短期快速上涨的概率大。像这种情况，普通投资者可以在当日该股涨停开盘后跟庄打板，也可以在早盘集合竞价时视情况以涨停价挂买单排队等候买入。

从该股的缩量上涨基因分析，一是该股当日涨停的成交量较前一交易日涨停的成交量大幅萎缩，说明前一交易日及之前的换手比较充分。二是当日收出强势一字涨停板，15 分钟级别 K 线周期拉升强度不明显。以缩量上涨基因 5% 的分值估算，可估算为 3 分/5 分，结合其他涨停动（基）因分析，该股后市短期连板的概率大。

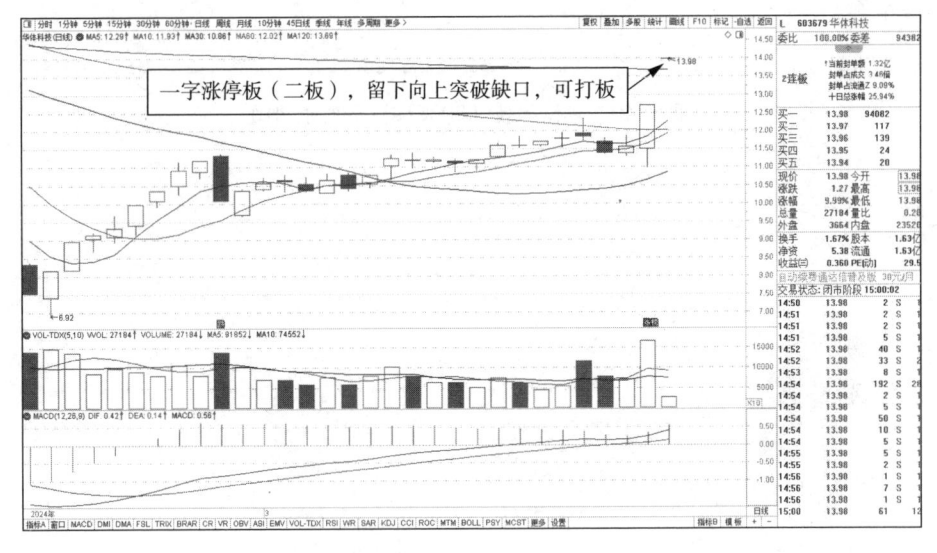

图 2-39　华体科技（603679）日 K 线走势图

图 2-40 是 603679 华体科技 2024 年 3 月 28 日星期四下午收盘时的分时走势图。这是该个股收出的二板，从当日分时走势可以看出，该股早盘涨停开盘，涨停板至收盘仍没有打开，分时盘口强势特征相当明显。像这种 K 线走势已经处于上升趋势、主力机构筹码趋于集中、洗盘控盘程度较高的缩量一字板二板，普通投资者可以在当日该股涨停开盘后跟庄打板，当然也可以在早盘集合竞价时视情况以涨停价挂买单排队等候买入。

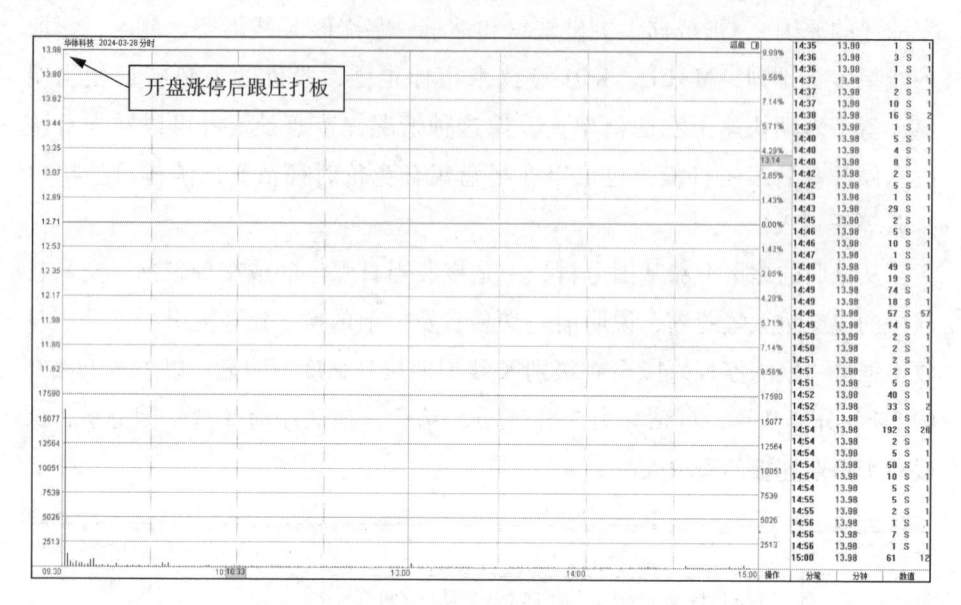

图 2-40　华体科技（603679）分时走势图

第三章

▼

涨停板股的选择

涨停板是强势股走势中最完美最迷人的 K 线形态，不管是主力机构还是普通投资者，每天都有很多人在狙击或追逐涨停板。拉涨停板是明显的主力行为，是主力机构的习惯操盘手法，其操盘目的和意图有试盘、突破、拉升、出货等市场行为，普通投资者一定要认真辨别不同性质的涨停板股，谨慎选择打板。

在打板前，普通投资者要对市场进行充分的分析理解，理解市场的最好办法就是做好每日的复盘工作，通过复盘理解大势，厘清主线板块、龙头梯队有哪些，然后根据概念关联，将主线热点板块的强势股尤其是涨停个股，加入到自选股中进行跟踪关注。

打板有打板的逻辑和模式，就是在了解大势的情况下，通过分析研判搞清楚哪些板股可以打，哪些板股不可以打，从而打出确定性，打出预期，打出顺势而为，确保打板的成功率。

第一节　选择确定性的板股

确定性的板股，一般是指主线板块热度持续的板股、龙头梯队地位稳固的板股、量能释放（换手充分）的板股。

但在实战打板过程中，多数股票是以阳线或阴线、阳线交叉逐步上涨的，只有个股出现了涨停，才表明市场做多情绪的一致性，而这个做多情绪的一致性越强，意味着下一交易日产生的上攻能量越大，溢价的概率也就越高。我们追求的就是这种下一交易日的上冲能量和溢价概率。

一、选择主线板块中热度持续的板股

选择主线板块中热度持续的板股，是指通过紧盯市场热点板块和方向，在认真分析政策面（政策支持）、基本面（业绩好、成长性好）及消息面（利好消息刺激）的基础上，利用成交量（成交量越大，资金参与度越高）、

内外盘（外盘大于内盘，买气高）、换手率（换手率越高，交易越活跃）、均线形态等技术手段，筛选出能够接续涨停的领涨板股。

选择主线板块中热度持续的板股，就是寻找选择龙头板股，只有龙头板股才具备接续涨停的确定性。

图3-1是000062深圳华强2024年8月15日星期四下午收盘时的K线走势图，当时该股属于华为海思概念板块最早启动上涨的龙头（龙一）。在软件上将该股整个K线走势图进行缩小后可以看出，该股走势处于上升趋势中。股价从前期相对低位，即2024年2月6日的最低价7.78元止跌企稳后，主力机构开始快速向上推升股价，然后展开震荡调整洗盘，其间收出过2个大阳线涨停板，为吸筹建仓型涨停板，主力机构筹码趋于集中，控盘程度比较高。

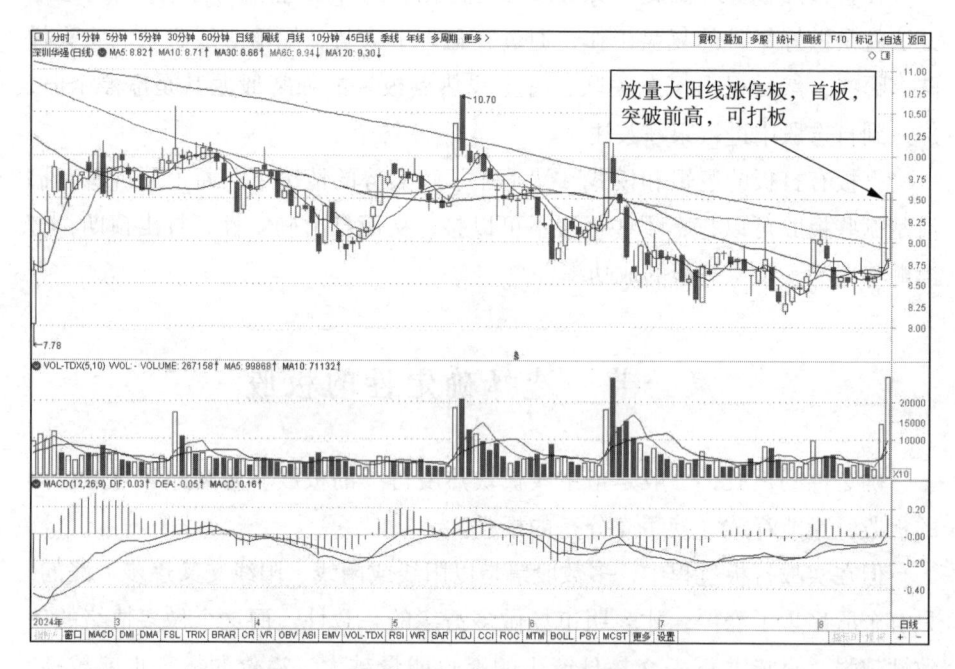

图3-1 深圳华强（000062）日K线走势图

2024年8月15日截图当日，该股早盘小幅高开，收出一个大阳线涨停板，为首板，突破前高，成交量较前一交易日放大近2倍，形成放量大阳线涨停K线形态。此时，该股短中期均线呈多头排列，MACD、KDJ、RSI、均量线等技术指标走强，股价的强势特征相当明显，后市短期快速上涨的概率大。像这种情况，普通投资者可以在当日该股涨停后跟庄打板，也可以在下一交易日早盘集合竞价时排队等候买入。

图 3-2 是 000062 深圳华强 2024 年 8 月 15 日星期四下午收盘时的分时走势图。这是该个股收出的首板，从当日分时走势可以看出，该股早盘小幅高开后，股价快速震荡上行，于 9:57 封上涨停板，至收盘没有打开。从分时盘口看，开盘后股价快速震荡上行，成交量放大，封板时间早，属放量涨停，封单量 123.18 万股，封单/成交量为 4.61%，人气暴涨，做多氛围浓厚，属于交易日内的分歧转一致，下一交易日涨停概率在 60% 以上。像这种首板板股，普通投资者可以在当日该股涨停后跟庄打板，也可以在股价即将涨停前快速狙击买入。

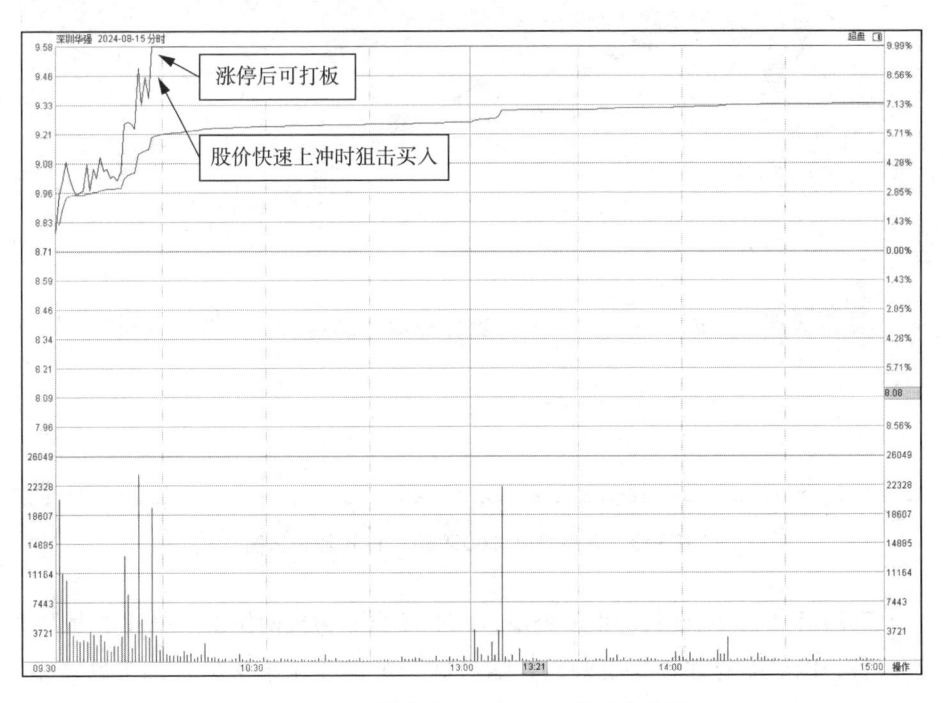

图 3-2　深圳华强（000062）分时走势图

二、选择龙头梯队中地位稳固的板股

选择龙头梯队中地位稳固的板股，是指从热点概念、主线题材（尤其是新题材）中寻找筛选领涨的首板板股，如该板股下一交易日能够连板，即可选择为龙头梯队地位稳固的龙头种子板股。实战操盘过程中，一般可以通过首板试错海选、二板筛选龙头种子、三板确认龙头的模式（大牛市除外）跟庄进场打板。

图 3-3 是 603960 克来机电 2024 年 2 月 2 日星期五下午收盘时的 K 线走势图。当时该股属于新质生产力概念龙头。在软件上将该股整个 K 线走势图进行缩小后可以看出，该股从前期相对高位，即 2020 年 8 月 31 日的最高价 55.55 元震荡下跌至 2024 年 1 月 24 日的最低价 11.30 元止跌企稳，下跌时间长、跌幅大。

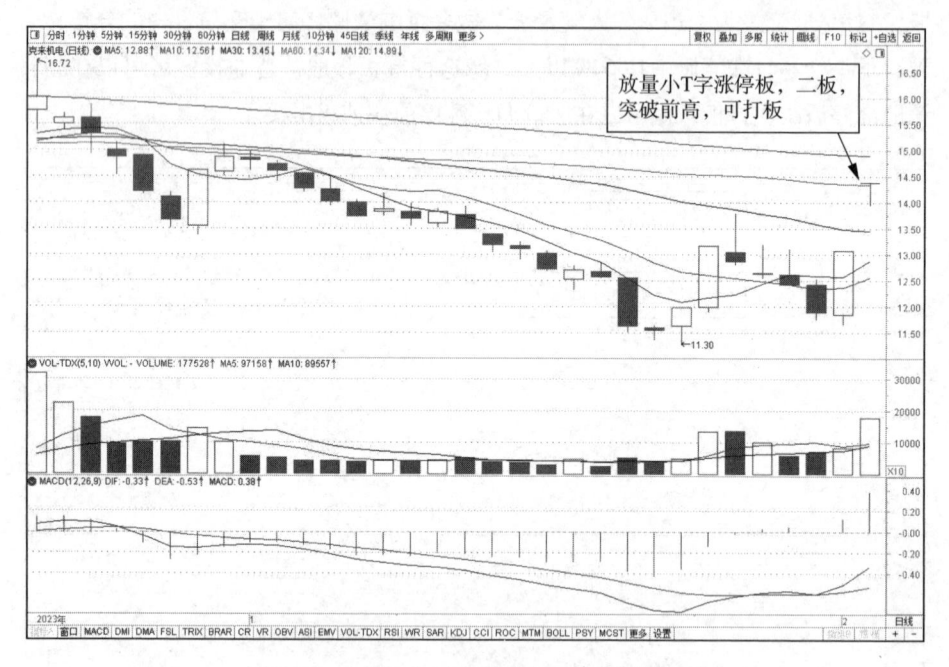

图 3-3　克来机电（603960）日 K 线走势图

2024 年 1 月 24 日股价止跌企稳，1 月 25 日主力机构拉出一个放量大阳线涨停板，以涨停的方式收集筹码，随后展开了连续 4 个交易日的下跌调整，成交量呈萎缩状态。

2024 年 2 月 1 日，该股小幅低开，收出一个大阳线涨停板（属于底部筑底期间的第二个涨停板），为首板，突破前高，成交量较前一交易日放大，形成放量大阳线涨停 K 线形态。此时，该股股价上穿 5 日和 10 日均线，MACD、KDJ、RSI 等技术指标走强，股价的强势特征明显，下一交易日连板的概率大。像这种情况，普通投资者可以在当日该股涨停后跟庄打板。

2024 年 2 月 2 日截图当日，该股涨停开盘，收出一个小 T 字涨停板，为二板，突破前高，留下向上突破缺口，成交量较前一交易日放大 2 倍多，形成向上突破缺口和放量 T 字涨停 K 线形态。当日的放量小 T 字涨停板，奠定了该股在新质生产力概念板块中的龙头地位。此时，该股短期均线呈多头排列，MACD、KDJ、RSI、均量线等技术指标走强，股价的强势特征相当明显，后市短期快速上涨的概率大。像这种情况，普通投资者可以在当日该股涨停后跟庄打板。

图 3-4 是 603960 克来机电 2024 年 2 月 2 日星期五下午收盘时的分时走势图。这是该个股收出的二板，从当日分时走势可以看出，该股早盘涨停开盘，9:45 涨停板被大卖盘砸开，成交量急速放大，9:46 封回涨停板至收盘没再打开。从分时盘口看，虽然早盘涨停板被打开过，但打开时间短、跌幅小、分歧小，属于交易日内的分歧转一致。当日该股封板时间早，换手率 6.79%，成交量 11.77 万手，成交额 1.69 亿元，属放量涨停，后市连板的概率大。龙虎榜数据显示，当日知名游资上塘路买入 1021.30 万元，卖出 0.00 元，所用席位为财通证券股份有限公司杭州上塘路证券营业部。像这种分歧转一致的二板龙头板股，普通投资者可以在当日该股涨停后排板打板，也可以在涨停板被打开后快速下单买入，或者在下一交易日早盘集合竞价时排队等候买入。

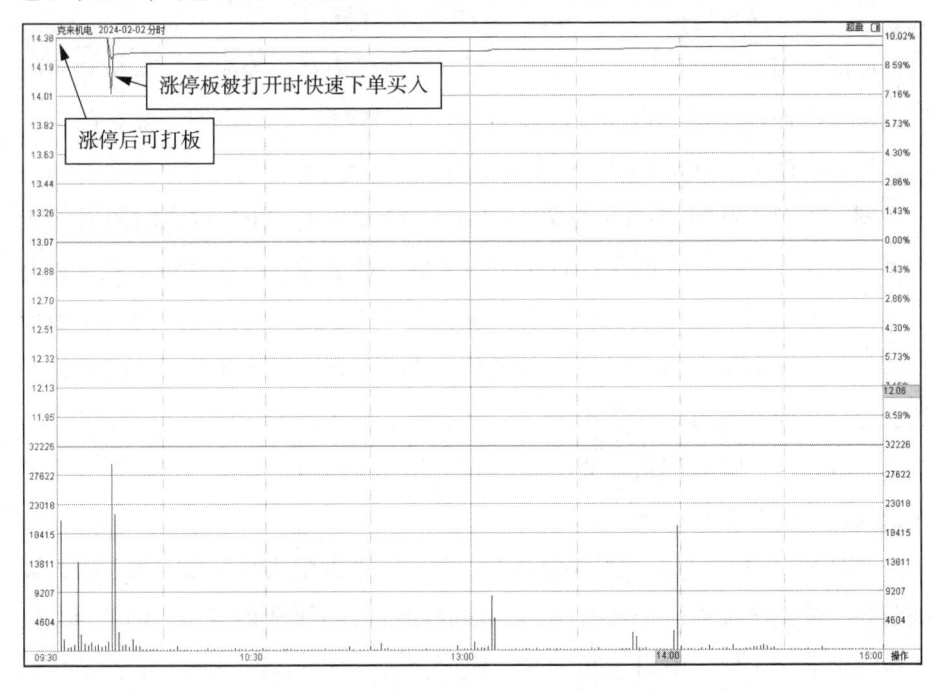

图 3-4　克来机电（603960）分时走势图

图 3-5 是 603960 克来机电 2024 年 2 月 2 日星期五买入金额最大的前 5 名龙虎榜（第二名为财通证券股份有限公司杭州上塘路证券营业部）。

排序	营业部名称	买入金额（万）	卖出金额（万）	净额（万）
上榜类型1：日涨幅偏离值达7%的证券				前往数据中
买入金额最大的前5名　买入总计 4707.10 万元，占总成交比例 18.46%				
1	中国银河证券股份有限公司厦门嘉禾路证券营业部	1547.51	0.00	1547.51
2	财通证券股份有限公司杭州上塘路证券营业部	1021.30	0.00	1021.30
3	国泰君安证券股份有限公司昆明人民中路证券营业部	983.07	0.00	983.07
4	东莞证券股份有限公司四川分公司	583.90	0.00	583.90
5	华泰证券股份有限公司太仓太平南路证券营业部	571.32	0.00	571.32

图 3-5　克来机电（603960）2024 年 2 月 2 日龙虎榜

三、选择量能释放（换手充分）的板股

选择量能释放（换手充分）的板股，是指从热点概念板块中寻找筛选出股价处于相对低位、换手率高（换手率越高，量能释放越充分，抛压就越轻，上涨空间也就越大）的涨停板作为板股。实战操盘中，可按照龙头战法的模式，在下一交易日连板（二板）时，跟庄进场打板。

底部或相对低位放量的板股，涨停当日换手率高，表明主力机构和市场资金进入的迹象明显，市场分歧转为一致（弱转强），后市的上涨空间被打开，且越是换手充分，上行中的抛压就越轻。

图 3-6 是 600088 中视传媒 2024 年 1 月 24 日星期三下午收盘时的 K 线走势图。当时该股属于"影视+国企改革+旅游"概念龙头。在软件上将该股整个 K 线走势图进行缩小后可以看出，该股走势处于上升趋势中。股价从前期相对低位，即 2023 年 10 月 23 日的最低价 11.33 元止跌企稳后，主力机构开始快速向上推升股价，收集筹码，K 线走势呈涨多跌少态势，其间收出过 4 个涨停板，均为吸筹建仓型涨停板，主力机构筹码趋于集中，洗盘控盘程度比较高，股价的上升趋势已经形成。

2024 年 1 月 23 日，该股小幅高开，收出一个大阳线涨停板，为首板，突破前高，成交量较前一交易日萎缩，形成缩量大阳线涨停 K 线形态。此时，该股股价上穿 5 日、10 日、30 日和 60 日均线，KDJ、RSI、BOLL 等技术指标走强，股价的强势特征明显，下一交易日连板的概率大。像这种情况，普通

投资者可以在当日该股涨停后跟庄打板。

2024年1月24日截图当日，该股大幅高开（向上跳空6.67%开盘），收出一个长下影线阳线涨停板，为二板，突破前高，成交量较前一交易日放大近4倍，形成放量长下影线阳线涨停K线形态。当日的放量长下影线阳线涨停板，奠定了该股在"影视+国企改革+旅游"概念板块中的龙头地位。此时，该股均线呈多头排列，MACD、KDJ、RSI、均量线等技术指标走强，股价的强势特征相当明显，后市短期快速上涨的概率大。像这种情况，普通投资者可以在当日该股涨停后跟庄打板。

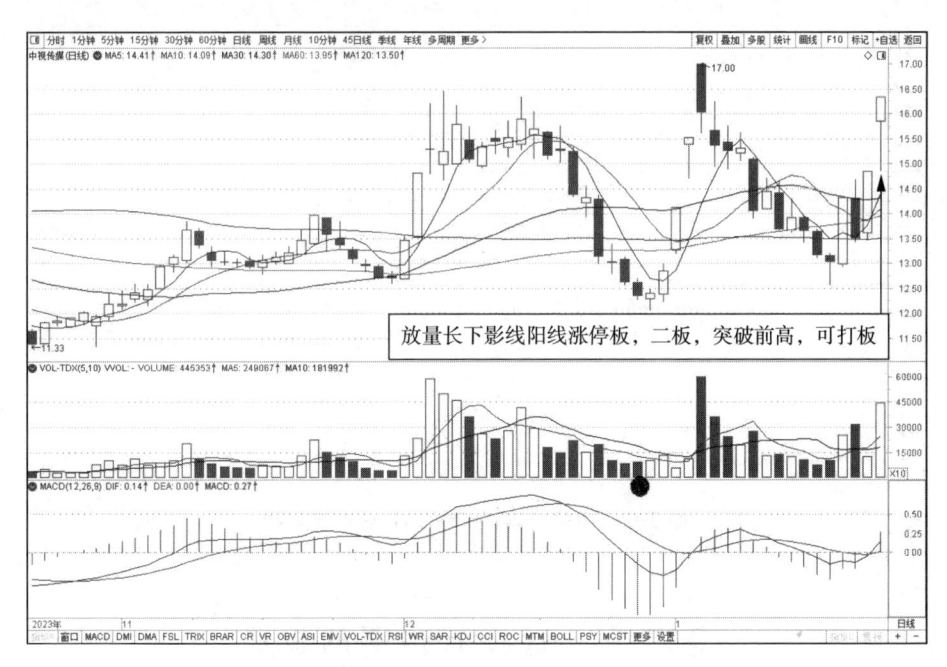

图3-6 中视传媒（600088）日K线走势图

图3-7是600088中视传媒2024年1月24日星期三下午收盘时的分时走势图。这是该个股收出的二板，从当日分时走势可以看出，该股早盘大幅高开后，股价急速回落，成交量大幅放大，跌至涨幅1.4%左右企稳，然后展开横盘震荡调整行情，成交量呈萎缩状态；11:15股价勾头上冲，分两个波次于11:21封上涨停板，涨停板至收盘没有打开。从分时盘口看，该股早盘大幅高开后，股价回落没有跌破前一交易日收盘价，且在上午封上涨停板，属于交

易日内的分歧转一致（弱转强）。当日该股成交量大幅放大，封单量759.43万股，封单/成交量为17.05%，属放量涨停，人气暴涨，做多氛围浓厚，后市连板概率大。像这种分歧转一致（弱转强）的二板龙头板股，普通投资者可以在当日该股涨停后打板，也可以在股价即将涨停前快速狙击买入。

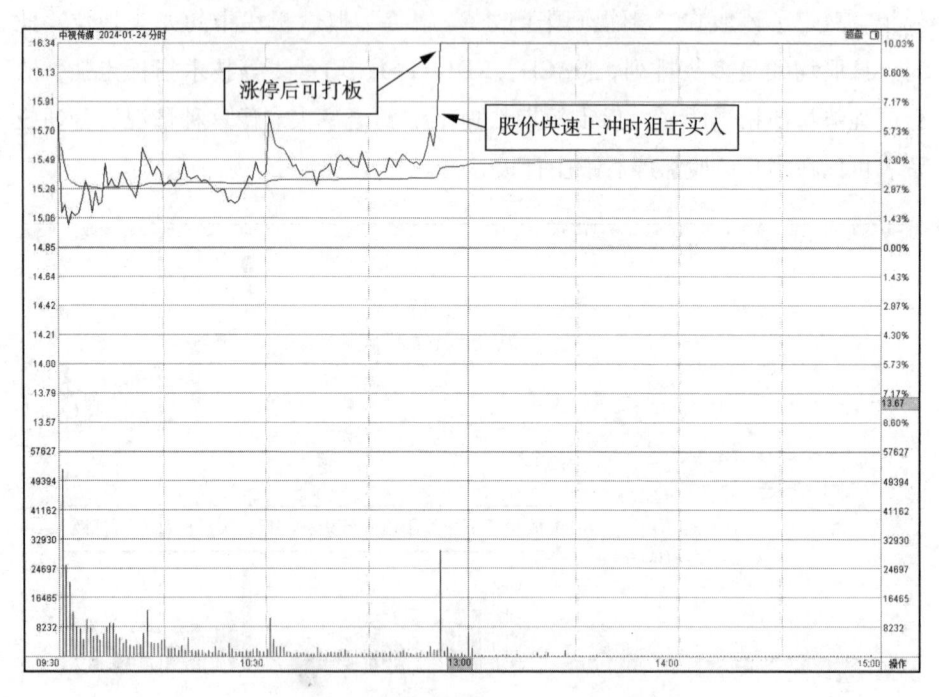

图3-7　中视传媒（600088）分时走势图

第二节　选择有预期的板股

选择有预期的板股，一方面，是指选择主线热点概念板块中股价已经处于上升趋势中的业绩好、题材环境好、股性活跃且股价较低的龙头板股；另一方面，是指选择下一个交易日有溢价预期的强势板股，这方面的打板侧重点在技术层面上，而不在板股本身的业绩上。

实战打板过程中，我们要综合板股的业绩是否预增、题材大小、股价和资金的位置、市场心理和情绪、信息差等因素来预判板股的预期和有效性。比如同处于上升趋势的板股，业绩有预增且股价较低的板股，业绩往往能有效支撑股价的上涨，后市预期较高；即使业绩无预增但股价位置在底部区域或相对低位的板股，下一交易日的溢价预期也较高。但那些业绩有预增而股价位置已经过高的板股，即使业绩再好，后市打板的预期也被过高的股价透支了，我们在跟庄打板时就要谨慎。

一、选择业绩有预期的板股

选择业绩有预期的板股，是指从同一主题板块中寻找筛选出股价处于相对低位、基本面又远远超出大家预期的亮点涨停标的作为板股。

炒股炒的就是一个预期，选择业绩有预期的板股就是寻找投资预期的确定性。业绩有预期，并不是指该公司目前的业绩有多么好，而是该公司未来的发展给人一种高速成长的想象空间，这种超预期的想象空间，强化并打开了后市股价的快速上涨空间。实战操盘过程中，可按照龙头战法的模式，在下一交易日连板（二板）时，跟庄进场打板。

图3-8是002765蓝黛科技2024年11月1日星期五下午收盘时的K线走势图。该公司汽零产品主要有动力传动总成、动力传动零部件等，受益于新能源车，业务快速成长。在题材板块上，当时该股属于"低空经济+业绩增长+减速器+动力传动"概念炒作。在软件上将该股整个K线走势图进行缩小后可以看出，该股走势处于上升趋势中。股价从前期最低位，即2024年2月6日的最低价3.39元止跌企稳后，主力机构开始快速向上推升股价，收集筹码，K线走势呈涨多跌少态势，其间收出过1个涨停板，为吸筹建仓型涨停板，主力机构筹码趋于集中，洗盘控盘比较到位，股价的上升趋势已经形成。

2024年10月31日，该股小幅低开，收出一个大阳线涨停板，为首板，突破前高，成交量较前一交易日放大，形成放量大阳线涨停K线形态。此时，该股均线呈多头排列，MACD、KDJ、RSI、均量线等技术指标走强，股价的强势特征十分明显，后市连板的预期高、概率大。像这种情况，普通投资者可以在当日该股涨停后跟庄打板。

2024年11月1日截图当日，该股涨停开盘，收出一个T字涨停板，为二板，突破前高，留下向上突破缺口，成交量较前一交易日萎缩，形成向上突破缺口和缩量T字涨停K线形态（缩量上涨K线形态）。当日的缩量T字涨停板，预示了下一交易日连板的确定性。此时，该股均线呈多头排列，MACD、KDJ、RSI、均量线等技术指标走强，股价的强势特征相当明显，后市短期快速上涨的概率大。像这种情况，普通投资者可以在当日该股涨停后跟庄打板。

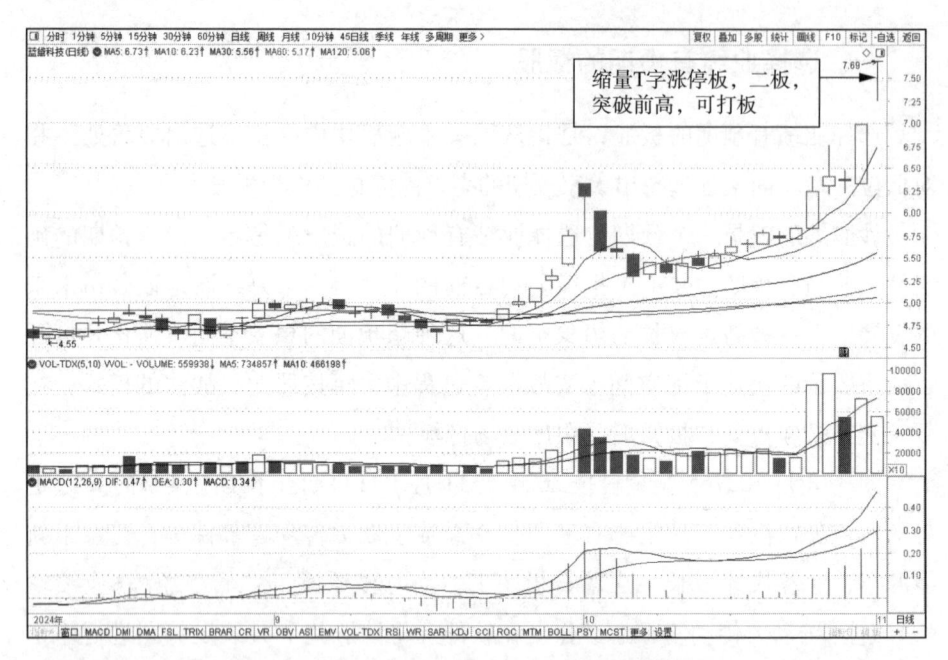

图 3-8　蓝黛科技（002765）日 K 线走势图

图 3-9 是 002765 蓝黛科技 2024 年 11 月 1 日星期五下午收盘时的分时走势图。这是该个股收出的二板，从当日分时走势可以看出，该股早盘涨停开盘，10:14 涨停板被大卖盘砸开，成交量急速放大，10:15 封回涨停板至收盘没再打开。从分时盘口看，虽然早盘涨停板被打开过，但打开时间短、跌幅不大，分歧较小，属于交易日内的分歧转一致。当日该股封板时间早，成交量萎缩，属缩量涨停，后市连板概率大。龙虎榜数据显示，当日国泰君安证券股份有限公司上海海阳西路证券营业部买入 6674.95 万元，卖出 0.00 元，而国泰君安证券股份有限公司上海海阳西路证券营业部是游资活跃的地区。像这种分歧转一致的二板强势板股，普通投资者可以在当日该股涨停后排板打板，也可以在涨停板被打开后快速下单买入，或者在下一交易日早盘集合竞价时视情况以涨停价挂买单排队等候买入。

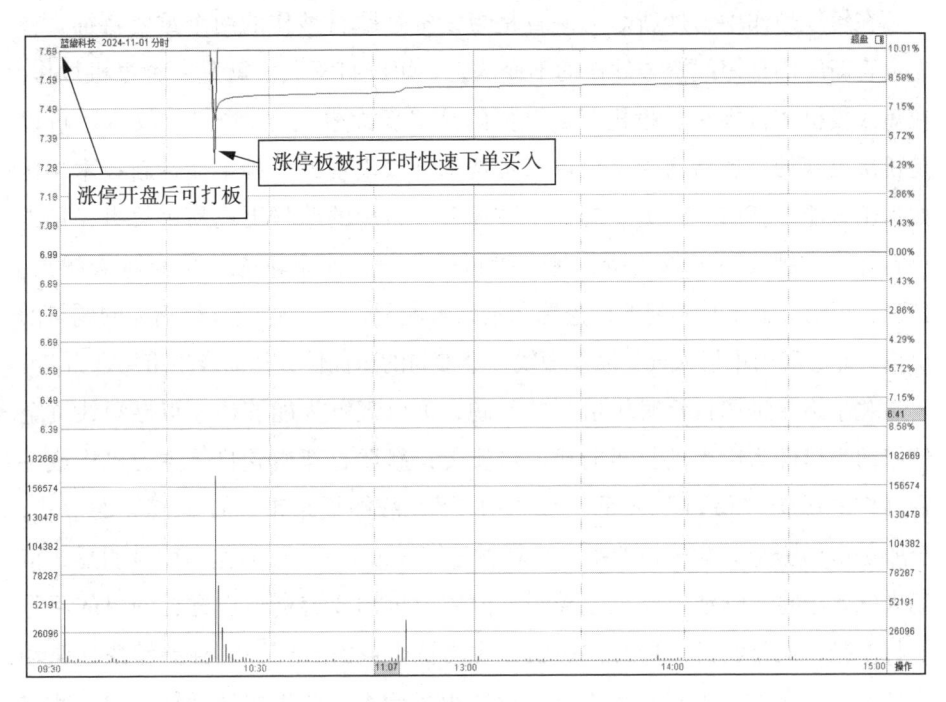

图 3-9　蓝黛科技（002765）分时走势图

图 3-10 是 002765 蓝黛科技 2024 年 11 月 1 日星期五买入金额最大的前 5 名龙虎榜（第一名为国泰君安证券股份有限公司上海海阳西路证券营业部）。

排序	营业部名称	买入金额（万）	卖出金额（万）	净额（万）
	上榜类型1：连续三个交易日内，涨幅偏离值累计达20%的证券			前往数据中心
	买入金额最大的前5名　买入总计 21211.16 万元，占总成交比例 16.69%			
1	国泰君安证券股份有限公司上海海阳西路证券营业部	6674.95	0.00	6674.95
2	东方证券股份有限公司杭州龙井路证券营业部	5381.22	0.00	5381.22
3	中信证券股份有限公司长兴明珠路证券营业部	2306.77	1.30	2305.47
4	光大证券股份有限公司佛山绿景路证券营业部	2048.13	3.93	2044.20
5	东北证券股份有限公司广州燕翔路证券营业部	1944.34	0.00	1944.34

图 3-10　蓝黛科技（002765）2024 年 11 月 1 日龙虎榜

二、选择热点板块中大题材的板股

选择大题材的板股，是指在市场环境好的情况下，从同一题材板块中寻找筛选出能够引爆市场人气的题材新颖、级别大、跟庄进场打板时机恰当的涨停标的作为板股。

在短线炒作中，炒新炒大一直是短线资金题材炒作的两个重要特征。首先，喜新厌旧是短线资金炒作的不变法则。短线打板其实就是一种投机炒作，在短线投机的世界里，投机资金需要的是"新故事"，这些"新故事"可以是首次出现的一种新概念，也可以是技术领域出现的一种革命性新技术，比如人工智能、新质生产力、芯片半导体等。新颖的题材更容易讲故事，且讲得越朦胧、越吸睛、越动听，越有投机的价值，而市场人气也会越聚越高。其次，短线资金无时无刻不在挖掘和紧盯大题材，一个好的且级别大的题材的出现，能够吸引市场人气，激发短线资金参与的积极性，从而产生市场合力。

关于跟庄进场打板时机恰当的问题，可以理解为能够快速点燃短线资金情绪的当口即为恰当的打板时机。事实上，新题材新概念只是主力机构或游资炒作的一个"借口"或是一个"引子"，涨停板是市场资金博弈的形式，个股是市场资金博弈选择的平台。题材足够好，"引子"的作用就越明显，市场人气就越足，赚钱效应也就越强。但主力机构或游资炒作题材的目的不是题材本身，而是利益。恰当的时机，主力资金或游资的逐利性能够快速驱动市场情绪的爆发，聚集市场人气，形成市场合力，产生快速赚钱效应，此时跟庄进场打板，盈利的概率就非常大。

图3-11是600839四川长虹2024年10月17日星期四下午收盘时的K线走势图。当时该股属于"华为（华为算力、海思）+家电+跨境支付+国企+四川"概念龙头，题材概念不可谓不大，且还算新颖。在软件上将该股整个K线走势图进行缩小后可以看出，该股走势处于上升趋势中。股价从前期相对低位，即2024年7月25日的最低价4.06元止跌企稳后，主力机构开始快速向上推升股价，收集筹码，K线走势呈涨多跌少态势，其间收出过5个涨停板，均为吸筹建仓型涨停板，主力机构筹码趋于集中，洗盘控盘程度比较高，股价的上升趋势已经形成。

2024年10月16日，该股低开，收出一个大阳线涨停板，为首板，突破前高，成交量较前一交易日大幅放大，形成放量大阳线涨停K线形态。此时，该股均线呈多头排列，MACD、KDJ、RSI、均量线等技术指标走强，股价的强势特征十分明显，下一交易日连板的概率大。像这种情况，普通投资者可以在当日该股涨停后跟庄打板。

2024年10月17日截图当日，该股跳空高开，收出一个大阳线涨停板，为二板，突破前高，成交量较前一交易日大幅放大，形成放量大阳线涨停 K 线形态。当日的放量大阳线涨停板，奠定了该股在"华为（华为算力、海思）+家电+跨境支付+国企+四川"概念板块中的龙头地位。此时，该股均线呈多头排列，MACD、KDJ、RSI、均量线等技术指标走强，股价的强势特征相当明显，后市短期快速上涨的概率大。像这种情况，普通投资者可以在当日该股涨停后跟庄打板。

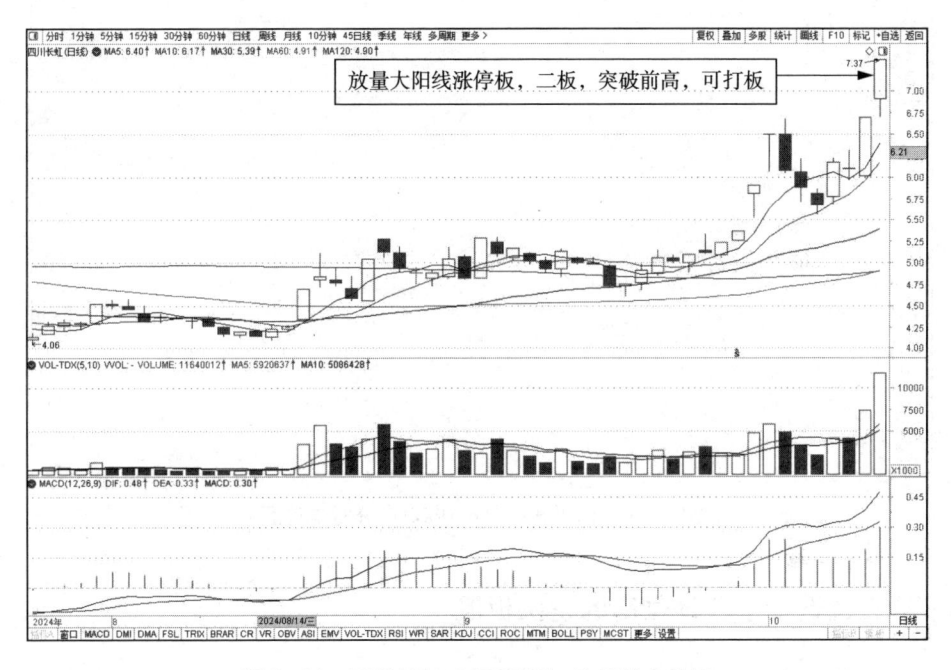

图 3-11 四川长虹（600839）日 K 线走势图

图 3-12 是 600839 四川长虹 2024 年 10 月 17 日星期四下午收盘时的分时走势图。这是该个股收出的二板，从当日分时走势可以看出，该股早盘高开后，股价震荡回落，跌破前一交易日收盘价后急速勾头快速震荡上行，于 9:55 触及涨停板瞬间回落，此后股价在高位展开反复震荡整理、涨停、震荡整理走势，成交量呈间断性放大状态，当日涨停收盘，成交量比前一交易日大幅放大。从分时盘口看，虽然当日封板、开板反复多次，分歧较大，但最终涨停收盘属于交易日内的分歧转一致（弱转强）。当日该股封单量为 3257.09 万股，封单/成交量为 4.43%，属放量涨停，人气暴涨，做多氛围浓厚，后市连板概率大。像这种分歧转一致（弱转强）的二板龙头板

股，普通投资者可以在当日该股涨停后打板，也可以在股价高位震荡整理过程中逢低买入筹码。

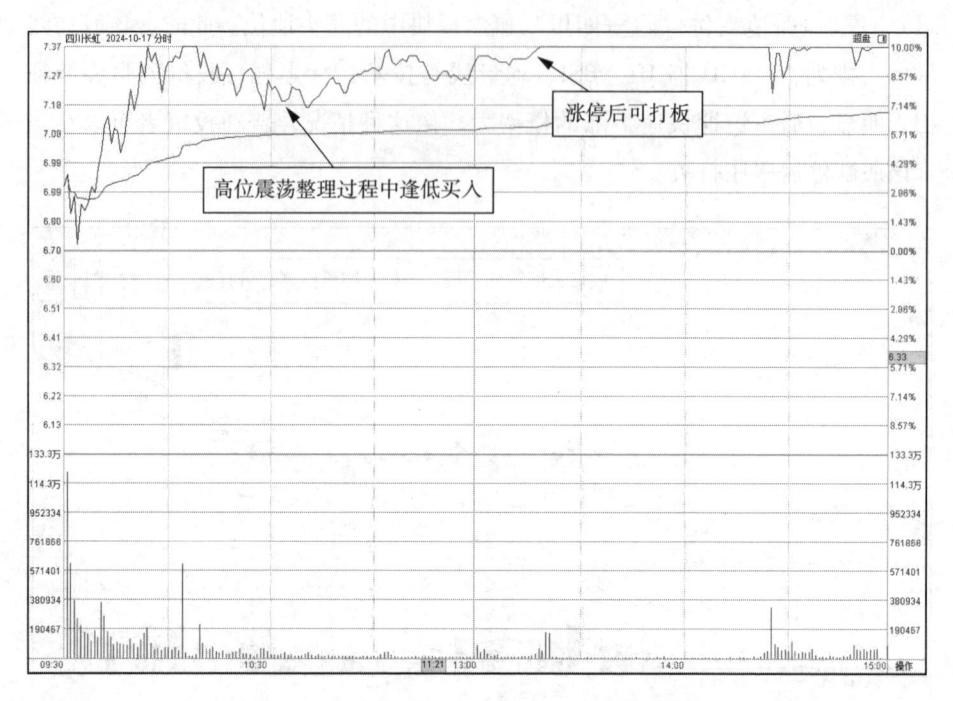

图 3-12　四川长虹（600839）分时走势图

三、选择个股地位高的龙头板股

选择个股地位高的龙头板股，是指在市场环境较好的情况下，选择流通盘较小、股价不高、股性较为活跃，在某一板块中率先首板的涨停标的作为板股。

炒股就炒强势股，炒强势股首先要炒龙头股，只有炒龙头股才有可能收益最大化。如果无法在龙头股上有稳定的收益，就很难在其他个股上赚到钱。

如何选择个股地位高的龙头板股？一是选择在板块还没有全面爆发之前就已经启动的板股。这种个股先于大盘和板块指数企稳并启动上攻，收出首板，首先奠定了龙头大哥的地位。二是选择前期有过涨停、有一定涨幅的板股，这代表有先知先觉的资金提前潜伏其中。三是选择股价经过较长时间的下跌或较长时间的横盘、获利盘和套牢盘清洗得比较干净的板股，这样的板股后期拉升抛压不会太重。

另外，地位高的龙头板股，在上涨过程中不能频繁出现调整或回踩，如出现超过 3 个交易日的调整，龙头地位或将不保。

图 3-13 是 002423 中粮资本 2024 年 9 月 24 日星期二下午收盘时的 K 线走势图。在软件上将该股整个 K 线走势图进行缩小后可以看出，该股走势处于上升趋势中。股价从前期相对低位，即 2024 年 1 月 23 日的最低价 6.01 元止跌企稳后，主力机构于 24 日、25 日和 26 日连续拉出 3 个涨停板，为吸筹建仓型涨停板，之后展开了为期 8 个月的横盘震荡洗盘吸筹行情，主力机构筹码趋于集中，洗盘控盘程度高。

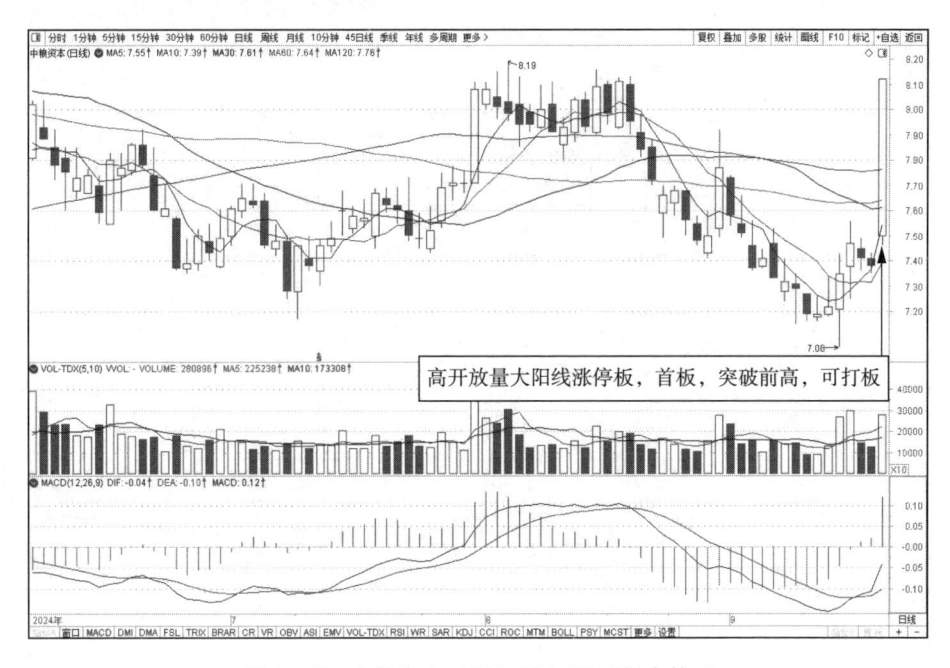

图 3-13　中粮资本（002423）日 K 线走势图

2024 年 9 月 24 日截图当日，证券、多元金融板块带动大盘率先启动上涨行情，该股于 10:42 先于板块中其他个股涨停，奠定了多元金融板块龙头大哥（龙一）的地位。当日该股收出一个大阳线涨停板，为首板，突破前高，成交量较前一交易日放大，形成放量大阳线涨停 K 线形态。此时，该股均线呈多头排列，MACD、KDJ、RSI、均量线等技术指标走强，股价的强势特征相当明显，后市短期快速上涨的概率大。像这种情况，普通投资者可以在当日该股涨停后跟庄打板。

图 3-14 是 002423 中粮资本 2024 年 9 月 24 日星期二下午收盘时的分时走势图。这是该个股在当日多元金融板块中率先收出的首板，从当日分时走势可以看出，该股早盘高开后，股价围绕分时均价线展开了较长时间的小幅横盘震荡整理，成交量呈萎缩状态，股价没有跌破前一交易日收盘价，10:39 股价急速勾头上冲，成交量快速放大，于 10:42 封上涨停板至收盘没有打开，封板时间较早，分时盘口强势特征明显。像这种主力机构控盘程度高，且在板块中率先启动收出首板的板股，普通投资者可以在当日该股涨停后跟庄打板，也可以在股价即将涨停前快速狙击买入。

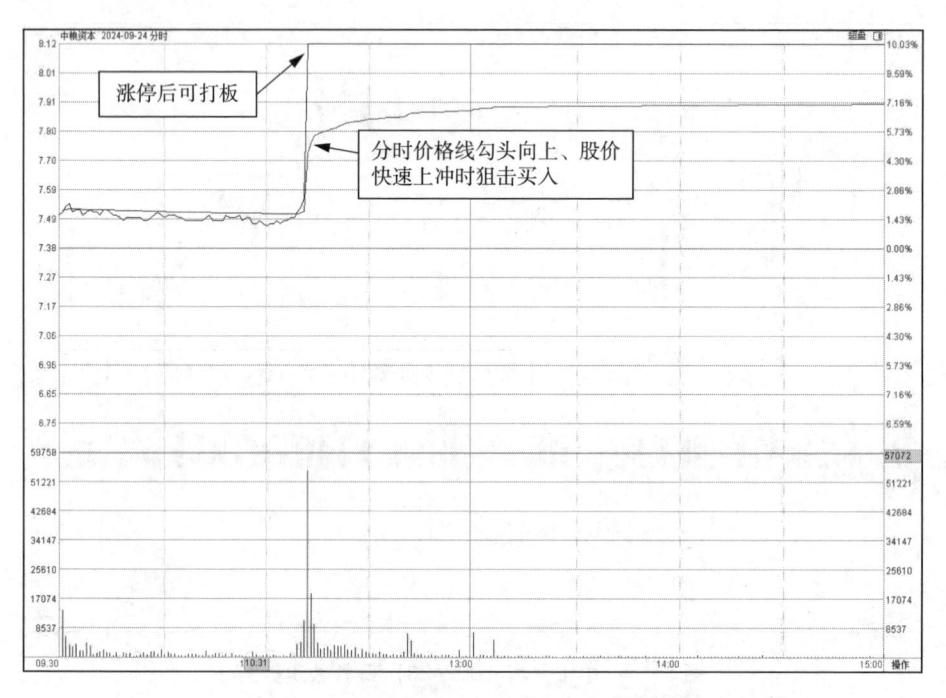

图 3-14　中粮资本（002423）分时走势图

回过头来，我们再进一步分析该股之所以能成为个股地位高的龙头（龙一）的原因，一是该股在多元金融板块中流通盘较小，为 23.04 亿股；二是启动前股价不高，2024 年 9 月 24 日的开盘价为 7.50 元；三是该股股性较为活跃，主力机构在 2024 年 1 月 24 日、25 日和 26 日连续拉出了 3 个涨停板（其中 2 个小 T 字板），为吸筹建仓型涨停板；四是在拉出 3 个涨停板之后，该股展开了为期 8 个月的横盘震荡洗盘吸筹行情，获利盘和套牢盘清洗得比较干净，主力机构筹码趋于集中，洗盘控盘程度较高，为该股后市上涨打开了空间。这一点非常重要，我们可以比较直观地从该股的周K线走势中看出主力机构的良苦用心。

图3-15是002423中粮资本2024年1月26日至9月27日的周K线走势图。从该股周K线走势可以看出，为期8个月的横盘震荡整理期间，震荡幅度不大，成交量呈萎缩状态，主力机构洗盘吸筹比较彻底，浮筹清洗比较干净，筹码趋于集中，控盘程度高，为后市拉升打开了空间，同时也奠定了在多元金融板块中龙头大哥（龙一）的地位。

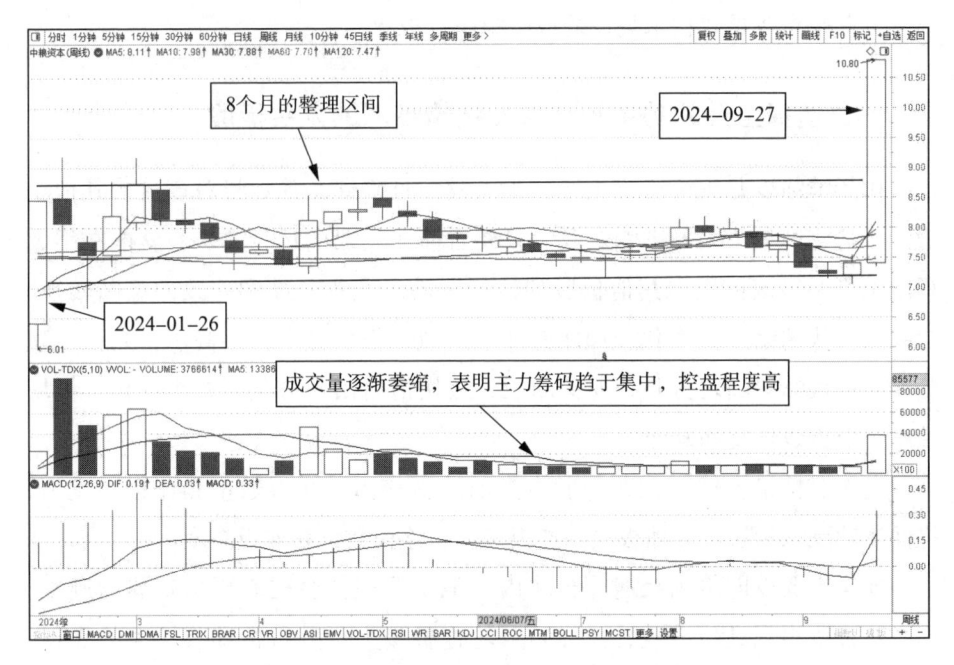

图3-15 中粮资本（002423）周K线走势图

第三节 选择上升趋势的板股

打板是追逐强势股的最直接操盘模式，选择上升趋势的板股，就是顺势而为打强板。选择上升趋势的板股，是指通过综合研判板股业绩、题材、股价和技术形态等因素，从主线热点概念板块中选择股价已经处于上升趋势、题材环境好、股性活跃且股价较低的板股。打顺势板，主要是选择下一交易日有溢价预期的强势板股，打板的侧重点主要在技术层面上。

板股能运行于上升趋势之中，必然有主力机构在运作，散户是没有这样的能量将一只股票的走势推至上升趋势的。运行于上升趋势之后的板股，上涨动能已经得到市场的认可，市场做多情绪高涨且乐观，意味着股价在后市短期内可能出现快速上涨，只要趋势不发生改变，普通投资者可以一直持有，直到转势再出局。

运行于上升趋势的股票，也可能出现调整或回踩，只要大趋势不发生变化，我们就可以选择上升趋势中短线做多情绪充分、向上突破缺口、突破前高、突破平台等重要技术关口的板股跟庄打板。

一、选择上升趋势中短线做多情绪高涨的龙头板股

市场情绪以龙头情绪为主导，龙头股一旦确立，其走势对该板块其他个股的走势将产生重大的影响。我们只要看懂龙头股的运行趋势，就能在很大程度上判断出该板块内其他板股的情绪波动。龙头分歧和一致的不断转换，会导致板块情绪发生变化，如龙头加速一致，板块做多情绪高涨；龙头出现分歧，板块情绪随之分歧；龙头断板，板块情绪出现分化；龙头反包，板块情绪一般得以恢复和延伸。

龙头股情绪还体现在龙头股本身的连板接力、连板数量和连板高度上，进而影响到该板块内其他板股的连板接力、连板数量和连板高度。

龙头走弱或即将断板时，板块内其他个股往往会先表现出走弱的迹象，而龙头板股出现高位分歧，往往是一轮连板接力主升行情即将结束的表现。为此，我们在选择上升趋势中短线做多情绪高涨的板股时，应该选择板块的总龙头（龙一），如果总龙头（龙一）打不上，可以选择龙二或龙三跟庄打板套利，争取盈利最大化。

图 3-16 是 601162 天风证券 2024 年 9 月 24 日星期二下午收盘时的 K 线走势图。在软件上将该股整个 K 线走势图进行缩小后可以看出，该股走势处于上升趋势中。股价从前期最低位，即 2024 年 7 月 9 日的最低价 2.10 元止跌企稳后，主力机构开始向上推升股价，收集筹码，K 线走势呈涨多跌少态势，其间收出过 3 个涨停板，为吸筹建仓型涨停板，主力机构筹码趋于集中，洗盘控盘程度比较高，股价的上升趋势已经形成。

2024年9月24日截图当日，证券、多元金融板块带动大盘率先启动上涨行情，该股于10:48先于板块中其他个股涨停，奠定了证券板块龙头大哥（龙一）的地位。当日该股收出一个大阳线涨停板，为首板，突破前高和平台，成交量较前一交易日放大，形成放量大阳线涨停K线形态。此时，该股均线呈多头排列，MACD、KDJ、RSI等技术指标走强，股价的强势特征相当明显，后市短期快速上涨的概率大。像这种情况，普通投资者可以在当日该股涨停后跟庄打板。

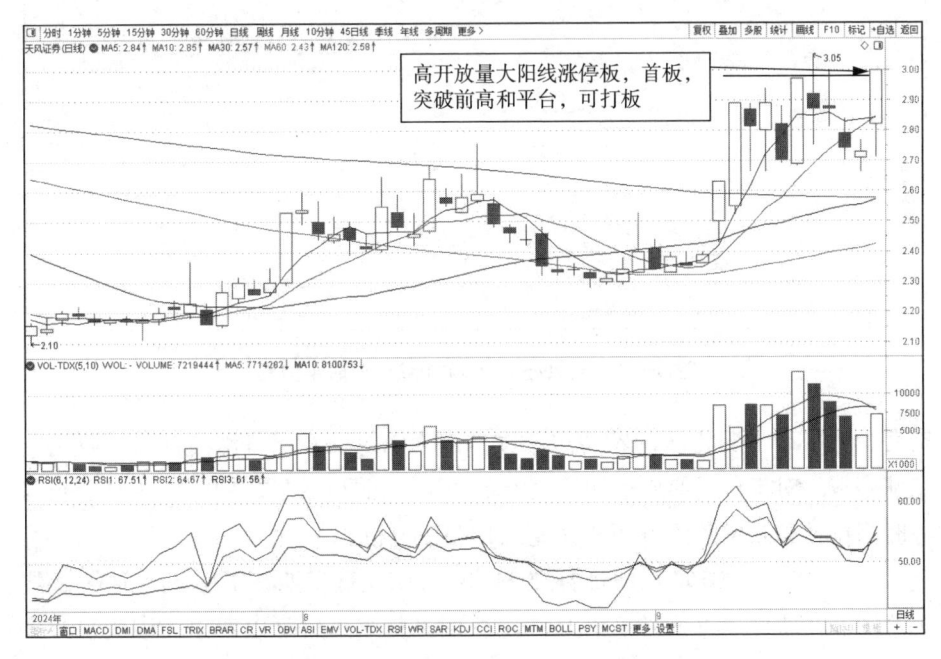

图3-16　天风证券（601162）日K线走势图

图3-17是601162天风证券2024年9月24日星期二下午收盘时的分时走势图。这是该个股在当日证券板块中率先收出的首板，从当日分时走势可以看出，该股早盘高开后，股价震荡回落，成交量呈萎缩状态，股价一度跌破前一交易日收盘价，10:41股价急速上冲，成交量快速放大，股价分两个波次于10:48封上涨停板，至收盘没有打开，封板时间较早，分时盘口强势特征明显。像这种主力机构控盘程度高，且在板块中率先启动收出首板的板股，普通投资者可以在当日该股涨停后跟庄打板，也可以在股价即将涨停前快速狙击买入。

从K线走势可以看出，2024年9月24日没有打上龙头板股天风证券的投

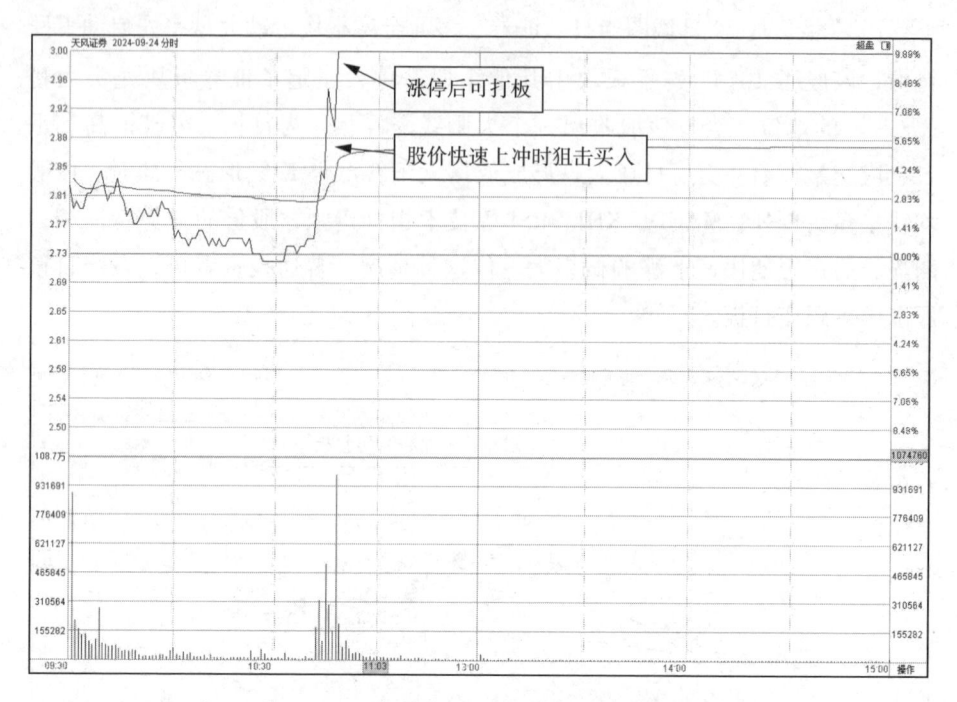

图3-17 天风证券（601162）分时走势图

资者，9月25日打上板的希望也不大，因为天风证券当日涨停开盘，收出一字涨停板。对于打板愿望迫切的投资者来说，当日可以选择9月24日首板封板时间排在第二位的国海证券（龙二）跟庄打板。

图3-18是000750国海证券2024年9月25日星期三下午收盘时的K线走势图。在软件上将该股整个K线走势图进行缩小后可以看出，该股当日大幅高开（向上跳空6.06%开盘），收出一个小阳线涨停板，为二板，突破前高，成交量较前一交易日放大，形成放量小阳线涨停K线形态。普通投资者可以在当日该股涨停后跟庄打板。

图3-19是000750国海证券2024年9月25日星期三下午收盘时的分时走势图。从当日分时走势可以看出，该股早盘高开后，股价略回调，即勾头快速上冲，成交量同步放大，一个波次于9:34封上涨停板，11:28涨停板被大卖盘砸开，成交量急速放大，11:29封回涨停板，至收盘没再打开。从开盘和涨停板被砸开的成交量来看，早盘狙击以及排板的投资者，毫无疑问打板成功了。

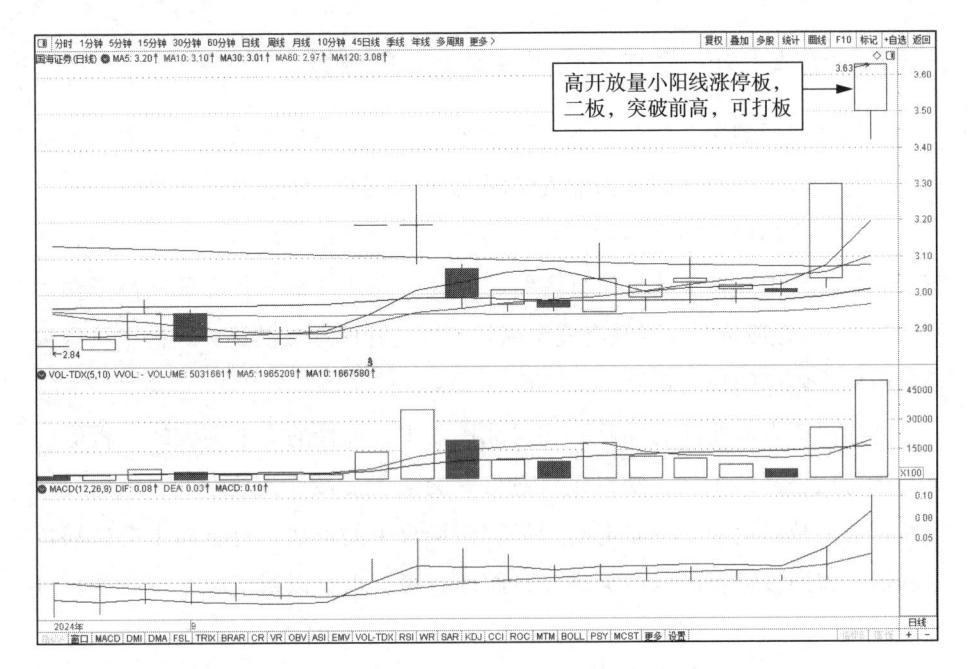

图 3-18 国海证券（000750）日 K 线走势图

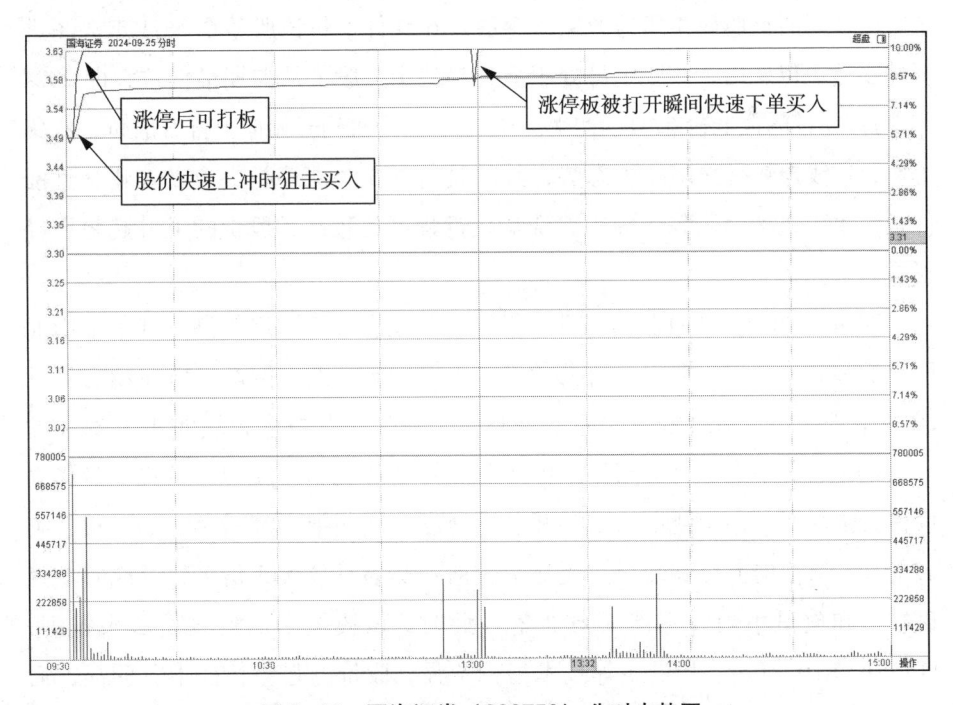

图 3-19 国海证券（000750）分时走势图

二、选择上升趋势中有向上突破缺口的板股

市场情绪影响龙头情绪，龙头情绪影响板块中各板股情绪，板股的上涨多半是伴随着突破、回调（回抽或整理）、再突破而曲折上行的。

选择上升趋势中向上突破缺口的板股，是指在市场环境好的情况下，从热点题材板块中寻找筛选出当日突然向上跳空高开（最好是突破前高或整理平台），至收盘股价没有或没有完全回补、因高开所形成的第一个向上跳空突破缺口的涨停标的作为板股。

普通投资者需要注意的是，在实战操盘中，选择的向上突破缺口板股的运行趋势应该是向上的，缺口越大越好，突破当日最好是放量的，因为放量上跳形成的缺口代表一种向上的趋势和市场合力的形成。对于向上突破缺口的板股，普通投资者可以在突破当日跟庄打板，也可以视情况在下一交易日跟庄打板。

图 3-20 是 603038 华立股份 2024 年 10 月 14 日星期一下午收盘时的 K 线走势图，当时该股属于华为鸿蒙概念股。在软件上将该股整个 K 线走势图进行缩小后可以看出，该股走势处于上升趋势中。股价从前期最低位，即 2024 年 7 月 25 日的最低价 6.41 元止跌企稳后，主力机构开始向上推升股价，收集筹码，K 线走势呈涨多跌少态势，其间收出过 3 个涨停板，为吸筹建仓型涨停板，主力机构筹码趋于集中，洗盘控盘程度比较高，股价的上升趋势已经形成。

2024 年 10 月 14 日截图当日，华为鸿蒙概念股掀起涨停潮，其中常山北明、润和软件、华立股份、科蓝软件、国华网安、浙大网新、软通动力等近 20 只个股涨停，当时常山北明已经确立了华为鸿蒙概念板块龙头大哥（龙一）的地位，润和软件被当作二哥（龙二）看待也当之无愧。当日早盘华立股份大幅高开（向上跳空 6.05% 开盘），收出一个小阳线涨停板，为二板，突破前高，留下向上突破缺口，成交量较前一交易日放大 3 倍多，形成向上突破缺口和放量小阳线涨停 K 线形态。此时，该股短中期均线呈多头排列，MACD、KDJ、RSI、均量线等技术指标走强，股价的强势特征十分明显，后市短期快速上涨的概率大。像这种情况，普通投资者可以在当日该股涨停后

跟庄打板。

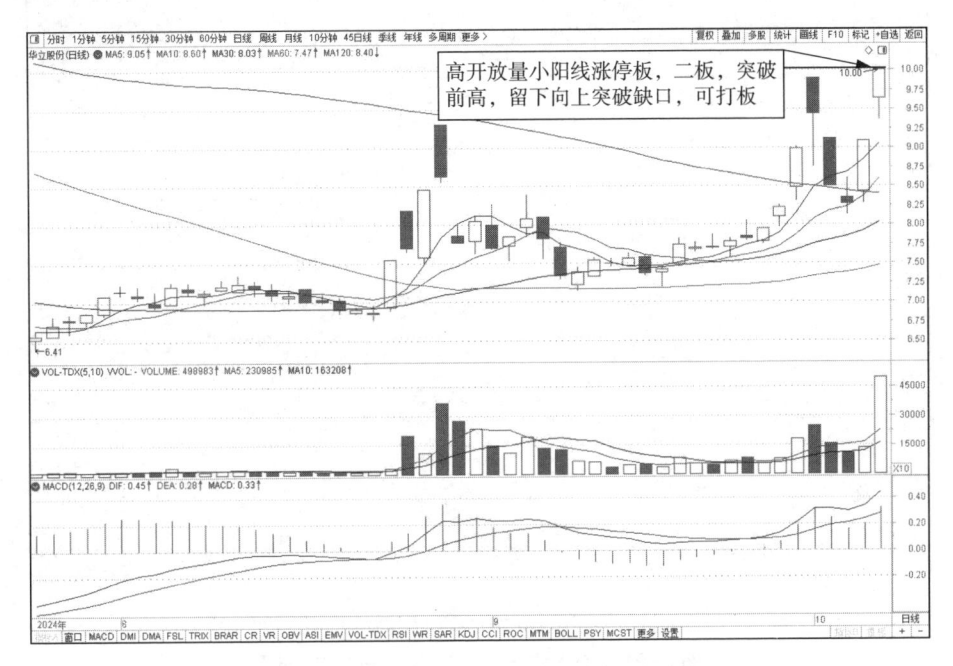

图 3-20　华立股份（603038）日 K 线走势图

图 3-21 是 603038 华立股份 2024 年 10 月 14 日星期一下午收盘时的分时走势图。这是该个股收出的二板，从当日分时走势可以看出，该股早盘大幅高开后，股价快速回落，9:32 急速勾头上行，分 3 个波次于 9:41 封上涨停板，之后涨停板被打开、封回，反复多次。9:44 涨停板被打开后，股价展开高位小幅震荡整理，应该是主力机构洗盘吸筹，9:46 封回涨停板至收盘没有再打开。从分时盘口看，虽然涨停板被打开时间较长，但打开期间成交量呈萎缩状态，且封板时间较早，分时盘口强势特征明显。像这种涨停板多次打开后能够封回、主力机构控盘程度高的新概念二板板股，普通投资者可以在当日该股涨停后跟庄打板，当然也可以在涨停板被打开后股价高位震荡整理期间逢低买入筹码。

三、选择上升趋势中向上突破前高的板股

选择上升趋势中向上突破前高的板股，是指在市场环境好的情况下，从

097

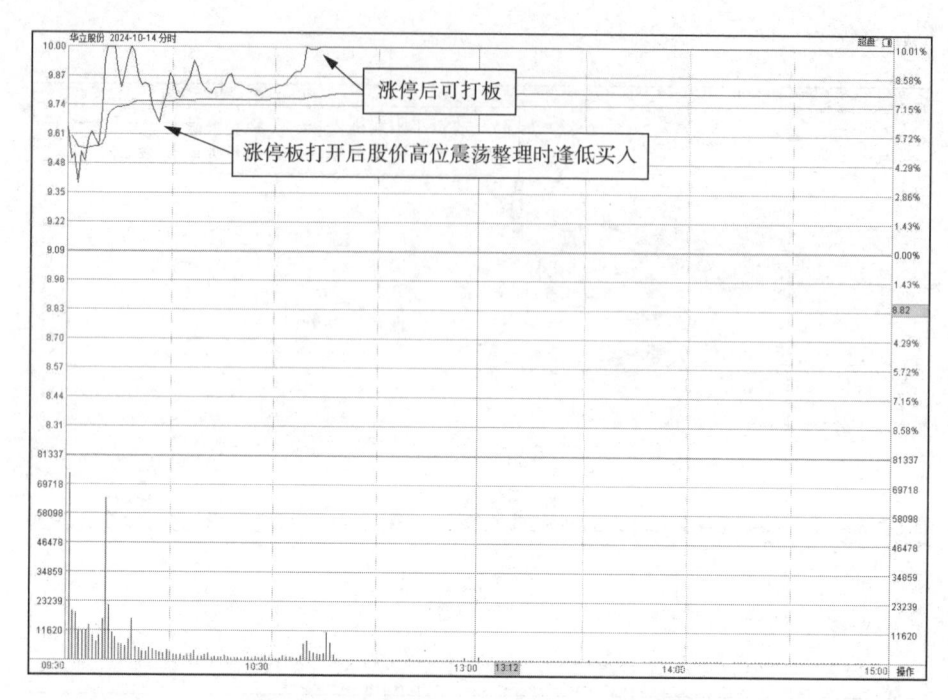

图 3-21　华立股份（603038）分时走势图

热点题材板块中寻找筛选出当日股价走势超过了之前股价高点的涨停标的作为板股。这个板股之前的高点可以是近期的高点，也可以是历史上的高点。

前期高点套牢盘堆积，是股价上行的重要压力位。当股价向上有效突破了前高这个重要关口时，压力位就变成了支撑位，意味着以前这些高点的套牢盘都变成了获利盘，说明主力机构做多意图明显且强烈，市场做多情绪已经被激发，股价将继续上涨。

选择向上突破前高的板股，套利概率大，盈利周期短，是普通投资者跟庄打板的明智选择。但要注意的是，在实战操盘中，真正的突破前高应该是快速且同步放量的。同时，普通投资者还要结合其他技术指标和市场环境进行综合判断，以防落入主力机构假突破的陷阱。选择向上突破前高的板股跟庄打板时，激进的普通投资者可以在放量涨停突破前高当日果断打板，稳健的普通投资者可以选择在下一交易日连板时跟庄打板。

图 3-22 是 603991 至正股份 2024 年 9 月 26 日星期四下午收盘时的 K 线走势图，当时该股属于热门题材板块并购重组概念股。在软件上将该股整个

K线走势图进行缩小后可以看出，该股走势处于上升趋势中。股价从前期相对低位，即2024年5月13日的最低价24.50元止跌企稳后，主力机构开始向上推升股价，收集筹码，K线走势呈涨多跌少态势，其间收出过7个涨停板，为吸筹建仓型涨停板，主力机构筹码趋于集中，股价的上升趋势已经形成。

2024年9月26日截图当日，该股小幅低开，收出一个大阳线涨停板（当日涨停收盘价为47.20元），为首板，突破前高（2024年9月23日即近期高点47.00元），成交量较前一交易日大幅放大，形成放量大阳线涨停K线形态。此时，该股均线呈多头排列，MACD、KDJ、RSI、均量线等技术指标走强，股价的强势特征相当明显，后市短期快速上涨的概率大。像这种情况，普通投资者可以在当日该股涨停后跟庄打板。

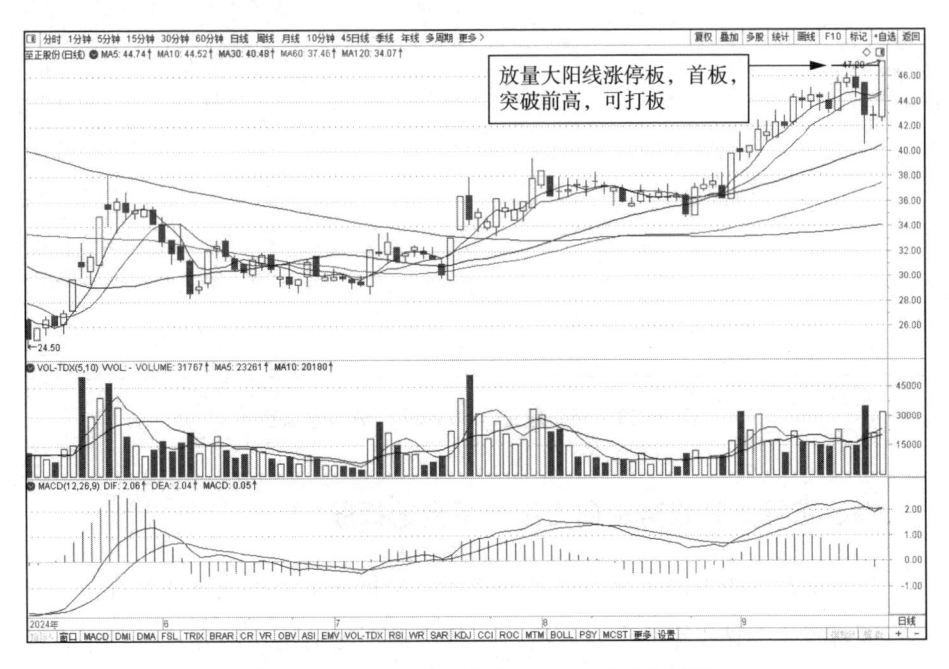

图3-22 至正股份（603991）日K线走势图

图3-23是603991至正股份2024年9月26日星期四下午收盘时的分时走势图。这是该个股收出的首板，从当日分时走势可以看出，该股早盘小幅低开后，股价略有回落，然后震荡上行，9:56一波冲高后展开高位小幅震荡整理，主力机构意在进一步洗盘吸筹，10:57突然放量分两个波次于11:00封涨

停板，至收盘没有打开。从分时盘口看，虽然该股早盘小幅低开后略有回调，但回调时间短、幅度小，且封板时间也较早，分时盘口强势特征明显。像这种主力机构控盘程度较高的并购重组概念首板板股，普通投资者可以在当日该股涨停后跟庄打板，也可以在股价即将涨停前快速狙击买入。

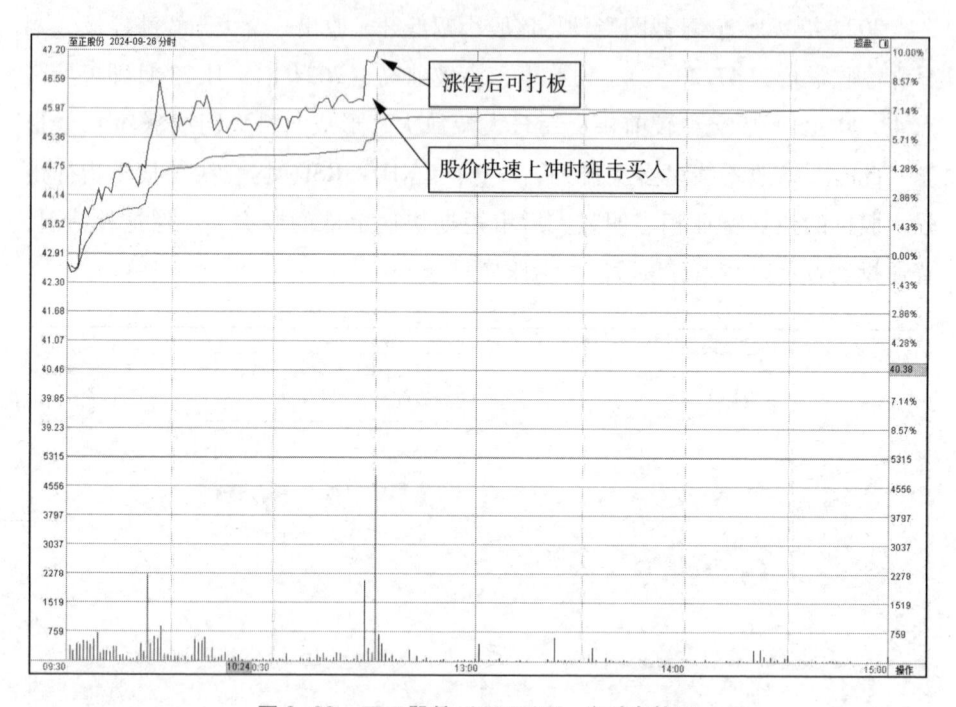

图 3-23 至正股份（603991）分时走势图

四、选择上升趋势中向上突破平台的板股

选择上升趋势中向上突破平台的板股，是指在市场环境好的情况下，从热点题材板块中寻找筛选出当日股价走势突破了之前构筑的震荡整理平台的涨停标的作为板股。

上升趋势中的震荡整理平台，是指股价经过初期上涨之后，已经有了一定的涨幅，主力机构通过缩量横盘调整，形成一个小幅横盘震荡整理平台，目的在于清洗获利盘、减轻后期拉升压力，同时逢低补充部分仓位。一般情况下，主力机构缩量横盘调整的时间为10个交易日左右，某一交易日突然以涨停的方式突破震荡整理平台的最高点，预示着第二波拉升行情正式开启。

需要注意的是，股价突破震荡整理平台的同时，成交量一般是同步放大的。选择向上突破平台的板股跟庄打板时，激进的普通投资者可以在放量涨停突破平台当日果断打板，稳健的普通投资者可以选择在下一交易日连板时跟庄打板。

图 3-24 是 600340 华夏幸福 2024 年 10 月 28 日星期一下午收盘时的 K 线走势图，当时该股属于"债务重组+房地产+住宅服务"概念炒作。在软件上将该股整个 K 线走势图进行缩小后可以看出，该股走势处于上升趋势中。股价从前期最低位，即 2024 年 7 月 10 日的最低价 0.95 元止跌企稳后，主力机构开始向上推升股价，收集筹码，K 线走势呈涨多跌少态势，其间收出过 4 个涨停板，为吸筹建仓型涨停板。

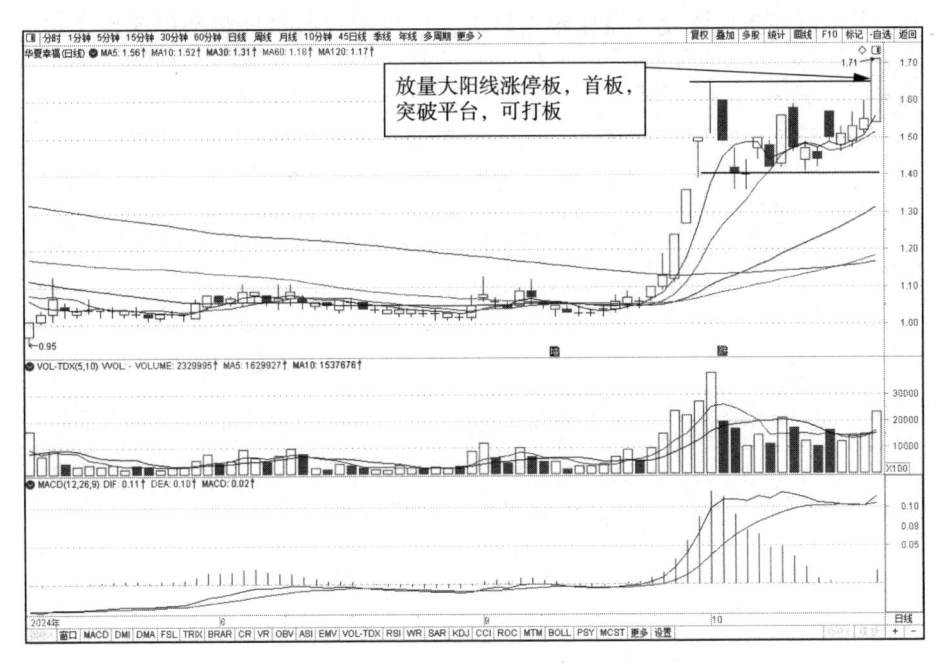

图 3-24　华夏幸福（600340）日 K 线走势图

2024 年 10 月 9 日，该股低开，股价回落，跌停收盘，之后主力机构展开横盘震荡整理走势，目的是洗盘吸筹，横盘震荡整理期间成交量呈萎缩状态。

2024 年 10 月 28 日截图当日，该股小幅低开，收出一个大阳线涨停板，为首板，突破震荡整理平台的最高点（2024 年 10 月 8 日最高点 1.65 元），成交量较前一交易日大幅放大，形成放量大阳线涨停 K 线形态。此时，该股均

101

线呈多头排列，MACD、KDJ、RSI、均量线等技术指标走强，股价的强势特征相当明显，预示第二波拉升行情正式开启。像这种情况，普通投资者可以在当日该股涨停后跟庄打板。

图 3-25 是 600340 华夏幸福 2024 年 10 月 28 日星期一下午收盘时的分时走势图。这是该个股收出的首板，从当日分时走势可以看出，该股早盘小幅低开后，股价快速震荡上行。股价震荡上行过程中，主力机构展开了两次横盘整理，意在洗盘吸筹。11:21 股价快速上冲，一个波次于 11:23 放量封上涨停板，至收盘没有打开。从分时盘口看，虽然该股早盘小幅低开，但低开后股价没有回调，而是快速震荡上行，上行过程中两次横盘整理洗盘，清洗了浮筹，且当日封板时间也较早，分时盘口强势特征明显。像这种情况，普通投资者可以在当日该股涨停后跟庄打板，也可以在股价即将涨停前快速狙击买入。

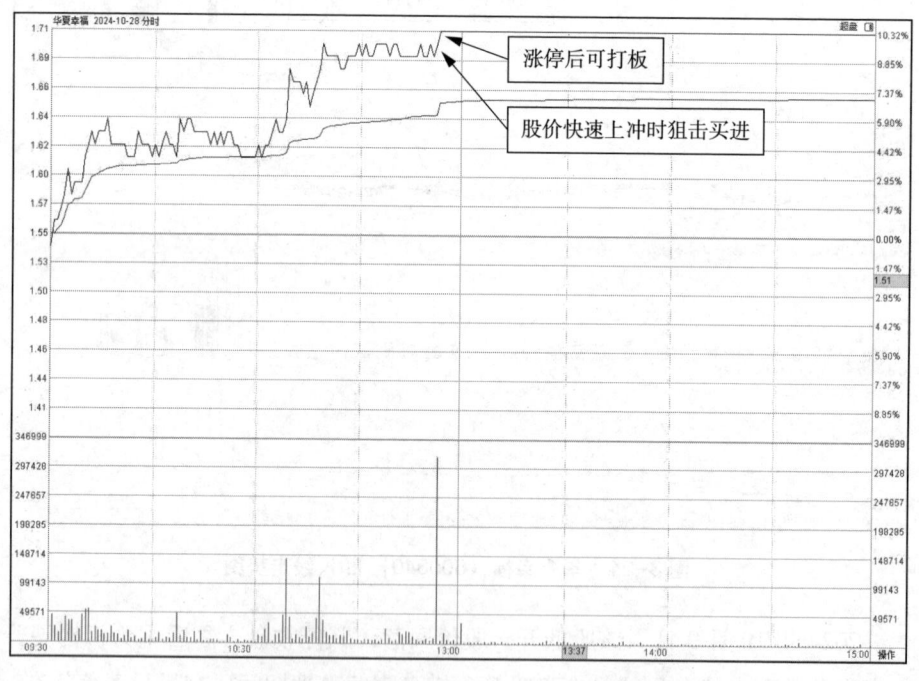

图 3-25　华夏幸福（600340）分时走势图

第四章

涨停板股买卖点的把握

涨停板股买卖交易的总原则是顺势而为，就是在市场大势好的情况下打板，打上升趋势的板股，断板即可卖出或者在板股走势高位出现反转（转势）征兆时立马出局。为控制资金风险，对于股价走势处于下跌趋势的板股、技术形态不好的板股、没有预期的跟风板股等，普通投资者要谨慎打板。

第一节　涨停板股封板时间分析

对于主力机构（游资）来说，封板时间是有讲究的。有的主力机构（游资）为体现其强大的资金实力，集合竞价就是涨停价，开盘即封板，有的开盘几分钟内就封板。当然，也有的主力机构为了进一步洗盘吸筹，到午盘后或收盘前才封板，这些都取决于主力机构的操盘意图（目的）和操盘手的操盘风格。

通常情况下，封板时间越早越好，最先涨停的板股比收盘前涨停的板股理论上要强势得多。市场普遍认为，10:30之前封板的板股比较强势，一方面有可能是主力机构有计划的拉升行为，另一方面能在开盘后一小时内封板，当日的成交量多数是萎缩的，炸板的可能性不大，下一交易日的溢价预期也就大。下面分析交易日内五种封板时间，谨供普通投资者打板时参考。

一、开盘即封板的板股

开盘即封板的板股，为一字涨停板股。除新股上市之后的一字板涨停外，主要以突发重大利好刺激的、长久停牌之后有利好复牌或有补涨要求的、超跌反弹的、中继强势上攻的一字涨停板股为主。涨停开盘，意味着主力机构做多意愿非常强烈。实战操盘中，我们在盘面上也经常遇见一字涨停板股，但打上板的概率不高。对于股价处于底部或相对低位的开盘就封停的一字涨停板股，下一交易日连板概率大，普通投资者除当日开盘后以涨停价挂买单打板外，还可以在下一交易日集合竞价时，以涨停价挂买单排队等候打板。

图 4-1 是 603955 大千生态 2024 年 11 月 5 日星期二下午收盘时的 K 线走势图。据大千生态 11 月 4 日早间公告，公司于 11 月 3 日收到公司控股股东江苏大千投资发展有限公司的通知，大千投资正在筹划公司股份协议转让事宜，该事项可能导致公司控制权发生变更。经申请，公司股票于 11 月 4 日（星期一）停牌一天。在软件上将该股整个 K 线走势图进行缩小后可以看出，该股走势处于上升趋势中。股价从前期最低位，即 2024 年 9 月 18 日的最低价 6.76 元止跌企稳后，主力机构开始向上推升股价，收集筹码，K 线走势呈涨多跌少态势，其间收出过 1 个涨停板，为吸筹建仓型涨停板，股价的上升趋势已经形成。

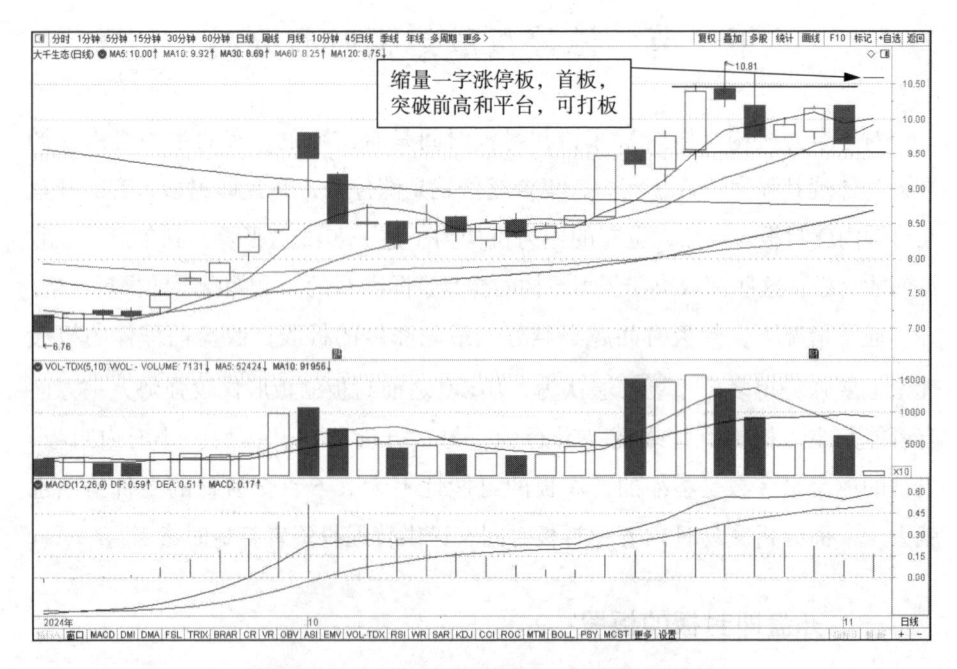

图 4-1 大千生态（603955）日 K 线走势图

2024 年 11 月 5 日截图当日，由于受"公司股份协议转让"利好消息的刺激，该股涨停开盘，收出 1 个一字涨停板，为利好消息公布后的首板，突破前高和平台，留下向上突破缺口，成交量较前一交易日大幅萎缩，形成向上突破缺口和缩量一字涨停 K 线形态。此时，该股短中期均线呈多头排列，MACD、KDJ、RSI 等技术指标走强，股价的强势特征相当明显，后市连板的概率大。像这种情况，普通投资者可以在当日该股开盘后快速以涨停价挂买单打板，也可以在下一交易日集合竞价时，以涨停价挂买单排队等候打板。

图4-2是603955大千生态2024年11月5日星期二下午收盘时的分时走势图。这是该个股利好消息公布后收出的首板，从当日分时走势可以看出，由于受"公司股份协议转让"利好消息的刺激，该股早盘涨停开盘后，一直到涨停收盘，成交量极度萎缩，分时盘口强势特征明显。像这种情况，普通投资者可以在当日该股开盘后快速以涨停价挂买单打板，也可以在下一交易日集合竞价时，以涨停价挂买单排队等候打板。

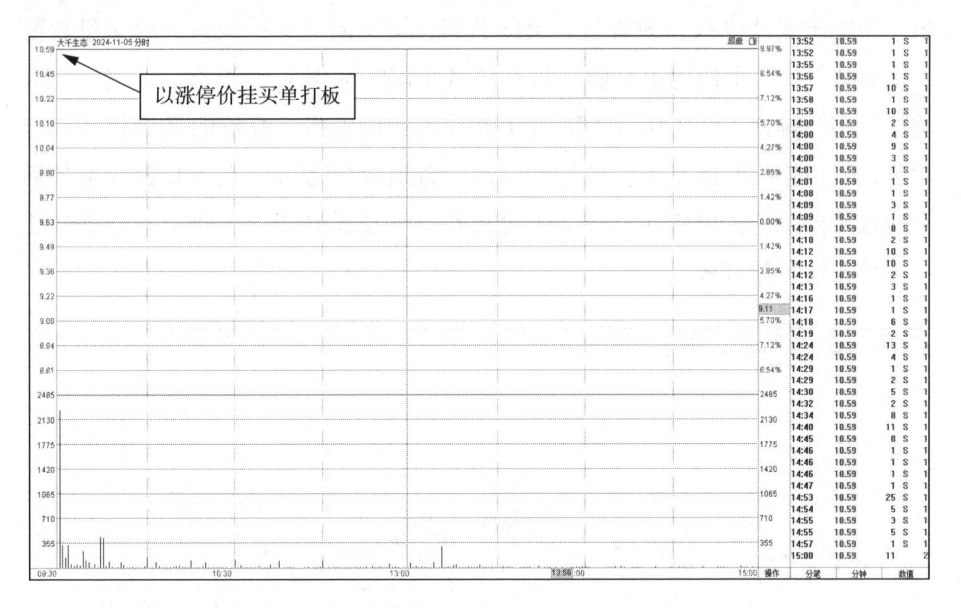

图4-2　大千生态（603955）分时走势图

二、9:40前封板的板股

9:40前封板的板股，是指开盘后10分钟内就封板，至收盘没被打开的板股，这是一种特别强势的板股。能够在开盘后10分钟内涨停，封板时间达3个小时50分钟以上，说明主力机构资金实力雄厚、筹码集中度较高、控盘比较到位，做多愿望强烈，后市连续涨停的概率大。这种板股封板急，普通投资者如果反应慢的话，当日打上板的概率也不高。对于股价处于底部或相对低位在9:40前封板的板股，普通投资者除当日该股涨停后以涨停价挂买单打板外，也可以在下一交易日集合竞价时，以涨停价挂买单排队等候打板。

图 4-3 是 002628 成都路桥 2024 年 10 月 14 日星期一下午收盘时的 K 线走势图。当时该股属于"四川+基建+西部大开发"概念炒作。在软件上将该股整个 K 线走势图进行缩小后可以看出，该股走势处于上升趋势中。股价从前期最低位，即 2024 年 7 月 9 日的最低价 1.75 元止跌企稳后，主力机构开始向上推升股价，收集筹码，K 线走势呈涨多跌少态势，其间收出过 2 个涨停板，均为吸筹建仓型涨停板，股价的上升趋势已经形成。

2024 年 10 月 14 日截图当日，该股大幅高开（向上跳空 7.14% 开盘），收出一个小阳线涨停板，为首板，突破前高，留下向上突破缺口，成交量较前一交易日放大，形成向上突破缺口和放量小阳线涨停 K 线形态。此时，该股均线呈多头排列，MACD、KDJ、RSI 等技术指标走强，股价的强势特征相当明显，后市连板的概率大。像这种情况，普通投资者可以在当日该股涨停后快速以涨停价挂买单跟庄打板，也可以在下一交易日集合竞价时，以涨停价挂买单排队等候打板。

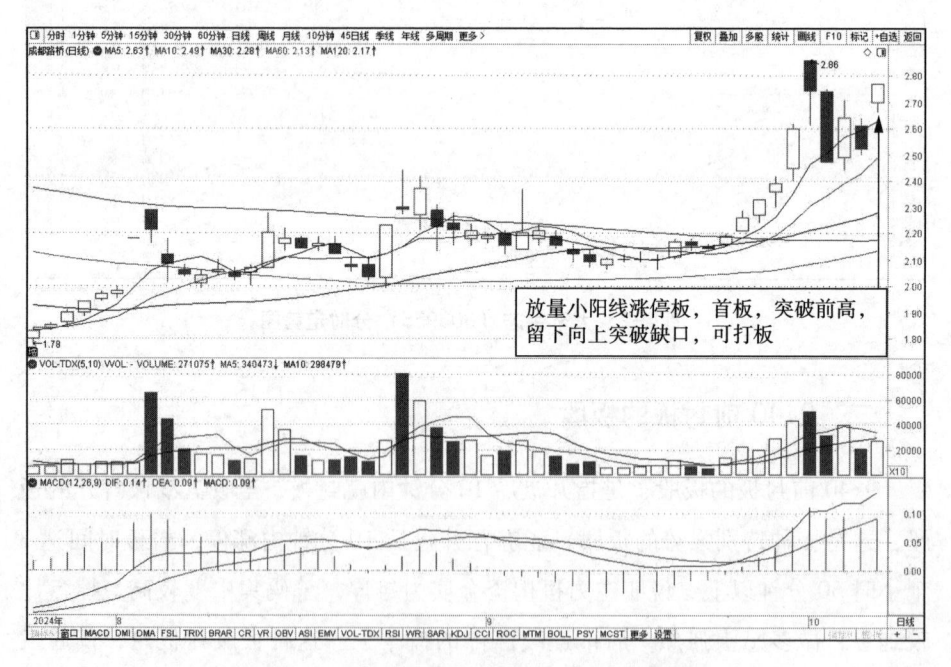

图 4-3　成都路桥（002628）日 K 线走势图

图 4-4 是 002628 成都路桥 2024 年 10 月 14 日星期一下午收盘时的分时走势图。这是该个股收出的首板，从当日分时走势可以看出，该股早盘大幅跳空高开，开盘后股价一个波次上冲封上涨停板（成交量同步迅速放大），至收盘涨停板没有被打开。从分时盘口看，当日该股封板时间早，成交量较前一交易日放大，封单量为 2765.19 万股，封单/成交量为 102.01%，属放量涨停，人气暴涨，做多氛围浓厚，后市连板概率大。像这种情况，普通投资者可以在当日该股涨停后快速以涨停价挂买单跟庄打板，也可以在下一交易日集合竞价时，以涨停价挂买单排队等候打板。

图 4-4　成都路桥（002628）分时走势图

三、10:30 前封板的板股

10:30 前封板的板股，是指开盘后 1 小时内就封板，至收盘没被打开的板股，这是一种相当强势的板股，也是短线跟风盘最关注的板股。能够在开盘后 1 小时内涨停，封板时间达 3 个小时以上，表明主力机构资金实力雄厚，控盘比较到位，做多愿望强烈，后市连续涨停的概率大。这种板股受当日大盘涨跌的影响较小，成交量在上午收盘前已经大幅萎缩，下午封死至收盘的可能性大，下一交易日连板（溢价）的预期高。开盘后 1 小时内封板的板股，普通投资者有足够的思考、判断和决策的时间，当日打上板的概率也高。对于股价处于底部或相对低位在 10∶30 前封板的板股，普通投资者除当日该股涨停后以涨停价挂买单打板外，也可以在下一交易日集合竞价时，视情况以涨停价挂买单排队等候打板。

图 4-5 是 002520 日发精机 2024 年 9 月 3 日星期二下午收盘时的 K 线走势图。当时该股属于"人形机器人+低空经济+数控机床+工业母机"概念炒作。在软件上将该股整个 K 线走势图进行缩小后可以看出，该股走势处于横盘震荡整理中。股价从前期高位经过长期震荡下跌，至 2024 年 6 月 6 日的最低价 3.44 元止跌企稳，随后主力机构展开横盘震荡整理行情，洗盘吸筹，成交量呈萎缩状态。

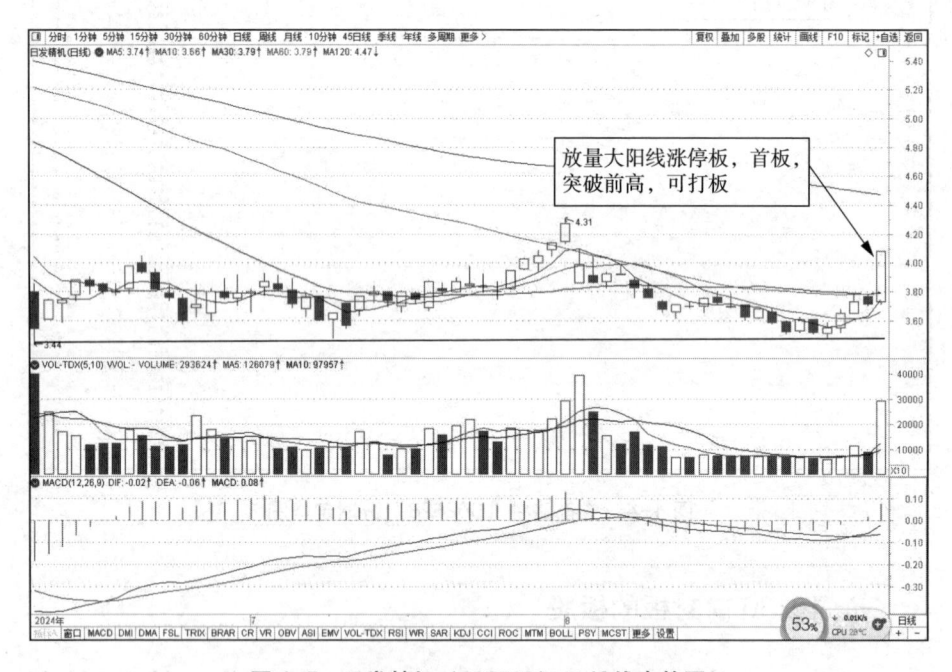

图 4-5　日发精机（002520）日 K 线走势图

2024 年 9 月 3 日截图当日，该股小幅高开，收出一个大阳线涨停板，为首板，突破前高，成交量较前一交易日放大 3 倍多，形成放量大阳线涨停 K 线形态。此时，该股短中期均线呈多头排列，MACD、KDJ、RSI、均量线等技术指标走强，股价的强势特征相当明显，后市连板的概率大。像这种情况，普通投资者可以在当日该股涨停后快速以涨停价挂买单跟庄打板，也可以在下一交易日集合竞价时，视情况以涨停价挂买单排队等候打板。

图 4-6 是 002520 日发精机 2024 年 9 月 3 日星期二下午收盘时的分时走势图。这是该个股收出的首板，从当日分时走势可以看出，该股早盘小幅高开后，股价展开小幅横盘震荡整理，成交量呈萎缩状态，10:11 股价拐头向上，一个波次上冲于 10:17 封上涨停板（成交量同步迅速放大），至收盘涨停板没有被打开。从分时盘口看，当日该股封板时间较早，成交量较前一交易日大幅放大，封单量为 515.17 万股，封单/成交量为 17.55%，属放量涨停，人气暴涨，做多氛围浓厚，后市连板概率大。像这种情况，普通投资者可以在当日该股涨停后快速以涨停价挂买单跟庄打板，也可以在股价即将涨停前快速狙击买入。

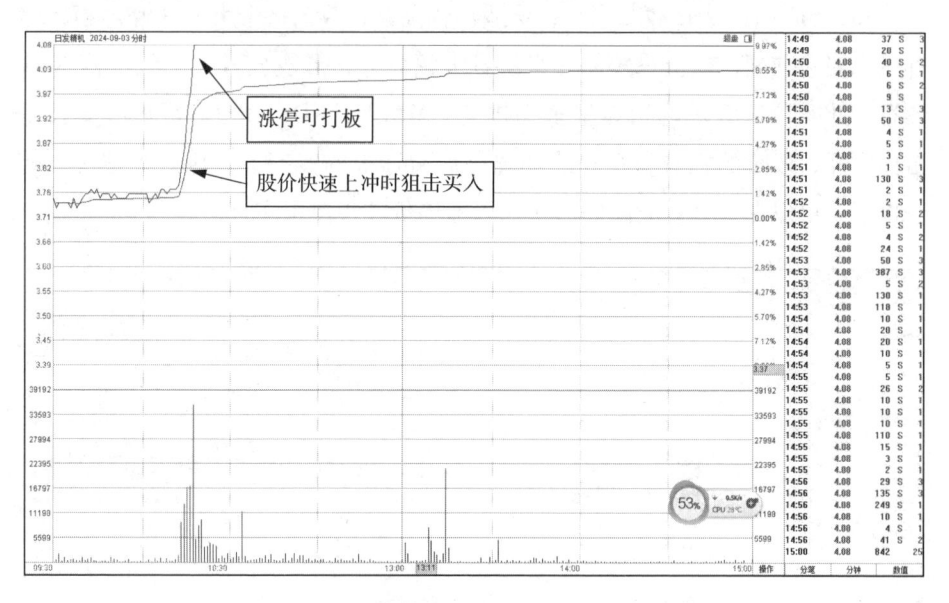

图 4-6 日发精机（002520）分时走势图

四、11:30 前封板的板股

11:30 前封板的板股，是指午盘前封板，至下午收盘没被打开的板股，这同样是一种强势的板股，也是短线跟风盘关注的板股。但由于涨停时间较晚，在上午收盘前成交量不一定能萎缩得很小，可能导致下午开盘时，受到抛压的冲击相对大一些，炸板的风险也大一些。如果这种板股早盘高开或高开的幅度较大，且股价处于底部或相对低位，那后市连板或溢价的预期就比较高，普通投资者可以在当日该股涨停后以涨停价挂买单打板，也可以在下一交易日集合竞价时，视情况以涨停价挂买单排队等候打板。

图 4-7 是 603900 莱绅通灵 2024 年 3 月 29 日星期五下午收盘时的 K 线走势图。当时该股为网红概念热股，属于"珠宝首饰+开辟'欧金'新赛道"概念炒作，广发改革混合基金重仓该股，板块领涨股为老凤祥。在软件上将该股整个 K 线走势图进行缩小后可以看出，该股走势处于上升趋势中。股价从前期高位经过长期震荡下跌，至 2024 年 2 月 8 日的最低价 3.37 元止跌企稳，随后主力机构向上推升股价，收集筹码，K 线走势呈涨多跌少态势，股价的上升趋势已经形成。

2024 年 3 月 29 日截图当日，该股小幅高开，收出一个大阳线涨停板，为首板，突破前高，成交量较前一交易日大幅放大，形成放量大阳线涨停 K 线形态。此时，该股短期均线呈多头排列，MACD、KDJ、RSI、均量线等技术指标走强，股价的强势特征相当明显，后市连板的概率大。像这种情况，普通投资者可以在当日该股涨停后快速以涨停价挂买单跟庄打板。

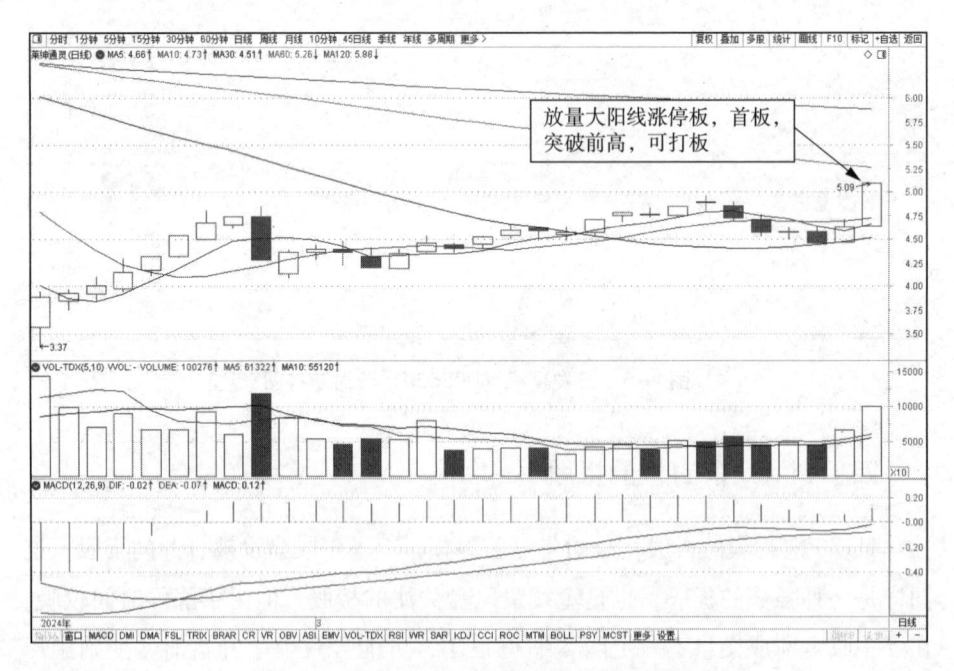

图 4-7　莱绅通灵（603900）日 K 线走势图

图4-8是603900莱绅通灵2024年3月29日星期五下午收盘时的分时走势图。这是该个股收出的首板，从当日分时走势可以看出，该股早盘小幅高开后，股价展开小幅横盘震荡整理，成交量呈萎缩状态，11:09股价拐头向上，两个波次上冲于11:14封上涨停板（成交量同步迅速放大），至收盘涨停板没有被打开。从分时盘口看，当日该股虽然封板时间较晚，但封板速度快、量价配合完美，涨停板封板结构较优。当日成交量较前一交易日大幅放大，最高封单量达1444.30万股，收盘封单量为185.16万股，封单/成交量为18.46%，属放量涨停，交投活跃，做多氛围浓厚，后市连板概率大。像这种情况，普通投资者可以在当日该股涨停后快速以涨停价挂买单跟庄打板，也可以在股价即将涨停前快速狙击买入。

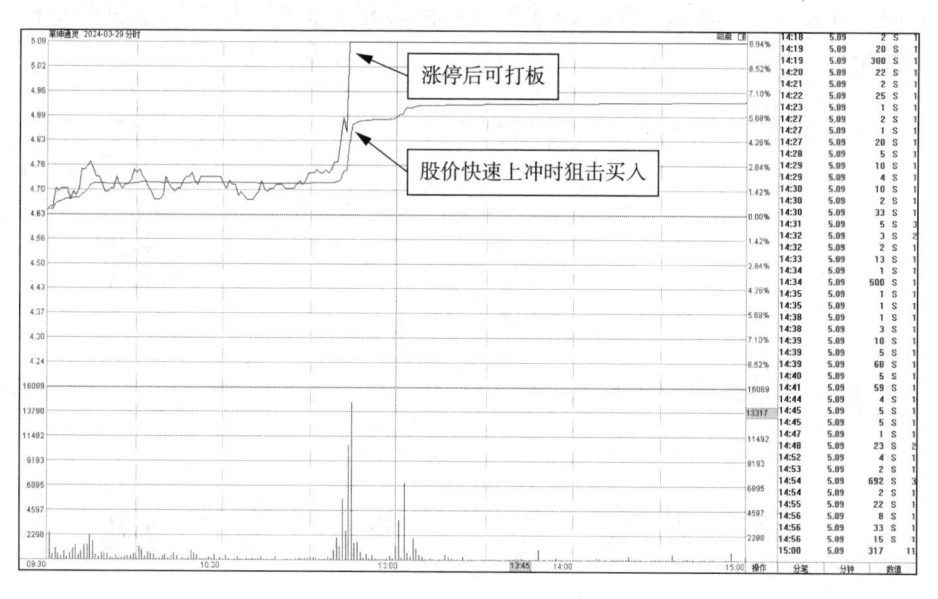

图4-8 莱绅通灵（603900）分时走势图

五、下午封板的板股

下午封板的板股，是指13:00开盘后至15:00收盘前封板的板股。这类下午封板的板股（上午停牌下午复牌的股票除外），多数是受突发利好消息的刺激或大盘转好而引发涨停的。除这三类板股（大盘转好引发的涨停、个股突发利好刺激的涨停、上午停牌下午复牌出现的涨停）外，其他下午封板的板股，下一交易日连板的概率较小。像这种情况，普通投资者应谨慎打板。

当然，主力机构的操盘目的和意图，我们普通投资者是很难猜到的。很多时候，主力机构操盘手往往会利用普通投资者的惯性思维，而采取逆向的操盘思路和手法，比如烂板出妖股的逻辑。所以，对于下午封板的板股，我们应该综合大势、股价所处的位置和其他技术指标的强弱情况，认真分析预判，谨慎跟庄打板，如不及预期，立马出局。

图4-9是600250南京商旅2023年11月28日星期二下午收盘时的K线走势图。当时该股属于"贸易+旅游+南京国资"概念炒作。在软件上将该股整个K线走势图进行缩小后可以看出，该股走势处于上升趋势中。股价从前期相对低位，即2023年10月24日的最低价5.80元止跌企稳后，主力机构开始向上推升股价，收集筹码，K线走势呈涨多跌少态势，股价的上升趋势已经形成。

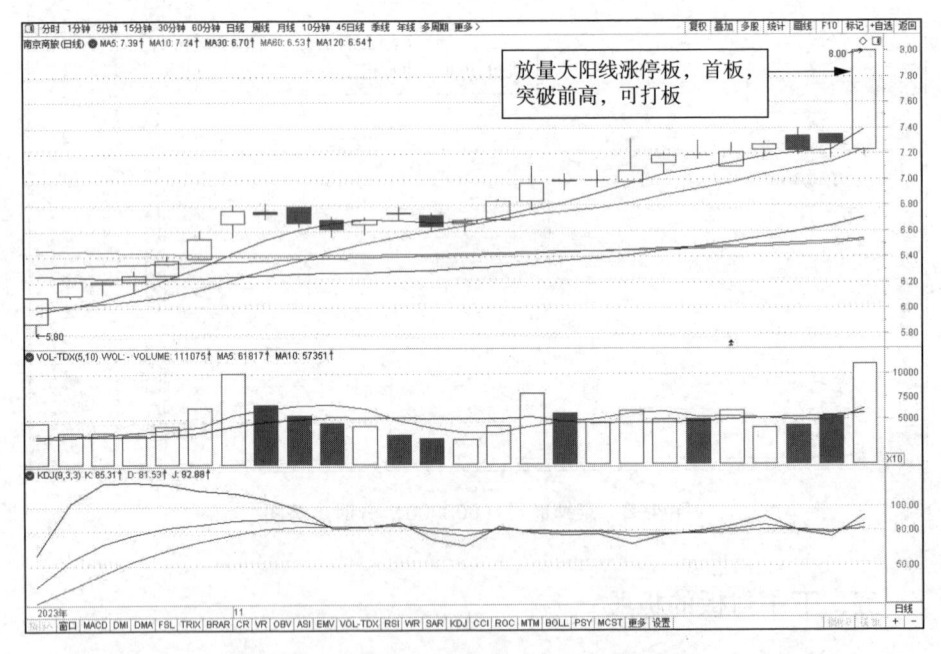

图4-9 南京商旅（600250）日K线走势图

2023年11月28日截图当日，该股小幅低开，收出一个大阳线涨停板，为首板，突破前高，成交量较前一交易日放大2倍多，形成放量大阳线涨停K线形态。此时，该股均线呈多头排列，MACD、KDJ、RSI、均量线等技术指标走强，股价的强势特征比较明显，后市冲高的概率大。像这种情况，普通投资者可以在当日该股涨停后快速以涨停价挂买单跟庄打板。

图 4-10 是 600250 南京商旅 2023 年 11 月 28 日星期二下午收盘时的分时走势图。这是该个股收出的首板，从当日分时走势可以看出，该股早盘小幅低开后，一直围绕前一交易日收盘价展开小幅横盘震荡整理，成交量呈萎缩状态，13:53 股价开始震荡上行，14:30 股价快速上冲于 14:36 封上涨停板（成交量同步迅速放大），14:39 涨停板被打开，瞬间封回（同一分钟内封回，分时价格线上没有留下打开缺口），至收盘涨停板没有再打开。从分时盘口看，当日该股尾盘封板，封板后被瞬间打开一次，涨停板封板结构弱。

但从成交量看，当日成交量较前一交易日放大 2 倍多，最高封单量 638.79 万股，收盘封单量为 328.03 万股，封单/成交量为 2.19%，占当日成交量的 29.53%，交投较为活跃，做多氛围比较浓厚，后市有继续冲高的动能。当日龙虎榜数据显示，营业部席位合计净买入 1443.3 万元。其中，华泰证券常州和平北路证券营业部、东莞证券浙江分公司分别买入 1593.32 万元、370.80 万元，卖出 0.00 元。像这种情况，普通投资者可以在当日该股涨停后以涨停价挂买单跟庄打板，也可以在股价即将涨停前快速狙击买入。

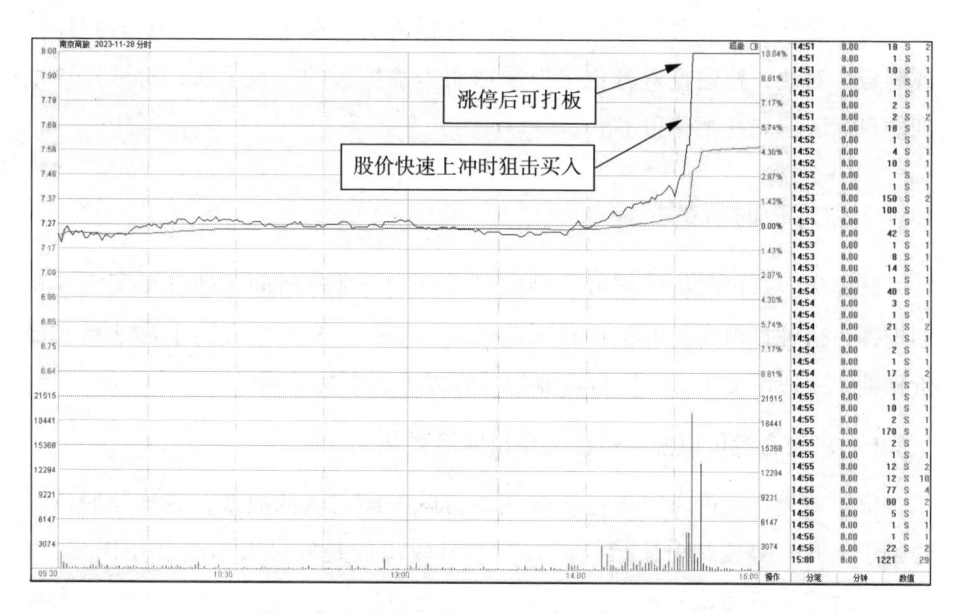

图 4-10 南京商旅（600250）分时走势图

图4-11是600250南京商旅2023年11月28日星期二买入金额最大的前5名龙虎榜。

上榜类型1：日涨幅偏离值达7%的证券				前往数据中心>
排序	营业部名称	买入金额（万）	卖出金额（万）	净额（万）
买入金额最大的前5名 买入总计 2712.65 万元，占总成交比例 32.15%				
1	华泰证券股份有限公司常州和平北路证券营业部	1593.32	0.00	1593.32
2	东莞证券股份有限公司浙江分公司	370.80	0.00	370.80
3	海通证券股份有限公司上海黄浦区福州路证券营业部	291.12	0.00	291.12
4	广发证券股份有限公司珠海市珠海大道证券营业部	229.43	0.00	229.43
5	中信建投证券股份有限公司温州大南路证券营业部	227.97	0.00	227.97

图4-11　南京商旅（600250）2023年11月28日龙虎榜

第二节　涨停板股买点的把握

打板，顾名思义是在股票封板瞬间的涨停板价位上挂买单买入筹码。但是在决定打板前，普通投资者一定要搞清涨停的诱因，同时从大盘大势、热点概念、板股的走势、封单力度、封单量、技术指标尤其是主力机构的操盘目的和意图等方面，认真分析预判下一交易日的溢价预期，寻找更多的确定性。

对于资金量小的普通投资者来说，打板成功的概率较小，除非遇到炸板或弱板。对此，普通投资者也可以采取狙击涨停板的操盘手法，对涨停预期高的目标股票展开半路狙击。

一、打板时机的把握

涨停板股打板时机的把握，是指对当日股价涨停瞬间快速挂单买入先机的把握，这种打板先机的把握，所追求的是下一交易日板股的上冲能量和溢价预期。一般情况下，跟庄打板要把握好以下五个关键时机。

（一）集合竞价以涨停价挂买单排队等候买入

值得在集合竞价时以涨停价挂买单排队等候买入的股票，应该是股价走势处于上升趋势或拉升阶段，前一交易日收出的是放量大阳线（小阳线、T字线）涨停板或缩量一字涨停板，且该股当时均线呈多头排列、各项技术指标相对强势的板股。普通投资者对有预期、有把握（确定性）的前一交易日涨停板股，在集合竞价时以涨停价挂买单委托买入，在时间上优于 9:25 以后挂涨停价买入，成交的概率更大，但必须在 9:24:59 前完成挂单委托。

实战操盘中，有些主力操盘手经常利用集合竞价来欺骗普通投资者，通常在集合竞价时先封板，之后通过撤单使股价大幅下挫，让普通投资者不知所措。所以，在没有把握的情况下，不建议普通投资者在集合竞价时以涨停价挂买单委托买入，除非对交易标的有确定的把握，或是已经有了熟练的打板技术。

图 4-12 是 600705 中航产融 2024 年 9 月 25 日星期三下午收盘时的 K 线走势图。当时该股属于"多元金融+央企+破净股"概念炒作。在软件上将该股整个 K 线走势图进行缩小后可以看出，该股走势处于上升趋势中。股价从前期相对低位，即 2024 年 7 月 9 日的最低价 2.10 元止跌企稳后，主力机构开始向上推升股价，收集筹码，K 线走势呈涨多跌少态势，股价的上升趋势已经形成。

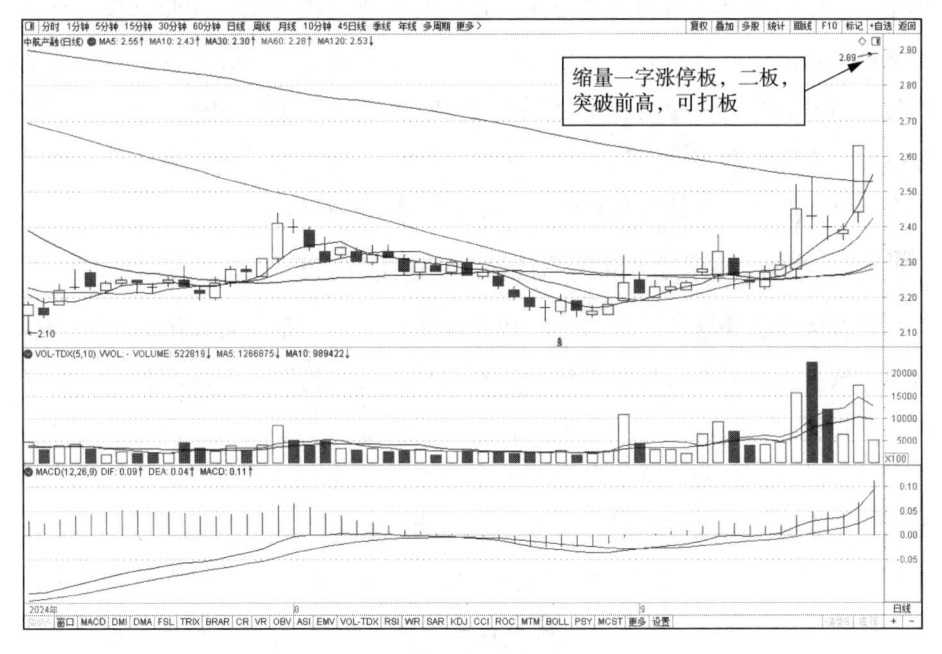

图 4-12　中航产融（600705）日 K 线走势图

2024 年 9 月 24 日，该股早盘跳空高开，收出一个大阳线涨停板，为首板，突破前高，成交量较前一交易日放大 2 倍多，形成放量大阳线涨停 K 线形态。盘口显示，当日收盘封单量为4007.85万股，封单/成交量为23.13%，交投活跃，人气暴涨，做多氛围浓厚，后市继续冲高的动能强劲。此时，该股短中期均线呈多头排列，MACD、KDJ、RSI、均量线等技术指标走强，股价的强势特征相当明显，后市连板的概率大。像这种情况，普通投资者可以在当日该股涨停后快速以涨停价挂买单跟庄打板，也可以在下一交易日集合竞价时，以涨停价挂买单排队等候打板。

2024年9月25日截图当日，该股集合竞价涨停开盘，收出一个一字涨停板，为二板，突破前高，成交量较前一交易日大幅萎缩，形成缩量一字涨停K线形态。此时，该股短中期均线呈多头排列，MACD、KDJ、RSI等技术指标强势，股价的强势特征特别明显，后市连续上涨的概率大。像这种情况，普通投资者可以在当日集合竞价时，以涨停价挂买单排队打板。

图4-13是600705中航产融2024年9月25日星期三下午收盘时的分时走势图。这是该个股收出的二板，从当日分时走势可以看出，该股早盘集合竞价涨停开盘后，一直封死至涨停收盘，成交量大幅萎缩，分时盘口强势特征明显。当日收盘封单量为1.13亿股，封单/成交量为215.54%，属于一字缩量涨停，人气暴涨，下一交易日上涨概率100%。像这种情况，普通投资者可以在当日该股集合竞价开盘时快速以涨停价挂买单打板。

（二）符合巨量高开标准开盘涨停后快速挂买单买入

符合巨量高开标准开盘涨停后快速挂买单买入，是指目标股票在集合竞价时以远高于前一交易日收盘价且伴有大量成交的情况下开盘涨停后，快速挂买单打板。

巨量高开标准分为巨量和高开两个方面。首先，巨量要依据目标股票流通盘大小而定，一般情况下，流通盘1000万~5000万股，早盘集合竞价成交量在1000手以上，流通盘5000万~1亿股，早盘集合竞价成交量在1500手以上，流通盘在1亿~2亿股，早盘集合竞价成交量在2000手以上，流通盘2亿~5亿股，早盘集合竞价成交量在2500手以上，流通盘5亿~10亿股，早盘集合竞价成交量在3000手以上，流通盘10亿股以上，早盘集合竞价成交量在6000手以上的，都可称之为巨量。其次，高开标准可以分为四个层次，一是正常的高开，即高开幅度小于2%，回调不破开盘价或前一交易日收盘

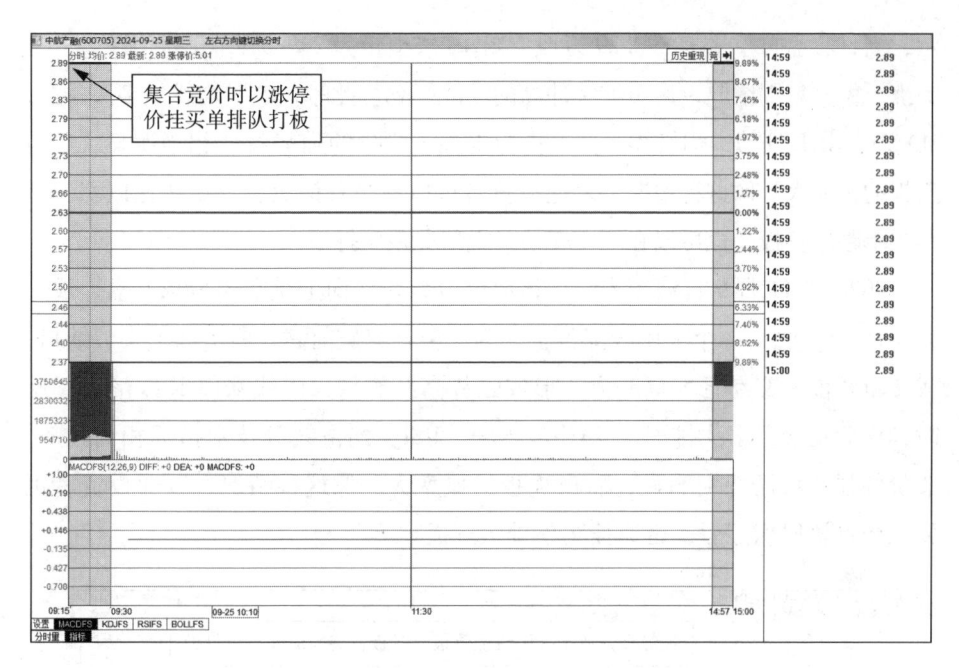

图4-13 中航产融（600705）分时走势图

价。二是强势高开，即高开幅度2%~4%，回调不破开盘价、前一交易日收盘价或均价线。三是超强高开，即高开幅度4%~7%，回调不破前一交易日收盘价、开盘价或分时均价线。四是极强高开，即高开幅度在7%以上，回调不破开盘价或分时均价线。

巨量高开表明有主力机构（游资）介入，同时也表明市场对目标股票有很高的预期，但普通投资者也要结合市场大势、目标股票的走势，尤其是股价所处的位置、技术指标等因素进行综合预判后再打板。

图4-14是603366日出东方2024年11月5日星期二下午收盘时的K线走势图。当时该股属于"家用电器+光伏+储能"概念炒作。在软件上将该股整个K线走势图进行缩小后可以看出，该股走势处于上升趋势中。股价从前期相对低位，即2024年7月9日的最低价3.33元止跌企稳后，主力机构开始向上推升股价，收集筹码，K线走势呈涨多跌少态势，股价的上升趋势已经形成。

2024年11月4日，该股早盘小幅高开，收出一个大阳线涨停板，为首板，突破前高，成交量较前一交易日放大，形成放量大阳线涨停K线形态。盘口显示，当日收盘封单量为890.29万股，封单/成交量为24.80%，交投活跃，人气暴涨，做多氛围浓厚，后市继续冲高的动能强劲。此时，该股均线呈多头排列，MACD、KDJ、RSI、均量线等技术指标走强，股价的强势特征相当明显，后市连板的概率大。像这种情况，普通投资者可以在当日该股涨停后快速以涨停价挂买单跟庄打板，也可以在下一交易日视情况跟庄打板。

2024年11月5日截图当日，该股巨量高开（向上跳空3.88%开盘，成交35101手），收出一个大阳线涨停板，为二板，突破前高，留下向上突破缺口，成交量较前一交易日大幅放大，形成强势高开放量大阳线涨停K线形态。此时，该股均线呈多头排列，MACD、KDJ、RSI、均量线等技术指标相当强势，股价的强势特征特别明显，后市连板的概率大。像这种情况，普通投资者可以在当日该股涨停后，迅速挂买单排队打板。

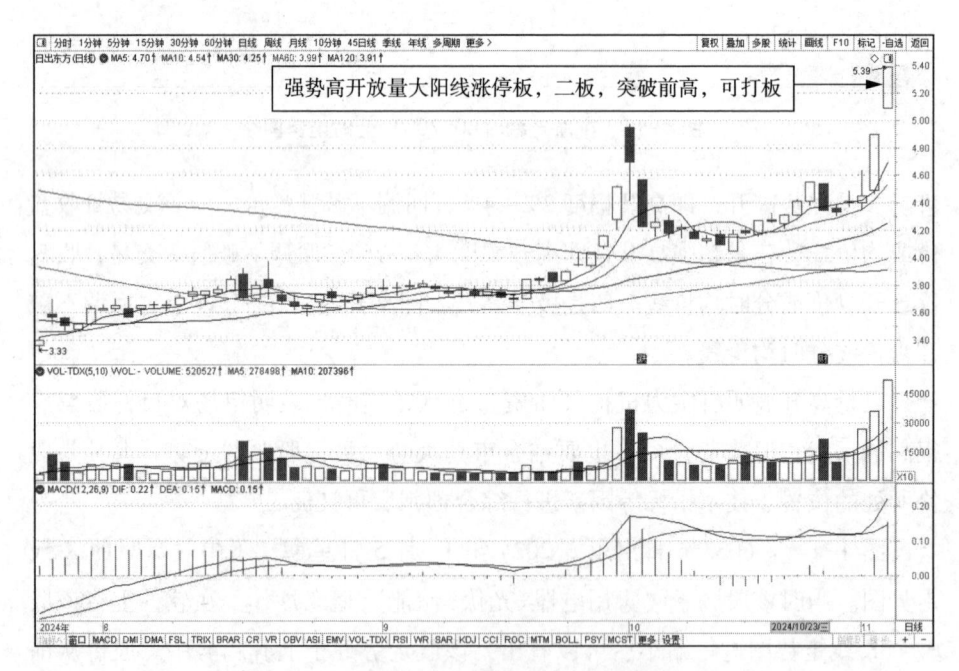

图4-14 日出东方（603366）日K线走势图

图4-15是603366日出东方2024年11月4日星期一买入金额最大的前5名龙虎榜。海通证券股份有限公司北京亮马桥路营业部以922.13万元的净买入额居首。

第四章 涨停板股买卖点的把握

上榜类型1：日涨幅偏离值达7%的证券			前往数据中心
排序 营业部名称	买入金额（万）	卖出金额（万）	净额（万）
买入金额最大的前5名 买入总计 2822.57 万元，占总成交比例 16.88%			
1 海通证券股份有限公司北京亮马桥路证券营业部	922.13	0.00	922.13
2 沪股通专用	611.72	0.00	611.72
3 中信证券股份有限公司上海东方路证券营业部	494.01	0.00	494.01
4 东方财富证券股份有限公司拉萨团结路第一证券营业部	426.45	0.00	426.45
5 国都证券股份有限公司北京鲁谷路证券营业部	368.25	0.00	368.25

图 4-15 日出东方（603366）2024 年 11 月 4 日龙虎榜

　　图 4-16 是 603366 日出东方 2024 年 11 月 5 日星期二下午收盘时的分时走势图。这是该个股收出的二板，从当日分时走势可以看出，该股早盘巨量高开，之后股价快速上冲，冲至 5.27 元快速拐头回调，回调至 5.10 元急速勾头上冲，一个波次于 9:35 触及涨停板瞬间被打开，随后股价展开高位小幅震荡整理，9:41 封回涨停板，至收盘没有再打开。从分时盘口看，当日该股早盘高开幅度较大，且属于巨量高开，盘中股价回调没破开盘价和前一交易日收盘价，封板时间较早，成交量较前一交易日大幅放大，属放量涨停，做多氛围浓厚，后市连板概率大。像这种情况，普通投资者可以在当日该股涨停后快速以涨停价挂买单跟庄打板。

图 4-16 日出东方（603366）分时走势图

121

图 4-17 是 603366 日出东方 2024 年 11 月 5 日星期二早盘 9:25 竞价结束至开盘时的分时走势图。从图中右边的成交明细可以看出，9:25 的成交量为 35101 手。

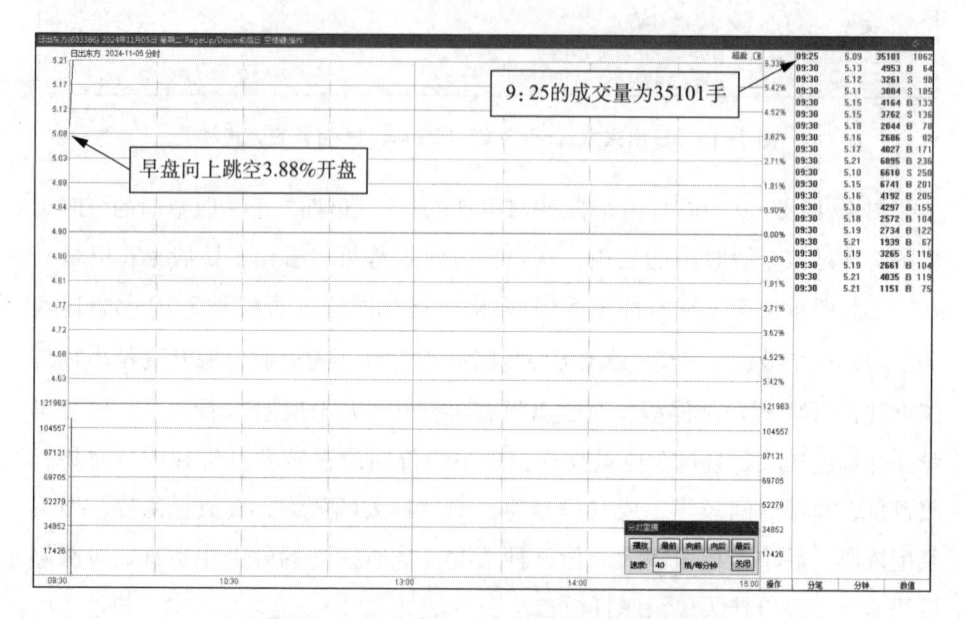

图 4-17　日出东方（603366）分时走势图

（三）最后一笔大买单封涨停前挂买单买入

最后一笔大买单封涨停前挂买单买入，是指在卖盘最后一档卖单差不多被买盘吃完时，迅速以涨停价挂买单跟庄打板。

实战操盘中，之所以要选择在涨停的瞬间买入，是为了追求下一交易日涨停或溢价的确定性。如果提前下单买入，就怕买盘的力量无法向上吃掉最后几档卖盘，从而导致股价大幅回落，甚至造成下一交易日许多投资者止损出逃、股价低开低走。所以，在最后一笔大买单封涨停前挂买单买入，是追求盈利确定性的一个重要买点。

图 4-18 是 000716 黑芝麻 2024 年 11 月 4 日星期一下午收盘时的 K 线走势图。当时该股属于"食品+农业种植+锂电池"概念炒作。在软件上将该股整个 K 线走势图进行缩小后可以看出，该股走势处于上升趋势中。股价从前期相对低位，即 2024 年 7 月 9 日的最低价 3.39 元止跌企稳后，主力机构开始

向上推升股价，收集筹码，K线走势呈涨多跌少态势，股价的上升趋势已经形成。

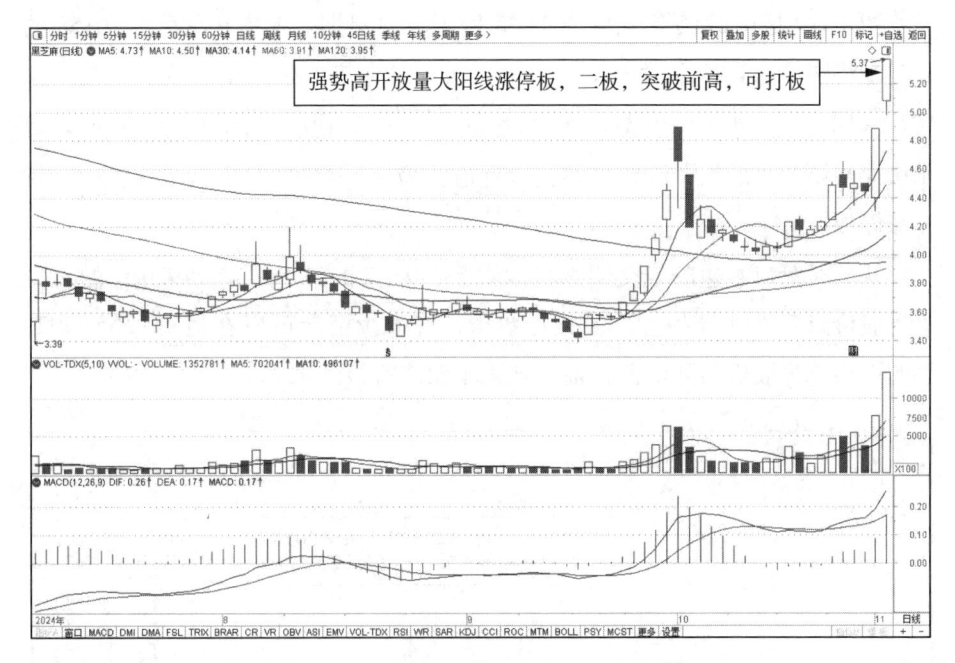

图 4-18　黑芝麻（000716）日K线走势图

2024年11月1日，该股早盘小幅低开，收出一个大阳线涨停板，为首板，突破前高，成交量较前一交易日放大2倍多，形成放量大阳线涨停K线形态。盘口显示，该股于13:21涨停，涨停板至收盘没被打开，最高封单量为8464.27万股，当日收盘封单量为773.17万股，占实际流通盘1.72%，占当日成交量10.14%，交投较为活跃，做多氛围比较浓厚，后市还有继续冲高的动能。此时，该股均线呈多头排列，MACD、KDJ、RSI、均量线等技术指标走强，股价的强势特征比较明显，后市快速上涨的概率大。像这种情况，普通投资者可以在当日该股涨停后快速以涨停价挂买单跟庄打板，也可以在下一交易日视情况跟庄打板。

2024年11月4日截图当日，该股巨量高开（向上跳空4.10%开盘，成交58720手），收出一个大阳线涨停板，为二板，突破前高，留下向上突破缺口，成交量较前一交易日大幅放大，形成强势高开放量涨停K线形态。此时，该股均线呈多头排列，MACD、KDJ、RSI、均量线等技术指标走强，股价的强势特征相当明显,后市连板的概率大。像这种情况,普通投资者可以在当日该股涨停后,迅速挂买单排队打板。

图4-19是000716黑芝麻2024年11月4日星期一上午开盘后至10:58的分时走势图。这是该个股收出的二板,从分时走势可以看出,该股早盘巨量高开(向上跳空4.10%开盘,成交58720手),之后股价快速上冲,冲至5.37元快速回调,然后展开高位震荡整理行情。10:43股价震荡上行,于10:57封上涨停板。

从分时盘口右边的成交明细可以看到,9:57的最后一笔24920手的大买单将股价封死在涨停板上。实战操盘中,普通投资者可以在最后一笔24920手的大买单将股价封死涨停板前,挂买单跟庄打板。

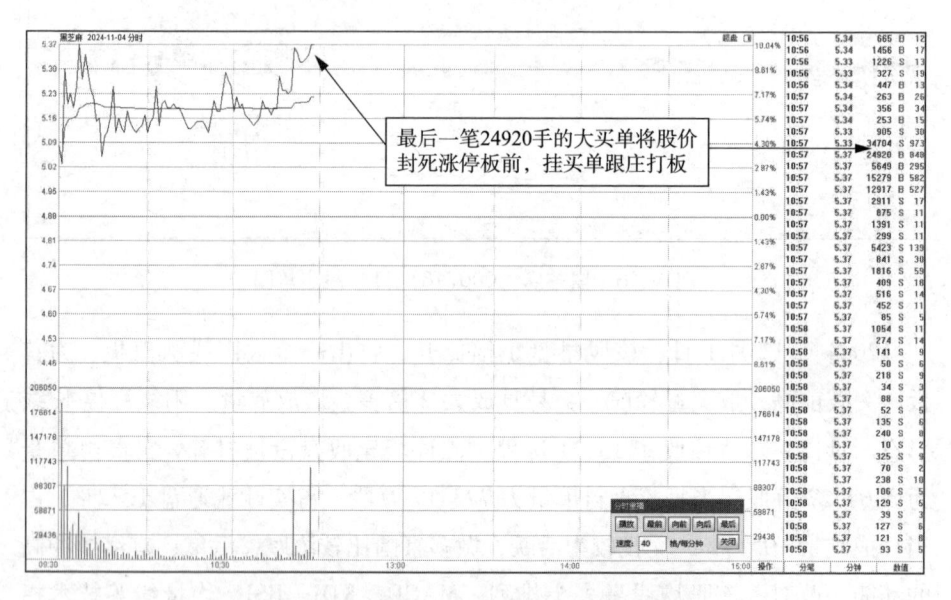

图4-19 黑芝麻(000716)分时走势图

图4-20是000716黑芝麻2024年11月4日星期一下午收盘时的分时走势图。从分时盘口看,该股于10:57封上涨停板,至收盘没有被打开。从成交量看,当日成交量较前一交易日大幅放大,最高封单量为2575.17万股,收盘封单量为1004.03万股,占实际流通盘的2.23%,占当日成交量的7.42%,交投活跃,做多氛围浓厚,后市有继续冲高的动能。当日龙虎榜数据显示(见图4-21),东方证券股份有限公司上海浦东新区银城中路证券营业部表现

突出，买入 6320.82 万元，净买入 6315.81 万元，显示出强烈的看涨意图。华宝证券股份有限公司上海东大名路席位买入 2218.21 万元，净买入 311.98 万元，国盛证券有限责任公司绍兴平江路席位净买入 1472.46 万元。东方证券股份有限公司上海浦东新区银城中路证券营业部作为主要游资席位，资金实力雄厚，偏好短线操作，可能对股价形成支撑。其快速介入黑芝麻，显示出对该股未来走势的信心。

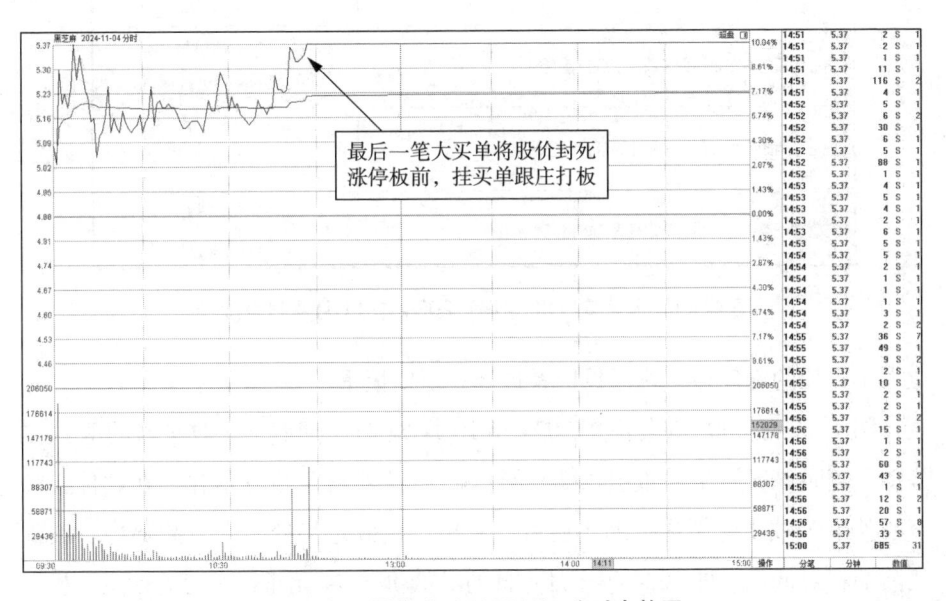

图 4-20 黑芝麻（000716）分时走势图

（四）大单封死涨停后挂买单排队买入

大单封死涨停后挂买单排队买入，是指在卖盘最后一档卖单（卖盘一）被买盘吃完、大买单封死涨停的瞬间，迅速以涨停价挂买单跟庄打板。

实战操盘中，之所以要选择在大单封死涨停后挂买单排队打板，也是为了追求下一交易日涨停或溢价的确定性。大买单封死涨停的瞬间挂买单买入，此时多数投资者都在观望，还没反应过来，加上多空双方在涨停价位上可能会有短暂的搏杀，买进的希望还是有的。但如果你反应慢，就可能买不进了，因为随后的封单量越来越大，涨停板也就封得越来越死，按照大单优先的原则，普通投资者基本上是很难买到筹码的。值得注意的是，对于股价处于高

日期：2024-11-04 总成交金额：12.28亿元 总成交量：2.48亿股	
营业部名称	买卖金额
买前5买入总计 1.30亿元，占总成交比例**10.60%**	
东方证券股份有限公司上海浦东新区银城中路证券营业部	+6320.82万 -5.01万
华宝证券股份有限公司上海东大名路证券营业部	+2218.21万 -1906.23万
开源证券股份有限公司西安西大街证券营业部	+1542.69万 -1652.25万
国盛证券有限责任公司绍兴平江路证券营业部	+1472.46万 0.00
东方财富证券股份有限公司山南香曲东路证券营业部	+1463.08万 -1150.50万

图 4-21　黑芝麻（000716）2024 年 11 月 4 日龙虎榜

位大单封死的涨停板，普通投资者打板一定要慎重。

　　图 4-22 是 000795 英洛华 2024 年 10 月 31 日星期四下午收盘时的 K 线走势图。当时该股属于"重组预期+钕铁硼+磁性材料"概念炒作。在软件上将该股整个 K 线走势图进行缩小后可以看出，该股走势处于上升趋势中。股价从前期相对低位，即 2024 年 2 月 6 日的最低价 3.94 元止跌企稳后，主力机构开始向上推升股价，收集筹码，K 线走势呈涨多跌少态势，股价的上升趋势已经形成。

　　2024 年 10 月 31 日截图当日，该股小幅低开，收出一个大阳线涨停板，为首板，突破前高，成交量较前一交易日放大，形成放量大阳线涨停 K 线形态。此时，该股均线呈多头排列，MACD、KDJ、RSI、均量线等技术指标走强，股价的强势特征相当明显，后市上涨的概率大。当日晚间英洛华公告称，为进一步强化产业协同，优化业务结构，拟以自有资金 1.2 亿元收购横店集团控股持有的浙江全方科技 99% 股权，以及东阳市横店企业管理服务公司持有的全方科技 1% 股权。像这种情况，普通投资者可以在当日该股涨停后，迅速挂买单排队打板，也可以在下一交易日集合竞价时，以涨停价挂买单排队等候打板。

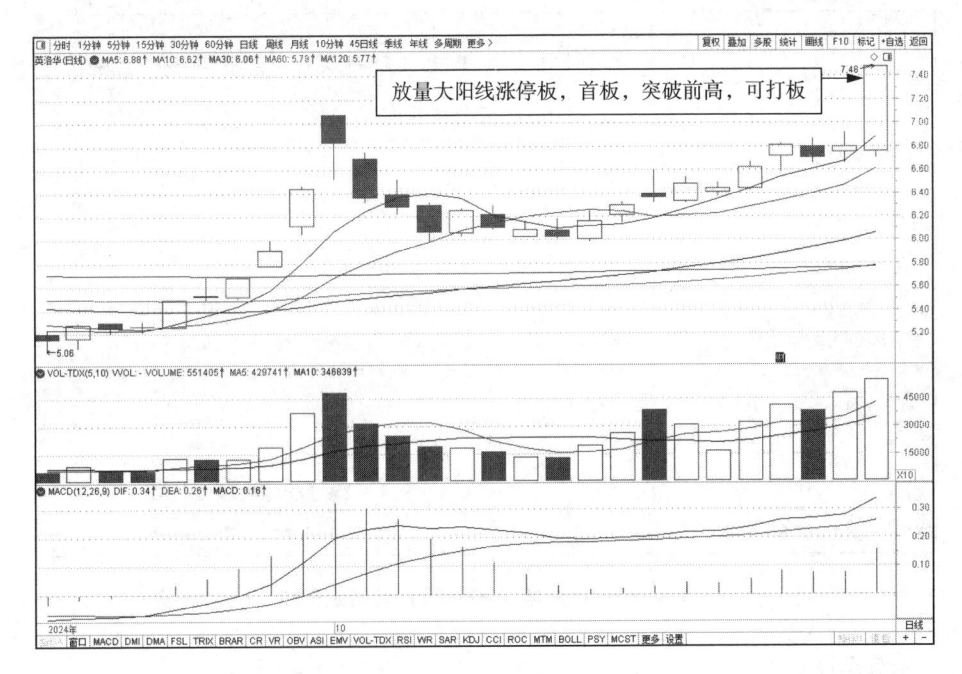

图 4-22　英洛华（000795）日 K 线走势图

图 4-23 是 000795 英洛华 2024 年 10 月 31 日星期四上午开盘后至 10:57 的分时走势图。这是该个股收出的首板，从分时走势可以看出，该股早盘小幅低开后，股价略有回调，然后快速上行，至 6.98 元展开横盘震荡整理行情；10:54 股价快速上冲于 10:56 封上涨停板。

从分时盘口右边的成交明细可以看到，10:56 的最后一笔 22841 手的大买单将股价封死在涨停板上。实战操盘中，普通投资者可以在最后一笔 22841 手的大买单将股价封死涨停板的瞬间，迅速以涨停价挂买单跟庄打板。

图 4-24 是 000795 英洛华 2024 年 10 月 31 日星期四下午收盘时的分时走势图。从分时盘口看，10:54 股价快速上冲，于 10:56 封上涨停板，至收盘没有被打开。从成交量看，当日成交量较前一交易日放大，最高封单量为 4609.38 万股，收盘封单量为 955.40 万股，占实际流通盘的 1.66%，占当日成交量的 17.33%，表明场外资金吸筹积极性高，做多动能强劲。该股量价配合良好，交投较为活跃，后市续涨概率较大，普通投资者对该股短期走势可

127

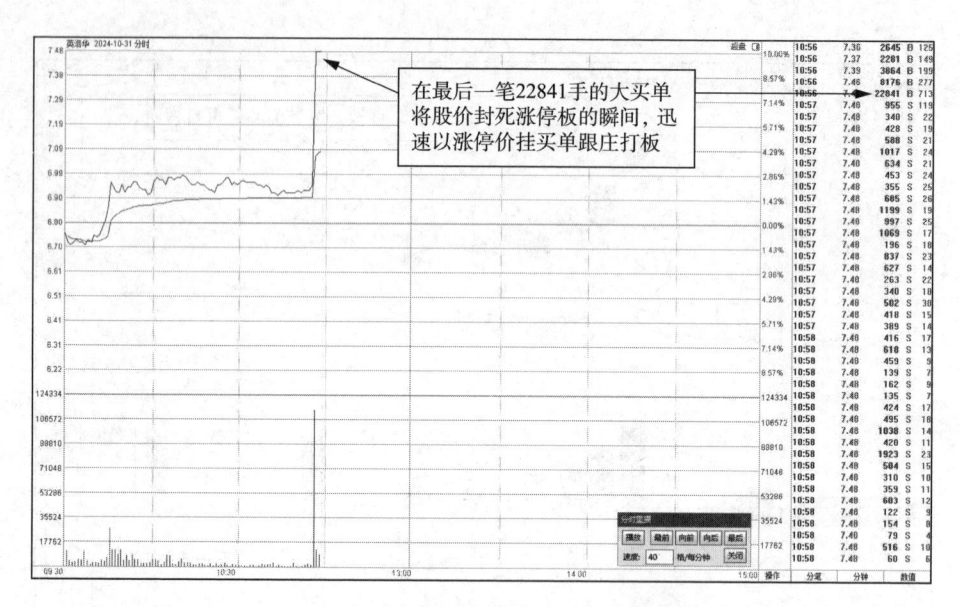

图 4-23 英洛华（000795）分时走势图

持乐观态度。

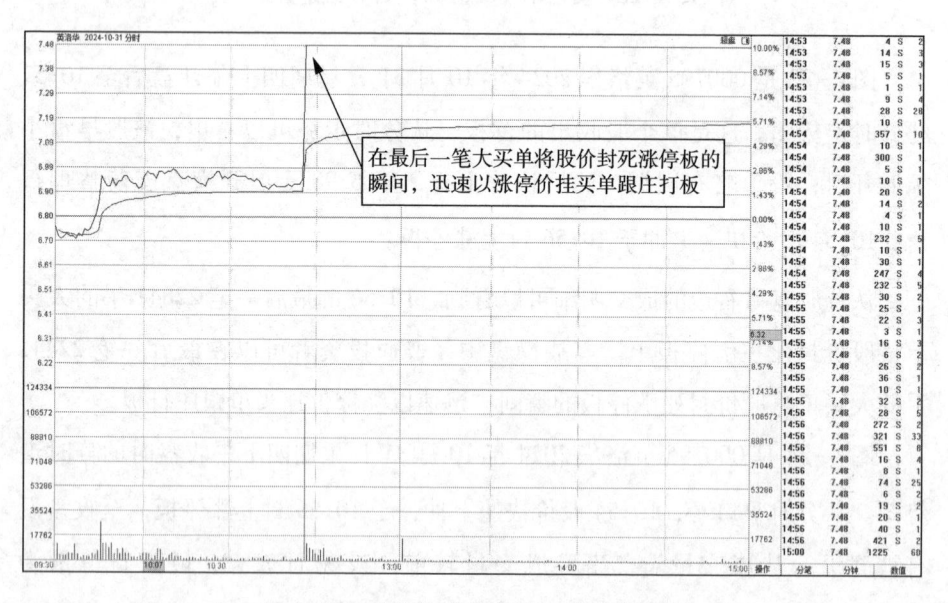

图 4-24 英洛华（000795）分时走势图

（五）发现涨停板被打开时快速挂买单买入

发现涨停板被打开时快速挂买单买入，是指交易日内已经封死的涨停板，在被大卖单砸开的瞬间，迅速以涨停价（或视打开后下跌幅度）挂买单买入。

实战操盘中，并不是任何打开的涨停板都可以在打开时挂买单买进的。比如高位出货过程中打开的涨停板、下降通道中打开的涨停板等，是不能在涨停板打开时随意挂买单买进的。而对那些前期有过涨停且股价处于低位或相对低位或中期调整结束启动拉升的股票，在涨停板打开时或打开瞬间，则可以积极跟庄进场挂买单买入。

图 4-25 是 000415 渤海租赁 2024 年 11 月 1 日星期五下午收盘时的 K 线走势图。当时该股属于"三季报增长+低空经济+租赁"概念炒作。在软件上将该股整个 K 线走势图进行缩小后可以看出，该股走势处于上升趋势中。股价从前期最低位，即 2024 年 2 月 5 日的最低价 1.80 元止跌企稳后，主力机构开始向上推升股价，收集筹码，K 线走势呈涨多跌少态势，其间收出过 1 个涨停板，为吸筹建仓型涨停板，股价的上升趋势已经形成。

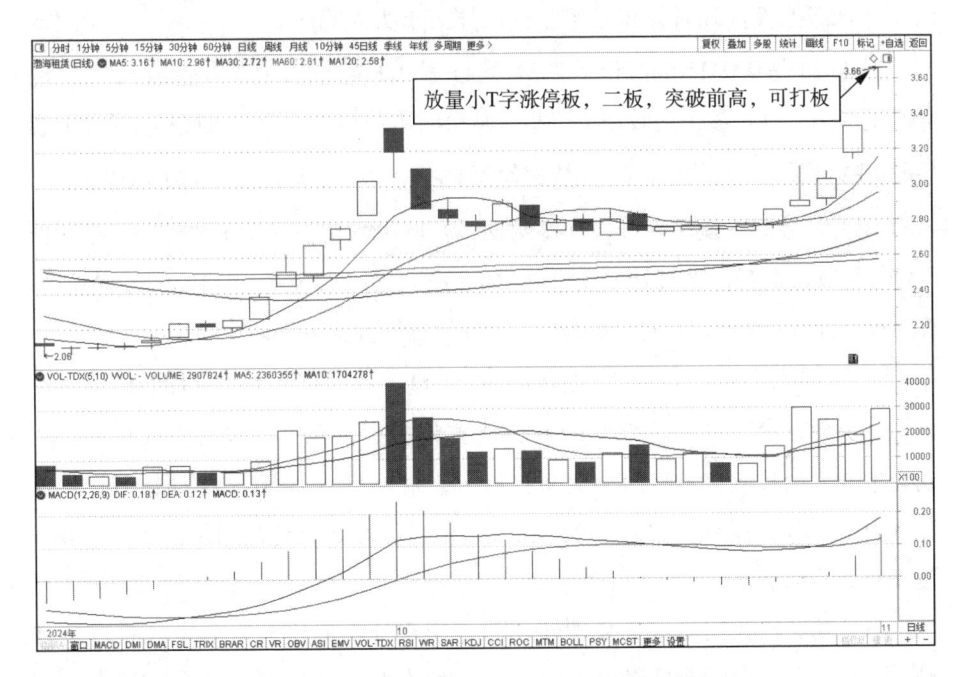

图 4-25 渤海租赁（000415）日 K 线走势图

2024年10月31日，该股早盘大幅高开（向上跳空4.95%开盘），收出一个大阳线涨停板，为首板，突破前高，留下向上跳空突破缺口，成交量较前一交易日萎缩，形成向上跳空突破缺口和缩量大阳线涨停K线形态。盘口显示，该股于9:45:36涨停，涨停板至收盘没被打开，最高封单量为17535.19万股，当日收盘封单量为3451.28万股，占实际流通盘0.85%，占当日成交量18.32%，涨停板封板结构优，交投较为活跃，做多氛围比较浓厚，后市还有继续冲高的动能。此时，该股均线呈多头排列，MACD、KDJ、RSI等技术指标走强，股价的强势特征明显，后市快速上涨的概率大。像这种情况，普通投资者可以在当日该股涨停后快速以涨停价挂买单跟庄打板，也可以在下一交易日视情况跟庄打板。

2024年11月1日截图当日，该股涨停开盘，收出一个小T字涨停板，为二板，突破前高，成交量较前一交易日放大，形成放量小T字涨停K线形态。此时，该股均线呈多头排列，MACD、KDJ、RSI、均量线等技术指标走强，股价的强势特征相当明显，后市上涨的概率大。像这种情况，普通投资者可以在当日涨停板打开时，积极跟庄进场挂买单买入筹码。

图4-26是000415渤海租赁2024年11月1日星期五上午开盘后至9:47的分时走势图。这是该个股收出的二板，从分时走势可以看出，该股早盘涨停开盘后股价瞬间回落，回落至3.54元快速勾头上冲，一个波次于9:31封上涨停板，9:44涨停板第二次被大卖单砸开，9:45封回，9:46第三次被大卖单砸开，9:47封回涨停板至收盘没有再被打开，盘口分时价格线上留下3个小缺口。实战操盘中，普通投资者可以在涨停板打开的瞬间，迅速以涨停价挂买单买入。

图4-27是000415渤海租赁2024年11月1日星期五下午收盘时的分时走势图。从分时盘口看，该股于9:47封上涨停板后，至收盘没有再被打开。从成交量看，当日成交量较前一交易日放大，封单量为2460.26万股，封单/成交量为8.46%，属放量涨停，交投活跃，人气暴涨，做多氛围浓厚，后市有继续冲高的动能。

当日龙虎榜数据显示（见图4-28），华泰证券股份有限公司北京西三环国际财经中心证券营业部以净买入1.01亿元位居买入榜首，而深股通专用和招商证券股份有限公司福州六一中路证券营业部分别净买入2246.52万元和

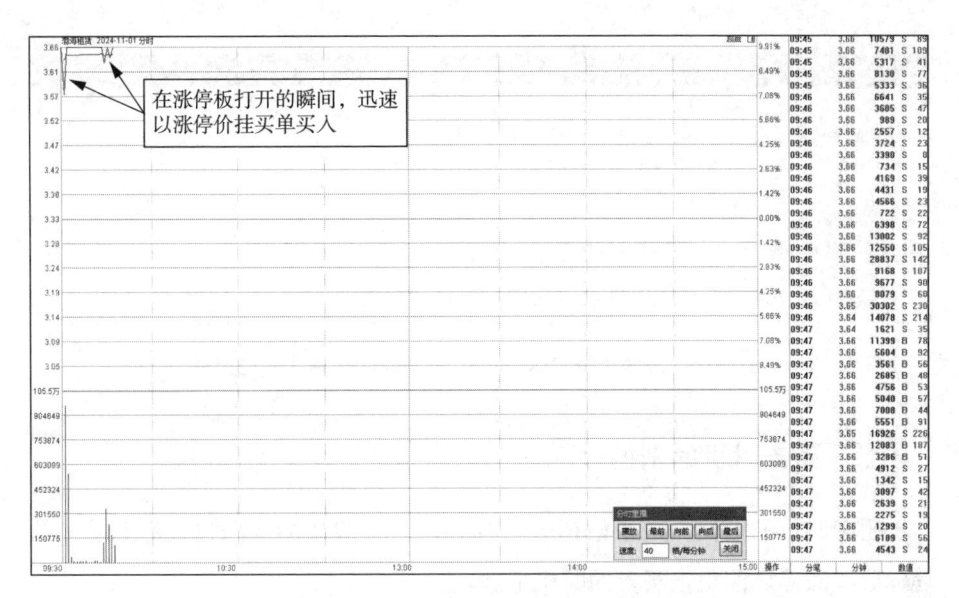

图 4-26　渤海租赁（000415）分时走势图

4688.67万元。六一中路等知名游资榜上有名（知名游资六一中路一般指招商证券股份有限公司福州六一中路证券营业部席位），六一中路作为"90后"大游资，偏爱大容量人气股，其净买入 4688.67 万元，显示出对渤海租赁后市短期看好，其擅长的波段操作可能为股价带来短期的支撑和波动。

图 4-27　渤海租赁（000415）分时走势图

131

排序	营业部名称	买入金额（万）	卖出金额（万）	净额（万）
上榜类型1：连续三个交易日内,涨幅偏离值累计达20%的证券				前往数据中心
买入金额最大的前5名　买入总计 32240.23 万元，占总成交比例 13.26%				
1	华泰证券股份有限公司北京西三环国际财经中心证券营业部	13190.40	3128.20	10062.20
2	深股通专用	7163.85	4917.33	2246.52
3	招商证券股份有限公司福州六一中路证券营业部	4756.18	67.51	4688.67
4	兴业证券股份有限公司成都航空路证券营业部	3613.41	4.50	3608.91
5	华宝证券股份有限公司上海东大名路证券营业部	2848.20	1353.98	1494.22

图 4-28　渤海租赁（000415）2024 年 11 月 1 日龙虎榜

二、狙击时机的把握

狙击时机的把握，是指根据分析预判，目标股票当天涨停概率很大，在目标股票涨停之前狙击买入的时机把握。

狙击涨停板也是一种风险很大的打板模式。如果分析判断准确，即有足够的确定性和预期性，半路买入后股票当日涨停，当日就能享受到从买点到涨停价之间的溢价，同时也能大概率地享受到下一交易日股价继续冲高的溢价，相对于风险，收益很大。实战打板中，许多技术型、激进型投资者喜欢并擅长半路狙击或半路打板，因为他们有高超的技术和强大的心理承受能力做保障，预判准确，不贪心不恋战，果断止盈或止损，快进快出，半路狙击或半路打板的胜率还是很高的。

实战操盘中，为确保资金安全，作为普通投资者，狙击涨停的目标板股应该盯住上升趋势中那些具有突破拉升性质的涨停板，坚决回避高位（阶段性顶部）和下降趋势中出现的涨停板股。同时，要严格执行止损纪律，狙击买入的板股，次日出现高开低走或冲高回落，可以逢高出局，先获利了结。一般情况下，狙击涨停板要把握好以下四个关键时机。

（一）高开高走股价盘中回调不破均价线时狙击

高开高走股价盘中回调不破均价线时狙击，是指目标股票早盘跳空高开，股价快速上冲后回调，回调时股价没有跌破分时均价线，当分时价格线勾头上行时狙击买入。

实战操盘中，这种高开高走、回调不破分时均价线的股票，一般都很强势。股价即使盘中回调，回调时间也不会很长，回调幅度也不会太大。像这种情况，普通投资者应及时抓住时机狙击买入。

图 4-29 是 600198 大唐电信 2024 年 9 月 13 日星期五上午开盘后至 9:40 的分时走势图。这是该个股收出的首板，从分时走势可以看出，该股早盘小幅高开后，股价快速上冲，成交量同步放大；股价上冲至 5.75 元快速回调，回调至 5.55 元勾头上行，第一次回调没破均价线。像这种情况，普通投资者可以在股价回调至 5.55 元勾头上行时狙击买入。股价从 5.55 元勾头上行，至 5.68 元展开短暂整理调整后，再次回调，回调至 5.62 元快速勾头上冲，于9:40 封上涨停板，至收盘没有打开，股价第二次回调同样没破均价线。像这种情况，普通投资者可以在股价回调至 5.62 元快速勾头上冲时狙击买入。

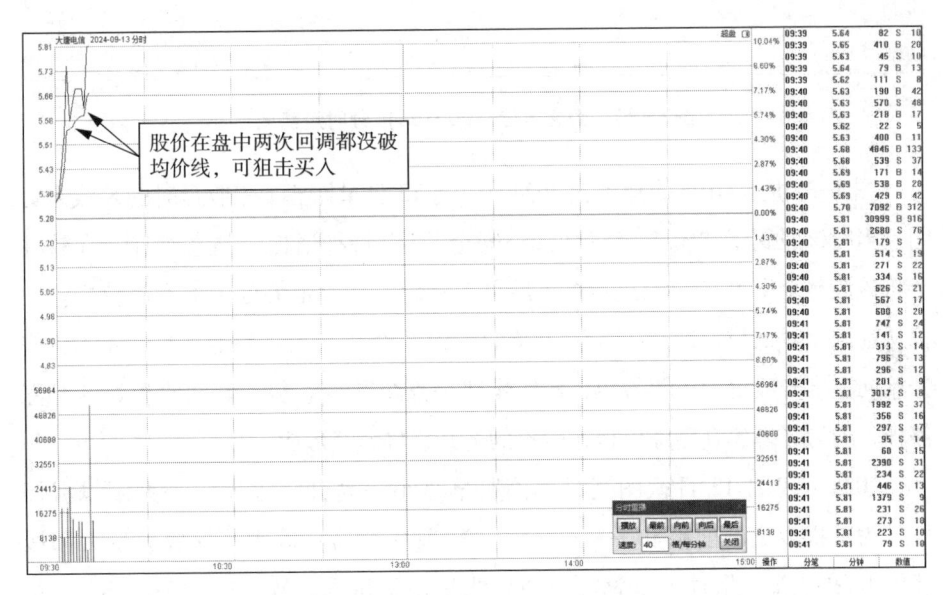

图 4-29　大唐电信（600198）分时走势图

图 4-30 是 600198 大唐电信 2024 年 9 月 13 日星期五下午收盘时的分时走势图。从分时盘口看，该股于 9:40 封上涨停板后，至收盘没有被打开。从成交量看，当日成交量较前一交易日放大，封单量为 783.92 万股，封单/成交量为 28.62%，属放量涨停，交投活跃，人气暴涨，做多氛围浓厚，后市有继续冲高的动能。

图 4-30　大唐电信（600198）分时走势图

图 4-31 是 600198 大唐电信 2024 年 9 月 13 日星期五下午收盘时的 K 线走势图。当时该股属于"资产变动+央企+安全芯片+特种通信"概念炒作。在软件上将该股整个 K 线走势图进行缩小后可以看出，该股走势处于上升趋势中。股价从前期相对低位，即 2024 年 2 月 6 日的最低价 4.22 元止跌企稳后，主力机构开始向上推升股价，收集筹码，K 线走势呈涨多跌少态势，其间收出过 3 个涨停板，均为吸筹建仓型涨停板，股价的上升趋势已经形成。

2024 年 9 月 13 日截图当日，该股早盘小幅高开，收出一个大阳线涨停板，为首板，突破前高和平台，成交量较前一交易日放大，形成放量大阳线涨停 K 线形态。此时，该股短中期均线呈多头排列，MACD、KDJ、RSI、均量线等技术指标走强，股价的强势特征明显，后市快速上涨的概率大。像这种情况，普通投资者可以在当日该股涨停前狙击买入，也可以在当日该股涨停后快速以涨停价挂买单跟庄打板。

第四章　涨停板股买卖点的把握

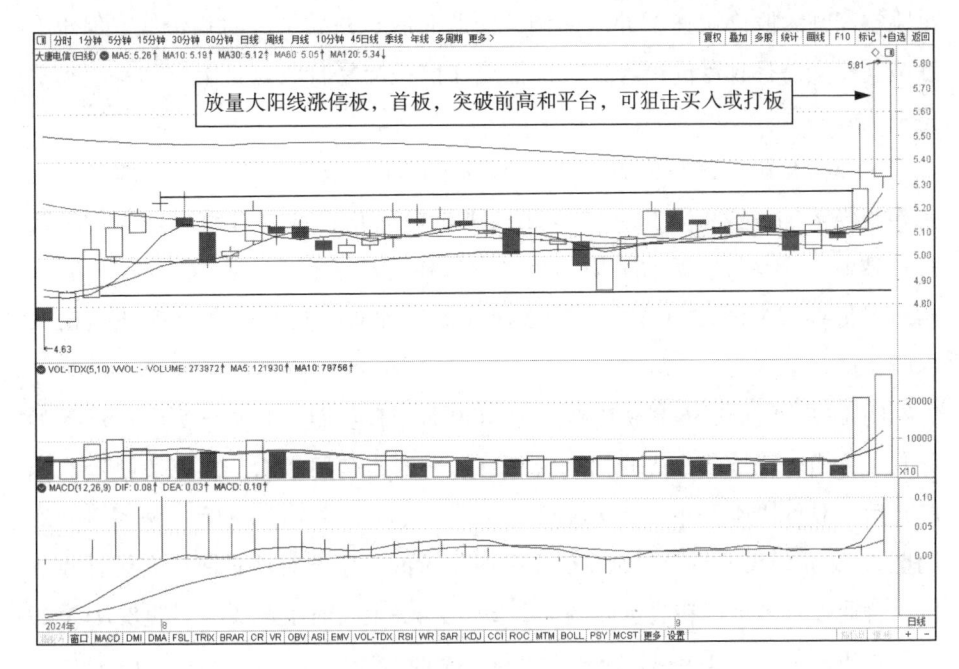

图 4-31　大唐电信（600198）日 K 线走势图

图 4-32 是 600198 大唐电信 2024 年 9 月 13 日星期五买入金额最大的前 5 名龙虎榜。中信证券股份有限公司东阳吴宁西路证券营业部买入 1021.42 万元位居买入榜首，国新证券股份有限公司北京中关村大街证券营业部买入 968.35 万元、华鑫证券有限责任公司上海莲花路证券营业部买入 697.84 万元，分别位居买入第二第三位，显示出对该股后市短期较强的看涨意图。

图 4-32　大唐电信（600198）2024 年 9 月 13 日龙虎榜

（二）高开高走股价盘中回调不破前一交易日收盘价时狙击

高开高走股价盘中回调不破前一交易日收盘价时狙击，是指目标股票早

135

盘跳空高开，股价快速上冲后回调，回调时股价跌破了分时均价线，但没有跌破前一交易日收盘价，当分时价格线在前一交易日收盘价上方勾头上行时狙击买入。

实战操盘中，这种高开高走、回调不破前一交易日收盘价的股票，也是相当强势的。股价盘中回调虽然跌破了分时均价线，且跌幅较深，但没有跌破前一交易日收盘价，说明是主力机构的洗盘行为，且又有护盘动作，之后股价继续上涨的概率大。像这种情况，普通投资者应及时抓住狙击买入时机。

图 4-33 是 000536 华映科技 2024 年 9 月 9 日星期一上午开盘后至 9:44 的分时走势图。这是该个股收出的首板，从分时走势可以看出，该股早盘小幅高开后，股价快速上冲，成交量同步放大；股价上冲至 2.38 元快速回调，回调至 2.29 元勾头上行，回调跌破了分时均价线，但没有跌破前一交易日收盘价，普通投资者可以在股价回调至 2.29 元勾头上行时狙击买入。股价从 2.29 元勾头快速上行，于 9:44 封上涨停板，至收盘没打开。股价从 2.29 元勾头快速上行的过程中，又有三次小幅回调，每一次回调都是普通投资者狙击买入的好时机。

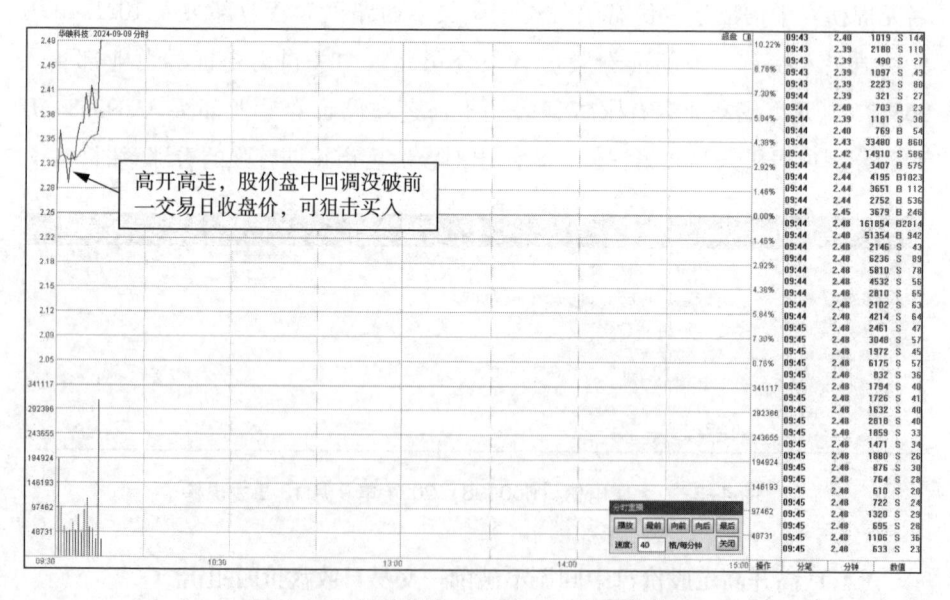

图 4-33　华映科技（000536）分时走势图

图4-34是000536华映科技2024年9月9日星期一下午收盘时的分时走势图。从分时盘口看，该股于9:44封上涨停板后，至收盘涨停板没有被打开。从成交量看，当日成交量较前一交易日萎缩，封单量为3696.40万股，封单/成交量为22.10%，属缩量涨停，交投较活跃，做多氛围浓厚，后市有继续冲高的动能。

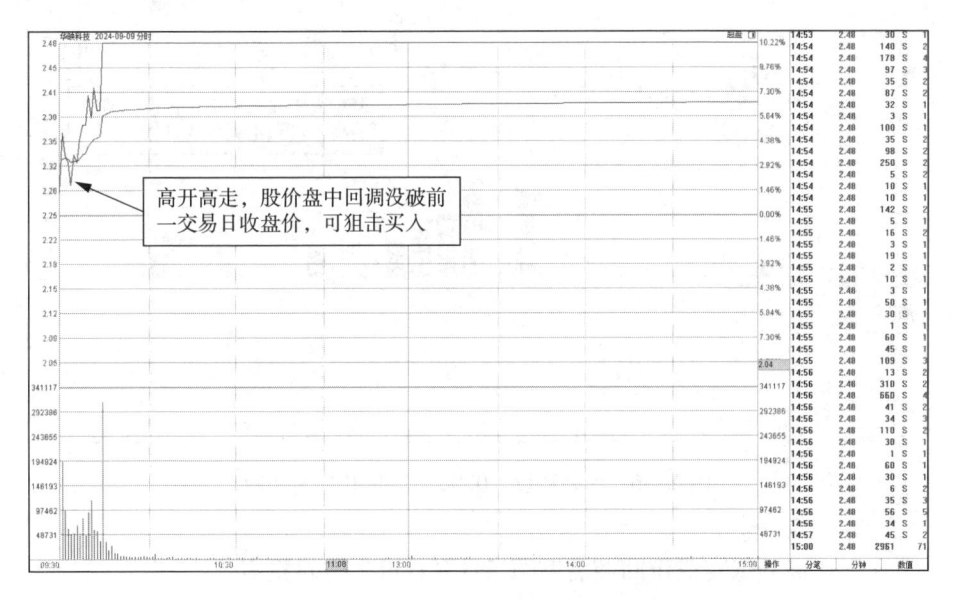

图4-34　华映科技（000536）分时走势图

图4-35是000536华映科技2024年9月9日星期一下午收盘时的K线走势图。当时该股属于"华为+显示面板+OLED+福建国资"概念炒作。在软件上将该股整个K线走势图进行缩小后可以看出，该股走势处于上升趋势中。股价从前期相对低位，即2024年7月25日的最低价1.75元止跌企稳后，主力机构开始向上推升股价，收集筹码，K线走势呈涨多跌少态势，其间收出过3个涨停板，均为吸筹建仓型涨停板，股价的上升趋势已经形成。

2024年9月9日截图当日，该股早盘小幅高开，收出一个大阳线涨停板，为首板，突破前高，成交量较前一交易日萎缩，形成缩量大阳线涨停K线形态。此时，该股短中期均线呈多头排列，MACD、KDJ、RSI等技术指标走强，股价的强势特征明显，后市快速上涨的概率大。像这种情况，普通投资者可以在当日该股涨停前狙击买入，也可以在当日该股涨停后快速以涨停价挂买

137

单跟庄打板。

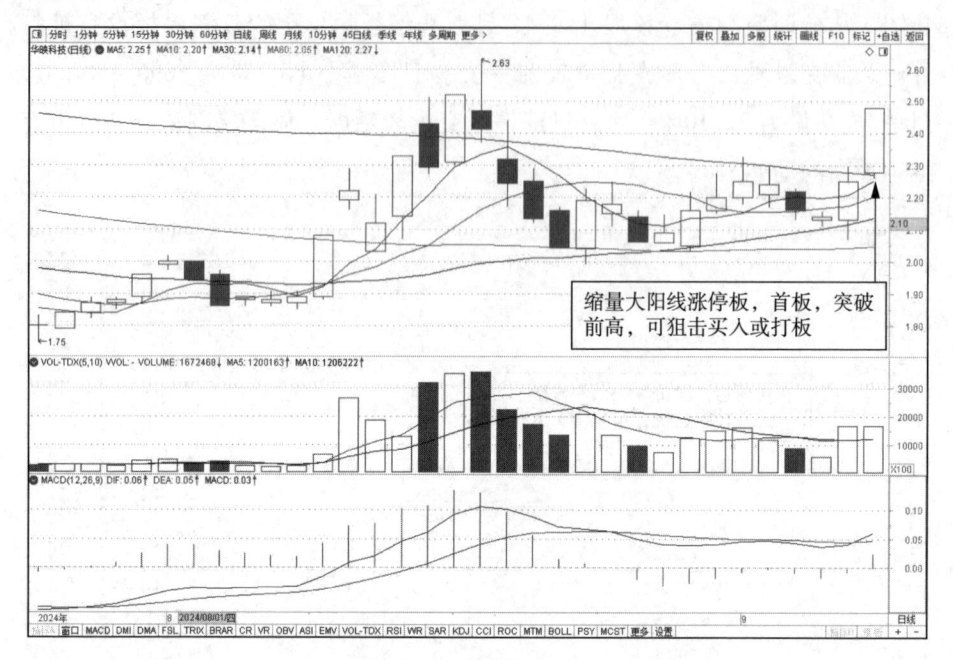

[图表:华映科技日K线走势图，标注"缩量大阳线涨停板，首板，突破前高，可狙击买入或打板"]

图 4-35　华映科技（000536）日 K 线走势图

（三）高开低走股价回调后返回当日开盘价上方时狙击

高开低走股价回调后返回当日开盘价上方时狙击，是指目标股票早盘跳空高开，高开后直接回调，回调时股价跌破了当日开盘价，当分时价格线勾头向上返回当日开盘价上方时狙击买入。

实战操盘中，这种高开低走回调跌破当日开盘价的股票，如果股价不跌破前一交易日收盘价就勾头上行，其走势也是相当强势的。开盘后股价盘中回调虽然跌破了当日开盘价，但没有跌破前一交易日收盘价，应该是主力机构的洗盘行为，且有护盘动作，股价后期继续上涨的概率大。像这种情况，普通投资者应及时抓住狙击买入时机。

图 4-36 是 002622 皓宸医疗 2024 年 10 月 22 日星期二上午开盘后至 9:46 的分时走势图。这是该个股收出的首板，从分时走势可以看出，该股早盘小幅高开后，股价直接回调，触及前一交易日收盘价后，快速勾头上行，回调没有跌破前一交易日收盘价，普通投资者可以在股价触及前一交易日收盘价、

第四章 涨停板股买卖点的把握

勾头上行时狙击买入。股价触及前一交易日收盘价勾头快速上行的过程中，又有三次小幅回调，每一次回调都是普通投资者狙击买入的好时机。该股于9:46封上涨停板，至收盘没有打开。

图 4-36 皓宸医疗（002622）分时走势图

图 4-37 是 002622 皓宸医疗 2024 年 10 月 22 日星期二下午收盘时的分时走势图。从分时盘口看，该股于 9:46 封上涨停板后，至收盘涨停板没有被打开。从成交量看，当日成交量较前一交易日放大，换手率为 4.92%，封单量为 1438.73 万股，封单/成交量为 34.79%，属放量涨停。

当日主力资金净流入 3323.93 万元，占总成交额的 40.1%，游资资金净流出 1116.98 万元，占总成交额的 13.47%；散户资金净流出 2206.95 万元，占总成交额的 26.62%。主力净量（dde 大单净额/流通股）为 1.75%，两市排名 45/5102。交投活跃，人气暴涨，做多氛围浓厚，后市有继续冲高的动能。

图 4-38 是 002622 皓宸医疗 2024 年 10 月 22 日星期二下午收盘时的 K 线走势图。当时该股属于"实控权变更预期+口腔医院+真空永磁开关"概念炒作。在软件上将该股整个 K 线走势图进行缩小后可以看出，该股走势处于上升趋势中。股价从前期最低位，即 2024 年 7 月 22 日的最低价 1.15 元止跌企稳后，主力机构开始向上推升股价，收集筹码，K 线走势呈涨多跌少态势，

其间收出过5个涨停板，均为吸筹建仓型涨停板，股价的上升趋势已经形成。

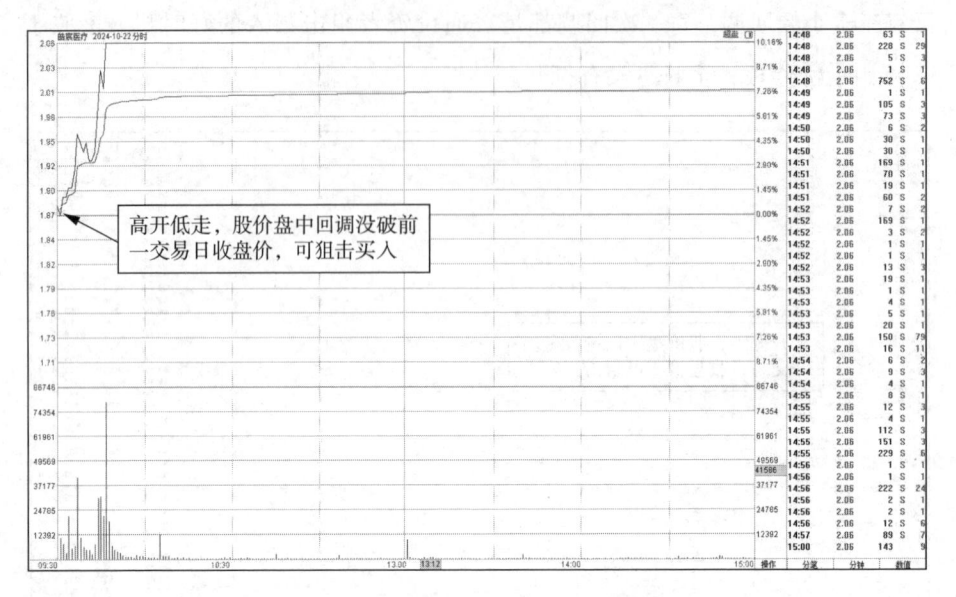

图 4-37　皓宸医疗（002622）分时走势图

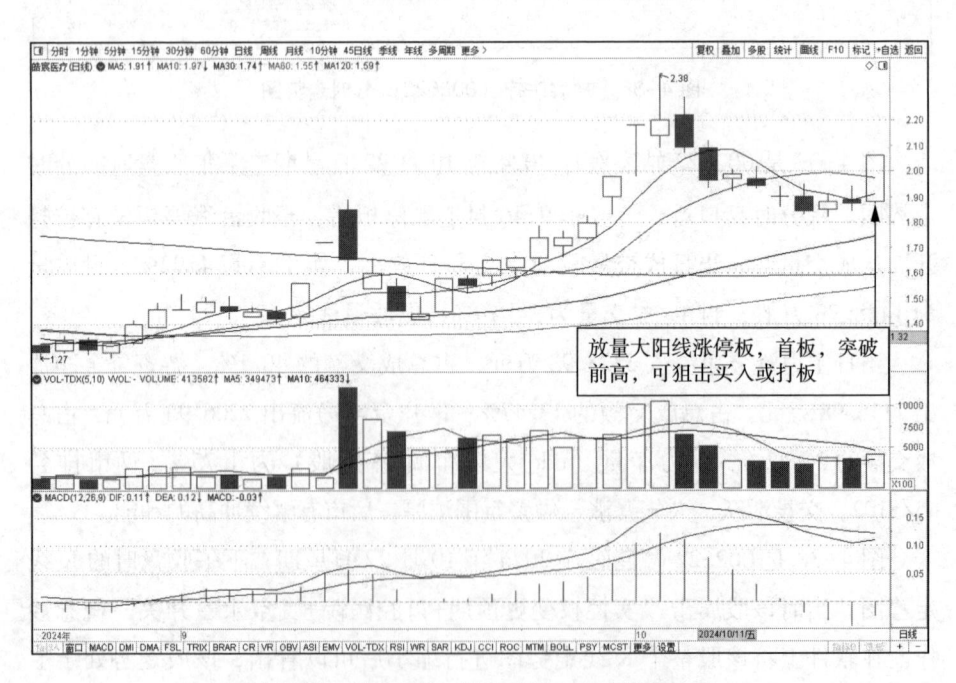

图 4-38　皓宸医疗（002622）日 K 线走势图

2024年10月22日截图当日，该股早盘小幅高开，收出一个大阳线涨停板，为首板，突破前高，成交量较前一交易日放大，形成放量大阳线涨停K线形态。此时，该股均线（除10日均线外）呈多头排列，RSI、BOLL等技术指标走强，股价的强势特征比较明显，后市快速上涨的概率大。像这种情况，普通投资者可以在当日该股即将涨停前狙击买入，当然也可以在当日该股涨停后快速以涨停价挂买单跟庄打板。

图4-39是002622皓宸医疗2024年10月22日星期二收盘时近5日资金流向一览表，显示出主力机构对后市有较强的看涨信心。

日期	收盘价	涨跌幅	主力净流入	主力净占比	游资净流入	游资净占比	散户净流入	散户净占比
2024-10-22	2.06	10.16%	3323.93万	40.10%	-1116.98万	-13.47%	-2206.95万	-26.62%
2024-10-21	1.87	-0.53%	-877.57万	-13.14%	248.20万	3.72%	629.37万	9.42%
2024-10-18	1.88	2.17%	708.96万	10.36%	-586.89万	-8.58%	-122.07万	-1.78%
2024-10-17	1.84	-3.16%	-725.73万	-13.38%	125.24万	2.31%	600.50万	11.07%
2024-10-16	1.90	-2.06%	-772.83万	-12.71%	-60.21万	-0.99%	833.04万	13.70%

图4-39 皓宸医疗（002622）近5日资金流向一览表

（四）低开高走股价向上穿过前一交易日收盘价时狙击

低开高走股价向上穿过前一交易日收盘价时狙击，是指目标股票早盘跳空低开后，股价直接（或略下探后）上行，当分时价格线向上穿过前一交易日收盘价时狙击买入。

实战操盘中，这种低开高走股价向上穿过前一交易日收盘价的股票，如果股价当日低开后下探幅度不大，且盘中向上穿过前一交易日收盘价再回调时，不跌破前一交易日收盘价的话，其走势也是相当强势的。这种低开或低开后小幅下探，应该是主力机构的试盘行为，股价后期继续上涨的概率大，普通投资者应及时抓住狙击买入时机。

图4-40是600654中安科2024年11月7日星期四上午开盘后至9∶42的分时走势图。这是该个股收出的首板，从分时走势可以看出，该股早盘小幅低开（向下跳空0.73%开盘）后，股价略有回调，最低回调至2.69元，随后勾头上冲，穿过前一交易日收盘价继续上冲，至2.84元短暂小幅回调后，急

速勾头继续上冲，一个波次于 9:42 封上涨停板，至收盘没有打开。普通投资者可以在股价向上穿过前一交易日收盘价时狙击买入。

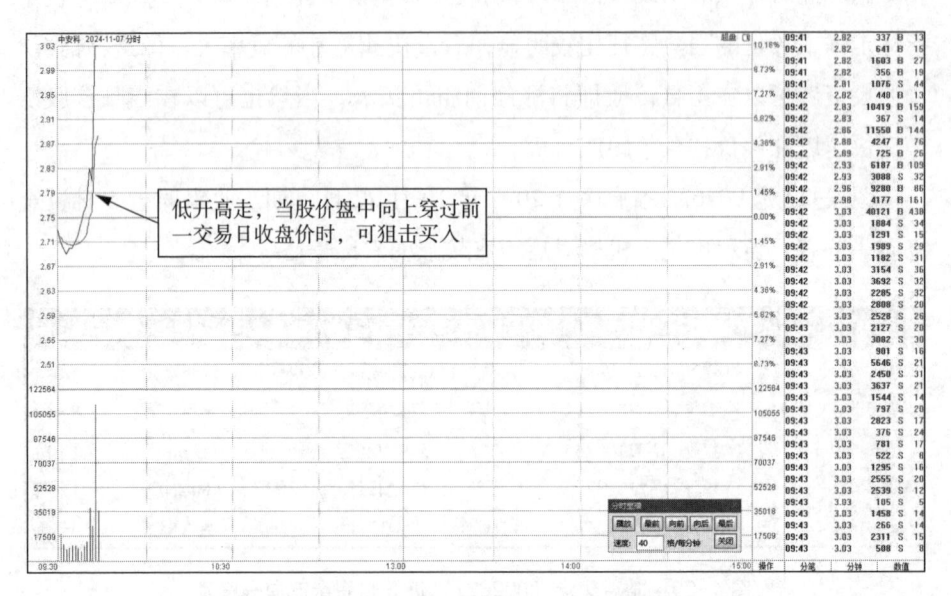

图 4-40　中安科（600654）分时走势图

图 4-41 是 600654 中安科 2024 年 11 月 7 日星期四下午收盘时的分时走势图。从分时盘口看，该股于 9:42 封上涨停板后，至收盘涨停板没有被打开。从成交量看，当日成交量较前一交易日萎缩，最高封单量为 6568.06 万股，收盘封单量为 2015.42 万股，占实际流通盘的 1.15%，占当日成交量的 36.59%，属缩量涨停，涨停封板结构优，表明市场参与做多倾向较为一致，抛压较少。

当日龙虎榜数据显示出较强的买入力量。从市场整体情绪看，当日龙虎榜显示出游资和机构积极参与，市场对该股的关注度较高，后市有继续冲高的动能。

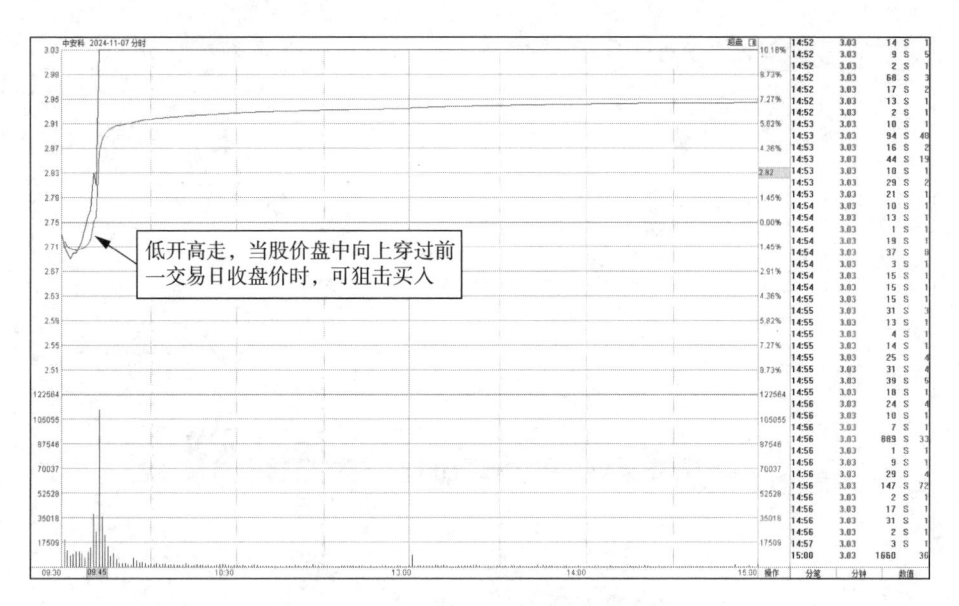

图 4-41　中安科（600654）分时走势图

图 4-42 是 600654 中安科 2024 年 11 月 7 日星期四下午收盘时的 K 线走势图。当时该股属于"智能安防+外销+算力"概念炒作。在软件上将该股整个 K 线走势图进行缩小后可以看出，该股走势处于上升趋势中。股价从前期相对低位，即 2024 年 9 月 18 日的最低价 2.05 元止跌企稳后，主力机构开始向上推升股价，收集筹码，K 线走势呈涨多跌少态势，其间收出过 1 个涨停板，为吸筹建仓型涨停板，股价的上升趋势已经形成。

2024 年 11 月 7 日截图当日，该股早盘小幅低开，收出一个大阳线涨停板，为首板，突破前高，成交量较前一交易日大幅萎缩，形成缩量大阳线涨停 K 线形态。此时，该股均线呈多头排列，MACD、KDJ、RSI、BOLL 等技术指标走强，股价的强势特征相当明显，后市快速上涨的概率大。像这种情况，普通投资者可以在当日该股涨停前狙击买入，当然也可以在该股涨停后快速以涨停价挂买单跟庄打板。

图 4-43 是 600654 中安科 2024 年 11 月 7 日星期四买入金额最大的前 5 名龙虎榜，华鑫证券有限责任公司上海分公司买入 739.56 万元位居买入榜首，华鑫证券有限责任公司上海漕溪北路证券营业部买入 732.87 万元、华鑫证券有限责任公司上海光复路证券营业部买入 583.28 万元，分别位居买入第二第三位，显示出较强烈的看涨意图。

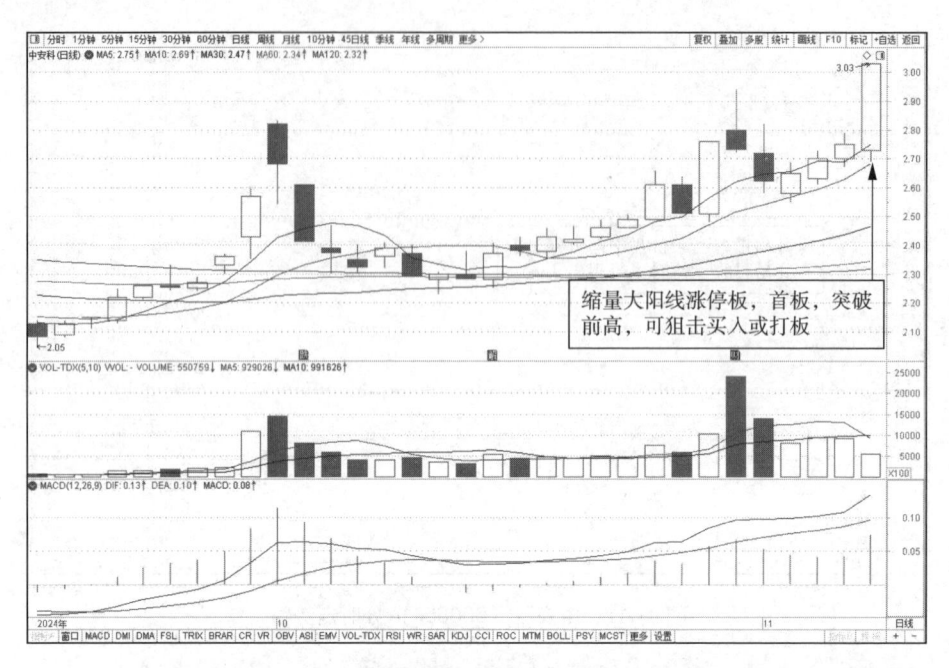

图 4-42 中安科（600654）日 K 线走势图

中安科单日龙虎榜数据	
日期：2024-11-07 总成交金额：1.61亿元 总成交量：5507.59万股	
营业部名称	买卖金额
买前5买入总计 3166.95万元，占总成交比例 **19.63%**	
华鑫证券有限责任公司上海分公司	+739.56万 0.00
华鑫证券有限责任公司上海漕溪北路证券营业部	+732.87万 0.00
华鑫证券有限责任公司上海光复路证券营业部	+583.28万 0.00
开源证券股份有限公司西安西大街证券营业部	+556.79万 0.00
中泰证券股份有限公司上海浦东新区江耀路证券营业部	+554.44万 0.00

图 4-43 中安科（600654）2024 年 11 月 7 日龙虎榜

第三节 涨停板股卖点的把握

卖点的把握，总的原则是不贪心不后悔。稍微有一定实战经验的普通投资者，在打板买入板股时，就已经在心中确定了卖出计划（卖点或时机），而不是等股价到了高位后再选择卖点。比如当天打板买入的板股，下一交易日低开不上冲直接就出，或冲高回落马上出；当天打板买入的板股没盈利的，下一交易日到成本价就出；当天买入已经盈利的板股，下一交易日开盘不直接上冲马上就出；等等。在具体卖点上，我们从分时切入，结合K线、均线、成交量和其他技术指标等因素来综合分析把握。

一、涨停分时打开或多次打开时卖出

通常情况下，对于股价已经处于高位或相对高位的涨停板股来说，被巨大卖单或者连续出现的大卖单打开后，往往是场内大资金出逃的信号，这种涨停板是主力机构为高位出货、采取对倒（对敲）操盘手法拉出的诱多出货型涨停板。实战操盘中，目标板股涨停分时被打开后，普通投资者要结合此时股价在K线走势中所处的位置、均线、成交量等情况，迅速分析判断，快速做出是否卖出的决策，以实现盈利最大化。

图4-44是000700模塑科技2020年2月6日星期四下午收盘时的分时走势图。从分时走势可以看出，当日早盘该股小幅高开，股价略回调后直线上冲，成交量同步放大；股价上冲至14.36元后略有回调，然后勾头震荡上行，于9:52封上涨停板。之后涨停板分别在10:19（10:20封回）、14:28（14:29封回）被大卖单打开过两次，分时价格线上留下两个缺口，当日成交量较前一交易日大幅放大。

当日龙虎榜数据显示，多个知名游资现身该股买卖前五席，新生代游资"作手新一"常用席位国泰君安证券股份有限公司南京太平南路营业部2月6日逢高出货，卖出4577万元，该营业部此前于2月4日买入模塑科技3709万元，收获两个涨停。当日买入金额最大的前5名买入总计12331.95万元，占总成交比例5.82%；当日卖出金额最大的前5名卖出总计16445.99万元，占

总成交比例 7.76%，买卖净差为-4114.04 万元，场内主力机构（游资）大资金出逃信号明显，这其实就是主力机构（游资）拉出的一个诱多出货型涨停板。像这种情况，手中有筹码的普通投资者，应该在当日收盘前或在次日逢高卖出手中筹码。

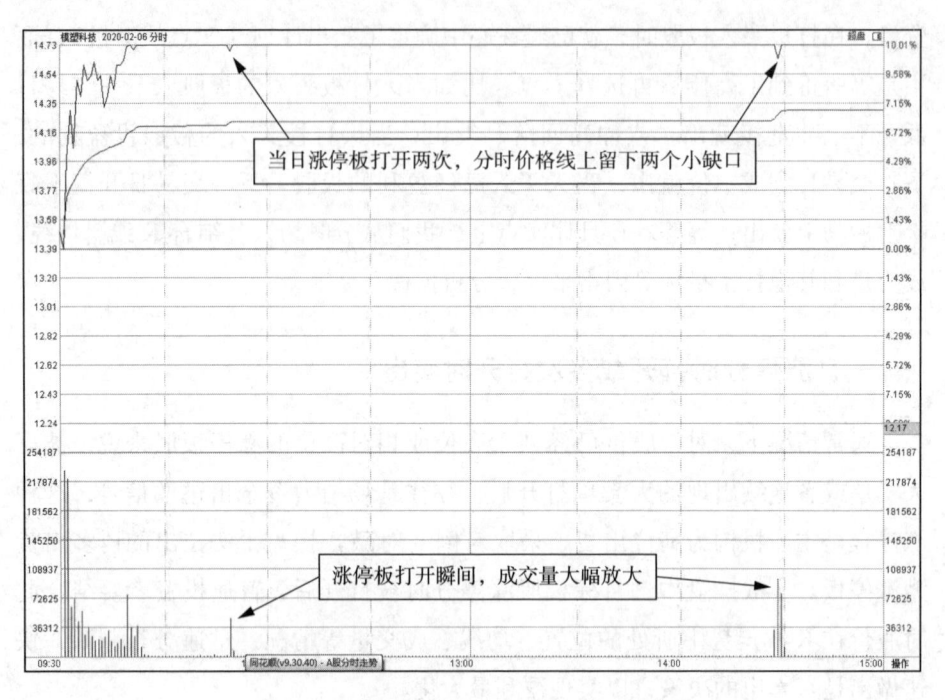

图 4-44 模塑科技（000700）分时走势图

图 4-45 是 000700 模塑科技 2020 年 2 月 6 日星期四下午收盘时的 K 线走势图。当时该股属于"特斯拉"概念龙头。在软件上将该股整个 K 线走势图进行缩小后可以看出，该股走势处于上升趋势中。股价从前期相对低位，即 2019 年 8 月 6 日的最低价 3.12 元止跌企稳后，主力机构开始向上推升股价，收集筹码，K 线走势呈涨多跌少态势，其间收出过 3 个涨停板，均为吸筹建仓型涨停板，股价的上升趋势已经形成。

2020 年 1 月 7 日，该股大幅高开（向上跳空 7.57%开盘），收出一个小阳线涨停板，为首板，突破前高，留下向上突破缺口，成交量较前一交易日大幅萎缩，形成向上突破缺口和缩量小阳线涨停 K 线形态。此时，该股均线呈多头排列，MACD、KDJ、RSI 等各项技术指标走强，股价的强势特征相当明显，后市快速上涨的概率大。像这种情况，普通投资者可以在当日该股涨停前快速狙击买入，也可以在当日该股涨停后快速以涨停价挂买单跟庄打板。之后，主力机构展开快速拉升行情。

2020年2月6日截图当日，该股17个交易日已录得14个涨停板，股价已处于高位。当日该股小幅高开，收出一个大阳线涨停板，突破前高，成交量较前一交易日放大近4倍，形成巨量大阳线涨停K线形态。此时，该股均线虽然呈多头排列，但均量线、ROC、PSY等部分技术指标已经走弱；从当日分时走势也可以看出，涨停板被打开过两次，成交量大幅放大，这个涨停板应该是主力机构通过高开，然后对倒做量拉出的诱多出货型涨停板。像这种情况，普通投资者如果手中还有筹码当天没有出完的，次日要逢高卖出。

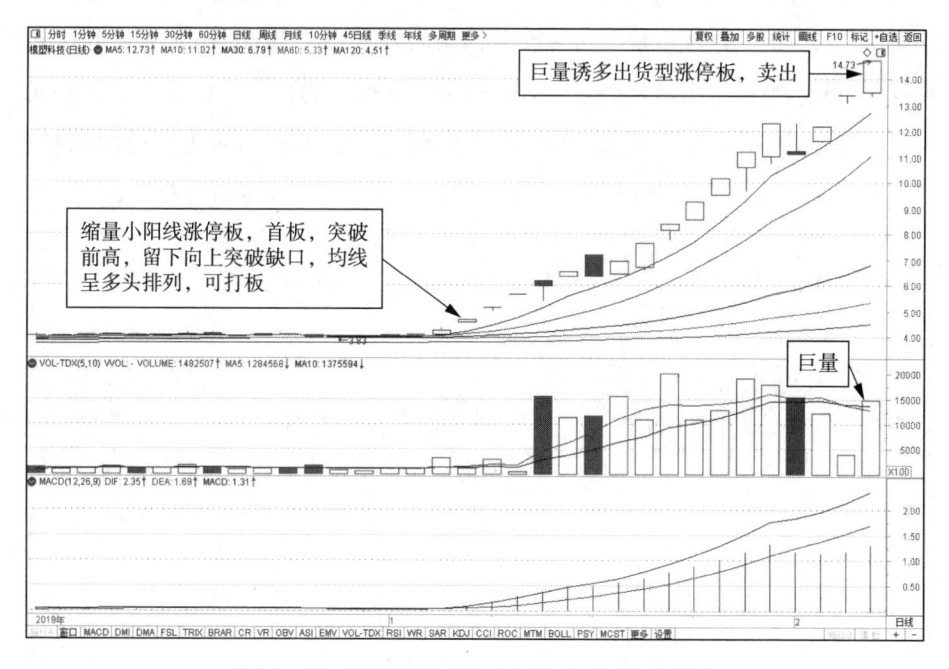

图 4-45　模塑科技（000700）日K线走势图

二、断板日卖出

断板日卖出，是指连板二板以上的板股在出现不能连板（涨停）的当日寻机卖出。已经连续多板，股价已经处于高位或相对高位的涨停板股尤其是高标板股，某一交易日封板被打开，成交量大幅放大，普通投资者应该在开

147

板时快速下单卖出。有的投资者认为，断板日也可能是分歧日，分歧转一致后，就可能走出反包板或接力反包板。市场经验告诉我们，股价已经处于高位或相对高位的涨停板股出现反包板或接力反包板的概率太低，即使出现，但反包板涨停下一交易日有溢价的概率也非常低。

图4-46是000795英洛华2024年11月11日星期一下午收盘时的分时走势图。从分时走势可以看出，当日早盘该股大幅低开（向下跳空6.41%开盘），股价快速上冲，一个波次冲至14.30元（涨幅7.76%），随后展开小幅回调，小幅回调后开始震荡上行，于9:42封上涨停板，9:50涨停板被大卖单砸开。此时，普通投资者可以寻机卖出手中筹码。

收盘数据显示，当日该股主力（dde大单净额）净流出1.29亿元，涨跌幅为0.75%，主力净量（dde大单净额/流通股）为-0.86%，两市排名4888/5109。当日主力净量为负，且值较大，表明主力机构大幅流出，主动卖出明显多于主动买入。同时，当日换手率较高，主力机构抛售的迹象明显。像这种情况，手中还有筹码的普通投资者，应该在下一交易日逢高卖出。

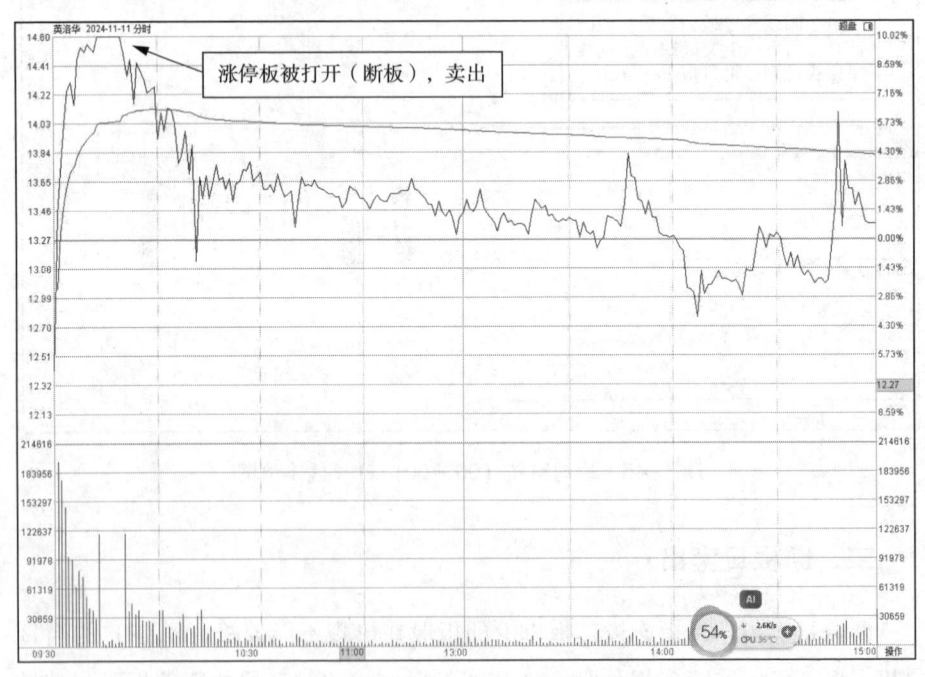

图4-46 英洛华（000795）分时走势图

图 4-47 是 000795 英洛华 2024 年 11 月 11 日星期一下午收盘时的 K 线走势图。当时该股属于"重组预期+钕铁硼+磁性材料"概念炒作。在软件上将该股整个 K 线走势图进行缩小后可以看出，该股走势处于上升趋势中。

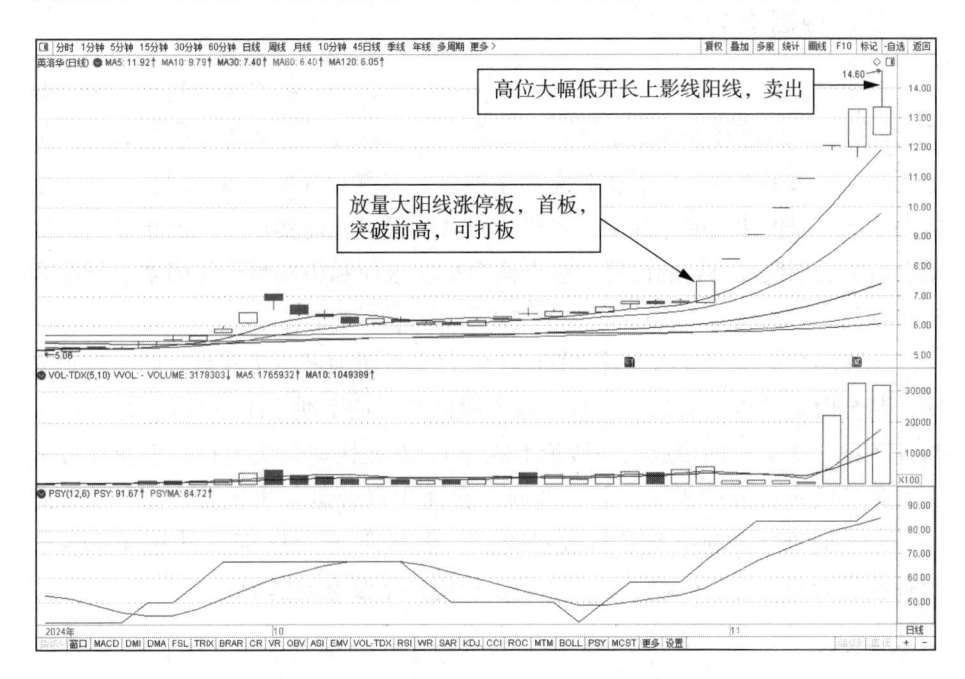

图 4-47　英洛华（000795）日 K 线走势图

2024 年 10 月 31 日，该股小幅低开，收出一个大阳线涨停板，为首板，突破前高，成交量较前一交易日放大，形成放量大阳线涨停 K 线形态。当日晚间英洛华公告称，拟以自有资金 1.2 亿元收购横店集团控股持有的浙江全方科技 99% 股权，以及东阳市横店企业管理服务公司持有的全方科技 1% 股权。像这种情况，普通投资者可以在当日该股涨停后，迅速挂买单排队打板，也可以在下一交易日集合竞价时以涨停价挂买单排队打板。之后，主力机构展开快速拉升行情。

2024 年 11 月 11 日截图当日，该股 8 个交易日已录得 7 个涨停板（七连板），股价已处于高位，并且创出历史新高。当日早盘该股大幅低开（向下跳空 6.41% 开盘），收出一根长上影线阳 K 线，涨幅 0.75%，成交量较前一交易日略萎缩。虽然当日成交量较前一交易日略萎缩，但主力（dde 大单净额）净流出 1.29 亿元，显示主力机构正在出货，卖压增加，市场情绪紧张。此时，该股均线虽然呈多头排列，但股价远离 30 日均线，KDJ、BOLL、CCI、均量线等多数技术指标已经走弱。像这种情况，普通投资者如果手中还有筹码当天没有出完的，次日要逢高卖出。

三、冲高止盈卖出

股价已经处于高位或相对高位的涨停板股，如果下一交易日集合竞价开盘开得比较低，就已经显现出了盘口的弱势。当日低开后，股价一般会有一波惯性下跌，如果多方承接住了获利盘和止损盘，多空双方换手承接后，会有一波震荡走高，股价冲高的过程中，普通投资者可寻机止盈卖出。冲高止盈卖出要结合目标股票股价所处的位置、热点概念板块效应和市场情绪等因素进行综合分析预判。

图4-48是601099太平洋2024年10月9日星期三下午收盘时的分时走势图。从分时走势可以看出，当日早盘该股低开（向下跳空1.96%开盘），股价快速下跌，成交量同步放大；股价下跌至6.66元快速勾头上行，很快穿过前一交易日收盘价继续震荡上行。此时，普通投资者可寻机止盈卖出。从分时盘口看，股价穿过前一交易日收盘价后，最高冲至5.34元（涨幅4.49%），普通投资者只要寻机快速下单，止盈卖出应该是没有问题的。

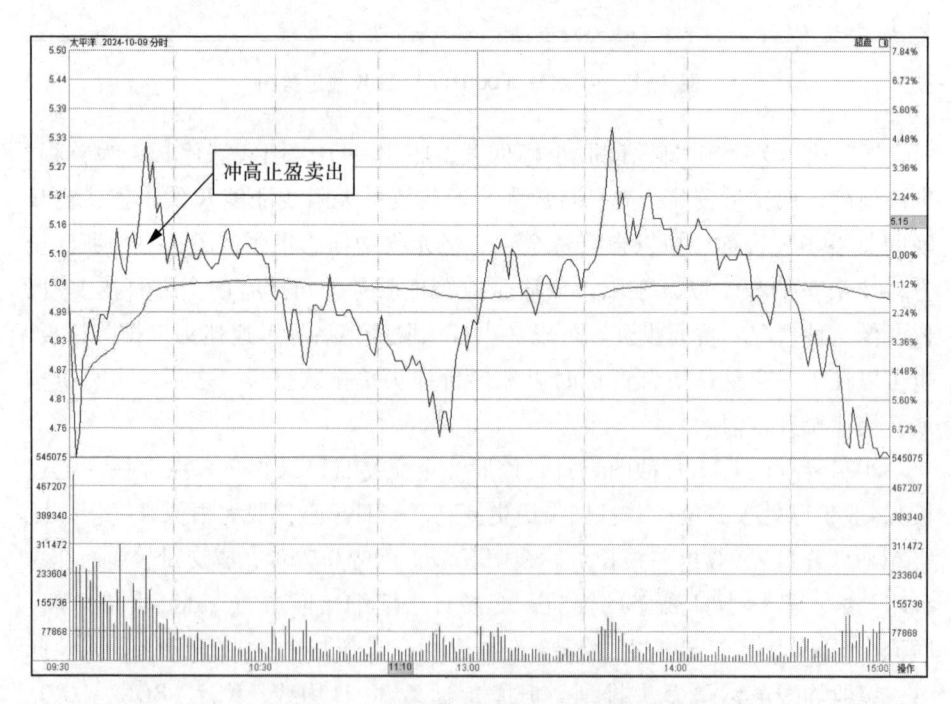

图4-48　太平洋（601099）分时走势图

收盘数据显示，当日该股主力（dde 大单净额）净流出 11.58 亿元，涨跌幅为 -7.84%，主力净量（dde 大单净额/流通股）为 -3.38%，两市排名 5081/5101。当日主力净量为负，且值较大，表明主力机构大幅流出，主动卖出明显多于主动买入。像这种情况，手中还有筹码的普通投资者，应该在下一交易日逢高卖出。

图 4-49 是 601099 太平洋 2024 年 10 月 9 日星期三下午收盘时的 K 线走势图。该股属于证券板块。在软件上将该股整个 K 线走势图进行缩小后可以看出，该股 2023 年 7 月底有过一波上涨。股价从 2023 年 8 月中旬震荡下跌，至 2024 年 2 月 6 日的最低价 2.89 元止跌企稳后，主力机构展开大幅横盘震荡洗盘，高抛低吸，赚取差价与洗盘吸筹并举。

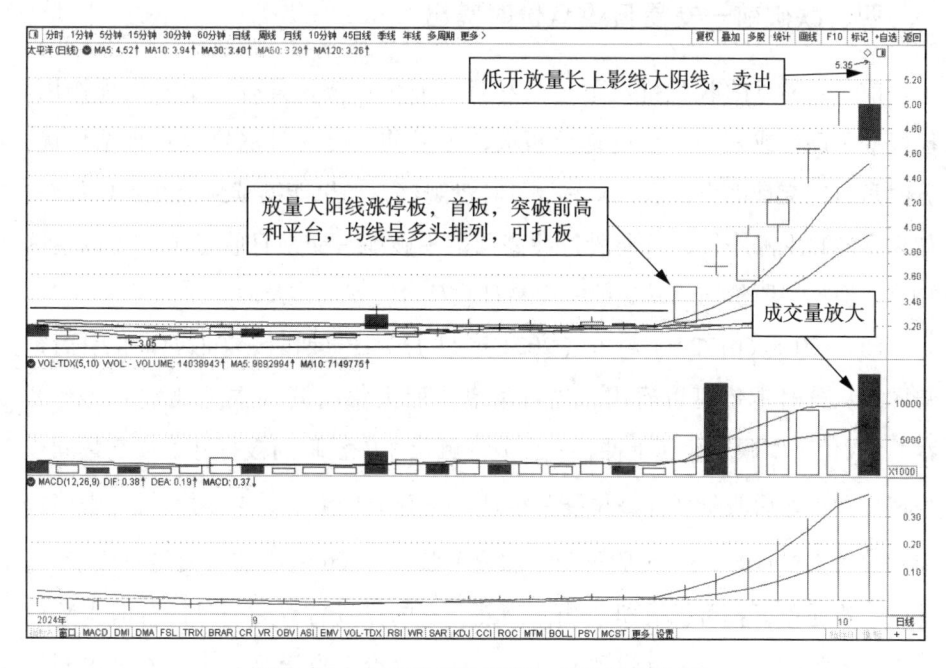

图 4-49　太平洋（601099）日 K 线走势图

2024 年 9 月 24 日，证券、多元金融板块带动大盘率先启动上涨行情（当时证券板块龙头大哥即龙一为天风证券），该股当日小幅高开，收出一个大阳线涨停板，为首板，突破前高和平台，成交量较前一交易日放大 7 倍多，形成放量大阳线涨停 K 线形态。此时，该股均线呈多头排列，MACD、KDJ、

RSI、均量线等技术指标走强，股价的强势特征相当明显，后市短期快速上涨的概率大。像这种情况，普通投资者可以在当日该股涨停后跟庄打板，也可以在股价涨停前快速狙击买入。

2024年10月9日截图当日，该股6个交易日已录得3个涨停板，股价已处于高位。当日该股低开，收出一根长上影线大阴线，跌幅达到-7.84%，成交量较前一交易日放大1倍多，显示主力机构正在出货，卖压增加，市场情绪紧张。此时，该股均线虽然呈多头排列，但股价远离30日均线，KDJ、RSI、BOLL、ROC等多数技术指标已经走弱。像这种情况，普通投资者如果手中还有筹码当天没有出完的，次日要逢高卖出。

四、跌破前一交易日收盘价时卖出

前一交易日的收盘价对下一交易日的股价走势，具有一定的支撑作用。已经处于高位或相对高位的涨停板股，如果前一交易日涨停板封板结构优，分时盘口成交量极小，下一交易日可盯盘观察，如果能继续封上涨停板最好，如果不能封上涨停板，只要股价冲高回落不破前一交易日收盘价就可以继续持有，但如果股价回落跌破前一交易日收盘价，就应该及时卖出。

图4-50是601727上海电气2024年11月7日星期四下午收盘时的分时走势图。从分时走势可以看出，当日早盘该股大幅高开（向上跳空6.22%开盘），股价略回调后快速上冲，一个波次触及涨停板瞬间被打开，成交量同步急速放大；之后股价展开高位震荡整理，先后于9:41、9:43两次触及涨停板瞬间被大卖单打开；9:51股价开始加速下跌，10:06跌破前一交易日收盘价。此时，普通投资者可以寻机卖出。当然，有的投资者看完当日的分时走势后会想一个问题：等股价反弹到前一交易日收盘价上方逢高卖出，不是盈利更丰厚吗？可他们没有想过，如果股价跌破前一交易日收盘价后继续快速下跌，跌到地板上呢？前面已经提到过，板股卖点把握的总原则是，不贪心不后悔，只要股价走势不符合预期，就是卖点。

收盘数据显示，当日该股主力（dde大单净额）净流出57.42亿元，涨跌幅为3.71%，主力净量（dde大单净额/流通股）为-3.96%，两市排名

5087/5109。当日主力净量为负,且值较大,表明主力机构大幅流出,主动卖出明显多于主动买入。同时,当日换手率较高,主力机构抛售的迹象明显。像这种情况,手中还有筹码的普通投资者,应该在下一交易日逢高卖出。

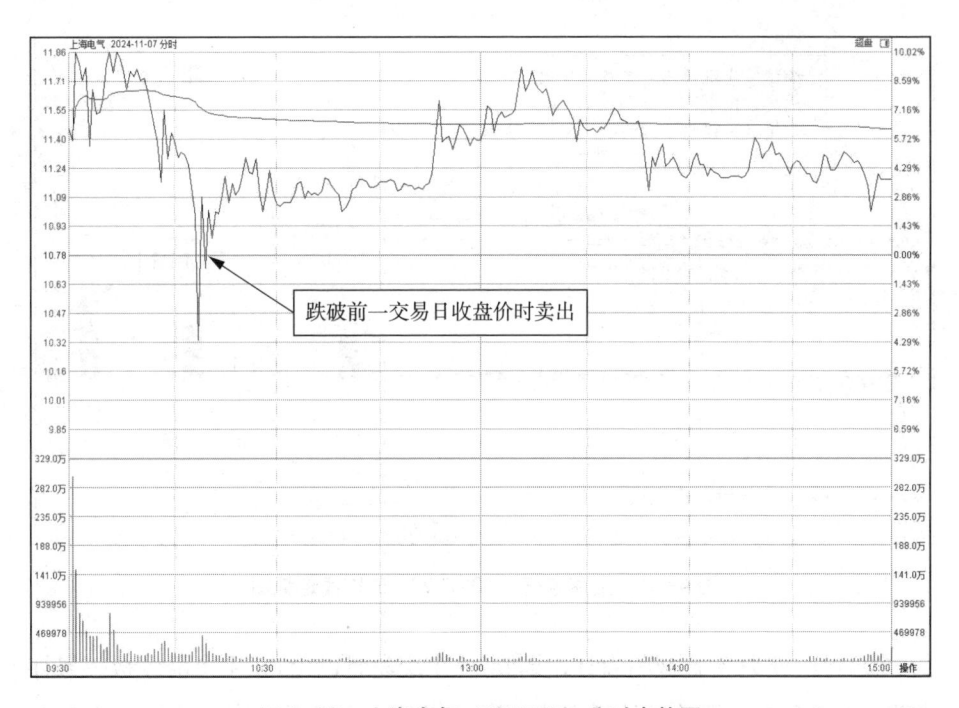

图 4-50 上海电气（601727）分时走势图

图 4-51 是 601727 上海电气 2024 年 11 月 7 日星期四下午收盘时的 K 线走势图。当时该股属于"拟收购宁笙实业 100%股权+上海微电子+上海国资+AMC+锂电池"概念炒作。在软件上将该股整个 K 线走势图进行缩小后可以看出,该股走势处于上升趋势中。股价从前期相对低位,即 2024 年 7 月 8 日的最低价 3.42 元止跌企稳后,主力机构开始向上推升股价,收集筹码,K 线走势呈涨多跌少态势,股价的上升趋势已经形成。

2024 年 10 月 21 日,该股涨停开盘,收出一个一字涨停板,为首板,突破前高,留下向上突破缺口,成交量较前一交易日大幅萎缩,形成向上突破缺口和缩量一字涨停 K 线形态。此时,均线呈多头排列,MACD、KDJ、RSI 等技术指标走强,股价的强势特征十分明显,后市快速上涨的概率大。像这种情况,普通投资者可以在当日该股集合竞价时视情况以涨停价挂买单排队跟庄打板。之后，主力机构展开快速拉升行情。

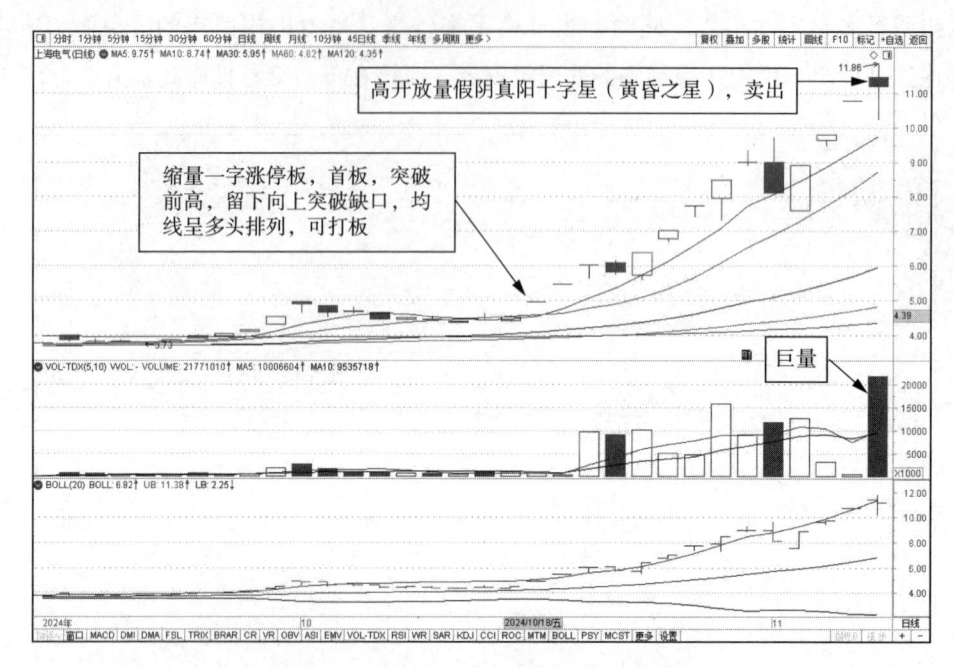

图4-51　上海电气（601727）日K线走势图

2024年11月7日截图当日，该股14个交易日已录得11个涨停板，累计涨幅为162.39%，股价已处于高位。当日该股大幅高开（向上跳空6.22%开盘），收出一根假阴真阳十字星K线，涨幅3.71%，成交量较前一交易日放大40倍，显示主力机构正在出货，卖压增加，市场情绪紧张。此时，该股均线虽然呈多头排列，但股价远离30日均线，KDJ、BOLL、CCI、ROC等技术指标已经走弱。像这种情况，普通投资者手中如果还有筹码当天没有出完的，下一交易日要逢高卖出。

五、跌破5日均线时卖出

跌破5日均线时卖出，是指已经大幅拉升或连续涨停的板股，某一交易日收盘价跌破5日均线时，应该快速下单卖出。

5日均线对股价的走势，具有一定的支撑作用。股市有"5日均线不破，不必频繁操作"的说法，说明了5日均线的重要性。尤其是对于打板族、短线或波段操作的投资者来说，5日均线被称为"生命线"。实战操盘中，目标板股持续沿着5日均线强势上攻，可以一路持有，如果某一交易日跌破5日均线，说明主力机构（游资）已经在出货（洗盘），股价下跌（回调）风险已经出现，应该及时卖出手中筹码。

图4-52是603528多伦科技2023年11月17日星期五下午收盘时的K线走势图。当时该股属于"华为昇腾+卫星导航+无人驾驶+充电桩+教学机器人"概念炒作。在软件上将该股整个K线走势图进行缩小后可以看出，该股走势处于上升趋势中。股价从前期相对低位，即2023年8月25日的最低价6.82元止跌企稳后，主力机构开始向上推升股价，收集筹码，K线走势呈涨多跌少态势，其间收出过1个涨停板，为吸筹建仓型涨停板，股价的上升趋势已经形成。

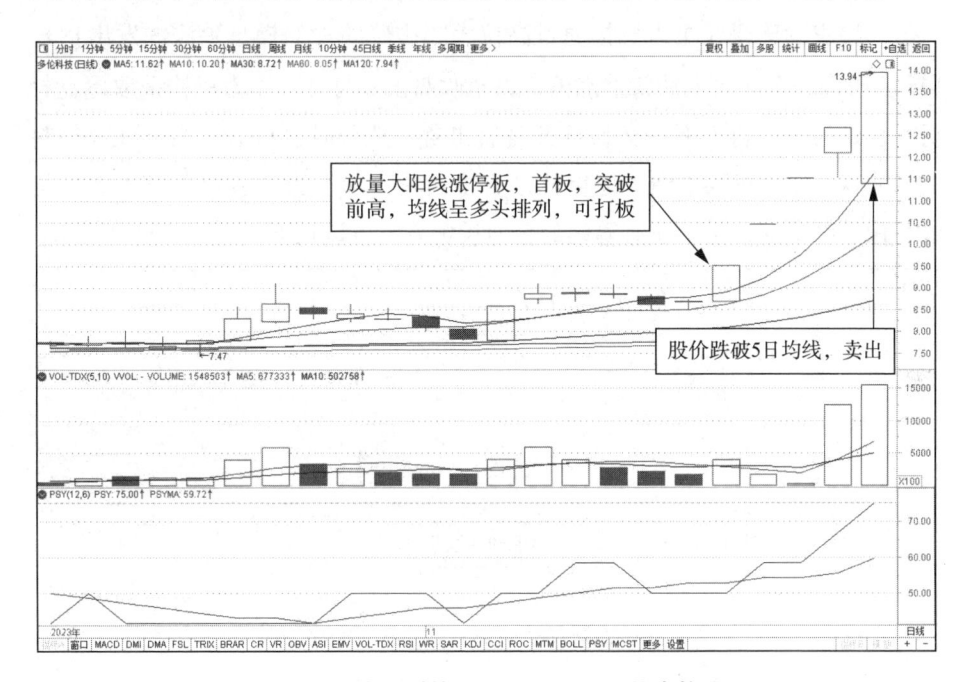

图4-52 多伦科技（603528）日K线走势图

2023年11月13日，该股早盘小幅高开，收出一个大阳线涨停板，为首板，突破前高，成交量较前一交易日放大2倍多，形成放量大阳线涨停K线形态。此时，该股均线呈多头排列，MACD、KDJ、RSI、均量线等技术指标走强，股价的强势特征十分明显，后市快速上涨的概率大。像这种情况，普通投资者可以在当日股价涨停后以涨停价挂买单排队跟庄打板。之后，主力机构展开快速拉升行情。

2023年11月17日截图当日，该股5个交易日已录得5个涨停板，股价已处于相对高位。当日该股跌停开盘，收出一个大阳线涨停板（盘中上演地天板），成交量较前一交易日大幅放大。此时，该股均线虽然呈多头排列，但当日股价已经跌破5日均线，KDJ、BOLL、CCI等技术指标已经走弱。像这种情况，普通投资者手中如果还有筹码当天没有出完的，下一交易日要逢高卖出。

图4-53是603528多伦科技2023年11月17日星期五下午收盘时的分时走势图。从分时走势可以看出，当日早盘该股跌停开盘后，股价快速上行，成交量同步急速放大；股价穿过前一交易日收盘价后，快速上冲（普通投资者可以在股价突破前一交易日收盘价后寻机卖出），至13.64元回调后，展开高位大幅震荡整理（主力机构通过高位大幅震荡整理的操盘手法派发出货），14:37股价一个波次上冲封上涨停板，至收盘没有打开。主力机构采取尾盘封板，也是为了有利于下一交易日开盘后出货。从分时盘口看，当日涨停板封板结构差，主力机构上演天地板就是为了出货，加上当日股价跌破了5日均线，像这种情况，手中还有筹码的普通投资者，应该在下一交易日逢高卖出。

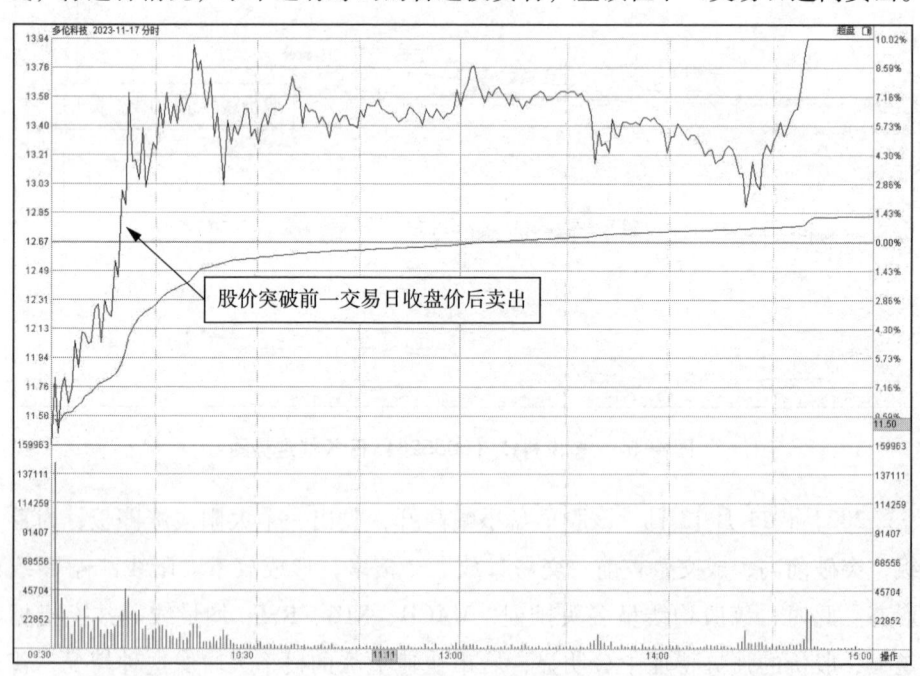

图4-53 多伦科技（603528）分时走势图

第四章 涨停板股买卖点的把握

六、止损卖出

　　止损卖出，是指打板后没达到预期、出现投资者能够承受的亏损幅度时，及时斩仓出局，以避免造成更大的亏损。比如股价跌破买入价损失超过 3% 或 5% 时无条件卖出。这个止损幅度要根据投资者的资金和心理承受能力来设定，但最好不要超过 10%。

　　实战打板中，要想尽可能避免或减少亏损，选股和买点是关键。选股时要搞清该个股是否属于当前的主流热点板块，如符合当前主流热点条件时，在该个股涨幅达到 8 个点以上后，就可以以涨停价挂买单狙击买入，或者等封板后再挂买单打板。另外，从风险控制的角度来看，要把握好两个方面，一是在疲软和平衡市，一般不打首板，而且二板二封（即涨停板短暂打开后再封回）要比二板首封更安全，因为换手后分歧已基本转为一致。如果整个市场连板较少时，可以休息等待。二是打板时要控制好仓位，避免下一交易日出现意外。

　　图 4-54 是 603016 新宏泰 2024 年 5 月 27 日星期一下午收盘时的分时走势图。这是该个股收出的首板，从当日分时走势可以看出，该股早盘小幅低开后，股价快速上冲，至 17.14 元快速拐头回调，回调至前一交易日收盘价勾

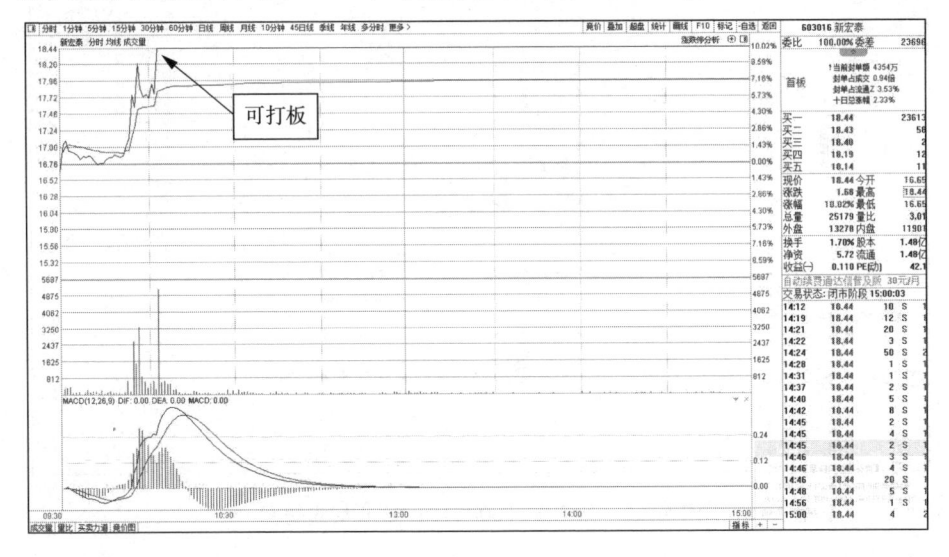

图 4-54　新宏泰（603016）分时走势图

157

头震荡上行，于 10:03 封上涨停板，至收盘没有打开。从分时盘口看，当日该股早盘虽然小幅低开，但低开后股价快速上冲，回调幅度也不大（分时价格线向下刺破前一交易日收盘价即勾头上行），且封板时间较早，分时盘口强势特征比较明显，涨停板封板结构较优，后市上涨的概率较大。像这种情况，普通投资者可以在当日股价涨停后以涨停价挂买单排队跟庄打板。

图 4-55 是 603016 新宏泰 2024 年 5 月 27 日星期一下午收盘时的 K 线走势图。当时该股属于"断路器+电网设备+国企改革"概念炒作。在软件上将该股整个 K 线走势图进行缩小后可以看出，该股走势基本处于上升趋势中。股价从前期相对低位，即 2024 年 2 月 6 日的最低价 14.20 元止跌企稳后，主力机构开始向上推升股价，收集筹码，K 线走势呈涨多跌少态势，其间收出过 1 个涨停板，为吸筹建仓型涨停板，股价的上升趋势基本形成。

2024 年 5 月 27 日截图当日，该股小幅低开，收出一个大阳线涨停板，为首板，突破前高，成交量较前一交易日放大 2 倍多，形成放量大阳线涨停 K 线形态。此时，该股短中期均线呈多头排列，MACD、KDJ、RSI、均量线等技术指标走强，股价的强势特征相当明显，后市上涨的概率大。像这种情况，普通投资者可以在当日股价涨停后以涨停价挂买单排队跟庄打板。

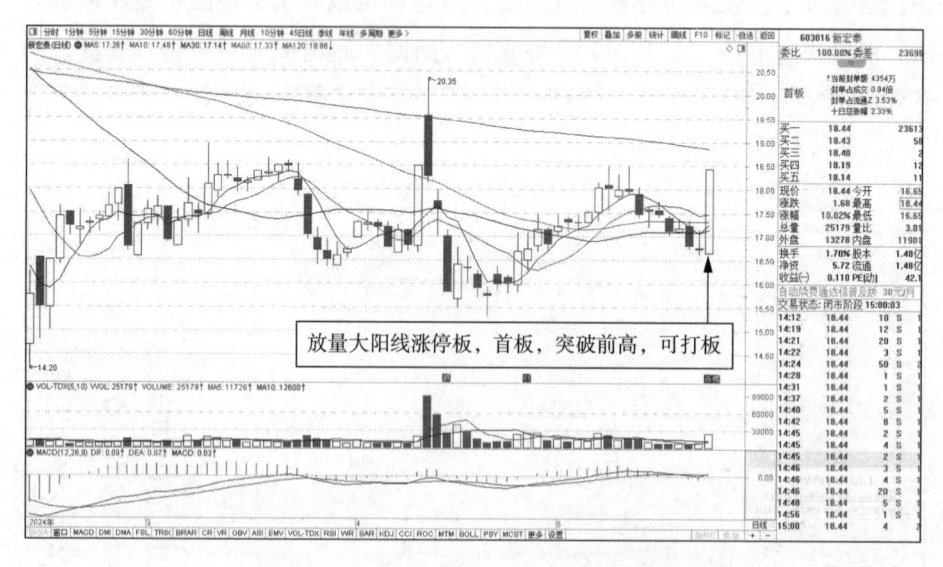

图 4-55　新宏泰（603016）日 K 线走势图

图4-56是603016新宏泰2024年5月28日星期二下午收盘时的分时走势图。该股前一交易日收出一个放量大阳线涨停板。从当日分时走势可以看出，当日早盘该股小幅低开后，围绕前一交易日收盘价展开横盘震荡整理，9:40股价开始直线下跌，9:59跌至最低价17.82元展开反弹走势，反弹到10:35的18.34元，勾头下行，此后股价震荡走低至收盘。一般情况下，前一交易日打板进场的投资者，在当日低开没有溢价预期时，多数打板客会选择集合竞价开盘出局，也有的投资者会选择低开后股价反弹至前一交易日收盘价上方卖出。如果止损卖出的话，建议在股价跌至2%左右卖出。

图4-57是603016新宏泰2024年5月28日星期二下午收盘时的K线走势图。该股前一交易日收出一个放量大阳线涨停板。

当日该股小幅低开，收出一根中阴线，跌幅2.93%，成交量较前一交易日放大近3倍，显示前一交易日打板的投资者多数已卖出。此时，该股均线（除5日均线外）呈空头排列，KDJ、RSI、ROC、PSY等技术指标已经走弱。像这种情况，普通投资者手中如果还有筹码当天没有出完的，下一交易日要逢高卖出。

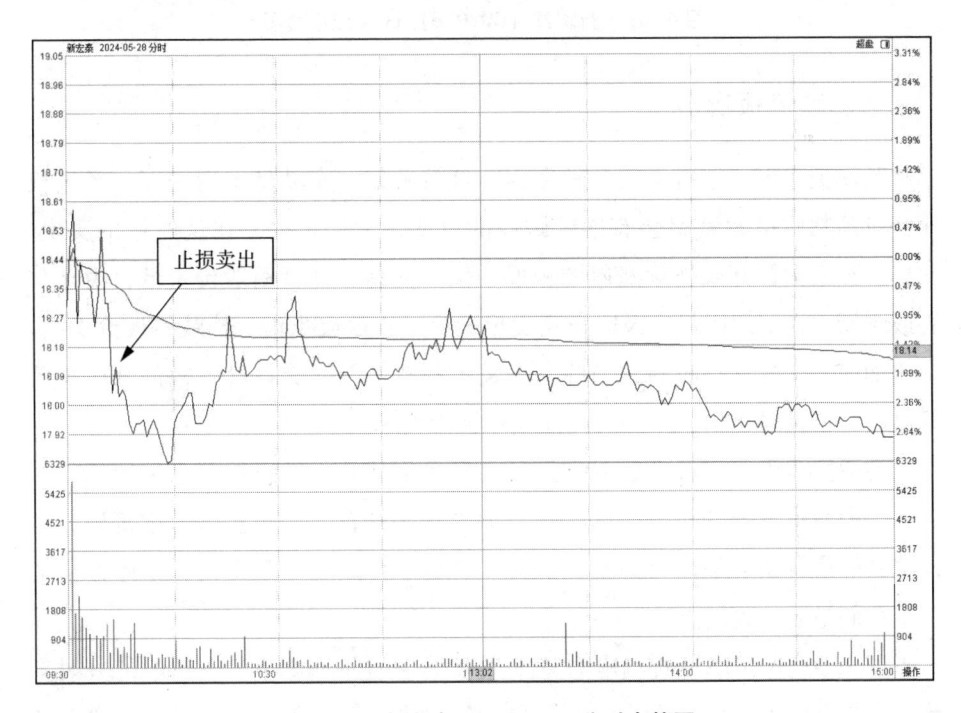

图4-56　新宏泰（603016）分时走势图

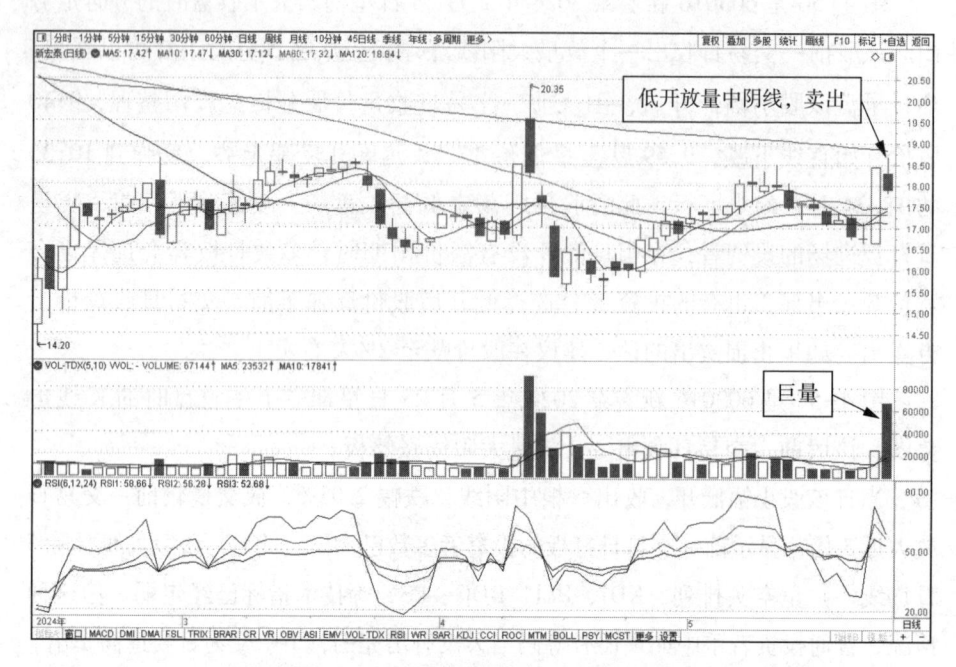

图 4-57　新宏泰（603016）日 K 线走势图

七、跌停板卖出

跌停板卖出，是指由于各种原因，打板后某一交易日出现跌停，经过快速分析预判后市大概率会有连续跌停的可能，为了止损，挂跌停板价卖出。比如已经大幅拉升或连续涨停的板股，某一交易日开盘后股价走低，由于贪心或判断失误等原因没有及时逢高卖出，为了止盈或止损，挂跌停板价卖出。又比如前一交易日打板后，当晚突发重大利空，下一交易日大幅低开或跌停开盘，为了及时止损，第一时间挂跌停板价卖出。

实战操盘中，打板后某一交易日出现大幅低开，如想卖出手中筹码，可抓住盘中股价反弹的机会及时卖出；如果跌停开盘，如想卖出手中筹码，应该挂跌停价排队，争取时间上的优先。打板这种短线操盘交易，跌停板价卖出是我们最后的离场点。

图 4-58 是 603530 神马电力 2024 年 1 月 4 日星期四下午收盘时的分时走势图。从分时走势可以看出，当日早盘该股平开后，股价快速下跌，两个波

次跌至22.90（-8.5%），然后展开低位震荡整理，像这种情况，普通投资者可以在股价低位整理时，逢高卖出手中筹码。股价在低位整理至10:28，两个波次快速下跌，于10:34跌停。像这种情况，普通投资者应该在第一时间挂跌停板价，卖出手中筹码。从盘口看，自10:34股价跌停后，至收盘跌停板没有被打开，当日成交量较前一交易日大幅放大，盘口弱势特征明显。

收盘数据显示，当日主力资金净流出5754.41万元，占总成交额8.58%；游资资金净流入2228.54万元，占总成交额3.32%；散户资金净流入3525.87万元，占总成交额5.26%。当日主力净量为负，且值较大，表明主力机构大幅流出，主动卖出明显多于主动买入。同时，当日换手率较高，主力机构抛售的迹象十分明显。像这种情况，手中还有筹码的普通投资者，应该在下一交易日逢高卖出。

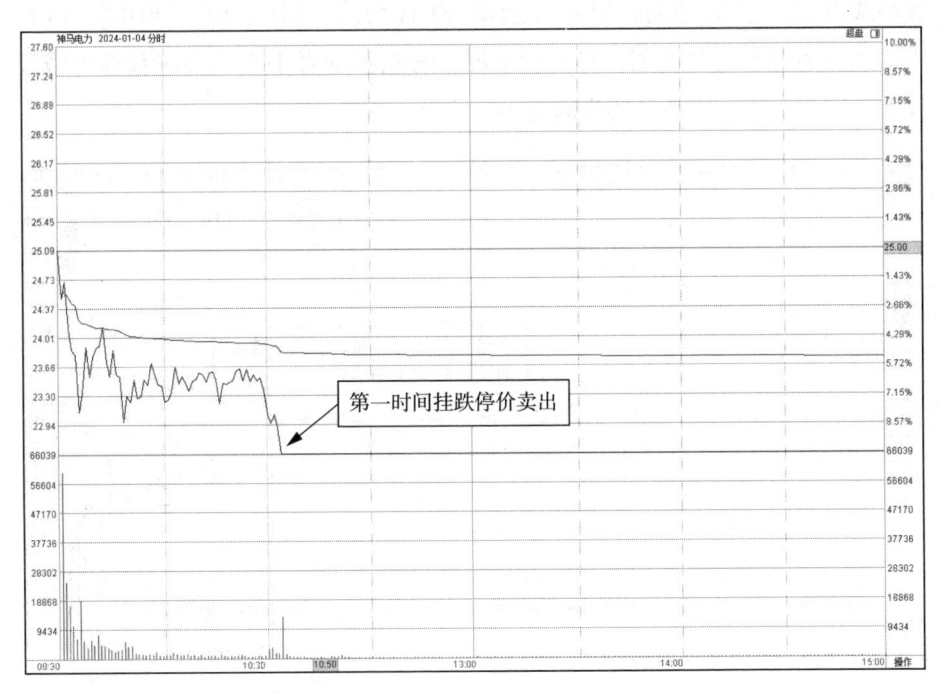

图4-58　神马电力（603530）分时走势图

图4-59是603530神马电力2024年1月4日星期四下午收盘时的K线走势图。该股在2022年6月中下旬有过一波大涨，连续拉出了7个涨停板。在软件上将该股整个K线走势图进行缩小后可以看出，股价从前期相对低位，

即 2023 年 10 月 24 日的最低价 13.04 元止跌企稳后，主力机构开始向上推升股价，收集筹码，K 线走势呈涨多跌少态势，股价的上升趋势已经形成。

2023 年 12 月 27 日，该股小幅高开，收出一个大阳线涨停板，为首板，突破前高，成交量较前一交易日放大 6 倍多，形成放量大阳线涨停 K 线形态。此时，该股均线呈多头排列，MACD、KDJ、RSI、均量线等技术指标走强，股价的强势特征十分明显，后市快速上涨的概率大。像这种情况，普通投资者可以在当日该股涨停后快速下单排队跟庄打板。之后，主力机构展开快速拉升行情。

2024 年 1 月 4 日截图当日，该股 6 个交易日录得 5 个涨停板，涨幅大，股价已处于较高位置。当日该股平开，收出一根跌停大阴线，成交量较前一交易日放大，显示主力机构正在出货，卖压增加，市场情绪紧张。此时，该股均线虽然呈多头排列，但股价远离 30 日均线，KDJ、RSI、BOLL、CCI、ROC 等技术指标已经走弱。像这种情况，普通投资者手中如果还有筹码当天没有出完的，下一交易日要逢高卖出。

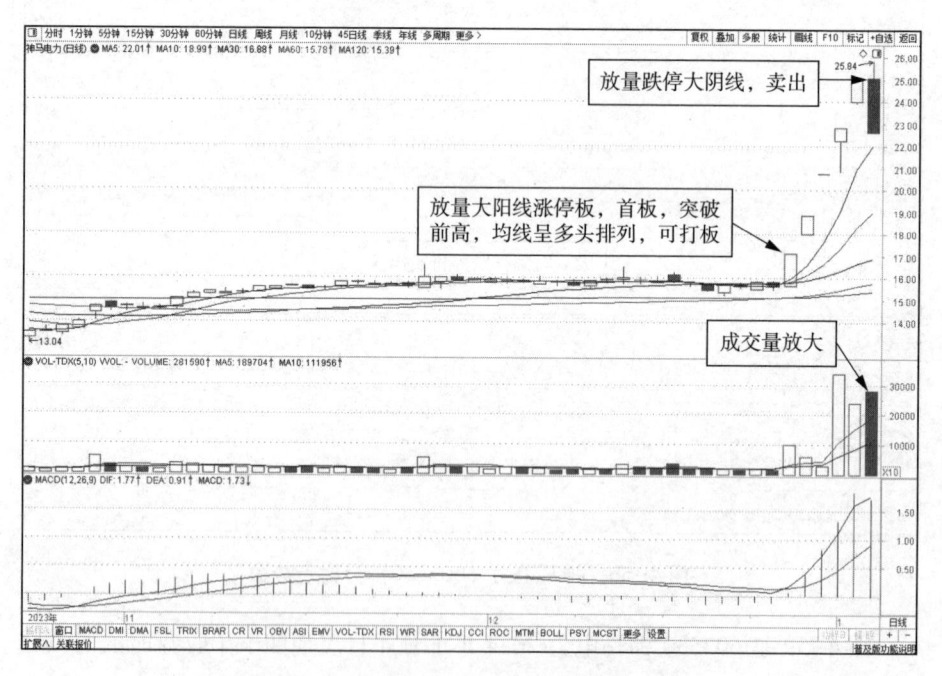

图 4-59　神马电力（603530）日 K 线走势图

图4-60是603530神马电力截至2024年1月4日星期四下午收盘时近5日资金流向一览表。1月4日该股主力机构资金净流出5754.41万元，占总成交额8.58%，显示主力机构不看好后市。

日期	收盘价	涨跌幅	主力净流入	主力净占比	游资净流入	游资净占比	散户净流入	散户净占比
2024-01-04	22.58	-10.00%	-5754.41万	-8.58%	2228.54万	3.32%	3525.87万	5.26%
2024-01-03	25.09	10.00%	-6727.28万	-11.31%	2336.95万	3.93%	4390.33万	7.38%
2024-01-02	22.81	9.98%	-8963.13万	-12.01%	3311.67万	4.44%	5651.45万	7.57%
2023-12-29	20.74	10.03%	2147.05万	34.54%	-1037.21万	-16.69%	-1109.85万	-17.86%
2023-12-28	18.85	9.98%	3165.40万	27.91%	-1843.66万	-16.26%	-1321.73万	-11.66%

图4-60 神马电力（603530）近5日资金流向一览表

第五章

打板路径

打板的基本路径或者基本逻辑应该是，依据热点题材概念风口来确定目标板股，根据大盘形势分析确定是否打板及打板仓位的分配，综合目标板股股价在K线走势中的位置、均线、成交量及其他技术指标，尤其是早盘集合竞价来判断目标板股的强势程度，决定是否扫板、排板还是确定分时狙击买点。由于前面章节已经对涨停诱因、板股的选择、买卖点的把握都进行了分析探讨，这里就打板路径问题，从分时走势打板、K线趋势拐点打板、强势量价关系打板和均线上的涨停打板四个方面进行一个简单的分析探讨。

第一节 分时走势打板路径

分时走势打板路径，是指从目标板股分时盘口显示的信息中，如集合竞价开盘、分时价格线和分时均价线运行的强度、盘中量价配合等细节中，寻找多空双方博弈的痕迹，搞清主力机构（游资）的操盘目的和意图，预判股价短期走势即能够走多远，确定打板进（出）场的买（卖）点位。

一、分时一字板打板路径分析

集合竞价开盘就是涨停板，分时走势为平行直线一条，故称一字板。这种板股一般有重大利好消息的刺激，股价已经走出底部且走势已经处于上升趋势，表明此时主力机构已经高度控盘。在一字涨停当日，普通投资者一般很难打上板，如果要打，可以在当日或下一交易日早盘集合竞价时，以涨停价挂买单排队等候买进，但买入的希望不是很大。

实战操盘中，对于股价处于高位或相对高位的一字涨停板股，即使有重大利好消息公布且大盘向好，也要谨慎对待。如已打板，要注意盯盘，发现涨停板被打开，成交量大幅放大，可逢高出局，落袋为安。

图5-1是600206有研新材2024年11月7日星期四下午收盘时的分时走

167

势图。这是该个股收出的首板，从当日分时走势可以看出，由于受"固态电池+稀土+央企"概念炒作的影响，该股早盘集合竞价涨停开盘后，一直至涨停收盘，分时走势形成一字形态，成交量大幅萎缩，分时盘口强势特征明显。像这种情况，普通投资者可以在当日开盘后，以涨停价挂买单排队打板，也可以在下一交易日集合竞价时，以涨停价挂买单排队打板。

收盘数据显示，近20个交易日中有13个交易日出现融资净买入。融资连续（大额）买入，显示出投资者对该股未来走势的信心。

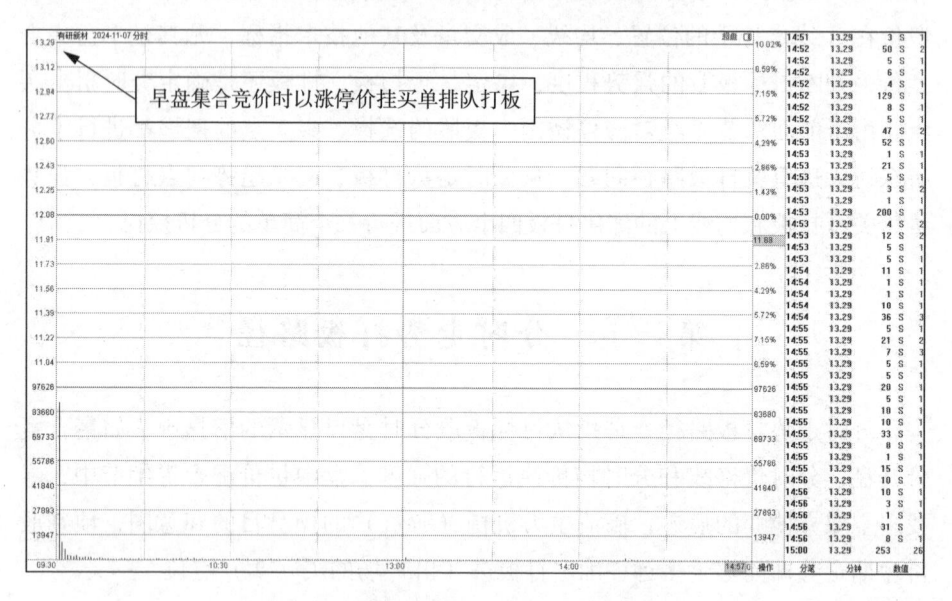

图5-1 有研新材（600206）分时走势图

图5-2是600206有研新材2024年11月7日星期四下午收盘时的K线走势图。当时该股属于"固态电池+稀土+央企"概念炒作。在软件上将该股整个K线走势图进行缩小后可以看出，该股走势处于上升趋势中。股价从前期相对低位，即2024年7月25日的最低价8.35元止跌企稳后，主力机构开始向上推升股价，收集筹码，K线走势呈涨多跌少态势，其间收出过1个涨停板，为吸筹建仓型涨停板，股价的上升趋势已经形成。

2024年11月7日截图当日，该股早盘涨停开盘，收出一个一字涨停板，为首板，突破前高，留下向上突破缺口，成交量较前一交易日大幅萎缩，形成向上突破缺口和缩量一字涨停K线形态。此时，该股均线呈多头排列，MACD、KDJ、RSI等技术指标走强，股价的强势特征相当明显，后市连板的概率大。像这种情况，普通投资者可以在当日该股开盘后快速以涨停价挂买单打板，也可以在下一交易日集合竞价时，以涨停价挂买单排队打板。

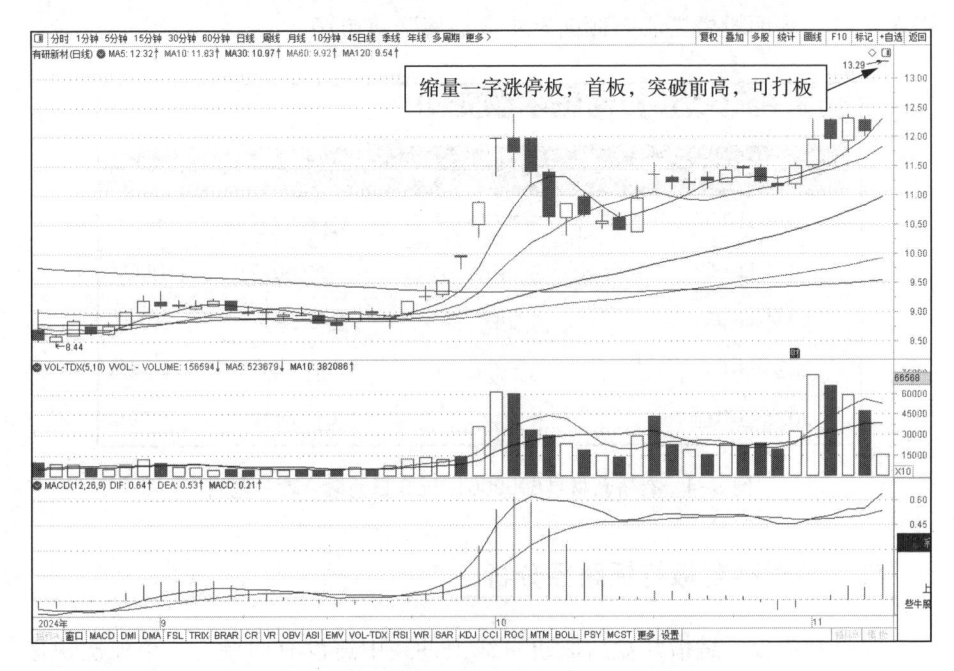

图 5-2　有研新材（600206）日 K 线走势图

图 5-3 是 600206 有研新材 2024 年 11 月 7 日星期四下午收盘时近 5 日融资变动一览表。11 月 7 日该股融资买入 3912.04 万元，融资偿还 2034.50 万元，融资净买入 1877.54 万元，融资余额 5.72 亿元，近 3 个交易日已连续净买入累计 5118.15 万元，显示市场趋向于买方市场。

交易日	融资净买入（元）	融资余额（元）	占流通市值比
2024-11-07	1877.54万	5.72亿	5.09%
2024-11-06	580.28万	5.53亿	5.41%
2024-11-05	2660.33万	5.48亿	5.26%
2024-11-04	246.86万	5.21亿	5.15%
2024-11-01	897.57万	5.19亿	5.13%

图 5-3　有研新材（600206）近 5 日融资变动一览表

图 5-4 是 600206 有研新材 2024 年 11 月 7 日星期四下午收盘时近 5 日融资融券余额一览表。11 月 7 日该股融资融券余额 5.75 亿元，较前一交易日上涨 3.43%。表明投资者心态倾向于买方，属强势市场。

交易日	两融余额（元）	余额变动（元）	变动幅度
2024-11-07	5.75亿	1906.57万	3.43%
2024-11-06	5.56亿	582.99万	1.06%
2024-11-05	5.50亿	2664.43万	5.09%
2024-11-04	5.24亿	281.16万	0.54%
2024-11-01	5.21亿	917.98万	1.79%

图 5-4　有研新材（600206）近 5 日两融余额一览表

二、分时秒封板打板路径分析

分时秒封板，是指开盘后股价直线上冲，中途没有回调，一个波次快速封板。这种板股一般是热点概念板块龙头，或是有并购重组预期，当日早盘集合竞价大幅高开，股价脉冲式上涨，直接封停。对于这种秒封板，普通投资者可以在当日或下一交易日早盘集合竞价时，视情况以涨停价挂买单排队等候买进，或许有买入的希望。

图 5-5 是 002862 实丰文化 2024 年 11 月 20 日星期三下午收盘时的分时走势图。这是该个股收出的首板，从当日分时走势可以看出，该股早盘跳空高开，开盘后股价一个波次上冲封上涨停板（成交量同步迅速放大），至收盘涨停板没有被打开，分时走势形成分时秒封形态。从分时盘口看，当日该股封板时间早，成交量较前一交易日大幅萎缩，收盘封单资金为 7560.06 万元，占流通市值的 3.4%，属缩量涨停。资金流向方面，当日主力资金净流入 2426.47 万元，占总成交额的 35.65%；游资资金净流出 1154.25 万元，占总成交额的 16.96%；散户资金净流出 1272.22 万元，占总成交额的 18.69%。主力资金大幅流入，显示出主力机构对该股强烈的看涨意图，后市连板概率大。像这种情况，普通投资者可以在当日该股涨停

后快速以涨停价挂买单跟庄打板，也可以在下一交易日集合竞价时，以涨停价挂买单排队打板。

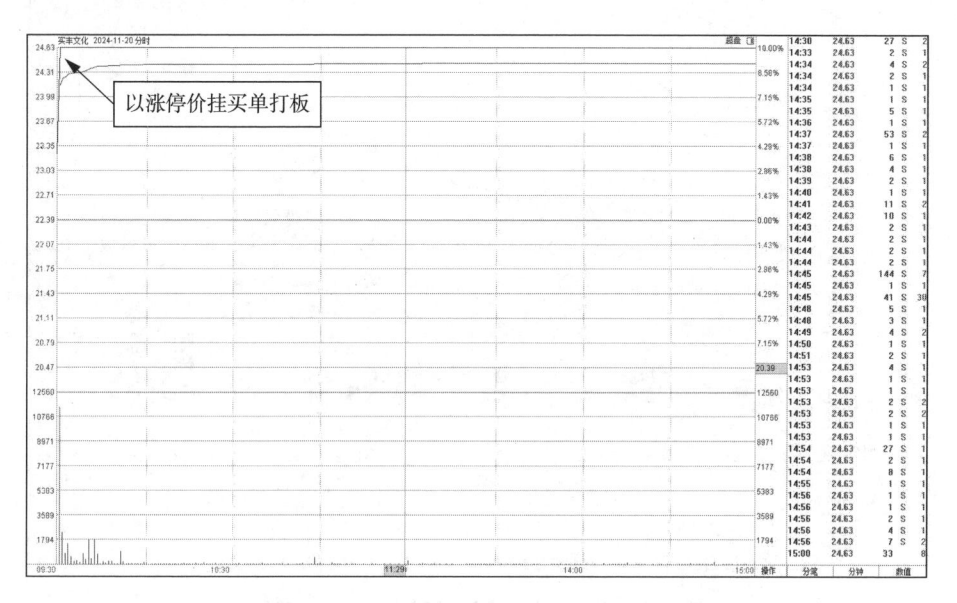

图 5-5　实丰文化（002862）分时走势图

图 5-6 是 002862 实丰文化 2024 年 11 月 20 日星期三下午收盘时的 K 线走势图。当时该股属于"AI 玩具+宝可梦 IP+光伏+玩具"概念炒作。在软件上将该股整个 K 线走势图进行缩小后可以看出，该股走势处于上升趋势中。股价从前期相对低位，即 2024 年 7 月 18 日的最低价 12.26 元止跌企稳后，主力机构开始向上推升股价，收集筹码，K 线走势呈涨多跌少态势，其间收出过 2 个涨停板，均为吸筹建仓型涨停板，股价的上升趋势已经形成。

2024 年 11 月 20 日截图当日，该股高开（向上跳空 3.84% 开盘），收出一个小阳线涨停板，为首板，突破前高，留下向上突破缺口，成交量较前一交易日大幅萎缩，形成向上突破缺口和缩量小阳线涨停 K 线形态。此时，该股均线呈多头排列，MACD、KDJ、RSI 等技术指标走强，股价的强势特征相当明显，后市连板的概率大。像这种情况，普通投资者可以在当日该股涨停后快速以涨停价挂买单跟庄打板，也可以在下一交易日集合竞价时，视情况以涨停价挂买单排队打板。

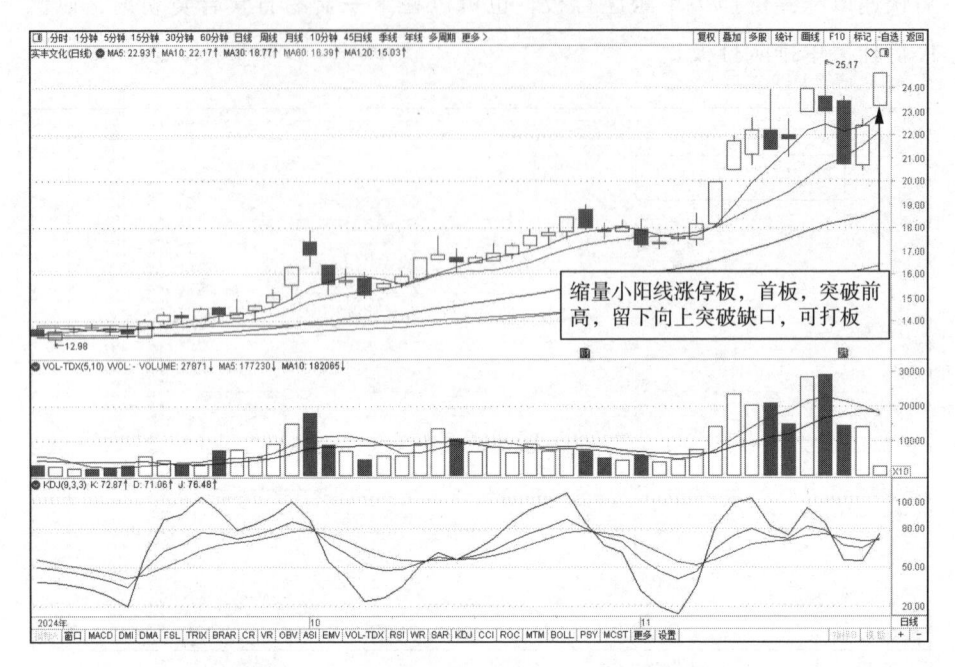

图 5-6　实丰文化（002862）日 K 线走势图

三、分时流畅板打板路径分析

分时流畅板，是指开盘后股价直线上冲，中途有一次小幅回调（主力机构洗盘吸筹），两个波次快速封上涨停板。这种板股当日早盘集合竞价高开，上冲封板时分时价格线走势相对流畅，成交量同步放大。对于分时流畅板，普通投资者可以在股价涨停后挂买单打板，也可以在股价回调结束后上冲封板时狙击买入。

图 5-7 是 300607 拓斯达 2024 年 11 月 4 日星期一下午收盘时的分时走势图。这是该个股收出的首板，从分时走势可以看出，该股早盘高开后，股价直线快速上冲，至 14.40 元（涨幅 17.84%）小幅回调，然后快速勾头上冲，于 9:34 封上涨停板，至收盘没打开。从分时盘口看，该股早盘高开后，股价快速上涨封上涨停板，至收盘涨停板没有被打开，上冲封板时分时价格线走势相对流畅，成交量同步放大。从成交量看，当日成交量较前一交易日大幅放大，换手率为 7.93%，最高封单量为 6251.64 万股，收盘封单量为 826.05

万股，占实际流通盘的3.39%，占当日成交量的36.46%，属放量涨停，涨停板封板结构优。

收盘数据显示，当日主力机构大幅买入，显示出对该股未来走势的信心，该股后市有继续冲高的动能。像这种情况，普通投资者可以在当日该股涨停后快速以涨停价挂买单跟庄打板，也可以在该股即将涨停前狙击买入。

图5-7 拓斯达（300607）分时走势图

图5-8是300607拓斯达2024年11月4日星期一下午收盘时的K线走势图。当时该股为"工业机器人+华为概念+低空经济+新型工业化"概念热股。在软件上将该股整个K线走势图进行缩小后可以看出，该股走势处于上升趋势中。股价从前期相对低位，即2024年9月18日的最低价9.37元止跌企稳后，主力机构开始向上推升股价，收集筹码，K线走势呈涨多跌少态势，股价的上升趋势已经形成。

2024年11月4日截图当日，该股早盘高开，收出一个大阳线涨停板，为首板，突破前高，成交量较前一交易日放大，形成放量大阳线涨停K线形态。此时，该股均线呈多头排列，MACD、KDJ、RSI、均量线等技术指标走强，股价的强势特征相当明显，后市快速上涨的概率大。像这种情况，普通投资者可以在当日该股涨停后快速以涨停价挂买单跟庄打板，也可以在该股即将

173

涨停前狙击买入。

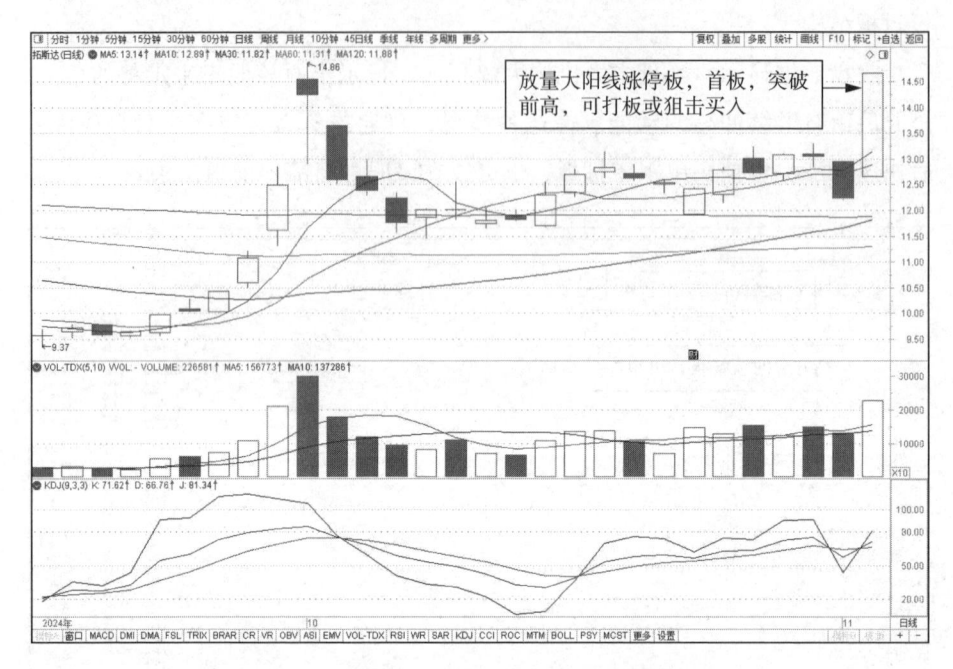

图 5-8　拓斯达（300607）日 K 线走势图

图 5-9 是 300607 拓斯达 2024 年 11 月 4 日星期一下午收盘时近 5 日资金流向一览表。11 月 4 日该股主力机构资金净流入 1.32 亿元，占总成交额的 40.67%；游资资金净流出 7791.88 万元，占总成交额的 23.92%；散户资金净流出 5455.16 万元，占总成交额的 16.75%；显示出主力机构对该股后市有较强的看涨信心。

日期	收盘价	涨跌幅	主力净流入	主力净占比	游资净流入	游资占比	散户净流入	散户净占比
2024-11-04	14.66	19.97%	1.32亿	40.67%	-7791.88万	-23.92%	-5455.16万	-16.75%
2024-11-01	12.22	-6.29%	-2928.05万	-17.97%	-3.08万	-0.02%	2931.13万	17.99%
2024-10-31	13.04	-0.38%	-85.06万	-0.43%	530.37万	2.71%	-445.31万	-2.27%
2024-10-30	13.09	2.99%	953.79万	5.96%	-419.63万	-2.62%	-534.16万	-3.34%
2024-10-29	12.71	-0.63%	212.65万	1.07%	-344.29万	-1.74%	131.64万	0.66%

图 5-9　拓斯达（300607）近 5 日资金流向一览表

四、分时多波次封板打板路径分析

分时多波次封板，是指开盘后股价冲高过程中，经过三次或三次以上小幅回调（主力机构洗盘吸筹）后，快速上冲封上涨停板。一般有以下三种情况。

（一）跳空高开，股价"闪电"式冲高快速封板

目标板股早盘跳空高开，股价上升的运行轨迹就像"闪电"形状，每次回调（主力机构洗盘吸筹）后，都受到分时均价线的支撑而勾头向上，直至快速涨停。对于这种高开"闪电"式冲高快速封板的板股，普通投资者可以在股价涨停后挂买单打板，也可以在股价上冲封板时狙击买入。

图 5-10 是 000695 滨海能源 2024 年 11 月 12 日星期二下午收盘时的分时走势图。这是该个股收出的首板，从分时走势可以看出，该股早盘高开后，股价分多个波次"闪电"式上行，最后一个波次冲至 10.92 元（涨幅 7.50%）小幅回调后，急速勾头上冲，于 9:43 封上涨停板，至收盘没打开。从分时盘口看，该股早盘高开后，多波次震荡上行，每次回调时间短、幅度小，上冲封板时分时价格线急速流畅，成交量同步放大。从成交量看，当日成交量较前一交易日大幅放大，换手率为 6.47%，封单量为 339.41 万股，封单/成交量为 23.67%，属放量涨停，涨停板封板结构优。像这种情况，普通投资者可以在当日该股涨停后快速以涨停价挂买单跟庄打板，也可以在该股即将涨停前狙击买入。

图 5-11 是 000695 滨海能源 2024 年 11 月 12 日星期二下午收盘时的 K 线走势图。当时该股属于"锂电池负极材料+光伏+出版物印刷"概念炒作。在软件上将该股整个 K 线走势图进行缩小后可以看出，该股走势处于上升趋势中。股价从前期相对低位，即 2024 年 7 月 9 日的最低价 7.69 元止跌企稳后，主力机构开始向上推升股价，收集筹码，K 线走势呈涨多跌少态势，其间收出过 1 个涨停板，为吸筹建仓型涨停板，股价的上升趋势已经形成。

2024 年 11 月 12 日截图当日，该股早盘高开，收出一个大阳线涨停板，为首板，突破前高，成交量较前一交易日放大 3 倍多，形成放量大阳线涨停 K 线形态。此时，该股均线呈多头排列，MACD、KDJ、RSI、均量线等技术指标走强，股价的强势特征相当明显，后市快速上涨的概率大。像这种情况，

普通投资者可以在当日该股涨停后快速以涨停价挂买单跟庄打板,也可以在该股即将涨停前狙击买入。

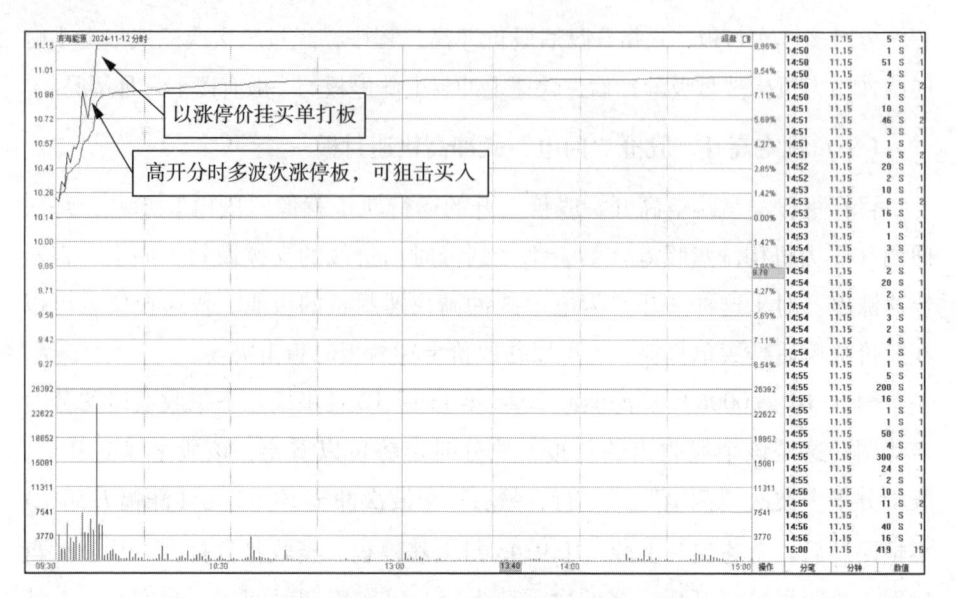

图 5-10　滨海能源（000695）分时走势图

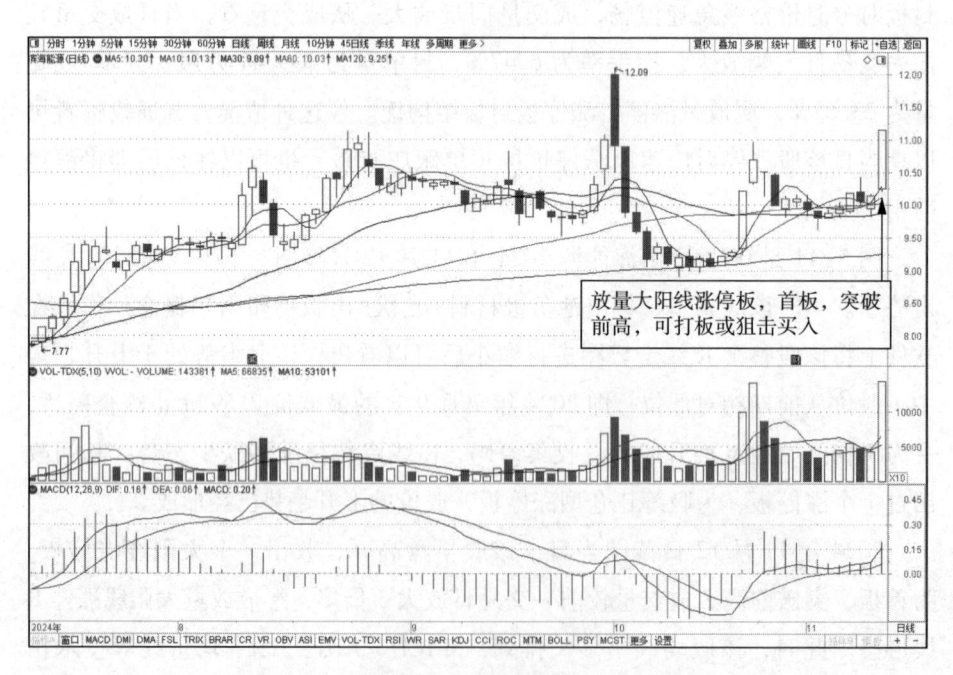

图 5-11　滨海能源（000695）日 K 线走势图

（二）跳空高开，股价多波次上冲封板后打开再封板

目标板股早盘跳空高开，股价多波次上冲封板后，由于短期获利盘和之前套牢盘兑现出局，涨停板被大卖单砸开，但很快被主力机构封回涨停板。对于这种多波次上冲封板后打开再封板的板股，普通投资者可以在股价涨停后挂买单打板，也可以在股价上冲封板时快速狙击买入，当然也可以在涨停板被打开后快速下单买入。

图 5-12 是 002469 三维化学 2024 年 11 月 13 日星期三下午收盘时的分时走势图。这是该个股收出的首板，从分时走势可以看出，该股早盘小幅高开后，分时价格线依托分时均价线快速上行，股价上冲至 6.44 元（涨幅 7.01%）展开震荡上行，于 9:53 触及涨停板瞬间被打开，股价展开高位震荡整理，9:57 封上涨停板，10:01 再次被打开，10:05 封回至收盘没再打开。从分时盘口看，该股早盘高开后，快速上冲至高位，展开震荡上行，两次封板两次被打开，既有短期获利盘兑现行为，又有主力机构有意洗盘吸筹动作，但高位震荡整理幅度小，涨停板被打开时间短、跌幅小，最终封板时间早，盘口强势特征较为明显。从成交量看，当日换手率为 6.47%，收盘封单资金为 3194.9 万元，占其流通市值的 0.77%，成交量较前一交易日大幅放大，属放量涨停，涨停封板结构较优。

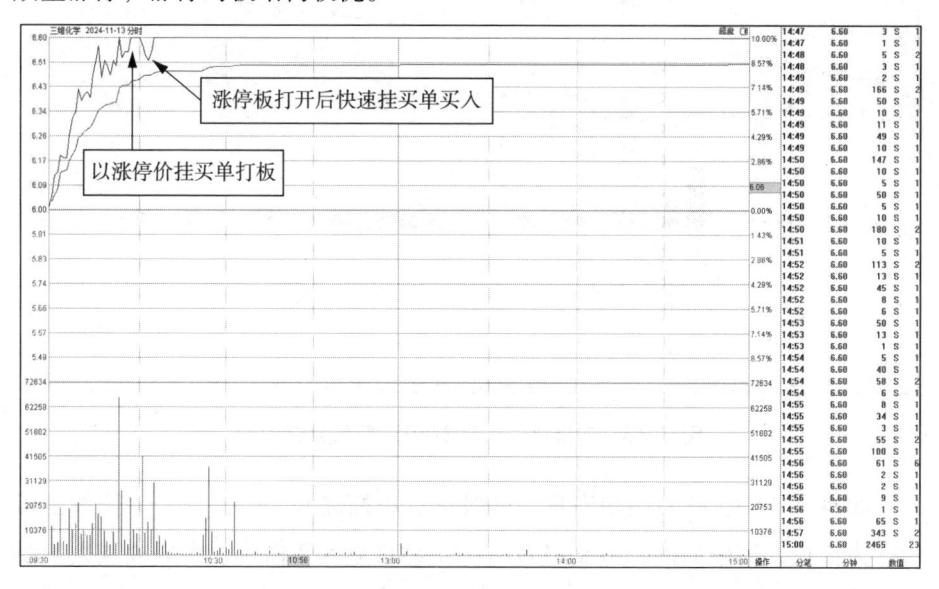

图 5-12　三维化学（002469）分时走势图

收盘数据显示,当日主力资金净流入 7469.35 万元,占总成交额的 16.81%;游资资金净流出 3168.85 万元,占总成交额的 7.13%;散户资金净流出 4300.50 万元,占总成交额的 9.68%。主力机构资金的大幅买入,显示出对该股未来走势的信心,该股后市有继续冲高的动能。像这种情况,普通投资者可以在当日该股涨停后快速以涨停价挂买单跟庄打板,也可以在该股涨停板打开后快速下单买入。

图 5-13 是 002469 三维化学 2024 年 11 月 13 日星期三下午收盘时的 K 线走势图。当时该股属于"正丙醇龙头+氢能+光热发电总包+化工"概念炒作。在软件上将该股整个 K 线走势图进行缩小后可以看出,该股走势处于上升趋势中。股价从前期相对低位,即 2024 年 9 月 18 日的最低价 4.58 元止跌企稳后,主力机构开始向上推升股价,收集筹码,K 线走势呈涨多跌少态势,股价的上升趋势已经形成。

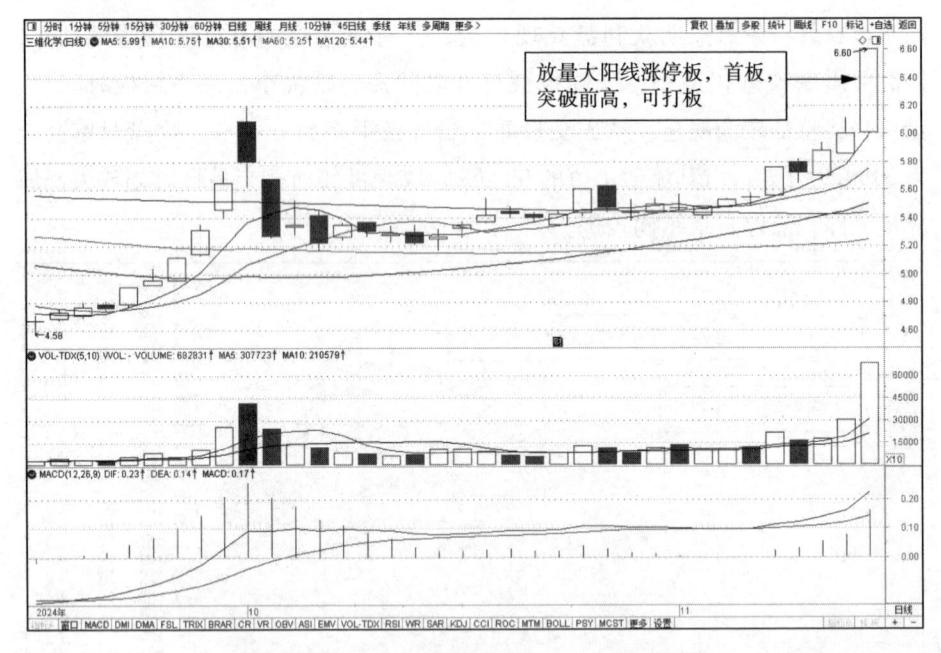

图 5-13 三维化学(002469)日 K 线走势图

2024 年 11 月 13 日截图当日,该股早盘小幅高开,收出一个大阳线涨停板,为首板,突破前高,成交量较前一交易日放大 2 倍多,形成放量大阳线涨停 K 线形态。此时,该股均线呈多头排列,MACD、KDJ、RSI、均量线等技术指标走强，股价的强势特征相当明显，后市快速上涨的概率大。像这种情况，普通投资者可以在当日该股涨停后快速以涨停价挂买单跟庄打板。

（三）跳空高开，股价上冲遇阻回落，跌（刺）破前一交易日收盘价后快速勾头上冲封板

目标板股早盘跳空高开，股价快速上冲遭遇抛盘回落（也可能有主力机构有意洗盘吸筹的因素），很快跌（刺）破前一交易日收盘价，但由于前一交易日的收盘价附近有着强大的支撑，促使股价快速勾头向上，很快封上涨停板。对于这种高开上冲后遇阻回落跌（刺）破前一交易日收盘价，快速勾头上冲封板的板股，普通投资者可以在股价涨停后挂买单打板，也可以在股价上冲封板时快速狙击买入。

图5-14是600800渤海化学2024年11月18日星期一下午收盘时的分时走势图。这是该个股收出的二板，从分时走势可以看出，该股早盘小幅高开后，股价快速上冲，至3.13元（涨幅4.29%）急速勾头回落，两个波次跌（刺）破前一交易日收盘价后，最低跌至2.95元（-1.79%），然后急速勾头上冲，一个波次封上涨停板，成交量同步放大；10:02涨停板被卖盘砸开，10:04封回涨停板至收盘没再打开。从分时盘口看，该股早盘高开后，股价快速上冲后回落，跌破前一交易日收盘价，应该是短期获利盘兑现和主力机构有意洗盘吸筹所为，但跌破前一交易日收盘价后下探幅度小，然后一个波次上冲急速封板；封板后虽然被打开一次，但开板时间短、跌幅小，快速封回，封板时间早，盘口强势特征较为明显。从成交量看，当日换手率为5.98%，封单量为605.74万股，封单/成交量为9.13%，成交量较前一交易日大幅放大，属放量涨停，涨停封板结构较优。

龙虎榜数据显示，当日渤海化学整体呈现净买入状态。主力机构资金的大幅买入，显示出对该股未来走势的信心，该股后市有继续冲高的动能。像这种情况，普通投资者可以在当日该股涨停后快速以涨停价挂买单跟庄打板，也可以在该股涨停板打开后快速下单买入。

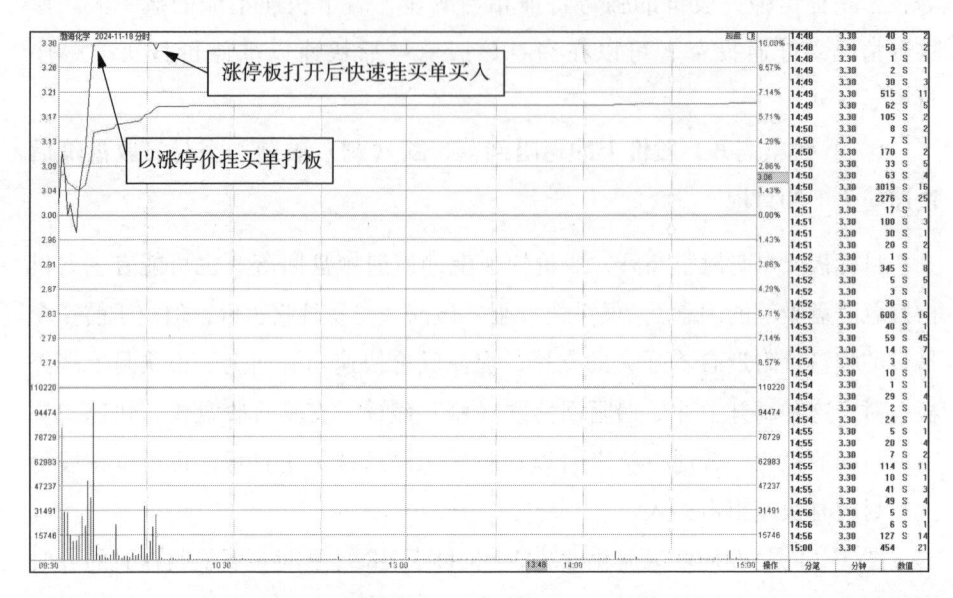

图 5-14 渤海化学（600800）分时走势图

图 5-15 是 600800 渤海化学 2024 年 11 月 18 日星期一下午收盘时的 K 线走势图。当时该股属于"天津国资+氢能+COFs+石化业务"概念炒作。在软件上将该股整个 K 线走势图进行缩小后可以看出，该股走势处于上升趋势中。股价从前期最低位，即 2024 年 7 月 25 日的最低价 1.84 元止跌企稳后，主力机构开始向上推升股价，收集筹码，K 线走势呈涨多跌少态势，期间收出过 2 个涨停板，均为吸筹建仓型涨停板，股价的上升趋势已经形成。

2024 年 11 月 15 日，该股早盘小幅低开，收出一个大阳线涨停板，为首板，突破前高（坑口），成交量较前一交易日放大 5 倍多，形成放量大阳线涨停 K 线形态。此时，该股均线呈多头排列，MACD、KDJ、RSI、均量线等技术指标走强，股价的强势特征相当明显，后市快速上涨的概率大。像这种情况，普通投资者可以在当日该股涨停后快速以涨停价挂买单跟庄打板。

2024 年 11 月 18 日截图当日，该股早盘小幅高开，收出一个大阳线涨停板，为二板，突破前高，成交量较前一交易日放大，形成放量大阳线涨停 K 线形态。此时，该股均线呈多头排列，MACD、KDJ、RSI、均量线等技术指标走强，股价的强势特征十分明显，后市快速上涨的概率大。像这种情况，普通投资者可以在当日该股涨停后快速以涨停价挂买单跟庄打板，也可以在该股即将涨停前快速狙击买入。

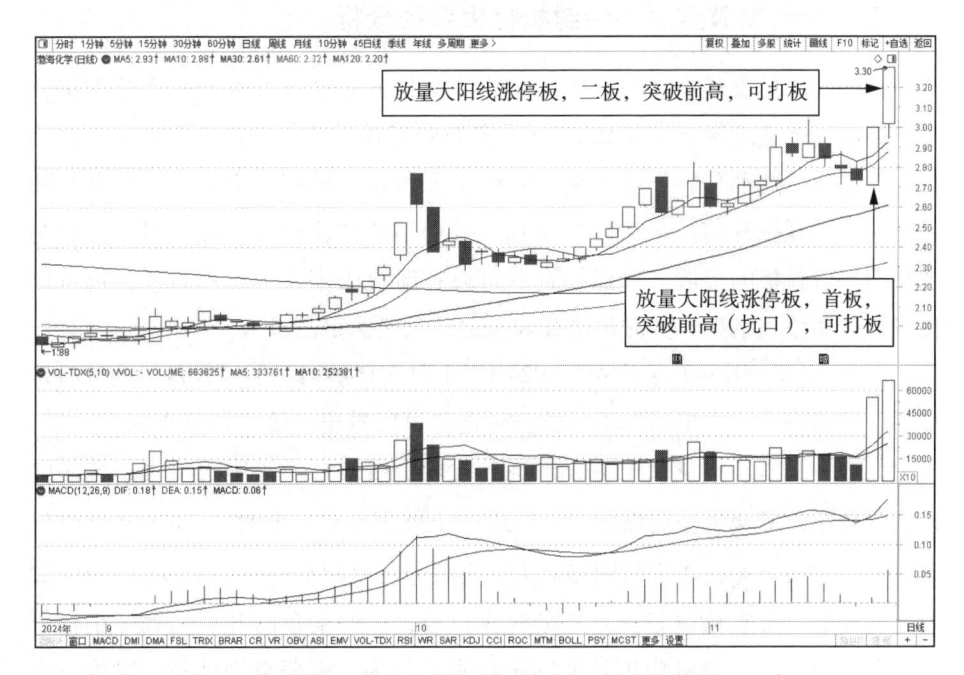

图 5-15 渤海化学（600800）日 K 线走势图

图 5-16 是 600800 渤海化学 2024 年 11 月 18 日星期一下午收盘时买入金额最大的前 5 名龙虎榜。华泰证券股份有限公司总部（量化基金）买入 1673.90 万元，净买入同样为 1673.90 万元，显示出强烈的买入意愿；开源证券股份有限公司西安西大街证券营业部紧随其后，净买入 1002.69 万元位居买入第二位；中国银河证券股份有限公司桂林中山中路证券营业部净买入 744.39 万元位居买入第三位；显示出主力机构对该股较强的看涨信心。

图 5-16 渤海化学（600800）2024 年 11 月 18 日龙虎榜

181

五、分时突破整理平台封板打板路径分析

目标板股早盘跳空高开，股价在前一交易日收盘价上方展开小幅震荡整理，形成一个整理平台（箱体），平台整理过程中，分时价格线突然勾头向上封上涨停板。这种分时走势大多预示股价即将发生转折，主力机构早盘高开后震荡，展开拉升前的最后一次洗盘，整理结束快速拉升封板。对于分时突破整理平台封板的板股，普通投资者可以在股价涨停后挂买单打板，也可以在股价震荡整理结束、分时价格线勾头上冲时快速狙击买入。

图 5-17 是 002547 春兴精工 2024 年 11 月 6 日星期三下午收盘时的分时走势图。这是该个股收出的首板，从分时走势可以看出，该股早盘小幅高开后，股价在前一交易日收盘价上方，围绕分时均价线展开横盘震荡整理，震荡整理幅度较小，成交量呈萎缩状态，形成一个整理平台（箱体）。10:19 分时价格线快速勾头上冲，成交量同步放大，突破分时整理平台，一个波次于 10:22 封上涨停板，至收盘没打开。从分时盘口看，该股早盘高开后，展开小幅震荡整理，应该是主力机构拉升前的洗盘吸筹行为；震荡整理结束，股价一个波次上冲封上涨停板，封板速度快、用时短、力度大，盘口强势特征明显。从成交量看，当日换手率为 5.20%，封单量为 2799.12 万股，封单/成交量为 48.76%，成交量较前一交易日大幅放大，属放量涨停，涨停板封板结构优。像这种情况，普通投资者可以在当日该股涨停后快速以涨停价挂买单跟庄打板，也可以在该股分时价格线快速上冲、股价即将涨停前以涨停价狙击买入。

图 5-18 是 002547 春兴精工 2024 年 11 月 6 日星期三下午收盘时的 K 线走势图。当时该股属于"华为+超薄折叠屏玻璃+智能设备+特斯拉"概念炒作。在软件上将该股整个 K 线走势图进行缩小后可以看出，该股走势处于上升趋势中。股价从前期相对低位，即 2024 年 7 月 9 日的最低价 2.20 元止跌企稳后，主力机构开始向上推升股价，收集筹码，K 线走势呈涨多跌少态势，其间收出过 4 个涨停板，均为吸筹建仓型涨停板，股价的上升趋势已经形成。

2024 年 11 月 6 日截图当日，该股早盘小幅高开，收出一个大阳线涨停板，为首板，突破前高，成交量较前一交易日放大，形成放量大阳线涨停 K 线形态。此时，该股均线呈多头排列，MACD、KDJ、RSI 等技术指标走强，股价的强势特征十分明显，后市快速上涨的概率大。像这种情况，普通投资

者可以在当日该股涨停后快速以涨停价挂买单跟庄打板，也可以在该股即将涨停前快速狙击买入。

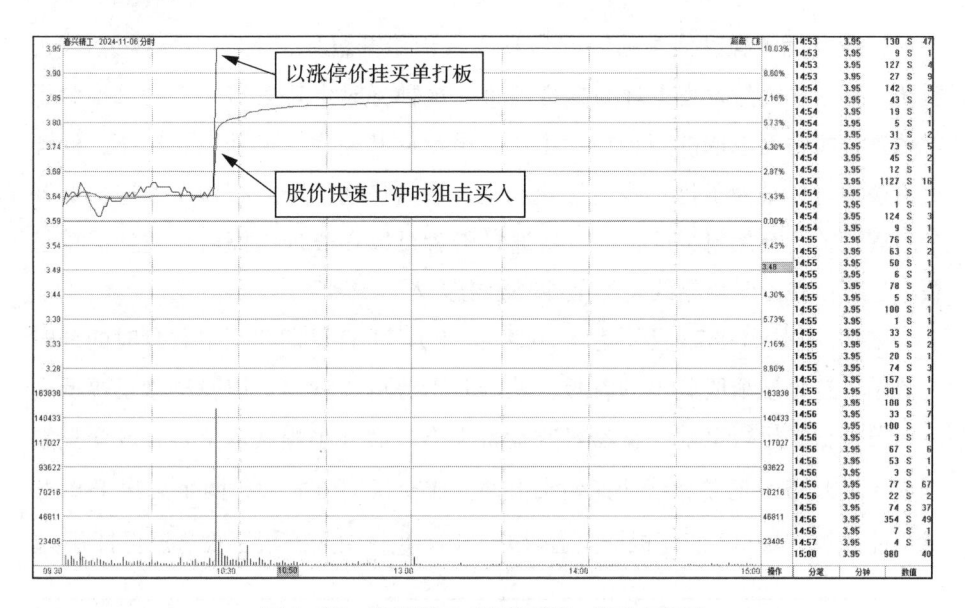

图5-17 春兴精工（002547）分时走势图

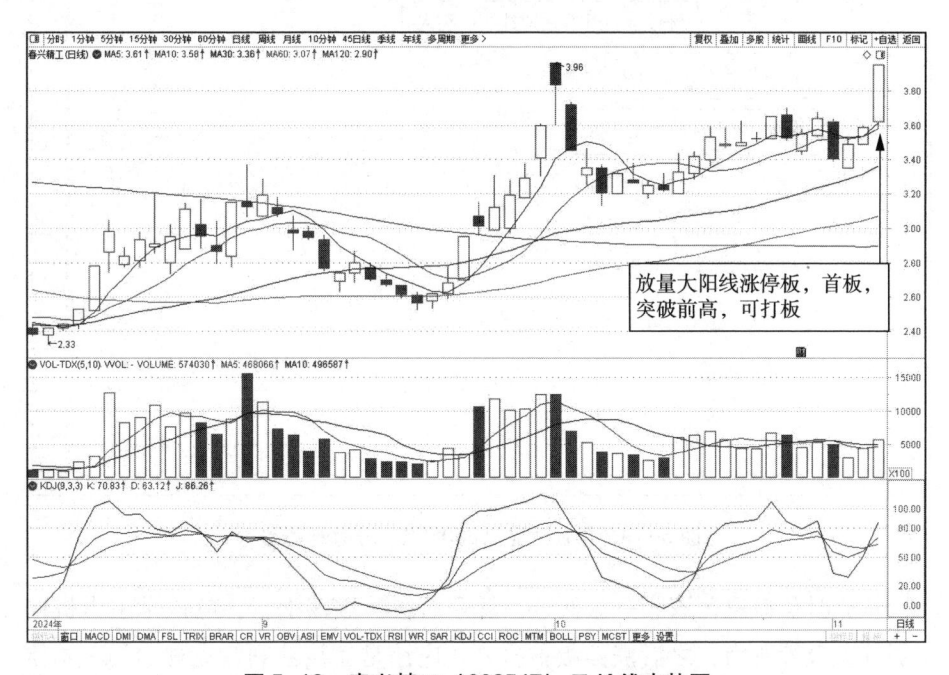

图5-18 春兴精工（002547）日K线走势图

六、低开分时震荡向上快速封板打板路径分析

目标板股早盘以低于前一交易日收盘价格开盘后，股价小幅震荡上行，震荡上行中，突然发力上冲封上涨停板。这种分时走势大多是主力机构为了隐藏资金实力而采取的一种操盘手法，早盘低开是为了避开短线抛压，低开后震荡上行，是为了进一步清洗获利盘，然后快速拉升封板。对于这种低开分时震荡上行突然封板的板股，普通投资者可以在股价涨停后快速挂买单打板，也可以在分时价格线突然上冲时狙击买入。

图 5-19 是 300822 贝仕达克 2024 年 11 月 21 日星期四下午收盘时的分时走势图。这是该个股收出的首板，从分时走势可以看出，该股早盘小幅低开后，股价很快运行至前一交易日收盘价上方，展开小幅震荡上行，成交量温和放大，9:35 分时价格线快速勾头上冲，成交量同步放大，两个波次于 9:40 封上涨停板，10:17 涨停板被卖盘砸开，10:18 封回涨停板至收盘没再打开。

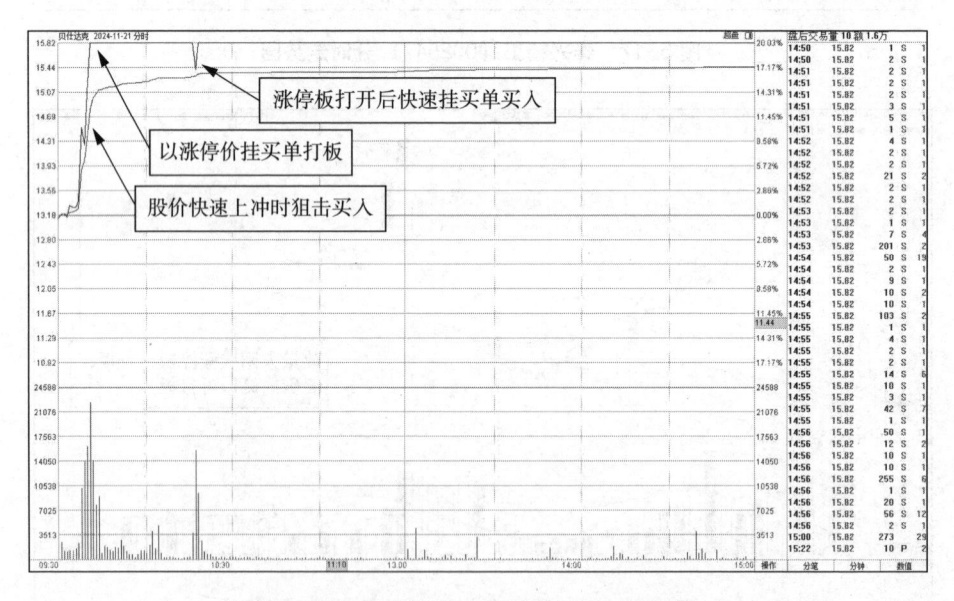

图 5-19 贝仕达克（300822）分时走势图

从分时盘口看，该股早盘低开，低开后缓慢震荡上行，应该是主力机构示弱洗盘吸筹所为，之后涨停板被打开，应该是短线获利盘兑现出局。总体来看：一方面早盘低开幅度不大，低开后股价震荡上行时间短即快速上冲封

板；另一方面涨停板开板时间短、跌幅小，快速封回，封板时间早，盘口强势特征较为明显。从成交量看，当日换手率为 7.69%，封单量为 178.83 万股，封单/成交量为 8.04%，成交量较前一交易日大幅放大，属放量涨停，涨停封板结构优。

龙虎榜数据显示，当日贝仕达克的买入席位表现强劲。主力机构资金的大幅买入，显示出对该股未来走势的信心，该股后市有继续冲高的动能。像这种情况，普通投资者可以在当日该股涨停后快速以涨停价挂买单跟庄打板，也可以在涨停板被打开后快速下单买入，当然也可以在该股分时价格线快速上冲、股价即将涨停前以涨停价狙击买入。

图 5-20 是 300822 贝仕达克 2024 年 11 月 21 日星期四下午收盘时的 K 线走势图。当时该股属于"跨境电商+AI 宠物摄影+机器人"概念炒作。在软件上将该股整个 K 线走势图进行缩小后可以看出，该股走势处于上升趋势中。股价从前期相对低位，即 2024 年 9 月 18 日的最低价 8.86 元止跌企稳后，主力机构开始向上推升股价，收集筹码，K 线走势呈涨多跌少态势，股价的上升趋势已经形成。

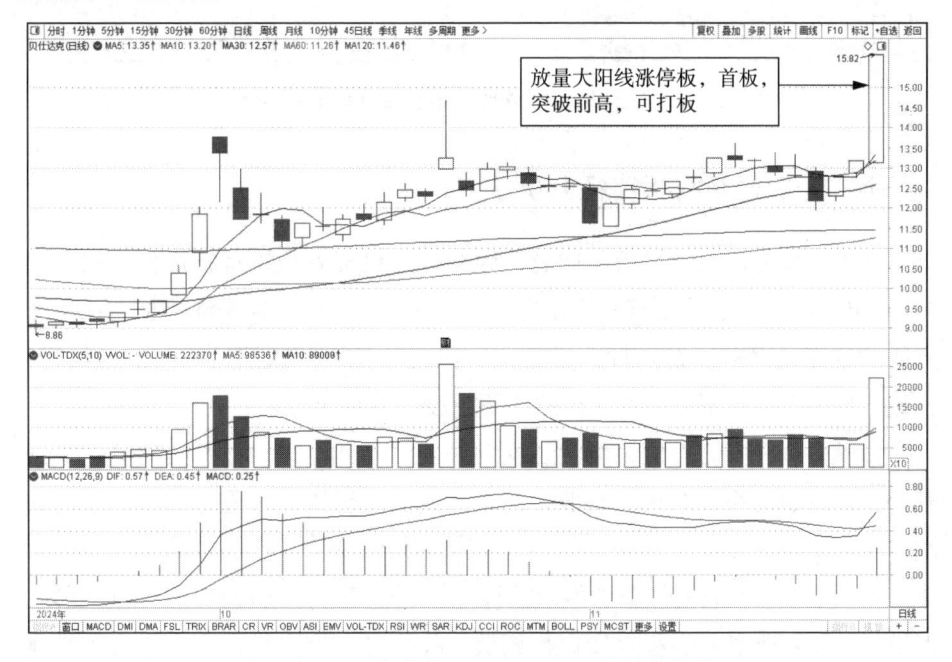

图 5-20　贝仕达克（300822）日 K 线走势图

2024年11月21日截图当日，该股早盘小幅低开，收出一个大阳线涨停板，为首板，突破前高，成交量较前一交易日放大3倍多，形成放量大阳线涨停K线形态。此时，该股均线呈多头排列，MACD、KDJ、RSI、均量线等技术指标走强，股价的强势特征十分明显，后市快速上涨的概率大。像这种情况，普通投资者可以在当日该股涨停后快速以涨停价挂买单跟庄打板，也可以在该股即将涨停前快速狙击买入。

图5-21是300822贝仕达克2024年11月21日星期四下午收盘时买入金额最大的前5名龙虎榜。东方证券股份有限公司杭州龙井路证券营业部以1857.58万元的净买入位居买入第一位，华鑫证券股份有限责任公司上海分公司净买入1439.79万元位居第二位，天风证券股份有限公司浙江分公司买入1216.50万元位居第三位：显示出主力机构对该股后市短期较强的看涨信心。

排序	营业部名称	买入金额（万）	卖出金额（万）	净额（万）
1	东方证券股份有限公司杭州龙井路证券营业部	1857.58	0.00	1857.58
2	华鑫证券股份有限责任公司上海分公司	1439.79	1.33	1438.46
3	天风证券股份有限公司浙江分公司	1216.50	0.00	1216.50
4	中国中金财富证券有限公司深圳壹方中心证券营业部	947.74	1.42	946.32
5	中信证券股份有限公司东阳吴宁西路证券营业部	854.44	9.97	844.47

上榜类型1：有价格涨跌幅限制的日收盘价格涨幅达到15%的证券
买入金额最大的前5名　买入总计6347.81万元，占总成交比例18.54%

图5-21　贝仕达克（300822）2024年11月21日龙虎榜

七、分时烂板打板路径分析

本来不想分析探讨烂板的问题，因为普通投资者很难玩转烂板，但毕竟"烂板出妖股"的说法是有一定逻辑和模式的，且烂板它也是涨停板，比不涨停的股票要强得多。如果打上烂板，下一交易日不及预期，冲高出局就行，比做一只十天半月不见一点起色的"阴阳股"要痛快得多。

做股票有许多的玩法，也就是说有许多的套利模式，每种套利模式又有其一套完整的流程。烂板出妖股，是龙头战法的玩法，注重的关键是买入的细节。

什么是烂板？就是股票涨停后被打开，之后又涨停又被打开，反反复复，但最终是涨停收盘。烂板之所以出妖股，往往是涨停附近得到充分换手，换人换庄，赚钱的筹码开心地卖出，进来的新人满怀期待，场中搅局的人（浮筹）少了，这就是分歧转一致和对后市的确定性溢价预期。但是，烂板能出妖股的少之又少，且烂板之中布满了很多陷阱，一不小心就可能被套牢无法出局，所以要格外小心。

为什么打烂板的关键在于买入的细节？因为烂板烂得有"度"才能出妖股，这个"度"就是打板买入的细节。

第一个细节，必须是最后封上涨停板的烂板。烂板到最后能封上板，肯定有主力机构入驻，且其资金实力雄厚。

第二个细节，烂板成妖的位置一般在3板到7板之间。因为通常情况下，首板为试错海选，二板筛选龙头种子，三板确认龙头，但如果是在大牛市，可能二板就确认龙头了。其实这里讲的是一个"势"，即趋势（气势）问题，因为到了三板，龙头板股或妖股的趋势（气势）就出来了。比如2024年2月8日的克来机电出现在烂板的位置，在6连板的第6板，当日成交量较前一交易日放大14倍多（前一交易日为一字板）。

第三个细节，烂板当日必须放大量或巨量，只有放出了大量或巨量，才能表明前期的套牢盘和获利盘基本释放出来了，许多新人已经进场，市场人气爆满，情绪亢奋，后市才有走出妖股的可能。比如2023年11月30日的东安动力，当日烂板放量较前一交易日放大19倍多（前一交易日为一字板）。

第四个细节，烂板当日首封要早，也就是说当日早盘第一次封板时间越早越好。一个烂板早盘上板的快慢，能看出主力机构的操盘决心和资金实力。如果一个烂板早盘半天上不了板，只能算是弱板一个。比如2023年10月17日的圣龙股份出现烂板，当日早盘第一次封板时间为9:38，首封相当早。

第五个细节，烂板当日的跌幅不能太大，一般不能跌破前一交易日收盘价。如果跌幅太大了，市场人气就散了，龙哥的地位将不保。所以，烂板当日的跌幅最好是在4个点以内，然后反复封板开板，其间股价展开高位震荡。比如2024年9月25日的海能达，烂板当日的跌幅没有超过4%。

实战操盘中，我们也遇见过很多烂板走成了妖股，却并没有逻辑可寻，也没有一套完整的成妖的流程或模式，但它确实成了妖股，并且是大妖股，这是主力机构不寻常的操盘行为所致。比如2024年7月的大众交通、2024年9—10月的双成药业和常山北明等。当然，多数烂板走出的妖股还是符合上述五个细节要求的。

所以，在实战打烂板中，一定要谨慎加谨慎。激进型投资者可以依照上述五个细节要求，在龙头板股晋级成真龙头时，出现了烂板时打板，但要控制好仓位；其他普通投资者还是要把资金安全放在第一位，尽量少打股价已达 5 连板以上高位的烂板。对于 4 连板以下的烂板，可以依照上述五个细节要求筛选打板。但不管前一交易日打的是第几板出现的烂板，下一交易日如果不及预期，应该止盈或止损出局。

图 5-22 是 603038 华立股份 2024 年 10 月 14 日星期一下午收盘时的分时走势图。这是该个股收出的二板烂板，从当日分时走势可以看出，该股早盘大幅高开后，股价略有回落，然后急速勾头震荡上行，分 3 个波次于 9:41 封上涨停板，封板时间够早，之后涨停板在 9:44 被打开，9:48 封回瞬间被打开，10:39 再封回瞬间又被打开。随后在 10:39 至 10:46 之间，涨停板被打开、封回反复 6 次，其间股价维持高位震荡整理，成交量大幅放大，10:46 封回涨停板至收盘没有再打开。

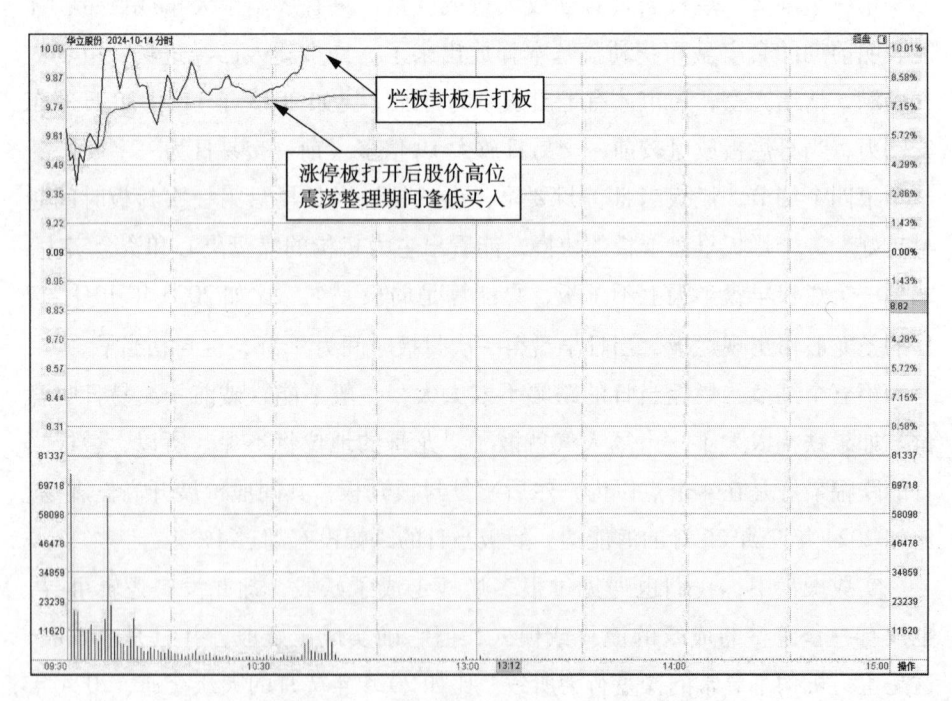

图 5-22 华立股份（603038）分时走势图

从分时盘口看，当日该股封板时间早，虽然涨停板被打开再封回反反复复的时间较长，但开板的跌幅不大，成交量呈大幅放大状态，符合"烂板出妖股"的五个细节要求。像这种华为鸿蒙新概念二板烂板，普通投资者可以在当日该股涨停后跟庄打板，也可以在预判到该股可能符合"烂板出妖股"五个细节要求时，在涨停板被打开之后的高位震荡整理期间逢低买入筹码。

图 5-23 是 603038 华立股份 2024 年 10 月 14 日星期一下午收盘时的 K 线走势图，当时该股属于华为鸿蒙概念股。在软件上将该股整个 K 线走势图进行缩小后可以看出，该股走势处于上升趋势中。股价从前期最低位，即 2024 年 7 月 25 日的最低价 6.41 元止跌企稳后，主力机构开始向上推升股价，收集筹码，K 线走势呈涨多跌少态势，其间收出过 3 个涨停板，均为吸筹建仓型涨停板，主力机构筹码趋于集中，洗盘控盘程度比较高，股价的上升趋势已经形成。

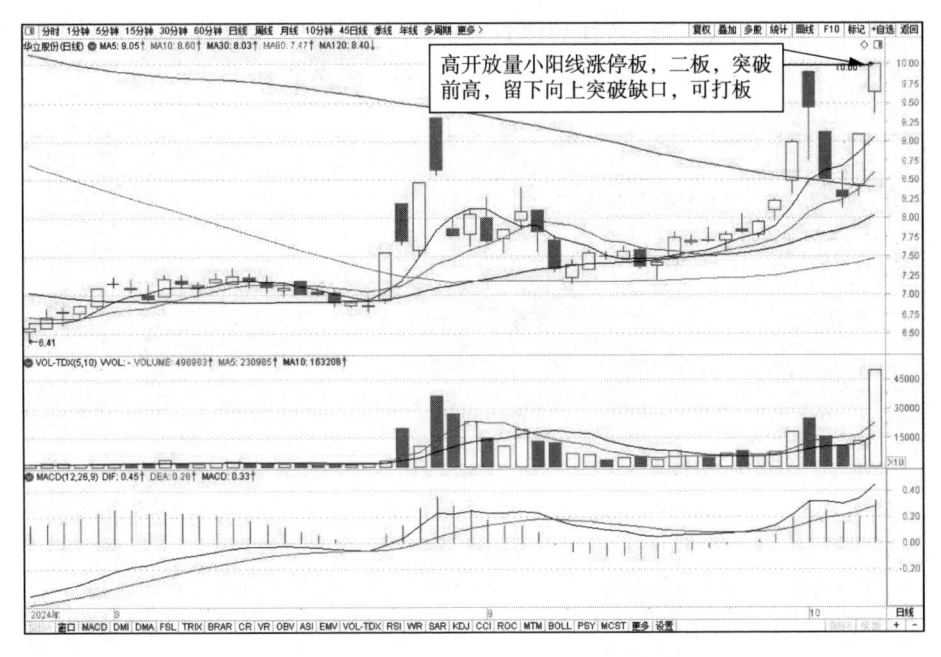

图 5-23 华立股份（603038）日 K 线走势图

2024 年 10 月 14 日截图当日，华为鸿蒙概念股掀起涨停潮，其中常山北明、润和软件、华立股份、科蓝软件、国华网安、浙大网新、软通动力等近 20 只个股涨停，当时常山北明已经确立了华为鸿蒙概念板块龙头大哥（龙一）的地位，华立股份、润和软件被当作二哥三哥（龙二龙三）看待也当之无愧。当日早盘华立股份大幅高开（向上跳空6.05%开盘），收出一个小阳线涨停板，为二板（烂板），突破前高，留下向上突破缺口，成交量较前一交易日放大3倍多，形成向上突破缺口和放量小阳线涨停K线形态。此时，该股短中期均线呈多头排列，MACD、KDJ、RSI、均量线等技术指标走强，股价的强势特征相当明显，后市短期快速上涨的概率大。像这种情况，普通投资者可以在当日该股涨停后跟庄打板。

图5-24是002542中化岩土2024年10月21日星期一下午收盘时的分时走势图。这是该个股收出的二板烂板，从当日分时走势可以看出，该股早盘大幅高开后，股价略有回落，然后急速勾头上冲，于9:33触及涨停板瞬间被打开，之后股价展开高位震荡整理，成交量呈放大状态。9:40分时价格线快速勾头上冲，分两个小波次于9:44封上涨停板瞬间被打开，9:46封回，随后在10:00、10:11，涨停板又分别被打开两次，都很快被封回，10:12封回涨停板至收盘没有再打开。每次涨停板打开期间，成交量均呈放大状态。

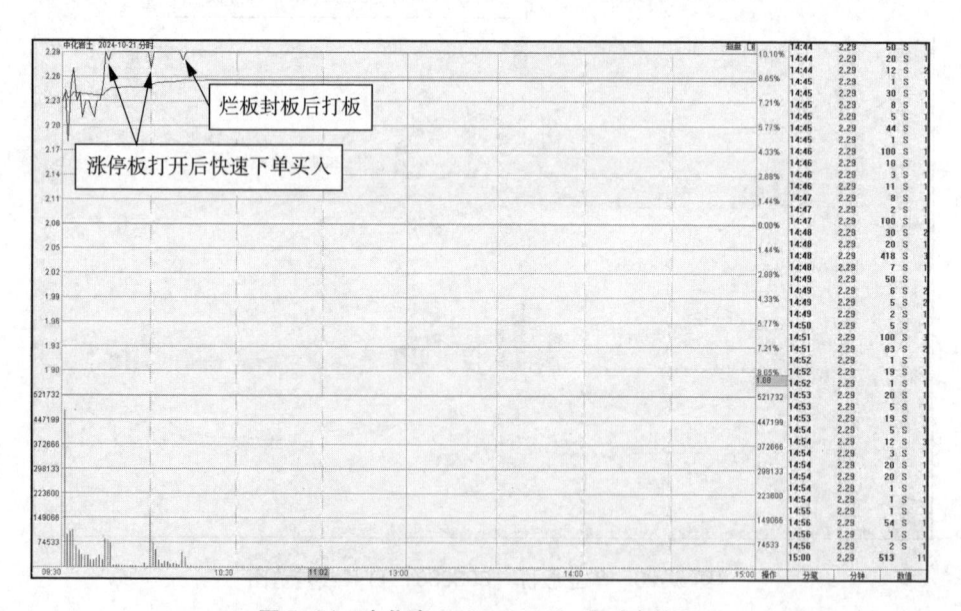

图5-24 中化岩土（002542）分时走势图

从分时盘口看，当日该股封板时间早，虽然涨停板被打开再封回反反复复多次，持续时间较长，但开板的跌幅不大，成交量呈大幅放大状态，人气暴涨，符合"烂板出妖股"的五个细节要求。像这种情况，普通投资者可以在当日该股涨停后跟庄打板，也可以在预判到该股可能符合"烂板出妖股"五个细节要求，在涨停板被打开时快速下单买入筹码。

图5-25是002542中化岩土2024年10月21日星期一下午收盘时的K线走势图，当时该股属于"低空基础设施+英伟达+飞行驾照+成都国资"概念炒作。在软件上将该股整个K线走势图进行缩小后可以看出，该股走势处于上升趋势中。股价从前期最低位，即2024年7月10日的最低价1.32元止跌企稳后，主力机构开始向上推升股价，收集筹码，K线走势呈涨多跌少态势，其间收出过2个涨停板，均为吸筹建仓型涨停板，主力机构筹码趋于集中，洗盘控盘程度比较高，股价的上升趋势已经形成。

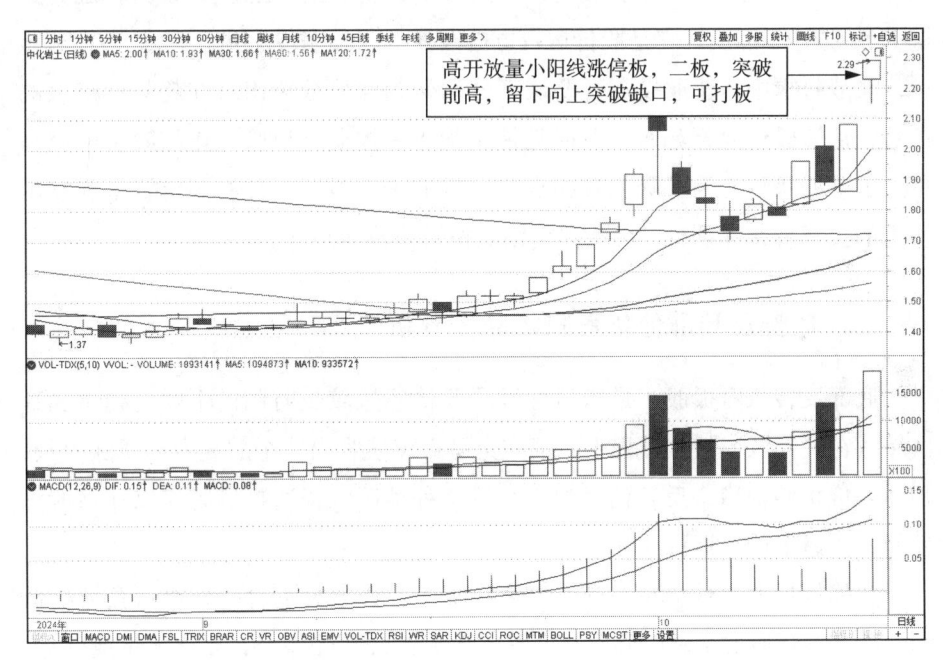

图5-25 中化岩土（002542）日K线走势图

2024年10月21日截图当日，该股早盘大幅高开（向上跳空7.21%开盘），收出一个小阳线涨停板，为二板（烂板），突破前高，留下向上突破缺口，成交量较前一交易日大幅放大，形成向上突破缺口和放量小阳线涨停K线形态。此时，该股均线呈多头排列，MACD、KDJ、RSI、均量线等技术指标走强，股价的强势特征十分明显，后市短期快速上涨的概率大。像这种情况，普通投资者可以在当日该股涨停后跟庄打板。

第二节　K线趋势拐点打板路径

K线趋势拐点打板路径，是指从目标板股股价趋势的走向上寻找把握转折、突破、中继等拐点处的涨停板股，搞清主力机构（游资）的操盘目的和意图，预判股价短期运行趋势，确定打板进（出）场的买（卖）点位。

趋势拐点就是股价运行过程中的转折节点，这个转折节点上出现的涨停K线将市场的平衡打破，开启或即将开启新一轮行情的大幕。比如底部反转涨停K线，突破前高、平台或坑口的涨停K线等，这种涨停K线可称之为关键K线或生死K线，它是股价运行方向改变的一种表现形式。

实战打板中，普通投资者要认真分析研判涨停板股出现在趋势拐点上的位置，认清股价运行趋势，及时把握买卖点，控制好风险。比如股价已至高位、上升趋势转变为下降趋势拐点处出现的涨停板股，没有一定资金和技术实力的投资者最好别碰，因为我们很难扭转或改变趋势。

一、底部反转涨停板股打板路径分析

底部反转涨停板股，是指目标股票股价经过较长时间的下跌，到达底部区域或在底部区域整理过程中，某一交易日突然收出一个放量大阳线涨停板，预示股价止跌企稳、反转信号出现。像这种情况，普通投资者可以在该股涨停时，快速下单打板买入。

实战打板中，对于底部反转的涨停板股，普通投资者一定要认真分析研判，一是该板股的下跌时间要长、跌幅要大；二是涨停当日要放大量或巨量、充分换手；三是涨停当日如果打上板，下一交易日要注意盯盘，如不及预期，应该止盈或止损出局，因为底部反转的涨停板，下一交易日溢价预期是有的，但幅度不会太大，且连板的概率也较小，关键看主力机构的操盘目的和意图。

图5-26是600936广西广电2024年8月28日星期三下午收盘时的K线走势图。当时该股属于"数据要素+数字乡村+大数据资源+电视广播"概念炒作。在软件上将该股整个K线走势图进行缩小后可以看出，该股走势处于

横盘震荡整理趋势中。股价从上市后的最高位，即 2016 年 8 月 30 日的最高价 19.71 元，一路震荡下跌，至 2024 年 7 月 18 日的最低价 1.92 元止跌企稳，下跌时间长，跌幅大。股价止跌企稳后，主力机构展开横盘震荡整理洗盘吸筹行情，成交量呈萎缩状态。

  2024 年 8 月 28 日截图当日，该股平开，收出一个大阳线涨停板（吞没了之前 8 根小阴小阳线），为首板，突破前高，成交量较前一交易日放大 6 倍多，形成巨量大阳线涨停 K 线形态。此时，该股短期均线呈多头排列，MACD、KDJ、RSI、均量线等技术指标走强，股价的强势特征相当明显，后市短期快速上涨的概率大。像这种情况，普通投资者可以在当日该股涨停后跟庄打板。

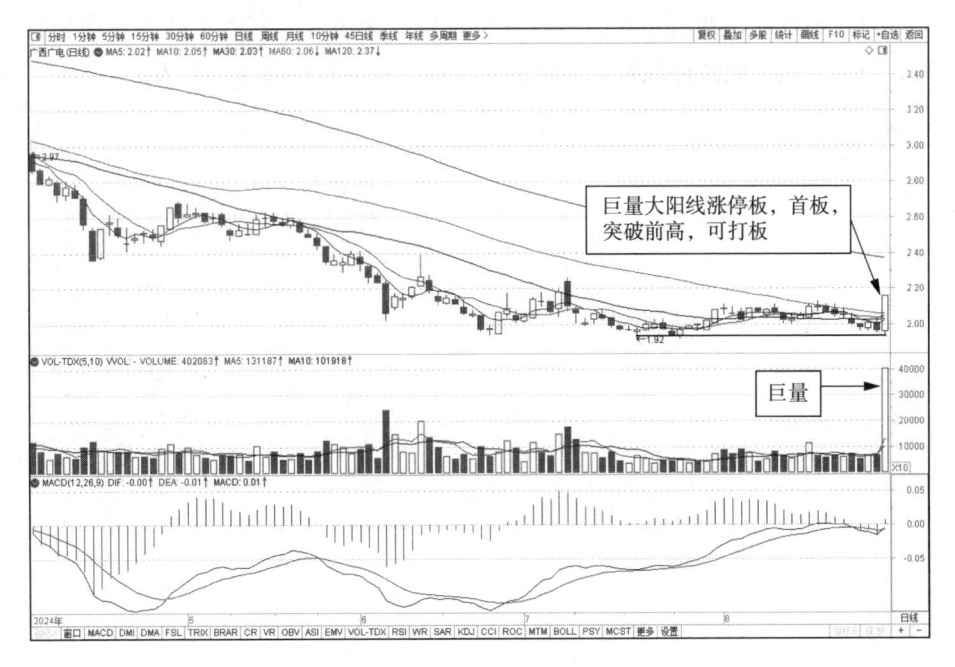

图 5-26　广西广电（600936）日 K 线走势图

  图 5-27 是 600936 广西广电 2024 年 8 月 28 日星期三下午收盘时的分时走势图。这是该个股收出的首板，从当日分时走势可以看出，该股早盘平开后，股价围绕前一交易日收盘价展开小幅震荡整理，10:13 分时价格线急速勾头上冲，一个波次冲至 9.14 元（涨幅 9.19%），然后快速回调，展开高位震荡整理，10:28 一个波次上冲于 10:29 封上涨停板。之后涨停板又被打开两次，其

间股价展开高位震荡整理，14:18封回涨停板至收盘没有再打开。每次涨停板被打开期间，成交量均呈放大状态。

　　从分时盘口看，该股早盘平开，平开后展开小幅震荡整理，应该是主力机构洗盘吸筹所为，之后涨停板多次被打开，应该是短线获利盘兑现出局。总的看，涨停板被多次打开，且开板时间长，下午封回的涨停板，涨停板封板结构较差。但从成交量看，当日换手率为2.41%，封单量为251.65万股，封单/成交量为6.26%，成交量较前一交易日大幅放大，属放量涨停，分歧转一致比较彻底，后市短期有上攻动能。

　　龙虎榜数据显示，当日广西广电的买入席位表现还算可以。主力机构资金的买入，显示出对该股未来走势有一定的信心，该股后市有继续冲高的动能。像这种情况，普通投资者可以在当日该股涨停后以涨停价挂买单跟庄打板，也可以在该股涨停板被打开后股价在高位震荡整理时逢低买入。

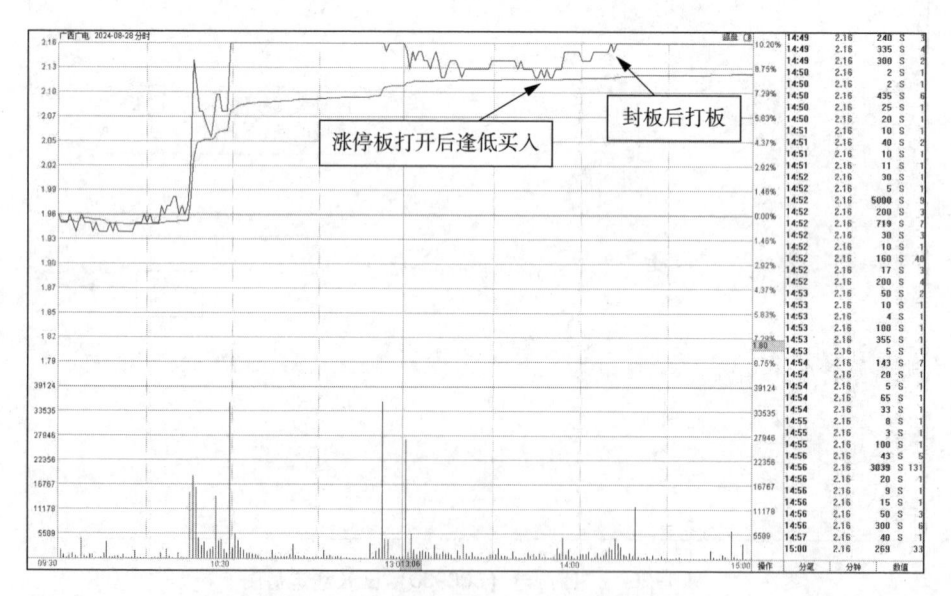

图 5-27　广西广电（600936）分时走势图

　　图5-28是600936广西广电2024年8月28日星期三下午收盘时买入金额最大的前5名龙虎榜。中国银河证券股份有限公司桂林中山中路证券营业部买入483.82万元位居第一，华鑫证券有限责任公司广州广州大道中证券营业部买入324.27万元紧随其后，东兴证券股份有限公司福州五一中路证券营业

部买入 232.17 万元排第三，华鑫证券有限责任公司成都交子大道证券营业部知名游资量化打板净买入 205.96 万元：显示出主力机构对该股后市短期较强的看涨信心。

上榜类型1：日涨幅偏离值达7%的证券　　前往数据中心

排序	营业部名称	买入金额（万）	卖出金额（万）	净额（万）
买入金额最大的前5名　买入总计 **1465.18** 万元，占总成交比例 **17.20%**				
1	中国银河证券股份有限公司桂林中山中路证券营业部	483.82	0.00	483.82
2	华鑫证券有限责任公司广州广州大道中证券营业部	324.27	0.00	324.27
3	东兴证券股份有限公司福州五一中路证券营业部	232.17	0.00	232.17
4	开源证券股份有限公司西安西大街证券营业部	218.96	0.00	218.96
5	华鑫证券有限责任公司成都交子大道证券营业部	205.96	0.00	205.96

图 5-28　广西广电（600936）2024 年 8 月 28 日龙虎榜

二、突破平台涨停板股打板路径分析

突破平台涨停板股，是指股价经过初期上涨或中期上涨之后，已经有了一定的涨幅，主力机构通过缩量横盘调整，形成一个小幅横盘震荡整理平台，某一交易日收出一个涨停板，突破震荡整理平台的最高点，预示主力机构洗盘吸筹结束，趋势拐点出现。像这种情况，普通投资者可以在该股涨停突破平台时，快速下单打板买入。

实战打板中，对于突破平台的涨停板股，普通投资者要认真分析研判，一是主力机构为了清洗获利盘、减轻后期拉升压力，同时逢低补充部分仓位，缩量横盘调整的时间大约在 10 个交易日；二是股价突破震荡整理平台时，成交量是同步放大的，且成交量较前一交易日也是放大的；三是股价突破平台之后一般有回踩，激进型的普通投资者可以在放量涨停突破平台当日果断打板，稳健型的普通投资者可以选择在回踩时或在下一交易日连板时跟庄打板。

图 5-29 是 001229 魅视科技 2024 年 11 月 19 日星期二下午收盘时的 K 线走势图。当时该股属于“AI 体感控制调度技术+视音频+车联网+信创”概念炒作。在软件上将该股整个 K 线走势图进行缩小后可以看出，该股走势处于上升趋势中。股价从前期相对低位，即 2024 年 9 月 18 日的最低价 21.76 元止跌企稳后，主力机构开始向上推升股价，收集筹码，K 线走势呈涨多跌少态

势，股价的上升趋势已经形成。

2024年10月8日，该股涨停开盘，股价回落，收出一根假阴真阳长下影线K线，之后主力机构展开横盘震荡整理行情，目的是洗盘吸筹，横盘震荡整理期间成交量呈萎缩状态。

2024年11月19日截图当日，该股小幅低开，收出一个大阳线涨停板，为首板，突破震荡整理平台，成交量较前一交易日大幅放大，形成放量大阳线涨停K线形态。此时，该股均线呈多头排列，MACD、KDJ、RSI、均量线等技术指标走强，股价的强势特征相当明显，预示一波拉升行情正式开启。像这种情况，普通投资者可以在当日该股涨停后跟庄打板，也可以在股价即将涨停前快速狙击买入。

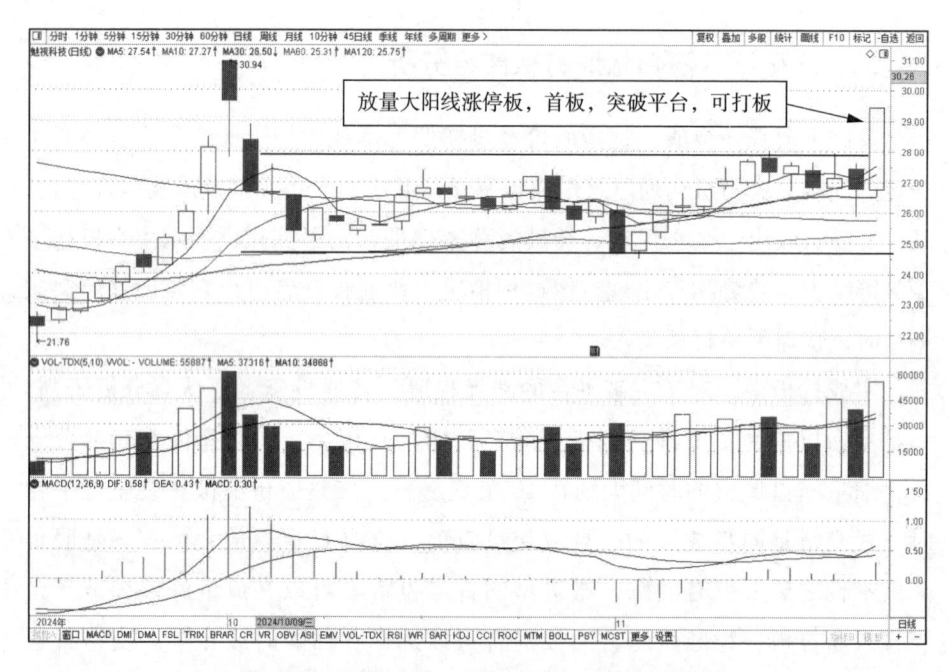

图 5-29 魅视科技（001229）日K线走势图

图5-30是001229魅视科技2024年11月19日星期二下午收盘时的分时走势图。这是该个股收出的首板，从当日分时走势可以看出，该股早盘小幅低开后，股价一路小幅震荡上行，10:44股价勾头上冲，分3个波次于10:55封上涨停板，至收盘没有打开。从分时盘口看，虽然该股早盘小幅低开，但低开后分时价格线依托分时均价线小幅震荡上行，成交量温和放大，封板时

间较短、速度较快，成交量同步大幅放大，且当日封板时间也较早，分时盘口强势特征明显。

从成交量看，当日换手率为19.01%，最高封单量为779.54万股，收盘封单量为358.59万股，占实际流通盘的12.19%，占当日成交量的64.16%，成交量较前一交易日大幅放大，属放量涨停，涨停板封板结构优。像这种情况，普通投资者可以在当日该股涨停后跟庄打板，也可以在股价涨停前快速狙击买入。

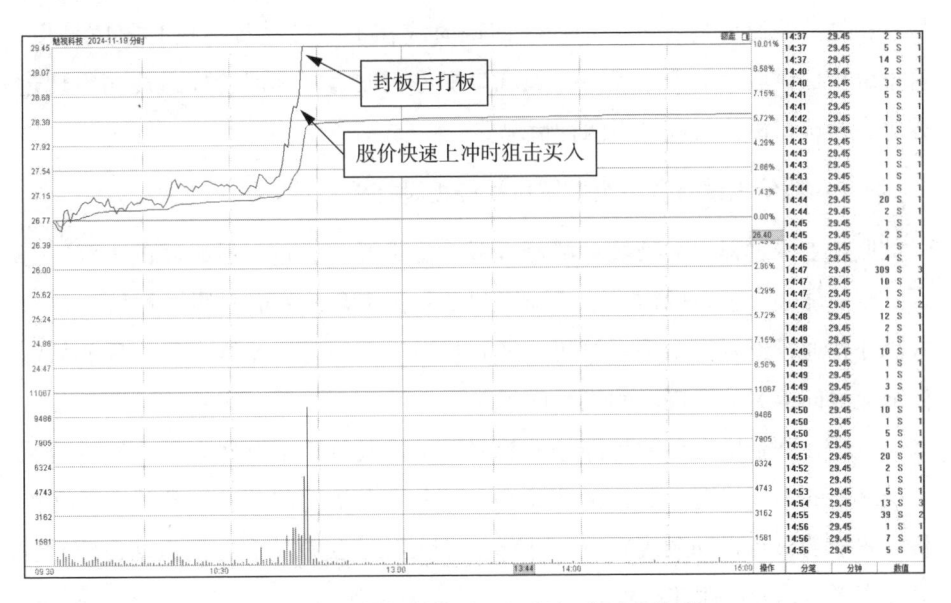

图 5-30 魅视科技（001229）分时走势图

三、突破坑口涨停板股打板路径分析

突破坑口涨停板股，是指股价经过一段时间的上涨或较长时间的横盘震荡整理之后，股价突然出现回调（主力机构挖坑打压股价），跌幅达15%～20%时，股价止跌回升，某一交易日收出一个涨停板，突破坑口，预示主力机构洗盘吸筹结束，趋势拐点出现。像这种情况，普通投资者可以在该股涨停突破坑口时，快速下单打板买入。

主力机构挖坑是为了快速洗盘吸筹，目的是吓退清洗前期获利盘、套牢盘和意志不坚定的浮筹，所以这种"坑"也称为"炸弹坑""埋人坑"；当多数散户被坑骗清洗之后，股价从坑底反弹，放量快速突破坑口，短线主升浪已经开启，所以这种"坑"又被称为"黄金坑"。

实战打板中，对于突破坑口的涨停板股，普通投资者要认真分析研判，一是"黄金坑"形成的初期，通常股价也同步调整，短期并无止跌迹象，不宜参与做多；二是主力机构刚挖坑时下跌的阴线速度要快，成交量同步放大，股价在坑底止跌后K线实体要小，成交量同步萎缩；三是股价涨停突破坑口之后一般没有回踩，激进的普通投资者可以在放量涨停突破坑口当日果断打板，稳健的普通投资者可以选择在回调时或在下一交易日连板时跟庄打板。这里分析探讨股价上涨过程中突破坑口涨停板股打板和股价横盘震荡整理过程中突破坑口涨停板股打板两种情况。

（一）股价上涨过程中突破坑口涨停板股打板

股价上涨过程中突破坑口涨停板股，是指股价经过一段时间的上涨，有了一定的涨幅，主力机构为了清洗获利盘和套牢盘，采取回调（挖坑）的方式恐吓普通投资者交出手中筹码，展开快速洗盘吸筹，止跌企稳之后放量涨停或放量向上突破坑口（颈线）的板股。

坑底止跌企稳之后放量涨停的板股，是指股价跌至坑底企稳，经过若干个交易日的小幅整理，某一交易日收出一个成交量较前一交易日放大的涨停板（没有突破坑口和颈线），预示挖坑洗盘结束，短期拉升行情启动，此时普通投资者可以及时跟庄打板。

图5-31是603739蔚蓝生物2024年4月26日星期五下午收盘时的K线走势图。这是一个股价初期上涨之后回调（挖坑）洗盘、止跌企稳之后放量涨停的实战案例。当时该股属于"合成生物"概念炒作。在软件上将该股整个K线走势图进行缩小后可以看出，该股走势处于上升趋势中。股价从前期最低位，即2024年2月8日的最低价7.70元止跌企稳后，主力机构展开初期上涨行情，K线走势呈涨多跌少态势，其间收出过1个涨停板，为吸筹建仓型涨停板，股价的上升趋势已经形成。

2024年3月27日，该股低开，股价冲高回落，收出一根阴十字星，成交量较前一交易日萎缩，主力机构展开回调（挖坑）洗盘吸筹行情。2024年4月17日，该股高开，收出一根大阳线，股价在坑底止跌企稳，随后主力机构缓慢向上推升股价。

　　2024年4月26日截图当日，该股跳空高开，收出一个带下影线的大阳线涨停板，为首板，突破前高，成交量较前一交易日放大3倍多，形成放量大阳线涨停K线形态，属于初期上涨之后回调（挖坑）洗盘、止跌企稳之后放量涨停的板股（没有突破坑口和颈线）。此时，该股短中期均线已形成多头排列，MACD、KDJ、RSI、均量线等技术指标走强，股价的强势特征相当明显，后市短期快速上涨的概率大。像这种情况，普通投资者可以在当日该股涨停后跟庄打板。

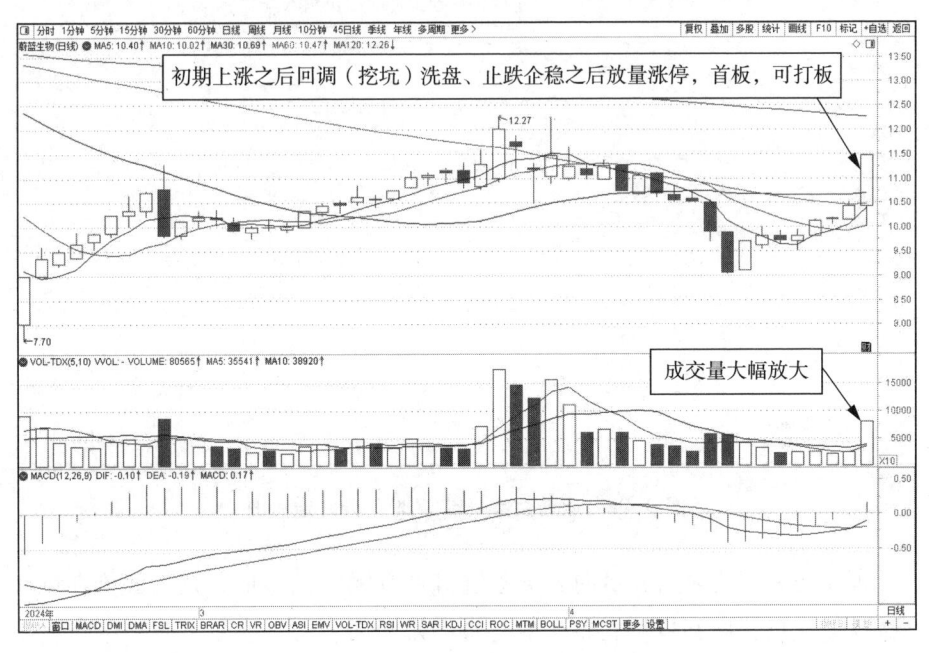

图 5-31　蔚蓝生物（603739）日K线走势图

　　图5-32是603739蔚蓝生物2024年4月26日星期五下午收盘时的分时走势图。这是该个股收出的初期上涨之后回调（挖坑）洗盘、止跌企稳之后放量涨停的首板。从当日分时走势可以看出，该股早盘小幅高开后瞬间回落，股价在前一交易日收盘价下方展开小幅横盘震荡整理行情，成交量呈萎缩状态。14:16股价突然上冲，成交量同步急速放大，一个波次于14:19封上涨停板至收盘没有打开，涨停板封板结构一般。从该股早盘小幅高开瞬间回落、然后展开长时间小幅横盘震荡整理的情况看，回落时幅度不大，小幅横盘震

荡整理时成交量呈萎缩状态，应该是主力机构洗盘吸筹。像这种K线走势已经处于上升趋势，初期上涨之后回调（挖坑）洗盘、止跌企稳之后放量涨停的首板，普通投资者可以在当日该股涨停后跟庄打板，也可以在该股即将涨停前快速狙击买入筹码。

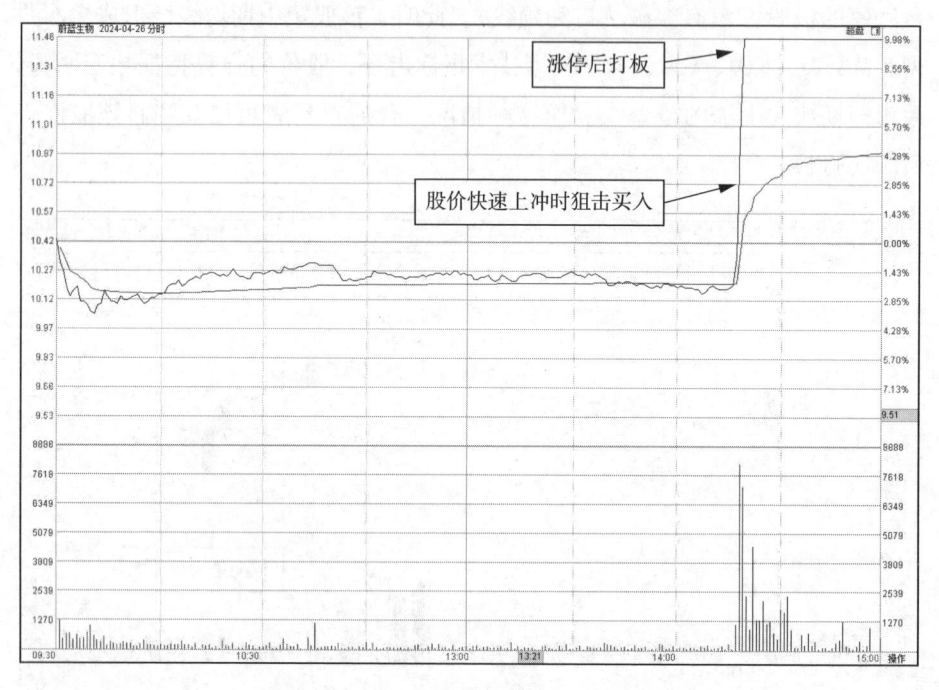

图 5-32 蔚蓝生物（603739）分时走势图

股价止跌企稳之后放量向上突破坑口（颈线）的板股，是指股价在坑底止跌企稳之后，展开反弹行情，成交量同步放大，某一交易日收出一个成交量较前一交易日放大的涨停板向上突破坑口（颈线），预示股价短期拉升行情启动。此时，普通投资者可以大胆跟庄打板。

图 5-33 是 600789 鲁抗医药 2024 年 4 月 30 日星期二下午收盘时的 K 线走势图。这是一个股价初期上涨之后回调（挖坑）洗盘、止跌企稳之后放量涨停向上突破坑口（颈线）的实战案例。当时该股属于"合成生物+抗生素+一季报增长"概念炒作。在软件上将该股整个 K 线走势图进行缩小后可以看出，该股走势处于上升趋势中。股价从前期相对低位，即 2024 年 2 月 5 日的最低价 5.04 元止跌企稳后，主力机构展开初期上涨行情，K 线走势呈涨多跌

少态势，股价的上升趋势已经形成。

2024年3月22日，该股高开，股价回落，收出一根中阴线，成交量较前一交易日放大，主力机构展开回调（挖坑）洗盘吸筹行情。2024年4月17日，该股高开，收出一根中阳线，股价在坑底止跌企稳，随后主力机构缓慢向上推升股价。

2024年4月30日截图当日，该股跳空高开，收出一个大阳线涨停板，为首板，突破坑口（颈线），成交量较前一交易日放大3倍多，形成放量大阳线涨停K线形态，属于初期上涨之后回调（挖坑）洗盘、止跌企稳之后放量涨停突破坑口（颈线）的板股。此时，该股均线已形成多头排列，MACD、KDJ、RSI、均量线等技术指标走强，股价的强势特征相当明显，后市短期快速上涨的概率大。像这种情况，普通投资者可以在当日该股涨停后跟庄打板。

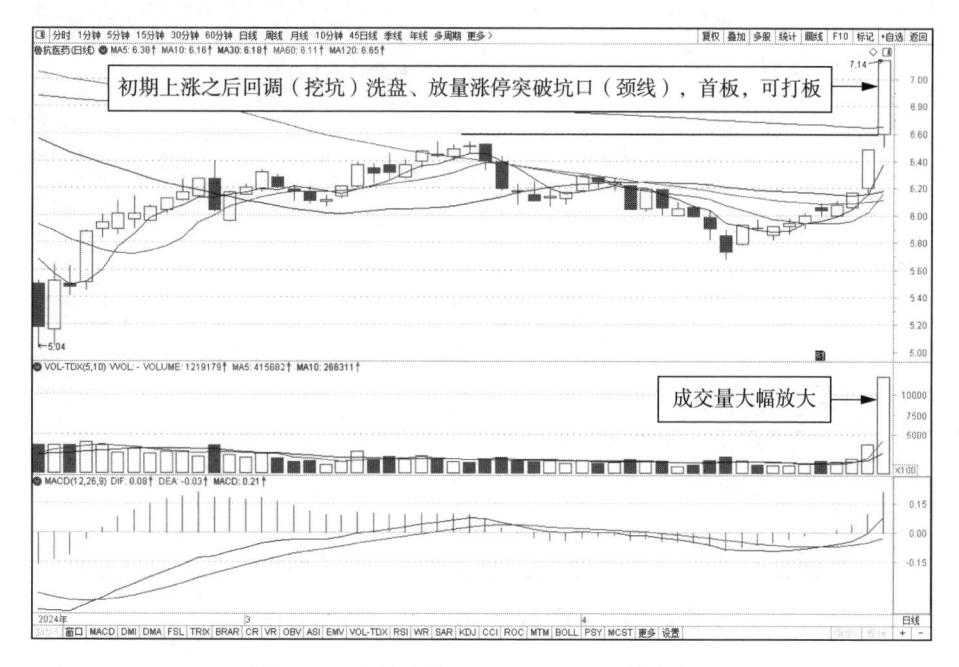

图 5-33　鲁抗医药（600789）日K线走势图

图 5-34 是 600789 鲁抗医药 2024 年 4 月 30 日星期二下午收盘时的分时走势图。这是该个股收出的初期上涨之后回调（挖坑）洗盘、止跌企稳之后放量涨停突破坑口（颈线）的首板。从当日分时走势可以看出，该股早盘高开

后展开震荡上行走势，成交量呈逐步放大状态；13:39 股价上冲，一个波次于 13:42 封上涨停板，成交量同步放大，至收盘涨停板没有打开。从该股早盘高开展开震荡上行走势的情况看，分时价格线依托分时均价线向上运行，成交量呈逐步放大状态，分时盘口强势特征比较明显。从成交量看，当日换手率为 13.61%，最高封单量为 4211.14 万股，收盘封单量为 668.18 万股，占实际流通盘的 0.98%，占当日成交量的 5.48%，成交量较前一交易日大幅放大，属放量涨停，涨停板封板结构较优。像这种 K 线走势已经处于上升趋势，初期上涨之后回调（挖坑）洗盘、止跌企稳之后放量涨停突破坑口（颈线）的首板，普通投资者可以在当日该股涨停后跟庄打板，也可以在该股即将涨停前快速狙击买入。

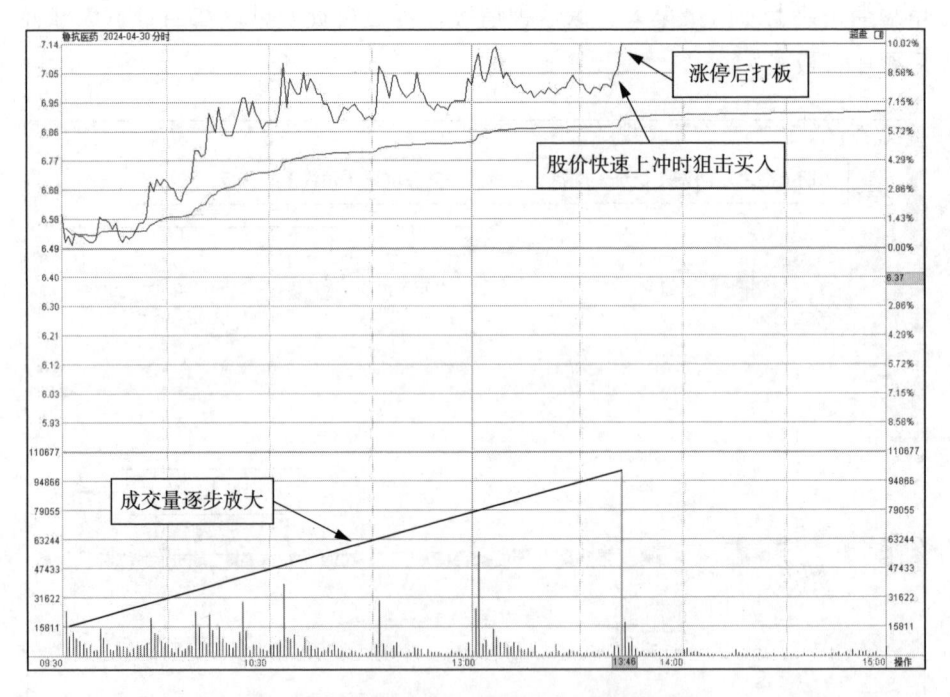

图 5-34　鲁抗医药（600789）分时走势图

（二）股价横盘震荡整理过程中突破坑口涨停板股打板

股价横盘震荡整理过程中突破坑口涨停板股，是指股价在初期上涨之后的横盘震荡整理过程中，主力机构为了清洗获利盘和套牢盘，采取回调（挖坑）的方式恐吓普通投资者交出手中筹码，展开快速洗盘吸筹，止跌企稳之后放量涨停或放量向上突破坑口（颈线）的板股。

坑底止跌企稳之后放量涨停的板股，预示挖坑洗盘结束，短期拉升行情启动。此时，普通投资者可以及时跟庄打板。

图 5-35 是 603017 中衡设计 2024 年 4 月 18 日星期四下午收盘时的 K 线走势图。这是一个股价初期上涨之后横盘震荡整理过程中回调（挖坑）洗盘、止跌企稳之后放量涨停的实战案例。当时该股为"装修装饰+装配式建筑+BIPV+低空经济"概念热股。在软件上将该股整个 K 线走势图进行缩小后可以看出，该股走势处于上升趋势中。股价从前期最低位，即 2024 年 2 月 7 日的最低价 6.12 元止跌企稳后，主力机构展开初期上涨行情，K 线走势呈涨多跌少态势，股价的上升趋势已经形成。

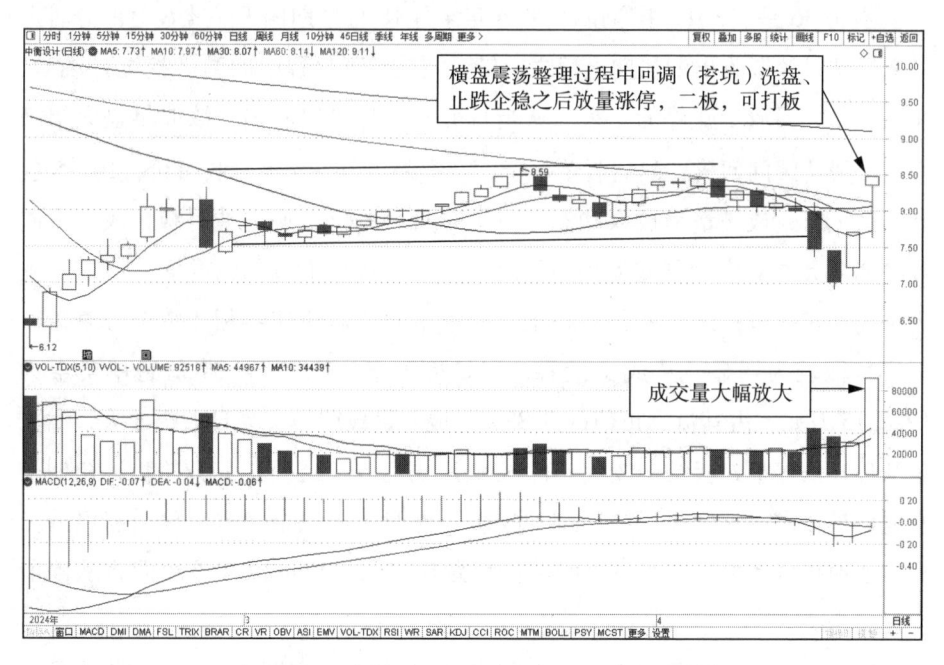

图 5-35 中衡设计（603017）日 K 线走势图

2024 年 2 月 28 日，该股平开，股价冲高回落，收出一根带上影线的大阴线，成交量较前一交易日大幅放大，主力机构展开横盘震荡整理行情，成交量呈萎缩状态。2024 年 4 月 8 日，该股低开，股价回落，收出一根中阴线，成交量较前一交易日萎缩，主力机构展开横盘震荡整理之后的回调（挖坑）洗盘吸筹行情。2024年4月17日，该股高开，收出一个大阳线涨停板，股价在坑底止跌反弹。

2024年4月18日截图当日，该股大幅高开（向上跳空8.43%开盘），收出一个长下影线阳线涨停板（没有突破坑口和颈线），为二板，突破前高，成交量较前一交易日放大2倍多，形成放量长下影线阳线涨停K线形态，属于初期上涨之后横盘震荡整理过程中回调（挖坑）洗盘、止跌企稳之后放量涨停的板股（没有突破坑口和颈线）。此时，该股5日、10日和30日均线已形成多头排列，KDJ、RSI、均量线等技术指标走强，股价的强势特征相当明显，后市短期快速上涨的概率大。像这种情况，普通投资者可以在当日该股涨停后跟庄打板。

图5-36是603017中衡设计2024年4月18日星期四下午收盘时的分时走势图。这是该股收出的初期上涨之后横盘震荡整理过程中回调（挖坑）洗盘、止跌企稳之后放量涨停的二板。从当日分时走势可以看出，该股早盘大幅高开后，股价瞬间回落，然后震荡下行，一度跌破前一交易日收盘价，10:15展开震荡上行，成交量呈放大状态。下午开盘后股价快速上冲封板，成交量同步急速放大。从该股早盘大幅高开瞬间回落、震荡下行的情况看，应该是主力机构洗盘吸筹；之后股价放量上行，下午开盘后快速封板，整个分时盘口强势特征较为明显。从成交量看，当日换手率为3.35%，收盘封单资金为1926.15万元，占其流通市值的0.82%，成交量较前一交易日大幅放大，属放量涨停，涨停板封板结构较优。像这种K线走势已经处于上升趋势，初期上涨之后横盘震荡整理过程中回调（挖坑）洗盘、止跌企稳之后放量涨停的二板，普通投资者可以在当日该股涨停后跟庄打板，也可以在该股即将涨停前快速狙击买入。

图5-37是603017中衡设计2024年4月18日星期四下午收盘时近5日资金流向一览表。4月18日该股主力机构资金净流入1815.15万元，占总成交额的24.11%；游资资金净流出336.46万元，占总成交额的4.47%；散户资金净流出1478.69万元，占总成交额的19.64%；显示出主力机构对后市有较强的看涨信心。

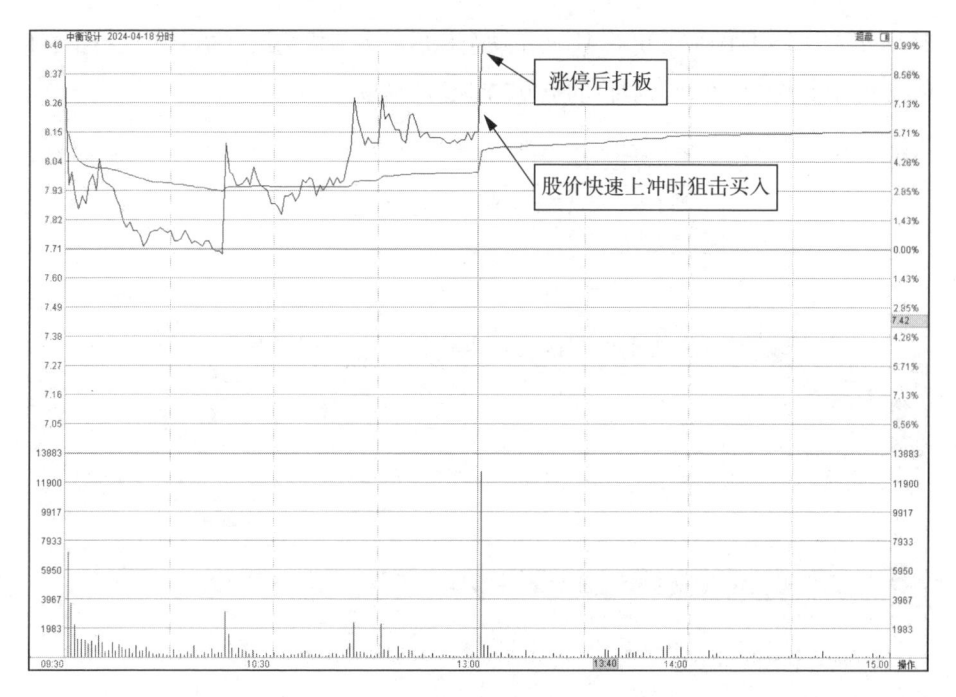

图 5-36　中衡设计（603017）分时走势图

图 5-37　中衡设计（603017）近 5 日资金流向一览表

股价止跌企稳之后放量向上突破坑口（颈线）的板股，预示股价短期拉升行情启动。此时，普通投资者可以大胆跟庄打板。

图 5-38 是 603390 通达电气 2023 年 11 月 1 日星期三下午收盘时的 K 线走势图。这是一个股价初期上涨之后横盘震荡整理过程中回调（挖坑）洗盘、止跌企稳之后放量涨停向上突破坑口（颈线）的实战案例。当时该股属于"新能源汽车+电子后视镜+三季报增长"概念炒作。在软件上将该股整个 K 线走势图进行缩小后可以看出，该股走势处于上升趋势中。股价从前期相对低位，即

205

2023年4月25日的最低价6.41元止跌企稳后，主力机构展开初期上涨行情，K线走势呈涨多跌少态势，股价的上升趋势已经形成。

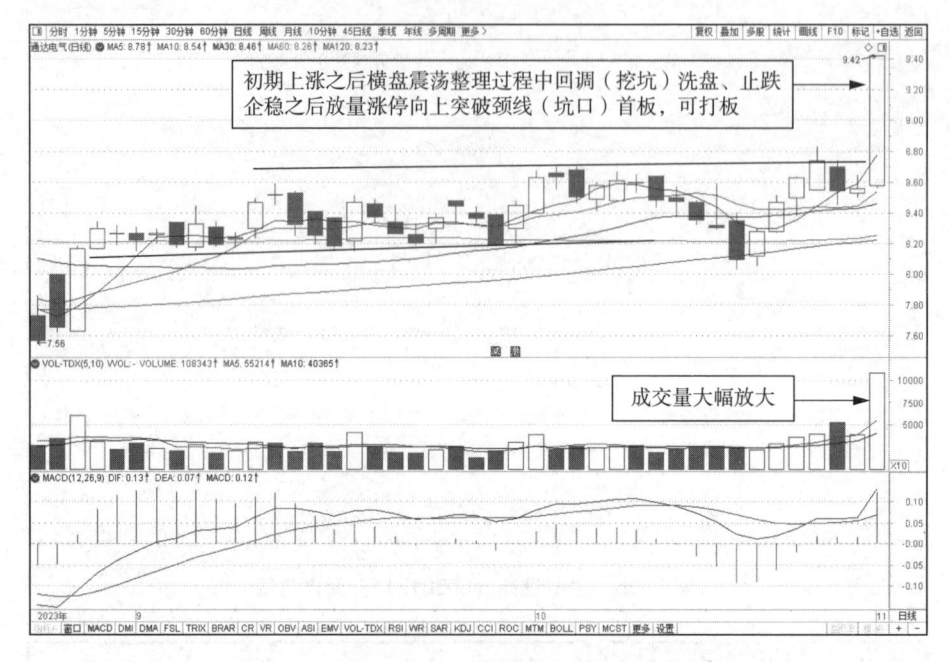

图5-38 通达电气（603390）日K线走势图

2023年9月12日，该股高开，股价冲高回落，收出一根阴十字星，成交量较前一交易日萎缩，主力机构展开横盘震荡整理行情，成交量呈萎缩状态。2023年10月16日，该股低开，股价冲高回落，收出一根阴十字星，成交量较前一交易日放大，主力机构展开初期上涨之后横盘震荡整理过程中的回调（挖坑）洗盘吸筹行情，连续收出6根阴线（阴十字星）。2023年10月24日，该股高开，收出一根中阳线，股价在坑底止跌企稳，随后主力机构慢慢向上推升股价。

2023年11月1日截图当日，该股跳空高开，收出一个大阳线涨停板，为首板，突破坑口（颈线），成交量较前一交易日放大2倍多，形成放量大阳线涨停K线形态，属于初期上涨之后横盘震荡整理过程中回调（挖坑）洗盘、止跌企稳之后放量涨停向上突破坑口（颈线）板股。此时，该股均线已形成多头排列，MACD、KDJ、RSI、均量线等技术指标走强，股价的强势特征相当明显，后市短期快速上涨的概率大。像这种情况，普通投资者可以在当日该股涨停后跟庄打板。

图 5-39 是 603390 通达电气 2023 年 11 月 1 日星期三下午收盘时的分时走势图。这是该个股收出的初期上涨之后横盘震荡整理过程中回调（挖坑）洗盘、止跌企稳之后放量涨停向上突破颈线（坑口）的首板。从当日分时走势可以看出，该股早盘小幅高开后，一路震荡上行，成交量呈逐步放大状态。9:54 股价开始上冲，成交量同步放大，分两个波次于 10:02 封上涨停板至收盘没有打开。从成交量看，当日换手率为 3.08%，最高封单量为 918.93 万股，收盘封单量为 259.55 万股，占实际流通盘 1.97%，占当日成交量的 23.96%，成交量较前一交易日大幅放大，属放量涨停，涨停板封板结构较优。像这种 K 线走势已经处于上升趋势，股价初期上涨之后横盘震荡整理过程中回调（挖坑）洗盘、止跌企稳之后放量涨停向上突破颈线（坑口）的首板，普通投资者可以在当日该股涨停后跟庄打板，也可以在该股即将涨停前快速狙击买入筹码。

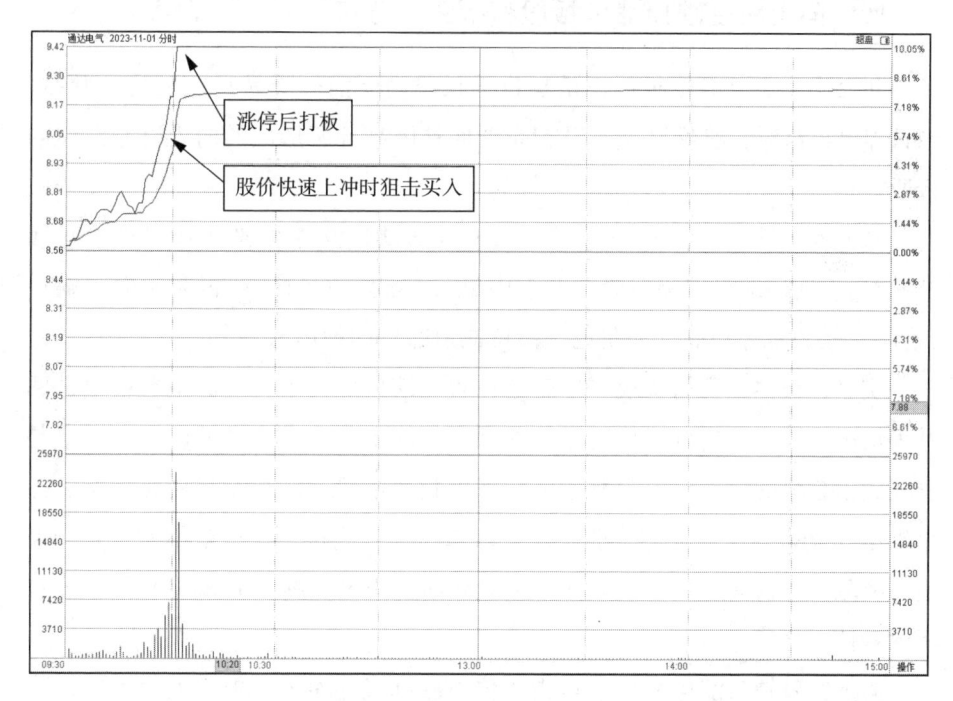

图 5-39　通达电气（603390）分时走势图

图 5-40 是 603390 通达电气 2023 年 11 月 1 日星期三下午收盘时近 5 日资金流向一览表。11 月 1 日该股主力机构资金净流入 830.25 万元，占总成交额

的8.31%；游资资金净流入98.79万元，占总成交额的0.99%；散户资金净流出929.05万元，占总成交额的9.30%；显示出主力机构对后市有较强的看涨信心。

通达电气 近5日资金流向一览

单位：元

日期	收盘价	涨跌幅	主力净流入	主力净占比	游资净流入	游资净占比	散户净流入	散户净占比
2023-11-01	9.42	10.05%	830.25万	8.31%	98.79万	0.99%	-929.05万	-9.30%
2023-10-31	8.56	0.23%	271.17万	8.08%	89.20万	2.66%	-360.36万	-10.74%
2023-10-30	8.54	-2.29%	60.13万	1.34%	640.45万	14.30%	-700.58万	-15.64%
2023-10-27	8.74	1.27%	14.02万	0.41%	-59.84万	-1.73%	45.82万	1.32%
2023-10-26	8.63	1.89%	288.10万	9.25%	-110.68万	-3.54%	-177.72万	-5.70%

图5-40 通达电气（603390）近5日资金流向一览表

四、向上跳空缺口涨停板股打板路径分析

向上跳空缺口涨停板股，是指目标板股高于前一交易日的最高价开盘，当日涨停收盘时，股价没有或没有完全回补因高开所形成的向上跳空缺口的板股。

向上跳空缺口涨停板股可分为向上普通缺口涨停板股（缺口很快被回补）、向上突破缺口涨停板股、向上中继（持续）缺口涨停板股和向上竭尽（衰竭）缺口涨停板股（股价已至高位或顶部）四种形态。

实战打板中，我们从缺口出现的位置、缺口的大小、缺口是否很快被回补等情况，可以预判目标板股走势的强弱，确定股价是否真的向上突破或是已经到了趋势的尽头。由于普通缺口涨停板股的跳空缺口很快就被回补、向上竭尽（衰竭）缺口涨停板股的跳空缺口出现在高位，这里就不做分析。下面主要分析探讨向上突破缺口涨停板股和向上中继（持续）缺口涨停板股打板两种情况。

向上突破缺口涨停板股，是指股价由底部或相对低位上涨的过程中，或股价经过较长时间的横盘震荡整理洗盘后，某一交易日突然向上跳空高开，收出一个涨停板，突破前高或整理平台，至当日收盘时，股价没有或没有完全回补因跳空高开所形成的第一个向上跳空缺口的板股。这种涨停板前出现

向上突破缺口，加速了股价脱离底部成本区，体现了做多动能的强势和做多行为的坚决，主力机构拉升意图比较明显。这是一种趋势向上的拐点，普通投资者可以在涨停后大胆跟庄打板。

图5-41是002467二六三2024年11月21日星期四下午收盘时的K线走势图，当时该股属于"数据跨境+人工智能（智谱）+云通信+IDC"概念炒作。在软件上将该股整个K线走势图进行缩小后可以看出，该股走势处于上升趋势中。股价从前期相对低位，即2024年7月25日的最低价3.07元止跌企稳后，主力机构开始向上推升股价，收集筹码，K线走势呈涨多跌少态势，其间收出过2个涨停板，均为吸筹建仓型涨停板，主力机构筹码趋于集中，洗盘控盘程度比较高，股价的上升趋势已经形成。

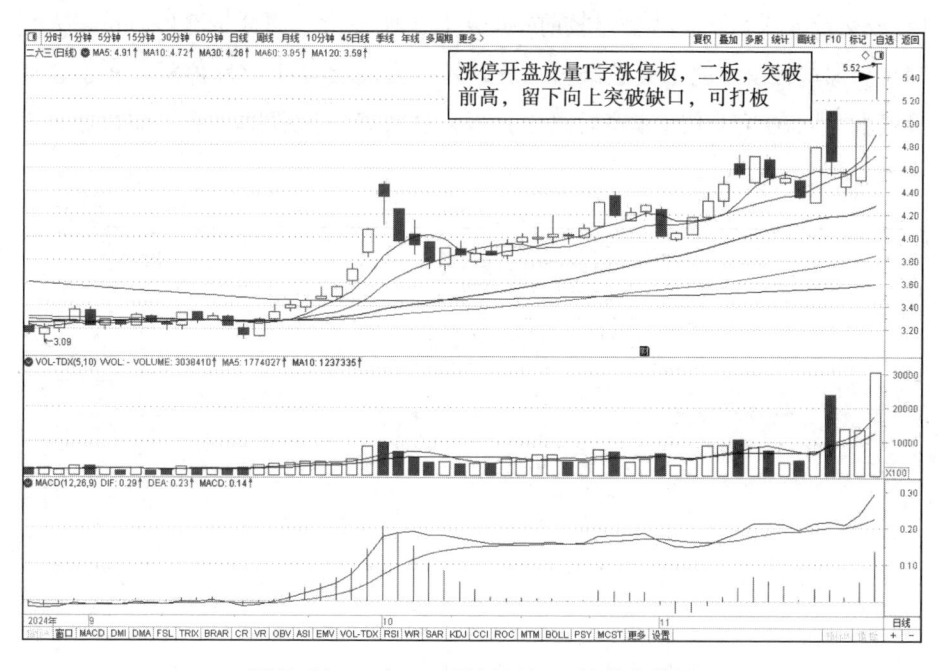

图5-41 二六三（002467）日K线走势图

2024年11月21日截图当日，该股早盘涨停开盘，收出一个T字涨停板，为二板，突破前高，留下向上跳空突破缺口，成交量较前一交易日放大2倍多，形成向上突破缺口和放量T字涨停K线形态。此时，该股均线呈多头排列，MACD、KDJ、RSI、均量线等技术指标走强，股价的强势特征十分明显，后市短期快速上涨的概率大。像这种情况，普通投资者可以在当日该股涨停后跟庄打板。

图 5-42 是 002467 二六三 2024 年 11 月 21 日星期四下午收盘时的分时走势图。这是该个股收出的二板，从当日分时走势可以看出，该股早盘涨停开盘后，股价快速回落，跌至 5.23 元（涨幅 4.27%）时，展开高位震荡整理；10:36 股价勾头快速上冲，一个波次于 10:39 封上涨停板，至收盘没有打开。从分时盘口看，涨停开盘后涨停板被瞬间打开，且打开的时间较长，股价展开高位震荡整理，应该是短期获利盘兑现以及主力机构洗盘吸筹共同为之。虽然该股早盘涨停开盘后涨停板被瞬间打开，但股价在高位震荡整理期间成交量呈萎缩状态，且当日封板时间较早，封板后没有被打开，分时盘口强势特征明显。从成交量看，当日换手率为 22.29%，封单量为 2923.37 万股，封单/成交量为 9.62%，成交量较前一交易日大幅放大，属放量涨停，市场人气较高。像这种留下向上突破缺口、分歧转一致的放量 T 字涨停板二板，普通投资者可以在当日该股涨停后跟庄打板，也可以在该股即将涨停前快速狙击买入。

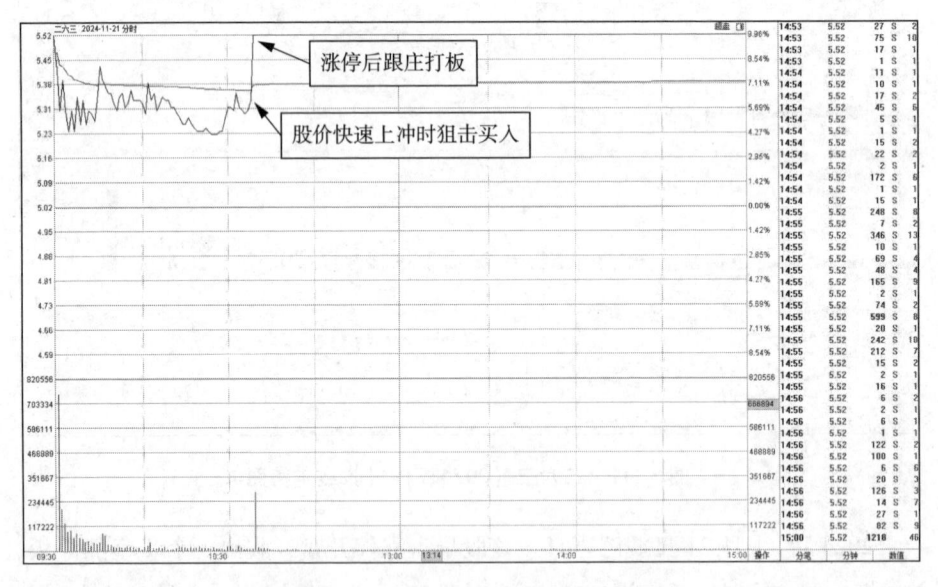

图 5-42　二六三（002467）分时走势图

图 5-43 是 300085 银之杰 2024 年 9 月 19 日星期四下午收盘时的 K 线走势图，这是一个向上跳空缺口涨停板股放量突破整理平台的实战案例。当时

该股属于"实控人拟协议转让7%公司股份+金融科技"概念炒作。在软件上将该股整个K线走势图进行缩小后可以看出，该股走势处于上升趋势中。股价从前期相对低位，即2024年8月28日的最低价7.74元止跌企稳后，主力机构开始向上推升股价，收集筹码，K线走势呈涨多跌少态势，股价的上升趋势已经形成。

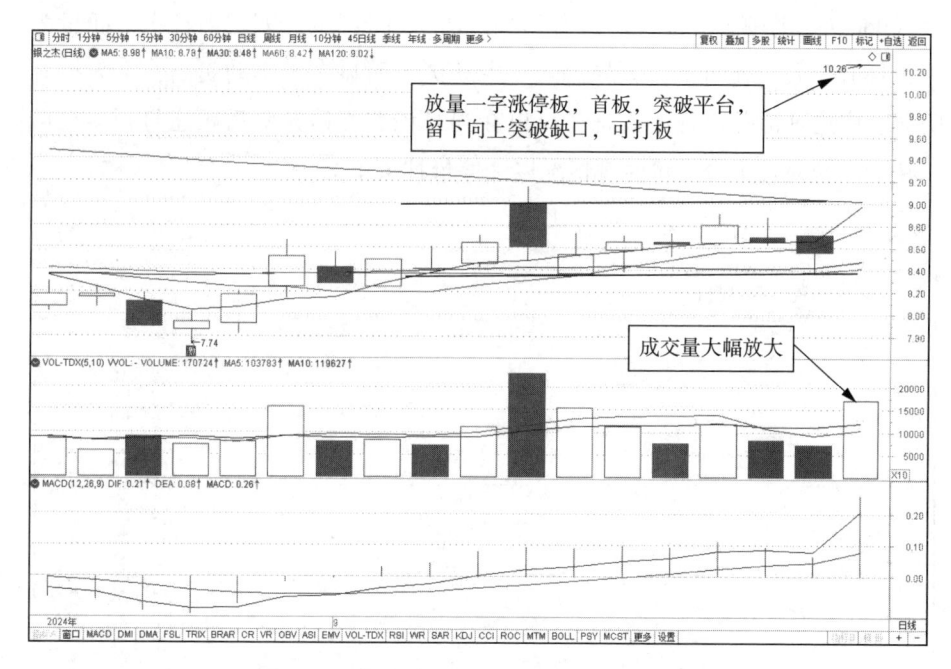

图 5-43 银之杰（300085）日 K 线走势图

2024年9月6日，该股高开，股价冲高回落，收出一根小阴线，成交量较前一交易日放大2倍多，主力机构展开横盘震荡整理行情，成交量呈萎缩状态。

2024年9月19日截图当日，该股早盘涨停开盘，收出一个一字涨停板，为首板，突破整理平台，留下向上跳空突破缺口，成交量较前一交易日放大2倍多，形成向上突破缺口和放量一字涨停K线形态。此时，该股短中期均线呈多头排列，MACD、KDJ、RSI、均量线等技术指标走强，股价的强势特征相当明显，后市短期快速上涨的概率大。像这种情况，普通投资者可以在该股当日早盘集合竞价涨停后跟庄打板。

图 5-44 是 300085 银之杰 2024 年 9 月 19 日星期四下午收盘时的分时走势

图。这是该个股收出的首板，从当日分时走势可以看出，该股早盘集合竞价涨停开盘，至收盘涨停板没有打开，分时盘口强势特征相当明显。从成交量看，当日换手率为2.69%，封单量为1124.03万股，封单/成交量为65.84%，成交量较前一交易日大幅放大，属放量涨停，市场人气较高。收盘数据显示，当日该股主力（dde大单净额）净流入8280.57万元，涨幅为20%，主力净量（dde大单净额/流通股）为1.27%，两市排名28/5099。当日主力净量为正，且值较大，表明主力大幅流入，主动买入明显多于主动卖出，主力拉升明显。像这种情况，普通投资者可以在当日该股涨停开盘后跟庄打板，也可以在下一交易日集合竞价时视情况以涨停价挂买单买入。

图5-44 银之杰（300085）分时走势图

图5-45是300085银之杰2024年9月19日星期四下午收盘时买入金额最大的前5名龙虎榜。前五买入席位合计买入4098.25万元，占总成交比例23.40%，显示出对该股后市短期较强的看涨信心。当日知名游资宁波桑田路买入1460.00万元，卖出0.00万元，所用席位为国盛证券有限责任公司宁波桑田路证券营业部。宁波桑田路，为知名游资市场活跃席位，经常活跃于市场妖股龙头，操作手法主要以连板接力操作为主。

排序	营业部名称	买入金额（万）	卖出金额（万）	净额（万）
上榜类型1：有价格涨跌幅限制的日收盘价格涨幅达到15%的证券				前往数据中心
买入金额最大的前5名 买入总计 4098.25 万元，占总成交比例 23.40%				
1	国盛证券有限责任公司宁波桑田路证券营业部	1460.00	0.00	1460.00
2	金元证券股份有限公司徐州北京南路证券营业部	715.84	0.00	715.84
3	甬兴证券有限公司宁波和源路证券营业部	668.34	0.00	668.34
4	华澳证券有限责任公司深圳益田路证券营业部	640.74	0.00	640.74
5	华泰证券股份有限公司上海浦东新区妙境路证券营业部	613.34	0.00	613.34

图 5-45　银之杰（300085）2024 年 9 月 19 日龙虎榜

向上中继（持续）缺口涨停板股，是指向上突破缺口之后，主力机构在股价上涨的中途再次向上跳空高开所形成的向上缺口涨停板股。如果这个缺口没有被股价回调所封闭，就成了后市股价快速上涨的重要支撑位，是趋势向上的拐点，是股价快速上涨接续做多的强烈信号；股价后市上涨的幅度，一般要高于向上突破缺口至向上中继（持续）缺口之间的距离。普通投资者在预判向上中继（持续）缺口涨停板股的确定性预期之后，可积极跟庄进场打板买入。

图 5-46 是 000796 凯撒旅业 2024 年 10 月 21 日星期一下午收盘时的 K 线走势图，这是一个向上中继（持续）缺口涨停板股放量突破前高的实战案例。当时该股属于"ST 板块+旅游+摘星"概念炒作。在软件上将该股整个 K 线走势图进行缩小后可以看出，该股走势处于上升趋势中。股价从前期相对低位，即 2024 年 8 月 26 日的最低价 2.93 元止跌企稳后，主力机构开始向上推升股价，收集筹码，K 线走势呈涨多跌少态势，股价的上升趋势已经形成。

2024 年 9 月 30 日，该股早盘涨停开盘，收出一个一字涨停板，为首板，突破前高，留下向上跳空突破缺口，成交量较前一交易日大幅萎缩，形成向上突破缺口和缩量一字涨停 K 线形态。此时，该股均线呈多头排列，MACD、KDJ、RSI 等技术指标走强，股价的强势特征相当明显，后市短期快速上涨的概率大。像这种情况，普通投资者可以在该股当日早盘集合竞价涨停后跟庄打板。

2024 年 10 月 21 日截图当日，该股早盘涨停开盘，收出一个一字涨停板，为首板，突破前高，留下向上中继（持续）缺口，成交量较前一交易日大幅萎缩，形成向上中继（持续）缺口和缩量一字涨停 K 线形态。此时，该股均线呈多头排列，MACD、KDJ、RSI 等技术指标走强，股价的强势特征相当明显，后市短期快速上涨的概率大。像这种情况，普通投资者可以在该股当日早盘集合竞价涨停后跟庄打板。

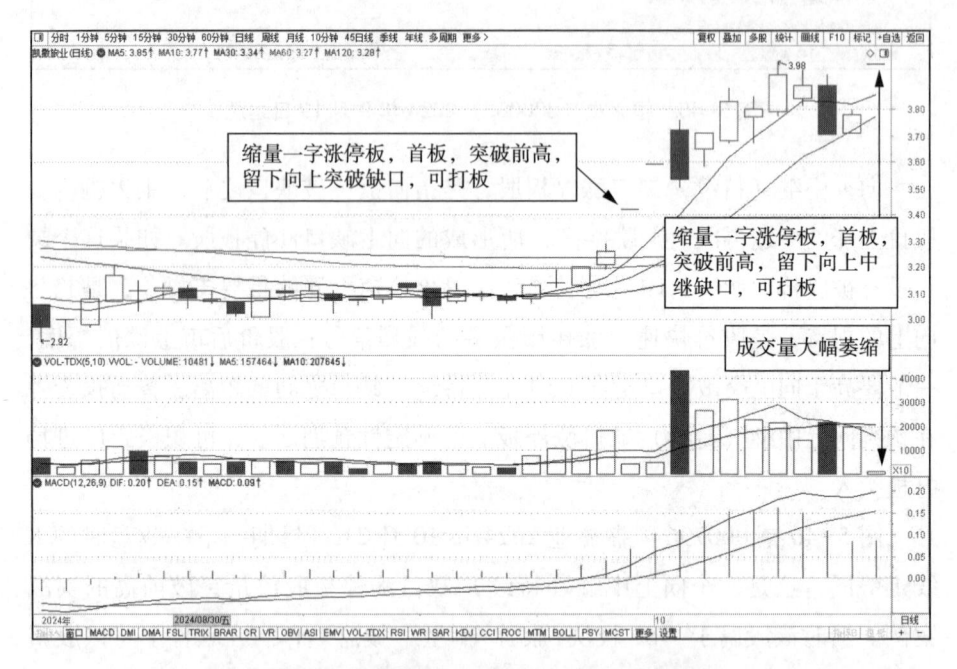

图 5-46　凯撒旅业（000796）日 K 线走势图

图 5-47 是 000796 凯撒旅业 2024 年 10 月 21 日星期一下午收盘时的分时走势图。这是该个股收出的向上中继（持续）缺口涨停板首板，从当日分时走势可以看出，该股早盘集合竞价涨停开盘，至收盘涨停板没有打开，分时盘口强势特征相当明显。从成交量看，当日换手率为 0.11%，最高封单量为 2398.88 万股，收盘封单量为 1015.32 万股，占实际流通盘的 1.47%，占当日成交量的 968.77%，属大幅缩量涨停，市场人气高，涨停板封板结构优。像这种情况，普通投资者可以在该股当日集合竞价涨停开盘后跟庄打板，也可以在下一交易日集合竞价时视情况以涨停价挂买单排队等候买入。

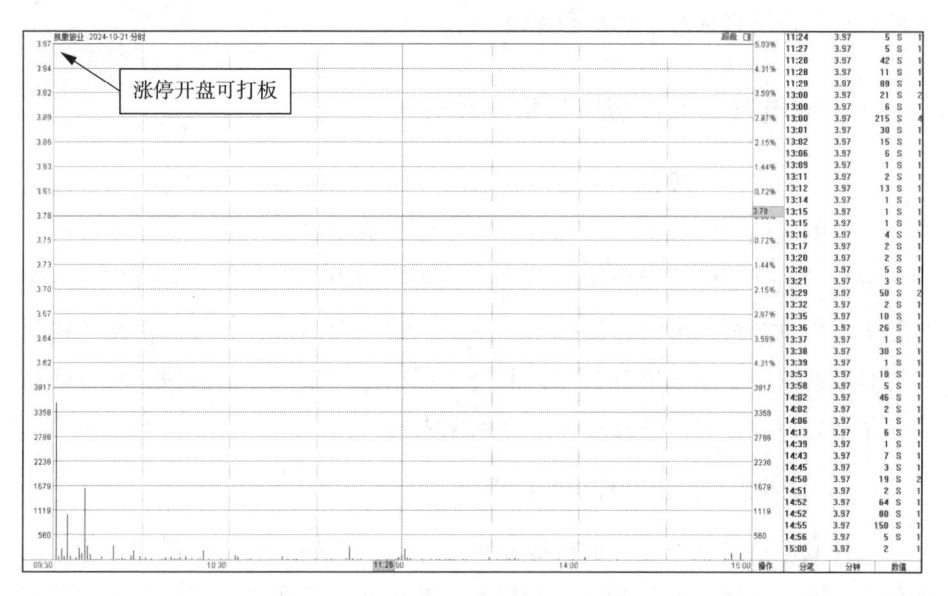

图 5-47　凯撒旅业（000796）分时走势图

第三节　强势量价关系打板路径

强势量价关系打板路径，是指从目标板股的成交量和价格的同步或背离关系上寻找把握倍量以上涨停、缩量涨停和无量（微量）涨停板股的内在联系，搞清主力机构（游资）的操盘目的和意图，预判股价短期运行趋势，确定打板进（出）场的买（卖）点位。

"量在价先"，成交量是资金的活跃程度和市场人气的最直观表现。资金越充沛，人气越活跃，流动性就越强，赚钱的概率就越大。成交量大，表明多空双方分歧较大；成交量小，表明多空双方分歧较小。成交量最重要的价值，就是能从市场人气的角度判断市场的参与意愿和参与深度。

成交量与价格有背离和同步两种关系。强势的量价关系，就是在目标股票趋势转折的拐点上放量涨停，在快速拉升的过程中缩量涨停。

实战打板中，普通投资者要根据股价在 K 线走势中不同位置成交量的变化情况，来预判主力机构拉涨停板的目的和意图，从而做出买卖决策。比如对于底部反转的涨停板股，必须得放量（倍量以上）才能打板，对于高位放量的烂板，进场打板一定要小心谨慎。

一、倍量以上涨停板股打板路径分析

倍量以上涨停板股，是指目标板股涨停当日的成交量比前一交易日放大一倍以上的板股。比如前一交易日股价上涨的成交量为 100 万手，今日股价涨停成交量达到 200 万手以上。倍量以上涨停的板股，表明主力机构在这个价位上不惜重金买入筹码，同时暗示主力机构志存高远，看多后市或即将拉升这只股票的决心。这里分析探讨股价底部倍量以上涨停的板股、股价横盘震荡整理之后放量涨停的板股打板两种情况。

（一）底部倍量以上涨停板股打板

选择底部倍量以上涨停的板股打板，一定要选择股价下跌时间较长、跌幅较大、跌至底部区域量能萎缩到极小，然后开始筑底且慢慢放量上涨，某一交易日拉出比前一交易日放大一倍以上成交量的涨停板。这种底部放倍量的板股，预示股价即将出现反转，后市上涨是大概率事件。普通投资者在分析预判目标板股下一交易日的确定性预期后，可积极跟庄进场打板买入。

图 5-48 是 603628 清源股份 2023 年 12 月 21 日星期四下午收盘时的 K 线走势图。当时该股属于"光伏+BIPV"概念炒作。在软件上将该股整个 K 线走势图进行缩小后可以看出，该股走势处于上升趋势中。股价从前期相对高位，即 2022 年 8 月 19 日的最高价 20.38 元一路震荡下跌，至 2023 年 12 月 19 日的最低价 10.74 元止跌企稳，下跌时间长达 1 年 4 个月，股价跌去将近一半，当日换手率为 0.74%，成交量已经大幅萎缩。2023 年 12 月 20 日股价调整一个交易日，收出一根小阴线，成交量较前一交易日进一步萎缩，换手率为 0.60%，量能已经萎缩到极小。

2023 年 12 月 21 日截图当日，该股高开，收出一个大阳线涨停板，为首板，突破前高，成交量较前一交易日放大近 9 倍，形成大阳线涨停 K 线形态，属于底部倍量以上涨停板股。此时，该股 5 日、10 日均线已形成多头排列，MACD、KDJ、RSI、均量线等技术指标走强，股价的强势特征相当明显，后市短期快速上涨的概率大。像这种情况，普通投资者可以在当日该股涨停后跟庄打板。

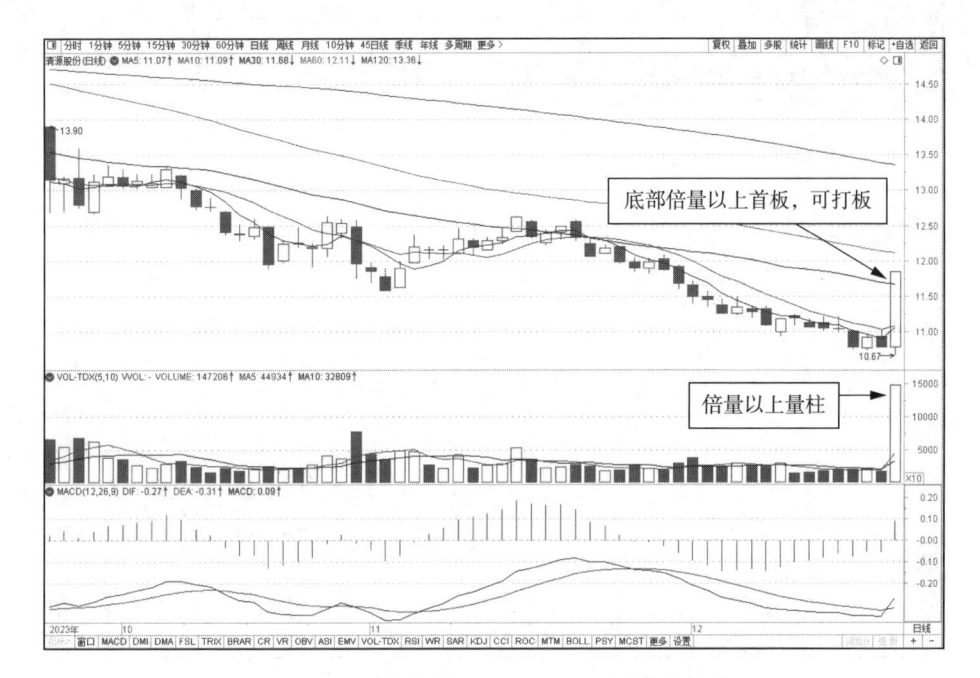

图 5-48　清源股份（603628）日 K 线走势图

图 5-49 是 603628 清源股份 2023 年 12 月 21 日星期四下午收盘时的分时走势图。这是该个股收出的底部倍量以上首板，从当日分时走势可以看出，该股早盘小幅高开，围绕前一交易日收盘价展开小幅震荡整理；10:30 股价震荡上行，成交量同步放大，11:13 涨停；11:16 涨停板被打开，股价回落（这期间再次触及涨停板瞬间被打开），成交量呈萎缩状态，13:55 封上涨停板至收盘没再打开，涨停板封板结构较差，但从涨停板被打开后股价回落的情况看，回落幅度不大（至分时均价线附近），成交量萎缩，应该是主力机构洗盘吸筹。从成交量看，当日换手率为 5.38%，最高封单量为 744.54 万股，收盘封单量为 90.71 万股，占实际流通盘的 0.71%，占当日成交量的 6.16%，属倍量涨停，市场人气较高。像这种主力机构洗盘吸筹的底部倍量以上首板，普通投资者可以在当日该股涨停后跟庄打板，也可以在该股即将涨停前快速狙击买入，当然也可以在涨停板被打开后逢低买入。

图 5-50 是 603628 清源股份 2023 年 12 月 21 日星期四下午收盘时买入金额最大的前 5 名龙虎榜。前五买入席位合计买入 2839.72 万元，占总成交比

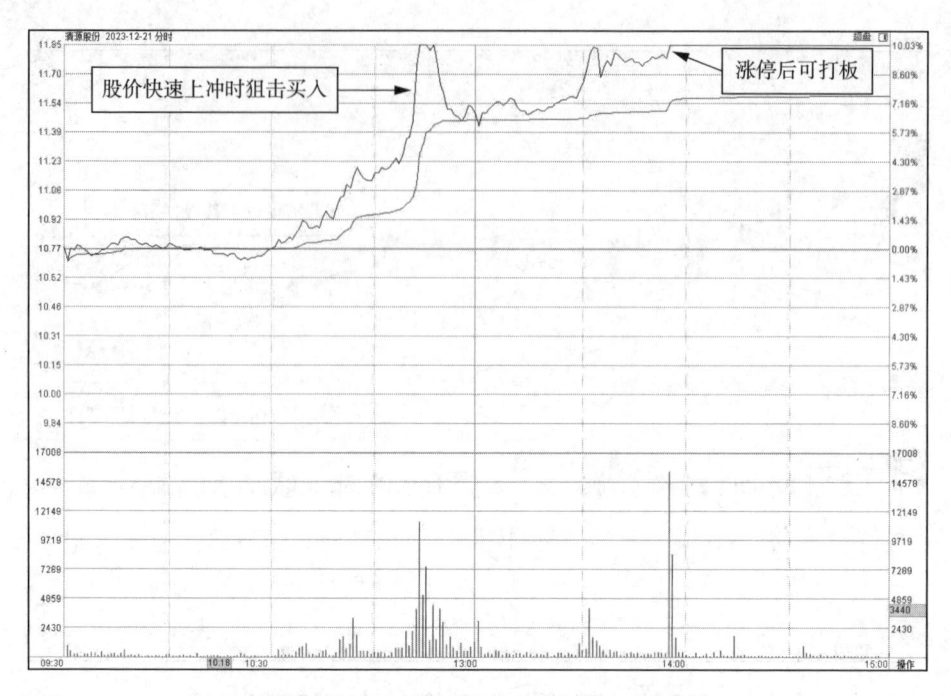

图 5-49 清源股份（603628）分时走势图

例的 16.67%。知名游资"炒股养家"（华鑫证券有限责任公司上海宛平南路证券营业部）净买入 407.80 万元，大同证券有限责任公司浙江分公司、方正证券股份有限公司上海杨高南路证券营业部分别买入 708.89 万元和 642.57 万元，显示出主力机构对该股后市短期较强的看涨信心。

排序	营业部名称	买入金额（万）	卖出金额（万）	净额（万）
	上榜类型1：日涨幅偏离值达7%的证券			
	买入金额最大的前5名　买入总计 2839.72 万元，占总成交比例 16.67%			
1	大同证券有限责任公司浙江分公司	708.89	0.00	708.89
2	方正证券股份有限公司上海杨高南路证券营业部	642.57	0.00	642.57
3	华泰证券股份有限公司深圳红荔路证券营业部	590.72	0.00	590.72
4	国泰君安证券股份有限公司成都双庆路证券营业部	489.74	0.00	489.74
5	华鑫证券有限责任公司上海宛平南路证券营业部	407.80	0.00	407.80

图 5-50 清源股份（603628）2023 年 12 月 21 日龙虎榜

（二）股价横盘震荡整理之后放量涨停板股打板

选择横盘震荡整理之后放量涨停的板股打板，是指目标股票经过初期上涨之后，展开了较长时间的横盘震荡整理洗盘行情，且成交量呈逐步萎缩状态，某一交易日拉出成交量较前一交易日放大的涨停板，预示该股即将出现中期上涨或拉升行情。普通投资者在分析预判目标板股下一交易日的确定性预期后，可积极跟庄进场打板买入。

图 5-51 是 000953 河化股份 2024 年 7 月 30 日星期二下午收盘时的 K 线走势图。当时该股属于"银亿重整+维生素 D3 中间体+回购"概念炒作。在软件上将该股整个 K 线走势图进行缩小后可以看出，该股走势处于上升趋势中。股价从前期相对高位，即 2022 年 3 月 10 日的最高价 10.52 元一路震荡下跌，至 2024 年 6 月 24 日的最低价 2.23 元止跌企稳，下跌时间长，跌幅大。股价止跌企稳后，主力机构开始向上推升股价，收集筹码，成交量同步放大。

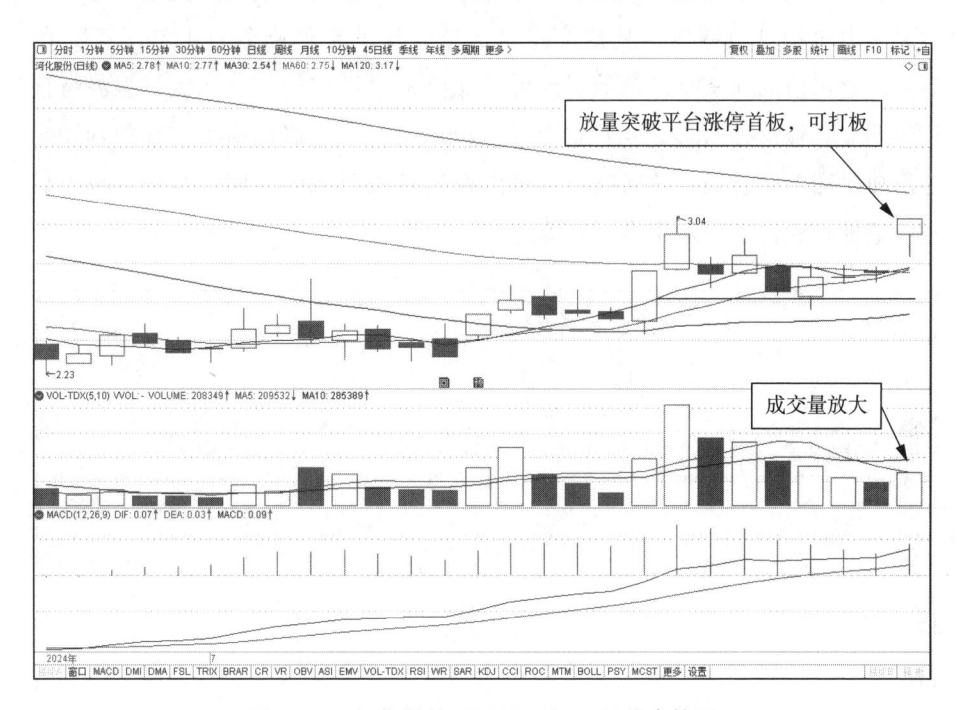

图 5-51 河化股份（000953）日 K 线走势图

2024 年 7 月 19 日，该股小幅高开，股价冲高回落，收出一根带上影线的阳 K 线，成交量较前一交易日放大 2 倍多，主力机构展开横盘震荡整理行情。

2024 年 7 月 30 日截图当日，该股大幅高开（向上跳空 7.27% 开盘），收出一个长下影线阳线涨停板，为首板，突破平台，留下向上突破缺口，成交量较前一交易日放大，形成放量长下影线阳线涨停 K 线形态，属于横盘震荡

219

整理之后放量涨停的板股。此时，该股 5 日、10 日和 30 日均线已形成多头排列，MACD 等部分技术指标走强，股价的强势特征已经显现，后市短期快速上涨的概率大。像这种放量突破整理平台的首板板股，普通投资者可以在当日该股涨停后跟庄打板。

图 5-52 是 000953 河化股份 2024 年 7 月 30 日星期二下午收盘时的分时走势图。这是该个股收出的横盘震荡整理洗盘之后放量涨停的首板，从当日分时走势可以看出，该股早盘大幅高开后股价瞬间回落，回落至 2.83 元快速勾头上冲，成交量同步放大，于 9:35 封上涨停板至收盘没有打开。从该股早盘大幅高开瞬间回落的情况看，回落幅度不大，回落时成交量呈萎缩状态，应该是主力机构洗盘吸筹。从成交量看，当日收盘封单资金为 4359.67 万元，占其流通市值的 3.93%，属放量涨停，涨停板封板结构较优，盘口强势特征比较明显。像这种 K 线走势已经处于上升趋势，主力机构横盘震荡整理洗盘之后放量涨停的首板，普通投资者可以在当日该股涨停后跟庄打板，也可以在该股即将涨停前快速狙击买入筹码。

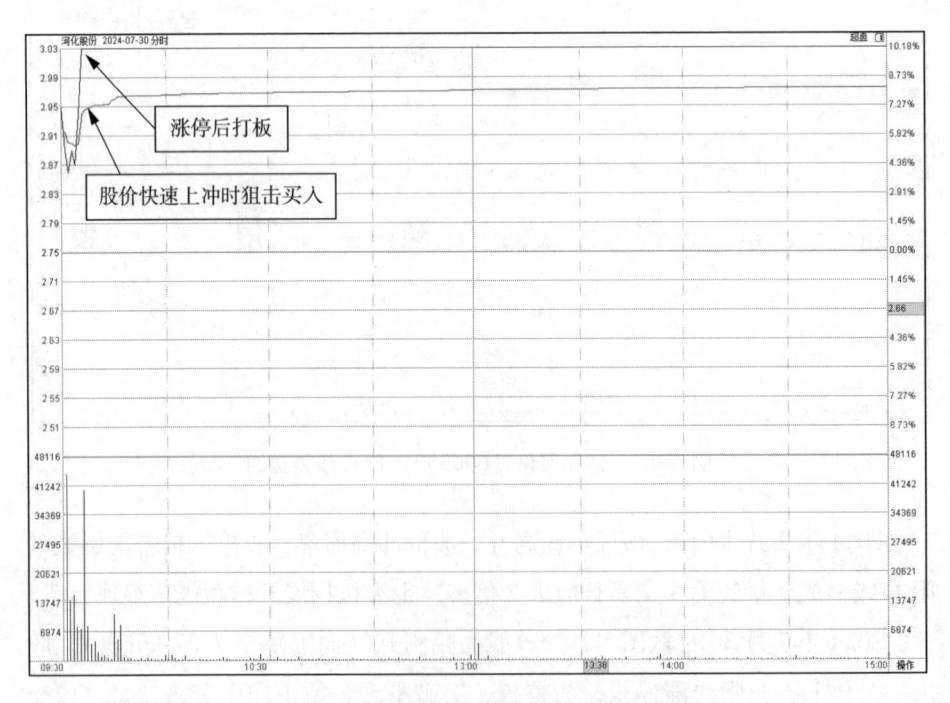

图 5-52 河化股份（000953）分时走势图

图 5-53 是 000953 河化股份 2024 年 7 月 30 日星期二下午收盘时近 5 日资金流向一览表。7 月 30 日该股主力机构资金净流入 1841.50 万元，占总成交额的 29.74%；游资资金净流出 817.41 万元，占总成交额的 13.20%；散户资金净流出 1024.09 万元，占总成交额的 16.54%；显示出主力机构对后市有较强的看涨信心。

日期	收盘价	涨跌幅	主力净流入	主力净占比	游资净流入	游资净占比	散户净流入	散户净占比
2024-07-30	3.03	10.18%	1841.50万	29.74%	-817.41万	-13.20%	-1024.09万	-16.54%
2024-07-29	2.75	0.73%	-614.14万	-15.50%	233.16万	5.88%	380.98万	9.61%
2024-07-26	2.73	0.00%	238.42万	5.10%	-102.67万	-2.20%	-135.75万	-2.90%
2024-07-25	2.73	3.02%	490.22万	7.41%	369.36万	5.59%	-859.58万	-13.00%
2024-07-24	2.65	-6.69%	-345.81万	-4.64%	86.00万	1.16%	259.80万	3.49%

图 5-53　河化股份（000953）近 5 日资金流向一览表

二、缩量涨停板股打板路径分析

缩量涨停板股，是指成交量相对于前一交易日萎缩情况下的涨停板股。这是一种成交量与价格之间的背离关系。缩量涨停板股一般出现在主力机构志存高远、筹码锁定较好、控盘程度较高的股票中，或者有资产重组等重大利好消息等特定股票中。在牛市市场中，缩量涨停板股的出现比较常见和普遍。

实战操盘中，普通投资者要注意的是，在 K 线走势上，缩量涨停这种走势一般出现在股价上涨的中途，或者是股价经过洗盘之后再次启动的时候。在 K 线形态上，表现为以开盘即封停的一字板、T 字板以及少数成交量较小的小阳线涨停板为主，出现这种走势和形态，预示着主力机构看多后市，启动或即将启动一波较大幅度的上涨行情。这种板股接下来的走势，以连板上涨为主，直到成交量放大股价出现滞涨，才预示上涨行情即将结束。对于缩量涨停板股，普通投资者应该积极跟庄打板，要充分利用集合竞价、涨停板瞬间打开的时机，寻机狙击买进的机会，积极做多。这里分析探讨股价上涨途中缩量涨停的板股打板、股价相对高位回调洗盘后的缩量涨停板股打板两种情况。

（一）选择上涨途中缩量涨停板股打板

选择上涨途中缩量涨停的板股打板，是指主力机构已经对目标股票展开反复震荡洗盘和初期拉升之后，在确定筹码已基本集中和锁定的情况下，对股价进行快速拉升拔高，其间收出或连续收出缩量涨停的板股，普通投资者可以寻机跟进打板。

上涨途中缩量涨停板股的走势各不相同。在K线走势上，多数为突然出现的缩量涨停一字板、T字板和小阳线涨停板K线形态，也有少数的缩量大阳线涨停板K线形态出现。当目标股票在上涨途中突然出现集合竞价或一开盘就涨停的K线走势时，如果盘中的抛盘稀少，普通投资者应当快速打板或在涨停板被打开后快速跟进；当目标股票在洗盘之后首先出现一根放量突破的大阳线或放量突破的大阳线涨停板，紧接着就出现缩量的涨停板走势时，普通投资者应当快速打板或在涨停板被打开后快速跟进。

在分时走势上，上涨途中缩量涨停板股的走势也各不相同。表现为某个交易日涨停开盘至收盘成交萎缩；涨停开盘后涨停板被打开又迅速封回至收盘成交萎缩；大幅高开后股价一路走高，主力机构突然发力封上涨停板至收盘成交萎缩等走势。对缩量涨停的板股，普通投资者在快速分析预判目标板股下一交易日的确定性预期后，可积极跟庄进场打板买入。

图5-54是603261立航科技2024年3月6日星期三下午收盘时的K线走势图。这是一个上涨途中出现缩量一字涨停板的实战案例。当时该股属于"低空经济+军工+大飞机+可控核聚变"概念炒作。在软件上将该股整个K线走势图进行缩小后可以看出，该股走势处于上升趋势中。股价从前期相对高位，即2024年1月3日的最高价39.00元，震荡下跌，至2024年2月8日的最低价17.30元止跌企稳，下跌时间较短，但跌幅大。股价止跌企稳后，主力机构快速展开初期拉升行情，成交量稳步放大，K线走势呈涨多跌少态势，其间收出过1个涨停板，为吸筹建仓型涨停板，股价的上升趋势已经形成。

2024年3月5日，该股跳空高开，收出一个大阳线涨停板，为首板，突破前高和平台，成交量较前一交易日放大2倍多，形成放量大阳线涨停K线形态。此时，该股均线系统较弱，只有5日和10日均线向上移动，但MACD、

KDJ、RSI、均量线等技术指标已经走强，股价的强势特征已经显现，后市短期快速上涨的概率较大。像这种情况，普通投资者可以在当日该股涨停后跟庄打板。

2024年3月6日截图当日，该股涨停开盘，收出一个一字涨停板，为二板，突破前高，留下向上突破缺口，成交量较前一交易日大幅萎缩，形成缩量一字涨停K线形态。此时，该股均线系统仍较弱，但MACD、KDJ、RSI等技术指标走强，股价的强势特征相当明显，后市短期快速上涨的概率大。像这种情况，普通投资者可以在当日该股涨停后跟庄打板，当然也可以在该股当日早盘集合竞价时以涨停价排队等候买进；如当日打板不成功，可以在下一交易日积极寻机跟庄进场买进。

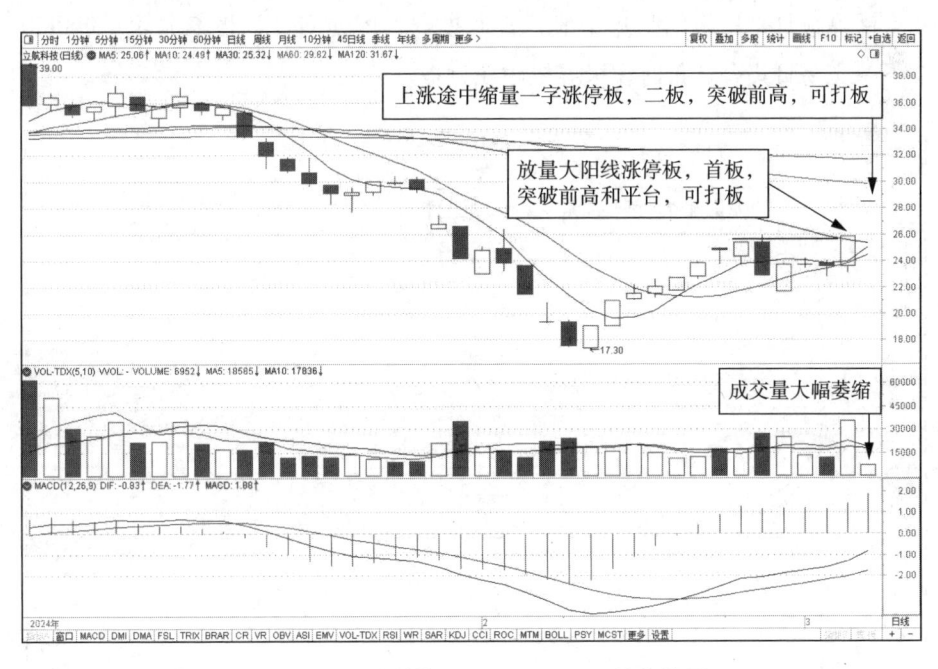

图5-54 立航科技（603261）日K线走势图

图5-55是603261立航科技2024年3月6日星期三下午收盘时的分时走势图。这是该个股上涨途中突破前高和平台之后收出的二板即缩量一字涨停板。从当日分时走势可以看出，该股早盘集合竞价时竞价价格就是涨停板价，由于前一交易日该股收出的是突破前高和平台的放量大阳线涨停板，预示当日继续涨停（连板）的概率非常大，普通投资者可以在9:24以涨停价迅速挂

买单跟进。9:30该股涨停开盘，至收盘涨停板没被打开，且成交量较前一交易日大幅萎缩，分时盘口强势特征特别明显，涨停板封板结构优，但由于是强势一字涨停板，当日打板的投资者交易成功的应该很少。从成交量看，当日换手率为2.64%，最高封单量为456.38万股，收盘封单量为281.41万股，占实际流通盘的10.70%，占当日成交量的404.79%，属缩量涨停，涨停板封板结构优。

收盘数据显示，当日主力机构（dde大单净额）净流入1000.94万元，主力净量（dde大单净额/流通股）为1.34%，两市排名71/5108。主力机构净量为正，且值较大，表明主力机构大幅流入，主动买入明显多于主动卖出，主力拉升明显。像这种K线走势已经处于上升趋势，上涨途中收出大幅缩量一字涨停板且是二板的强势个股，普通投资者即使当日打板不成功，仍可以在下一交易日集合竞价时积极寻机跟庄打板。

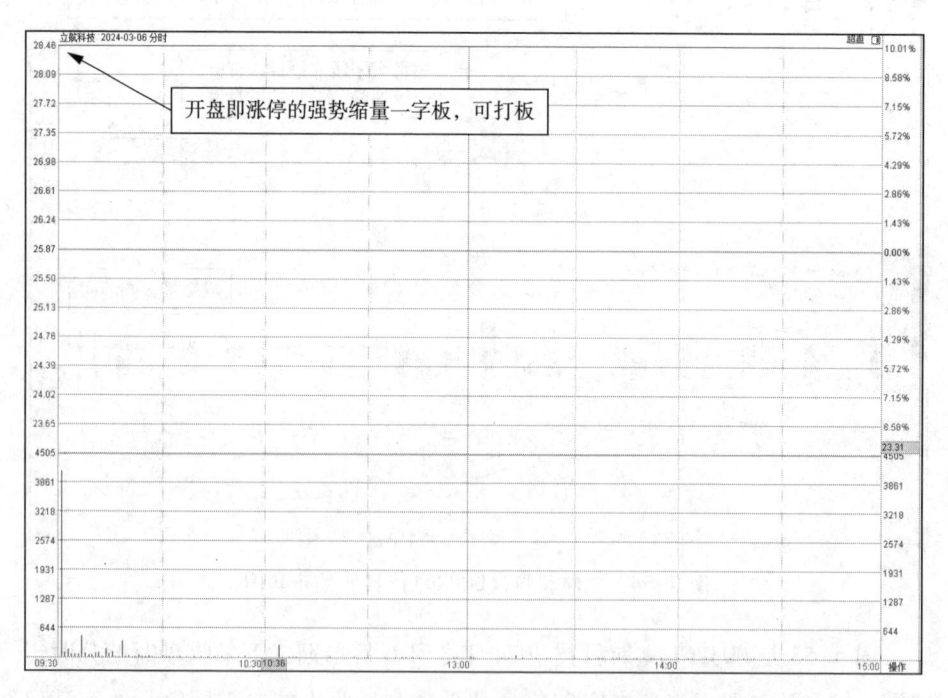

图5-55 立航科技（603261）分时走势图

图5-56是603261立航科技2024年3月6日星期三下午收盘时近5日资金流向一览表。3月6日该股主力机构资金净流入434.58万元，占总成交额

的21.96%；游资资金净流出173.89万元，占总成交额的8.79%；散户资金净流出260.69万元，占总成交额的13.18%；显示出主力机构对该股后市有较强的看涨信心。

日期	收盘价	涨跌幅	主力净流入	主力净占比	游资净流入	游资净占比	散户净流入	散户净占比
2024-03-06	28.46	10.01%	434.58万	21.96%	-173.89万	-8.79%	-260.69万	-13.18%
2024-03-05	25.87	9.99%	804.28万	8.88%	-269.55万	-2.98%	-534.74万	-5.90%
2024-03-04	23.52	-0.93%	-201.62万	-7.31%	-157.18万	-5.70%	358.80万	13.01%
2024-03-01	23.74	0.17%	-204.37万	-6.36%	-9.45万	-0.29%	213.82万	6.66%
2024-02-29	23.70	3.72%	248.43万	4.24%	-206.79万	-3.53%	-41.64万	-0.71%

图5-56　立航科技（603261）近5日资金流向一览表

图5-57是600678四川金顶2023年12月6日星期三下午收盘时的K线走势图。这是一个上涨途中出现缩量大阳线涨停板的实战案例。当时该股属于"国企改革+氢能源+充电桩+氧化钙"概念炒作。在软件上将该股整个K线走势图进行缩小后可以看出，该股走势处于上升趋势中。股价从前期相对高位，即2023年8月2日的最高价5.91元，一路震荡下跌，至2023年10月23日的最低价5.03元止跌企稳，下跌时间较短，但跌幅较大。股价止跌企稳后，主力机构快速展开初期上涨行情，成交量稳步放大，K线走势呈涨多跌少态势，股价的上升趋势已经形成。

2023年12月5日，该股跳空高开，盘中一度涨停，收出一根长上影线大阳线，突破前高，成交量较前一交易日放大8倍多，明显是主力机构洗盘行为。此时，该股均线呈多头排列，MACD、KDJ、RSI、均量线等技术指标走强，股价的强势特征相当明显，后市短期快速上涨的概率较大。像这种情况，普通投资者可以在当日逢低买入或在下一交易日择机跟进。

2023年12月6日截图当日，该股跳空低开，收出一个大阳线涨停板，为首板，突破前高，成交量较前一交易日大幅萎缩，形成缩量大阳线涨停K线形态。此时，该股均线呈多头排列，MACD、KDJ、RSI等技术指标走强，股价的强势特征十分明显，后市短期快速上涨的概率大。像这种情况，普通投资者可以在当日该股涨停后跟庄打板。

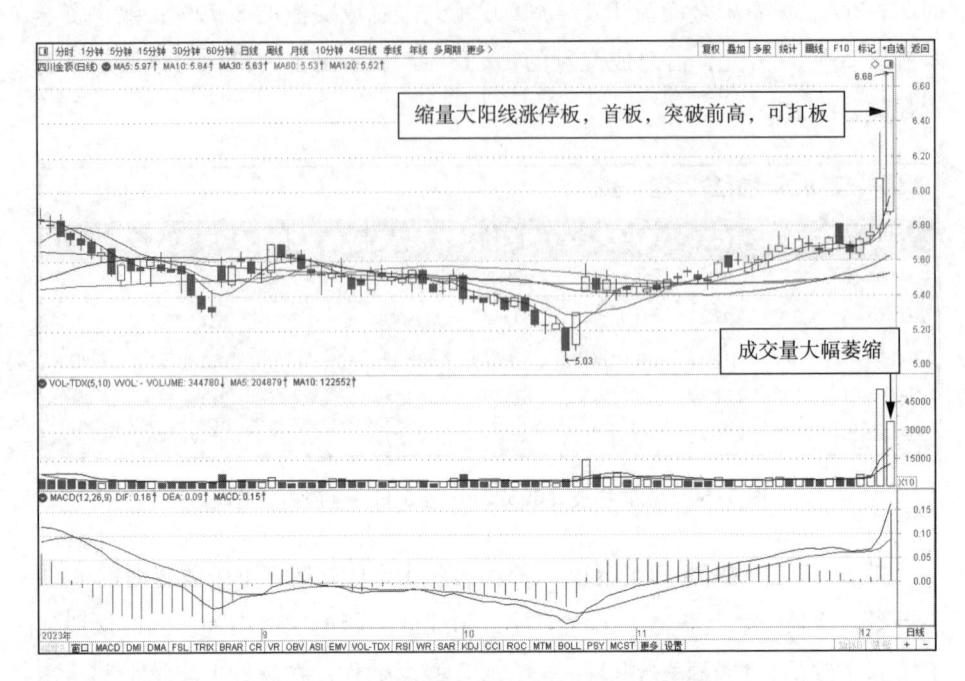

图 5-57　四川金顶（600678）日 K 线走势图

图 5-58 是 600678 四川金顶 2023 年 12 月 6 日星期三下午收盘时的分时走势图。这是该个股上涨途中突破前高之后收出的首板即缩量大阳线涨停板。从当日分时走势可以看出，该股早盘低开后，股价快速上冲，迅速突破前一交易日收盘价，分 3 个波次于 9：35 封上涨停板至收盘没有打开，封板时间早，分时盘口强势特征明显，涨停板封板结构优。从成交量看，当日换手率为 9.88%，最高封单量为 3849.42 万股，收盘封单量为 1218.99 万股，占实际流通盘的 4.39%，占当日成交量的 35.36%，属缩量涨停，涨停板封板结构优。

收盘数据显示，当日 DDE 大单资金（主力机构资金）净流入 4766.03 万元，两市排名 91/5086。近 3 日四川金顶主力资金持续流入，3 日共净流入 9291.28 万元。当日 DDE 大单净额为正，且最近 3 日均量亦为正，表明近期主力资金买入居多，主力资金短期处于流入趋势，主力机构拉升明显。像这种 K 线走势已经处于上升趋势，上涨途中收出大幅缩量的大阳线涨停首板，普通投资者可以在当日该股涨停后跟庄打板，也可以在股价即将涨停前快速狙击买入。

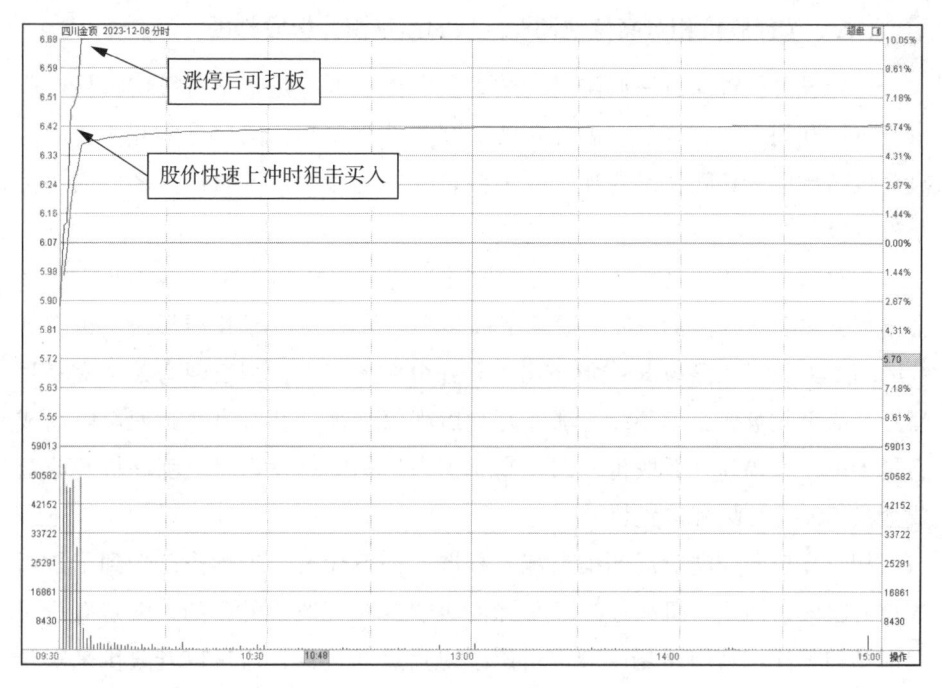

图 5-58　四川金顶（600678）分时走势图

图 5-59 是 600678 四川金顶 2023 年 12 月 6 日星期三下午收盘时买入金额最大的前 5 名龙虎榜，当日主力机构（机构专用）买入 4690.98 万元，知名游资孙哥（中信证券股份有限公司上海溧阳路证券营业部）、华泰证券股份有限公司总部分别买入 1128.85 万元和 551.90 万元；华鑫证券有限责任公司上海分公司和国泰君安证券股份有限公司上海松江中山东路证券营业部分别买入 533.33 万元和 518.32 万元。机构和游资的大额买入，显示出对该股后市短期较强的看涨信心。

图 5-59　四川金顶（600678）2023 年 12 月 6 日龙虎榜

（二）选择股价相对高位回调洗盘后的缩量涨停板股打板

选择股价相对高位回调洗盘后的缩量涨停板股，是指主力机构将目标股票股价拉升到一定高度后，展开短暂的强势洗盘调整，然后再展开快速向上拉升拔高行情，其间收出或连续收出缩量涨停的板股，普通投资者可以寻机跟进打板。

相对高位回调洗盘后缩量涨停板股的走势各不相同，在K线走势上，多会出现突然缩量涨停的一字板、T字板和小阳线涨停板等K线形态，也有少数的缩量大阳线涨停板K线形态出现。在分时走势上，则表现为某个交易日涨停开盘至收盘成交量萎缩，涨停开盘后涨停板被打开又迅速封回至收盘成交量萎缩，大幅高开后股价一路走高、主力机构突然发力封上涨停板至收盘成交量萎缩等缩量涨停走势。

相对高位回调洗盘后的缩量涨停板股，一般代表一轮炒作已经到了最后的拉升阶段，而主力机构通过缩量涨停板快速拉升股价的目的，就是有意引起市场的关注，吸引市场眼球，引诱跟风盘进场接盘，通过拉升股价来实现出货盈利。所以，对于相对高位回调洗盘后的缩量涨停板股，普通投资者可以谨慎参与做多，但要小心操盘，注意盯盘观察，关注成交量和K线、均线形态的变化，出现放量滞涨或明显的标志性见顶信号时，要见好就收，快速卖出手中筹码。

图5-60是002455百川股份2024年4月30日星期二下午收盘时的K线走势图。这是一个相对高位回调洗盘后收出缩量小阳线涨停板向上突破颈线的实战案例。当时该股为"石墨电极+钠电池+甲醇"概念热股。在软件上将该股整个K线走势图进行缩小后可以看出，该股走势处于上升趋势中。股价从前期相对低位，即2024年2月7日的最低价3.68元止跌企稳后，主力机构开始向上推升股价，展开初期上涨行情，K线走势呈涨多跌少态势，期间已经收出过5个涨停板，为吸筹建仓型涨停板，股价的上升趋势已经形成。

2024年4月19日，该股小幅高开，股价冲高回落，收出一根螺旋桨阳K线，成交量较前一交易日大幅放大，主力机构展开回调洗盘行情。

2024年4月30日截图当日，该股大幅高开（向上跳空8.25%开盘），收出一个小阳线涨停板，为首板，突破颈线，留下向上突破缺口，成交量较前一交易日大幅萎缩，形成向上突破缺口和缩量小阳线涨停K线形态，属于相对高位回调洗盘后缩量涨停向上突破颈线的涨停板股。此时，该股均线呈多头排列，MACD、KDJ、RSI 等技术指标走强，股价的强势特征十分明显，后市主力机构短期快速拉升的概率大。像这种情况，普通投资者可以在当日该股涨停后跟庄打板。

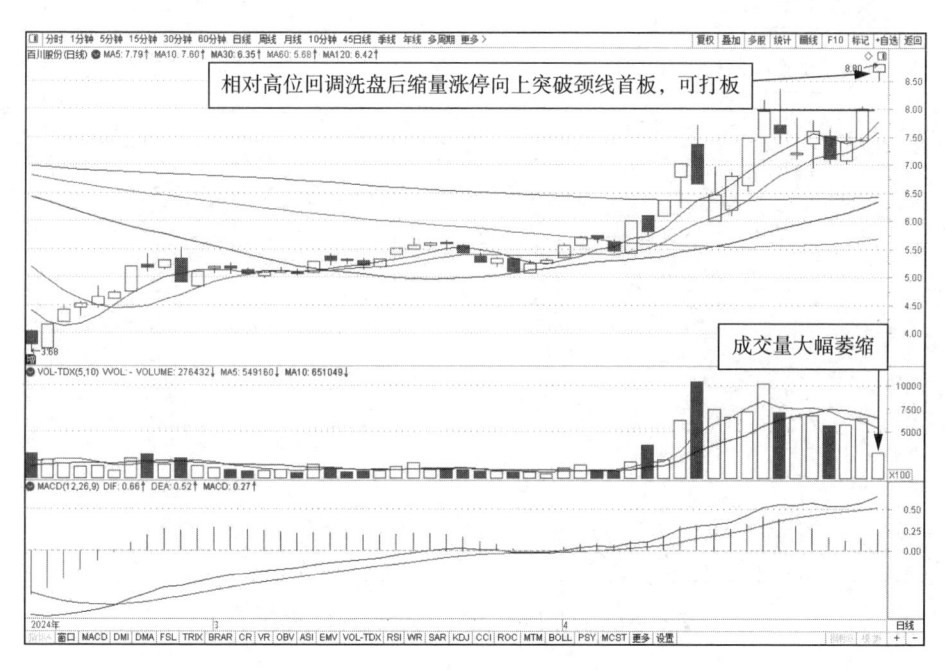

图 5-60 百川股份（002455）日 K 线走势图

图 5-61 是 002455 百川股份 2024 年 4 月 30 日星期二下午收盘时的分时走势图。这是该个股收出的相对高位回调洗盘后向上突破颈线的缩量小阳线涨停首板。从当日分时走势可以看出，该股早盘大幅高开后瞬间封上涨停板至收盘没有打开，封板时间早，分时盘口强势特征明显。从成交量看，当日换手率为 5.46%，成交量为 27.64 万手，成交额为 2.42 亿元，收盘封单资金为 9687.74 万元，占其流通市值的 2.17%，属缩量涨停，涨停板封板结构优。

收盘数据显示，当日 DDE 大单资金（主力机构资金）净流入 1.06 亿元，两市排名 15/5115。近 3 日百川股份主力资金持续流入，3 日共净流入 1.34 亿元。当日 DDE 大单净额为正，且最近 3 日均量亦为正，表明近期主力资金买入居多，主力资金短期处于流入趋势，主力机构拉升明显。像这种 K 线走势已经处于上升趋势，主力机构在相对高位回调洗盘后收出缩量小阳线涨停板向上突破颈线的板股，普通投资者可以在当日该股涨停后跟庄打板，当然也可以在股价即将涨停前快速狙击买入。

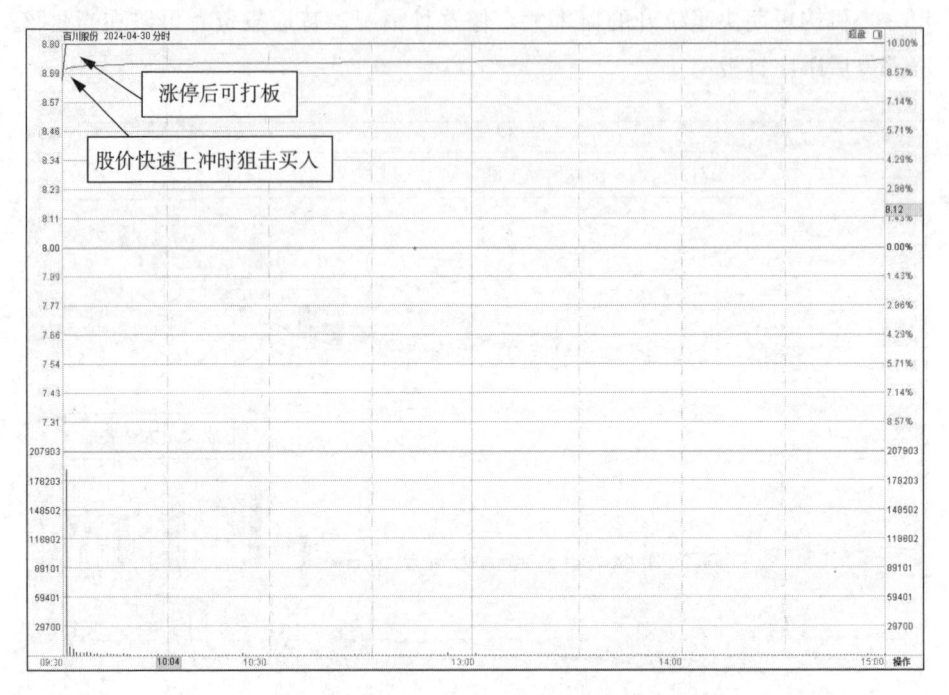

图 5-61　百川股份（002455）分时走势图

图 5-62 是 002455 百川股份 2024 年 4 月 30 日星期二下午收盘时近 5 日资金流向一览表。4 月 30 日该股主力机构资金净流入 9695.22 万元，占总成交额 40.14%，游资资金净流出 4860.91 万元，占总成交额 20.12%，散户资金净流出 4834.31 万元，占总成交额 20.01%，显示出主力机构对后市有较强的看涨信心。

百川股份 近5日资金流向一览

日期	收盘价	涨跌幅	主力净流入	主力净占比	游资净流入	游资净占比	散户净流入	散户净占比
2024-04-30	8.80	10.00%	9695.22万	40.14%	-4860.91万	-20.12%	-4834.31万	-20.01%
2024-04-29	8.00	7.67%	1940.77万	3.84%	-291.39万	-0.58%	-1649.38万	-3.27%
2024-04-26	7.43	4.65%	700.44万	1.65%	-388.82万	-0.92%	-311.62万	-0.73%
2024-04-25	7.10	-6.70%	-2974.36万	-7.13%	-1126.23万	-2.70%	4100.59万	9.82%
2024-04-24	7.61	5.26%	-119.39万	-0.24%	101.94万	0.20%	17.45万	0.04%

图 5-62　百川股份（002455）近 5 日资金流向一览表

图 5-63 是 000838 财信发展 2021 年 12 月 10 日星期五下午收盘时的 K 线走势图。这是一个处于相对高位回调洗盘后收出缩量大阳线涨停板向上突破颈线的实战案例。当时该股为"房地产+环保+固废处理"概念热股。在软件上将该股整个 K 线走势图进行缩小后可以看出，该股走势处于上升趋势中。股价从前期相对低位，即 2021 年 10 月 29 日的最低价 2.52 元止跌企稳后，主力机构展开初期上涨行情，K 线走势呈涨多跌少态势，其间已经收出过 6 个涨停板，股价的上升趋势已经形成。

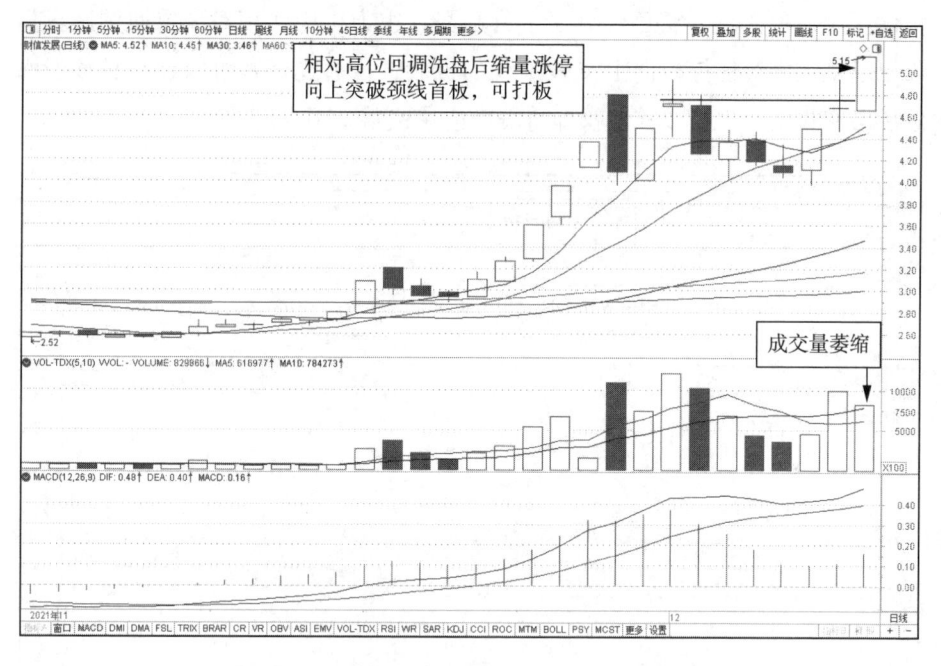

图 5-63 财信发展（000838）日 K 线走势图

2021 年 12 月 1 日，该股大幅高开（向上跳空 4.45%开盘），股价冲高回落（盘中一度涨停），收出一颗阳十字线，成交量较前一交易日大幅放大，主力机构展开回调洗盘行情。

2021 年 12 月 10 日截图当日，该股小幅低开，收出一个大阳线涨停板，为首板，突破颈线，成交量较前一交易日大幅萎缩，形成缩量大阳线涨停 K 线形态，属于相对高位回调洗盘后缩量涨停向上突破颈线的涨停板股。此时，该股均线呈多头排列，MACD、KDJ、RSI 等技术指标走强，股价的强势特征十分明显，后市快速上涨的概率大。像这种情况，普通投资者可以在当日该股涨停后跟庄打板。

图 5-64 是 000838 财信发展 2021 年 12 月 10 日星期五下午收盘时的分时走势图。这是该股收出的相对高位回调洗盘后缩量大阳线涨停板向上突破颈线的首板。从当日分时走势可以看出，该股早盘小幅低开后，股价震荡上行，成交量呈萎缩状态，于 10:20 封上涨停板至收盘没有打开，封板时间较早，分时盘口强势特征较为明显。从成交量看，当日换手率为 9.81%，收盘封单资金为 4744.82 万元，占其流通市值的 1.09%，属缩量涨停，涨停板封板结构优。像这种 K 线走势已经处于上升趋势，主力机构在相对高位回调洗盘后收出缩量大阳线涨停板向上突破颈线的板股，普通投资者可以在当日该股涨停后跟庄打板，也可以在股价即将涨停前快速狙击买入。

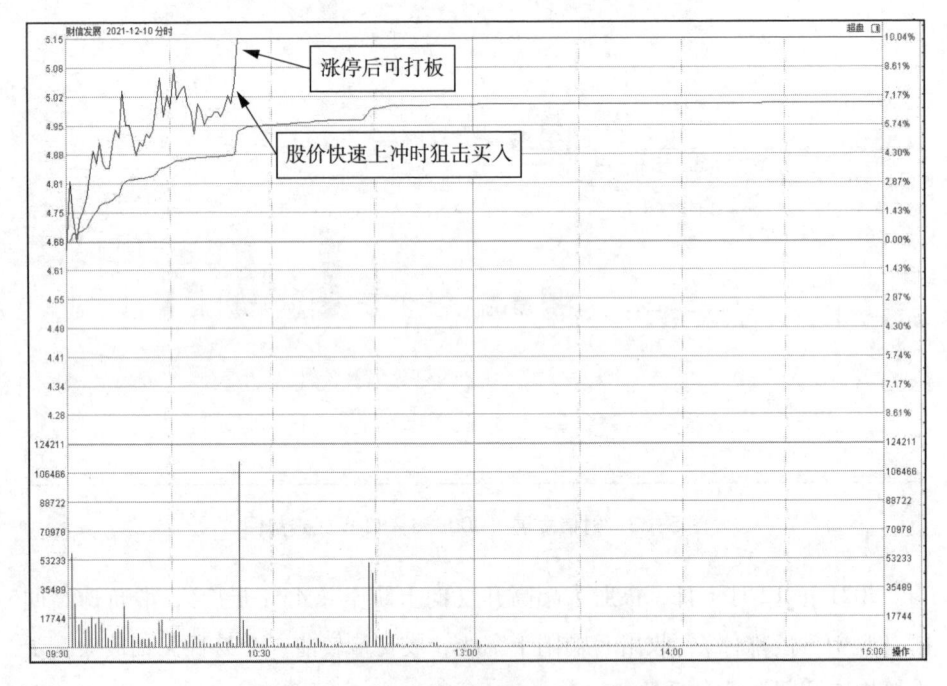

图 5-64 财信发展（000838）分时走势图

图 5-65 是 000838 财信发展 2021 年 12 月 10 日星期五下午收盘时近 5 日资金流向一览表。12 月 10 日该股主力机构资金净流入 6776.93 万元，游资资金净流入 8116.07 万元，散户资金净流出 2833.05 万元，显示出主力机构和游资对该股后市短期有较强的看涨信心。

日期	收盘价	涨跌幅	主力净流入	主力净占比	游资净流入	游资净占比	散户净流入	散户净占比
2021-12-06	4.18	-4.13%	-1784.71万元	-9.54%	-2248.49万元	-12.02%	666.58万元	3.56%
2021-12-07	4.08	-2.39%	-1194.71万元	-7.97%	-1055.11万元	-7.04%	1589.89万元	10.61%
2021-12-08	4.49	10.05%	4647.99万元	23.85%	4664.70万元	23.94%	-1866.76万元	-9.58%
2021-12-09	4.68	4.23%	1025.59万元	2.15%	161.44万元	0.34%	-1712.52万元	-3.59%
2021-12-10	5.15	10.04%	6776.93万元	16.34%	8116.07万元	19.57%	-2833.05万元	-6.83%

图5-65　财信发展（000838）近5日资金流向一览表

三、无量（微量）涨停板股打板路径分析

无量（微量）涨停板股，是指成交量相对于前一交易日大幅萎缩即成交量极小情况下的涨停板股。目标股票在成交量极小的情况下，股价就达到了涨停板的涨幅限制，说明主力机构只动用了少量的资金，就将股价封死在涨停板上，预示主力机构以外的筹码较少，主力机构筹码集中度高，控盘到位。

一般情况下，涨停当天日换手率低于4%左右，可视为无量（微量）涨停，当然，无量（微量）涨停的换手率越小越好，低于1%更好。换手率越小，说明主力机构控盘程度越高，后市股价的上升空间越大。

无量（微量）涨停一般发生在主力机构高度控盘、资产重组等重大利好公布、较长时间停牌等特定股票中。在牛市市场，无量（微量）涨停的出现比较常见和普遍。

实战打板中，普通投资者要注意的是，在K线走势上，无量（微量）涨停一般表现为以开盘即封停的一字板、T字板以及少数成交量较小的小阳线涨停板为主，出现这种走势和K线形态，预示着主力机构看多后市，已经启动或即将启动一波较大幅度的上涨行情。这种板股接下来的走势，以连板上涨为主，直到成交量放大股价出现滞涨，预示上涨行情即将结束。对于无量（微量）涨停板股，普通投资者应该积极跟庄打板，要充分利用集合竞价、涨停板瞬间打开的时机跟庄打板或寻机狙击买入筹码，积极做多。

（一）选择股价处于相对低位的无量（微量）涨停板股打板

选择股价处于相对低位的无量（微量）涨停板股，是指目标股票经过长

期下跌调整（或重大利好刺激）之后，主力机构拉出的成交量极小的涨停板股，普通投资者可以寻机跟进打板。

从操盘实践看，股价处于相对低位的无量（微量）涨停板股，基本上是主力机构开盘即强势封停的一字板、少数成交量极小的T字板和小阳线涨停板股。对股价处于相对低位的无量（微量）涨停的板股，普通投资者在快速分析预判目标板股下一交易日的确定性预期后，可积极跟庄进场打板买入。

图5-66是002467二六三2024年2月19日星期一下午收盘时的K线走势图。这是一个股价处于相对低位、收出突破前高的无量（微量）一字涨停板的实战案例。当时该股属于"视频技术+AIGC+虚拟数字人+通信服务+不涉及退市情形"概念炒作。在软件上将该股整个K线走势图进行缩小后可以看出，该股走势处于反弹趋势中。股价从前期相对高位，即2023年3月24日的最高价6.65元一路震荡下跌，至2024年2月6日的最低价2.57元止跌，下跌时间长，跌幅大。2024年2月7日，该股高开，收出一颗阳十字星，突破前高，成交量较前一交易日略有萎缩，股价企稳。

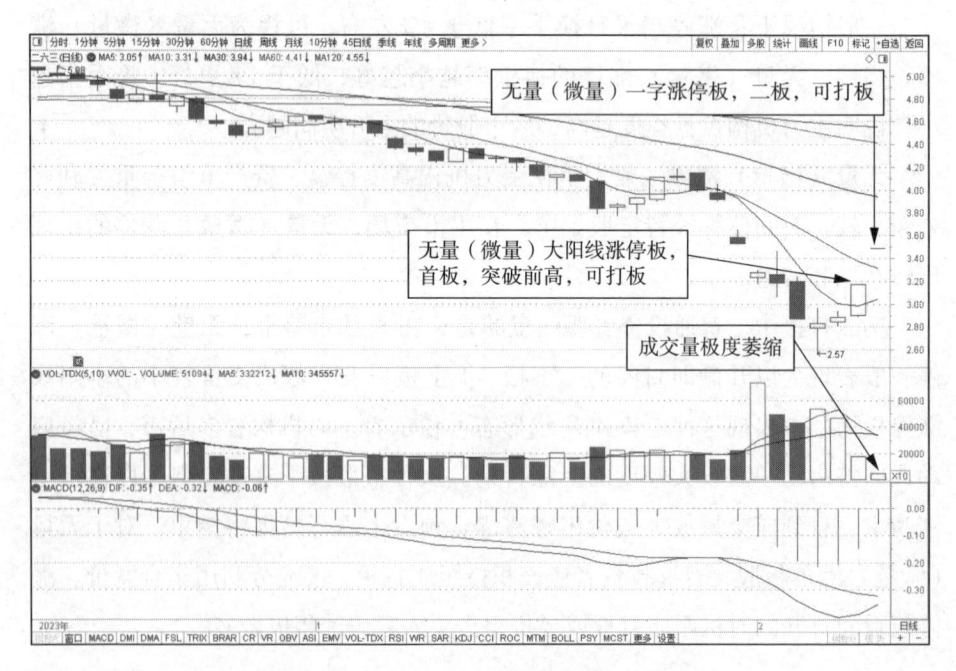

图5-66 二六三（002467）日K线走势图

2024年2月8日，该股高开，收出一个大阳线涨停板，为首板，突破前高，成交量较前一交易日大幅萎缩，换手率为2.49%，可视为无量（微量）涨停，形成无量（微量）大阳线涨停K线形态。此时，该股均线系统较弱，但KDJ、RSI等部分技术指标已经走强，股价的强势特征开始显现，后市短期快速上涨的概率较大。像这种情况，普通投资者可以在当日该股涨停后跟庄打板。

2024年2月19日截图当日，该股涨停开盘，收出一个一字涨停板，为二板，突破前高，留下向上突破缺口，成交量较前一交易日大幅萎缩，换手率只有0.37%，可视为无量（微量）涨停，形成向上突破缺口和无量（微量）一字涨停K线形态。此时，该股均线系统仍较弱，但KDJ、RSI、CCI等部分技术指标走强，股价的强势特征较为明显，后市短期快速上涨的概率较大。像这种情况，普通投资者可以在当日该股涨停后跟庄打板，当然也可以在当日早盘集合竞价时以涨停价挂买单排队等候买进；如当日打板不成功，可以在下一交易日积极寻机跟庄买进。

图5-67是002467 二六三2024年2月19日星期一下午收盘时的分时走势图。这是该股股价处于相对低位收出的突破前高的无量（微量）一字涨停板二板。从当日分时走势可以看出，该股早盘集合竞价时竞价价格就是涨停板价，由于前一交易日该股收出的是突破前高的无量（微量）大阳线涨停板，预示当日继续涨停（连板）的概率非常大，普通投资者可以在9:24以涨停价迅速挂买单排队跟进。9:30该股涨停开盘，至收盘涨停板没有被打开，且成交量较前一交易日大幅萎缩，分时盘口强势特征特别明显。从成交量看，该股当日换手率为0.37%，最高封单量为30079.68万股，收盘封单量为4969.53万股，占实际流通盘的4.34%，占当日成交量的972.62%，属无量（微量）涨停，涨停板封板结构优。

收盘数据显示，当日主力机构资金净流入1330.05万元，占总成交额的74.59%，游资资金净流出251.42万元，占总成交额的14.1%，散户资金净流出1078.63万元，占总成交额的60.49%。这种主力机构高度控盘的无量（微量）强势涨停一字板，当日想打板的普通投资者应该很少有交易成功的。像这种K线走势已经处于反弹阶段，股价处于相对低位收出的突破前高的无量

（微量）一字涨停板（二板）的强势个股，普通投资者即使当日打板不成功，仍可以在下一交易日积极寻机跟庄买入。

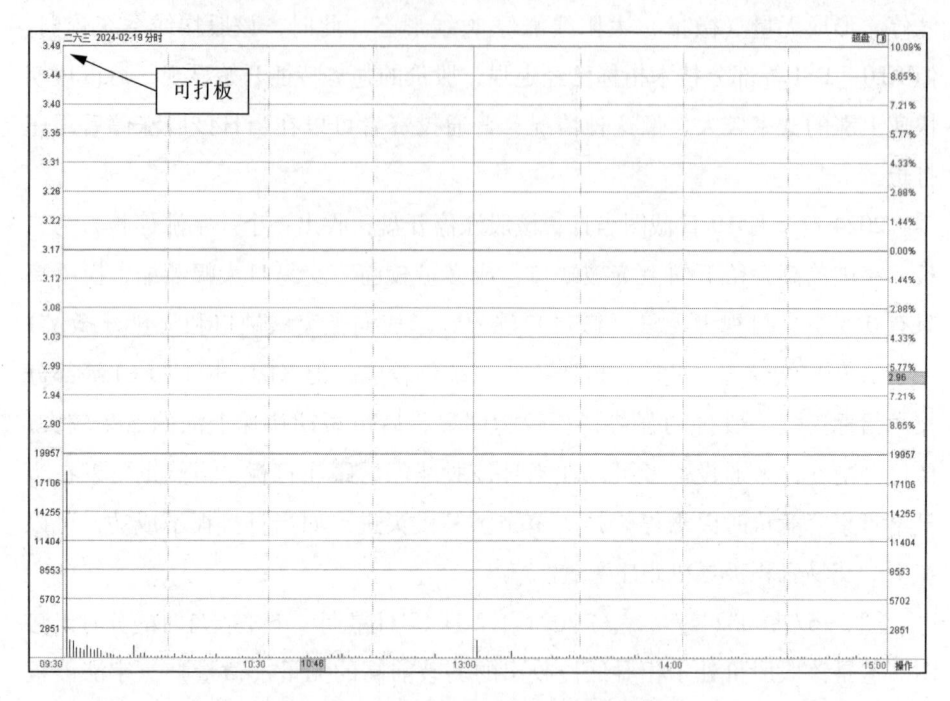

图 5-67　二六三（002467）分时走势图

图 5-68 是 002272 川润股份 2024 年 2 月 19 日星期一下午收盘时的 K 线走势图。这是一个股价处于相对低位、收出突破前高的无量（微量）小阳线涨停板的实战案例。当时该股属于"增持+液冷服务器+传感器+高端能源装备"概念炒作。在软件上将该股整个 K 线走势图进行缩小后可以看出，该股走势处于反弹趋势中。股价从前期相对高位，即 2023 年 6 月 19 日的最高价 8.19 元，一路震荡下跌，至 2024 年 2 月 7 日的最低价 3.32 元止跌，下跌时间长，跌幅大。

2024 年 2 月 8 日，该股高开，收出一个大阳线涨停板，为首板，突破前高，成交量较前一交易日萎缩，形成缩量大阳线涨停 K 线形态。此时，该股均线系统较弱，但 RSI、CCI 等部分技术指标已经走强，股价的强势特征开始显现，后市短期快速上涨的概率较大。像这种情况，普通投资者可以在当日该股涨停后跟庄打板。

2024年2月19日截图当日，该股大幅高开（向上跳空7.32%开盘），收出一个小阳线涨停板，为二板，突破前高，留下向上突破缺口，成交量较前一交易日大幅萎缩，换手率为2.80%，可视为无量（微量）涨停，形成向上突破缺口和无量（微量）小阳线涨停K线形态。此时，该股均线系统较弱，但KDJ、RSI、CCI等部分技术指标走强，股价的强势特征较为明显，后市短期快速上涨的概率较大。像这种情况，普通投资者可以在当日该股涨停后跟庄打板。

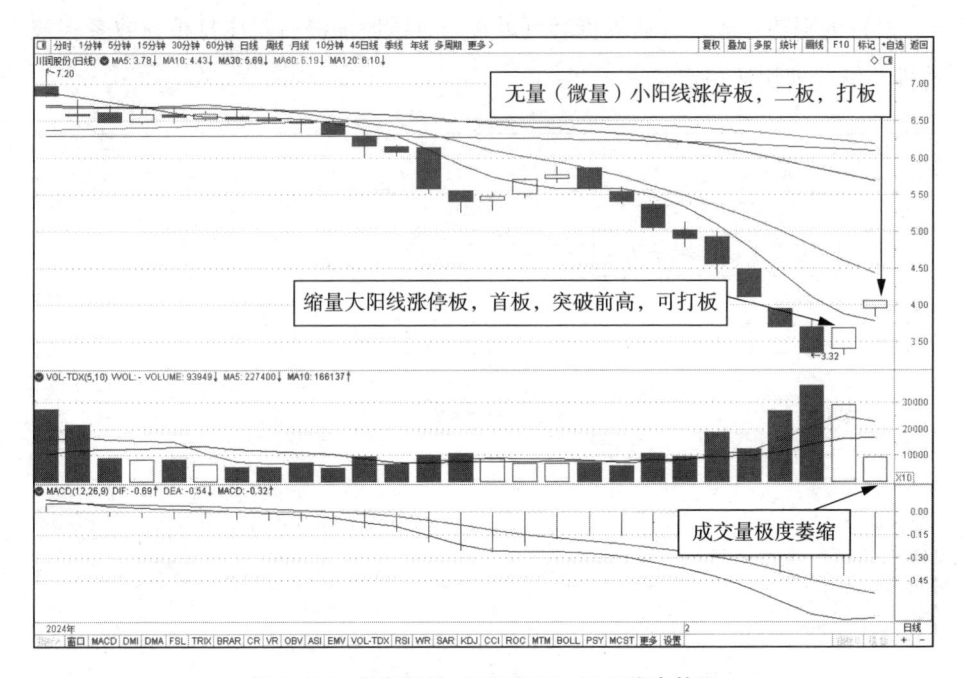

图5-68　川润股份（002272）日K线走势图

　　图5-69是002272川润股份2024年2月19日星期一下午收盘时的分时走势图。这是该个股股价处于相对低位收出的突破前高的无量（微量）小阳线涨停板二板。从当日分时走势可以看出，该股早盘大幅高开后瞬间回落，回落至3.83元（涨幅3.79%）时快速勾头上冲，一个波次于9:38封上涨停板至收盘没有打开，成交量同步放大，涨停板封板结构优。从该股早盘大幅高开瞬间回落的情况看，回落幅度不大，回落时成交量呈萎缩状态，应该是主力机构利用高开后瞬间回调洗盘吸筹。从成交量看，该股当日换手率为2.80%，最高封单量为2780.26万股，收盘封单量为660.39万

股，占实际流通盘的2.15%，占当日成交量的70.29%，属无量（微量）涨停，涨停板封板结构优。

收盘数据显示，当日主力机构资金净流入938.67万元，两市排名490/5108；近3日该股主力资金持续流入，3日共净流入2727.22万元。当日DDE大单净额为正，且最近3日均量亦为正，表明近期主力资金买入居多，主力资金短期处于流入趋势，主力机构拉升明显。像这种K线走势已经处于反弹阶段，股价处于相对低位收出的突破前高的无量（微量）小阳线涨停板（二板）的强势个股，普通投资者可以在当日该股涨停后跟庄打板，或者在该股即将涨停前快速狙击买入。

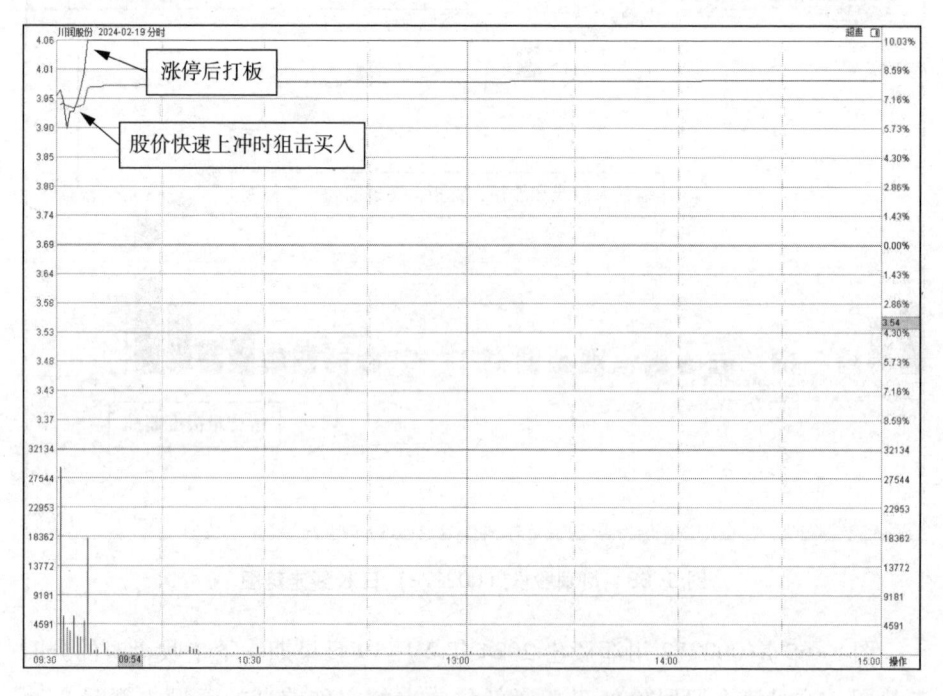

图5-69 川润股份（002272）分时走势图

图5-70是002272川润股份2024年2月19日星期一下午收盘时近5日资金流向一览表。2月19日该股主力机构资金净流入938.67万元，占总成交额的25.07%；游资资金净流出344.28万元，占总成交额的9.19%；散户资金净流出594.39万元，占总成交额的15.87%。主力机构资金的大额买入，显示出对该股后市短期有较强的看涨信心。

日期	收盘价	涨跌幅	主力净流入	主力净占比	游资净流入	游资净占比	散户净流入	散户净占比
2024-02-19	4.06	10.03%	938.67万	25.07%	-344.28万	-9.19%	-594.39万	-15.87%
2024-02-08	3.69	10.15%	1291.63万	12.53%	19.56万	0.19%	-1311.19万	-12.72%
2024-02-07	3.35	-9.21%	823.37万	6.59%	-452.44万	-3.62%	-370.93万	-2.97%
2024-02-06	3.69	-10.00%	97.20万	0.98%	260.05万	2.61%	-357.25万	-3.58%
2024-02-05	4.10	-9.89%	350.74万	6.87%	131.81万	2.58%	-482.56万	-9.46%

图 5-70　川润股份（002272）近 5 日资金流向一览表

（二）选择上涨途中无量（微量）涨停板股打板

选择上涨途中的无量（微量）涨停板股，是指目标股票在初期上涨之后，主力机构展开强势震荡洗盘或回调洗盘（或重大利好刺激），在确认筹码高度集中、强势控盘的情况下，展开快速拉升拔高的行为；拉升拔高期间，主力机构连续拉出无量（微量）的涨停板。上涨途中的无量（微量）涨停，绝大多数出现在主力机构正在拉升拔高的目标股票中，其后市的发展趋势，就是连续涨停，直到成交量放大才会出现滞涨。主力机构无量（微量）涨停的目的相当明确，就是吸引市场眼球，引诱跟风盘进场接盘，为后面顺利出货打基础做准备。

从操盘实践看，上涨途中的无量（微量）涨停板股，基本上是以一字板以及少数成交量极小的小阳线涨停板为主。对上涨途中的无量（微量）涨停的板股，普通投资者在快速分析预判目标板股下一交易日的确定性预期后，可积极跟庄进场打板买入。

图 5-71 是 603660 苏州科达 2023 年 12 月 8 日星期五下午收盘时的 K 线走势图。这是一个股价在上涨途中展开横盘震荡洗盘之后，收出突破前高无量（微量）一字涨停板的实战案例。当时该股属于"多模态 AI+GPU 服务器+智慧交通+人工智能"概念炒作。在软件上将该股整个 K 线走势图进行缩小后可以看出，该股走势处于上升趋势中。股价从前期相对低位，即 2023 年 10 月 30 日的最低价 5.77 元，逐步震荡上行，K 线走势呈涨多跌少态势。

2023 年 11 月 15 日，该股低开，收出一颗阴十字星，成交量较前一交易日萎缩，主力机构展开横盘震荡洗盘吸筹行情。

2023年12月7日，该股高开，收出一个大阳线涨停板，为首板，突破前高和平台，成交量较前一交易日放大，但换手率只有1.99%，可视为无量（微量）涨停，形成无量（微量）大阳线涨停K线形态。此时，该股短中期均线呈多头排列，MACD、KDJ、RSI、均量线等技术指标走强，股价的强势特征相当明显，后市短期快速上涨的概率较大。像这种情况，普通投资者可以在当日该股涨停后跟庄打板。

2023年12月8日截图当日，该股涨停开盘，收出一个一字涨停板，为二板，突破前高和平台，留下向上突破缺口，成交量较前一交易日萎缩，换手率为1.61%，可视为无量（微量）涨停，形成向上突破缺口和无量（微量）一字涨停K线形态。此时，该股均线呈多头排列，MACD、KDJ、RSI等技术指标走强，股价的强势特征十分明显，后市短期快速上涨的概率较大。像这种情况，普通投资者可以在当日该股涨停后跟庄打板，如当日打板交易不成功，可以在下一交易日积极寻机跟庄买进。

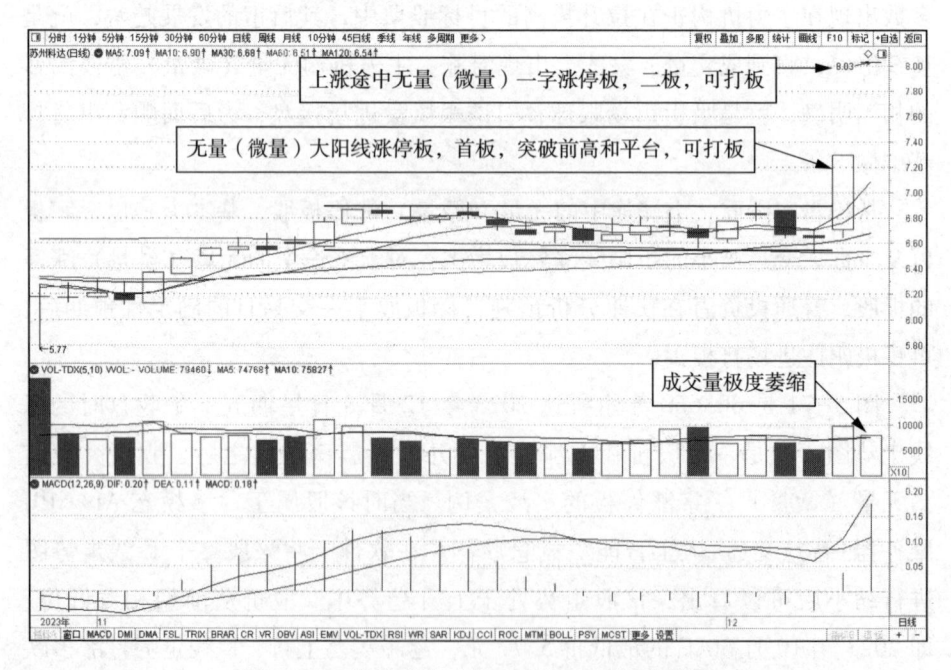

图5-71　苏州科达（603660）日K线走势图

图 5-72 是 603660 苏州科达 2023 年 12 月 8 日星期五下午收盘时的分时走势图。这是该个股在上涨途中展开横盘震荡洗盘之后收出的突破前高和平台的无量（微量）一字涨停板二板。从当日分时走势可以看出，该股早盘集合竞价时竞价价格就是涨停板价，由于前一交易日该股收出的是突破前高的无量（微量）大阳线涨停板，预示当日继续涨停（连板）的概率非常大，普通投资者可以在 9:24 视情况以涨停价迅速挂买单排队跟进。9:30 该股涨停开盘，至收盘涨停板没有被打开，且成交量较前一交易日萎缩，分时盘口强势特征特别明显。从成交量看，该股当日换手率为 1.61%，最高封单量为 20336.52 万股，收盘封单量为 6269.05 万股，占实际流通盘的 17.20%，占当日成交量的 788.96%，属无量（微量）涨停，涨停板封板结构优。当日想打板的普通投资者应该很少有交易成功的。像这种 K 线走势已经处于上升趋势，股价在上涨途中展开横盘震荡洗盘之后，收出突破前高和平台的无量（微量）一字涨停板二板的强势个股，普通投资者即使当日打板不成功，仍可以在下一交易日积极寻机跟庄打板。

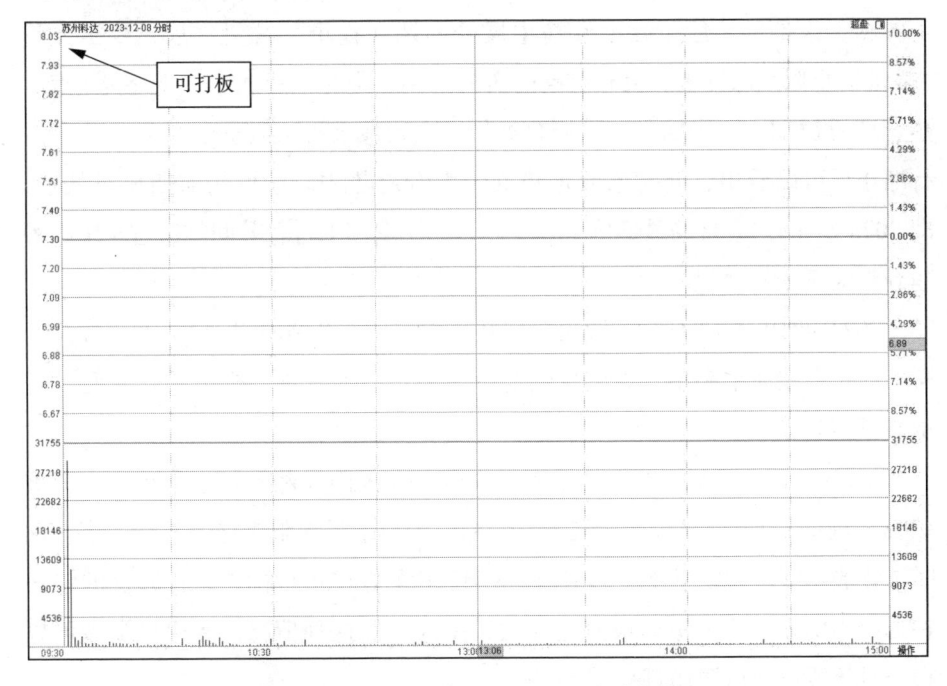

图 5-72 苏州科达（603660）分时走势图

图5-73是603660苏州科达2023年12月8日星期五下午收盘时近5日资金流向一览表。12月8日该股主力机构资金净流入3014.26万元，占总成交额的47.24%；游资资金净流出1312.99万元，占总成交额的20.58%；散户资金净流出1701.28万元，占总成交额的26.66%。主力机构资金的大额买入，显示出对该股后市短期有较强的看涨信心。

日期	收盘价	涨跌幅	主力净流入	主力净占比	游资净流入	游资净占比	散户净流入	散户净占比
2023-12-08	8.03	10.00%	3014.26万	47.24%	-1312.99万	-20.58%	-1701.28万	-26.66%
2023-12-07	7.30	9.94%	3235.40万	45.54%	-1163.51万	-16.38%	-2071.88万	-29.16%
2023-12-06	6.64	-0.30%	-103.25万	-3.01%	-8.70万	-0.25%	111.95万	3.26%
2023-12-05	6.66	-2.63%	-105.03万	-2.40%	-345.60万	-7.90%	450.63万	10.30%
2023-12-04	6.84	0.88%	-41.75万	-0.77%	62.73万	1.16%	-20.97万	-0.39%

图5-73 苏州科达（603660）近5日资金流向一览表

图5-74是603266天龙股份2023年10月26日星期四下午收盘时的K线走势图。这是一个股价在上涨途中展开回调（挖坑）洗盘之后，收出无量（微量）小阳线涨停板，突破前高的实战案例。当时该股属于"龙字辈+汽车热管理+汽车电子+奇瑞汽车"概念炒作。在软件上将该股整个K线走势图进行缩小后可以看出，此时该股走势处于上升趋势中。股价从前期相对低位，即2023年4月25日的最低价11.92元，一路震荡上行，其间收出过4个吸筹建仓型大阳线涨停板。

2023年10月17日，该股大幅低开（向下跳空7.90%开盘），股价冲高回落，收出一根阴十字星，成交量较前一交易日萎缩，主力机构展开回调（挖坑）洗盘行情。

2023年10月25日，该股低开，收出一个大阳线涨停板，为首板，突破颈线（坑口），成交量较前一交易日萎缩，形成缩量大阳线涨停K线形态。此时，该股均线呈多头排列，MACD、KDJ、RSI等技术指标走强，股价的强势特征相当明显，后市短期快速上涨的概率大。像这种情况，普通投资者可以在当日该股涨停后跟庄打板。

2023年10月26日截图当日，该股大幅高开（向上跳空7.68%开盘），收出一个小阳线涨停板，为二板，突破前高，留下向上突破缺口，成交量较前一交易日大幅萎缩，换手率为3.52%，可视为无量（微量）涨停，形成向上突破缺口和无量（微量）小阳线涨停K线形态。此时，该股均线呈多头排列，MACD、KDJ、RSI等技术指标走强，股价的强势特征十分明显，后市短期快速上涨的概率大。像这种情况，普通投资者可以在当日该股涨停后跟庄打板。

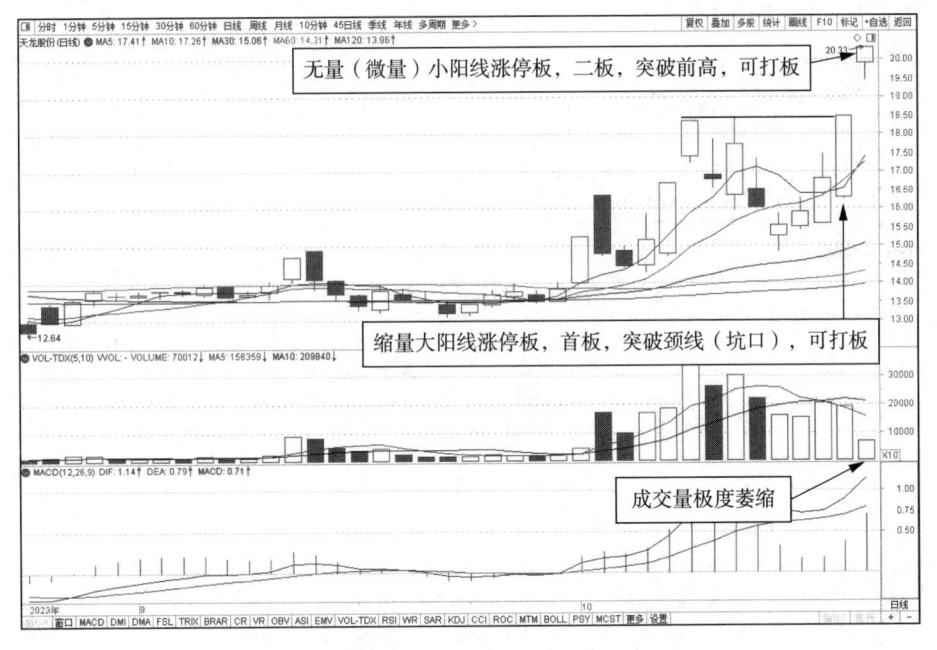

图5-74 天龙股份（603266）日K线走势图

图5-75是603266天龙股份2023年10月26日星期四下午收盘时的分时走势图。这是该股股价在上涨途中展开回调（挖坑）洗盘之后，收出的突破前高的无量（微量）小阳线涨停板二板。从当日分时走势可以看出，该股早盘大幅高开后股价瞬间回落，回落至19.43元（涨幅5.14%）时快速勾头上冲，成交量同步放大，一个波次于9:31封上涨停板至收盘没有打开，封板早，盘口强势特征明显。从该股早盘大幅高开瞬间回落的情况看，回落幅度不大，回落时成交量呈萎缩状态，应该是主力机构利用高开后瞬间回调洗盘吸筹。从成交量看，该股当日换手率为3.52%，成交量为7.0万手，成交额为1.4亿元，属无量（微量）涨停，涨停板封板结构优。

243

收盘数据显示，当日主力机构资金净流入 2788.76 万元，占总成交额的 19.95%；游资资金净流出 1532.91 万元，占总成交额的 10.97%；散户资金净流出 1255.86 万元，占总成交额的 8.99%。主力资金短期处于流入趋势，主力机构拉升明显。像这种 K 线走势已经处于上升趋势，股价在上涨途中展开回调（挖坑）洗盘之后，收出的突破前高的无量（微量）小阳线涨停板二板的强势个股，普通投资者可以在当日该股涨停后跟庄打板，或者在该股即将涨停前快速狙击买入。

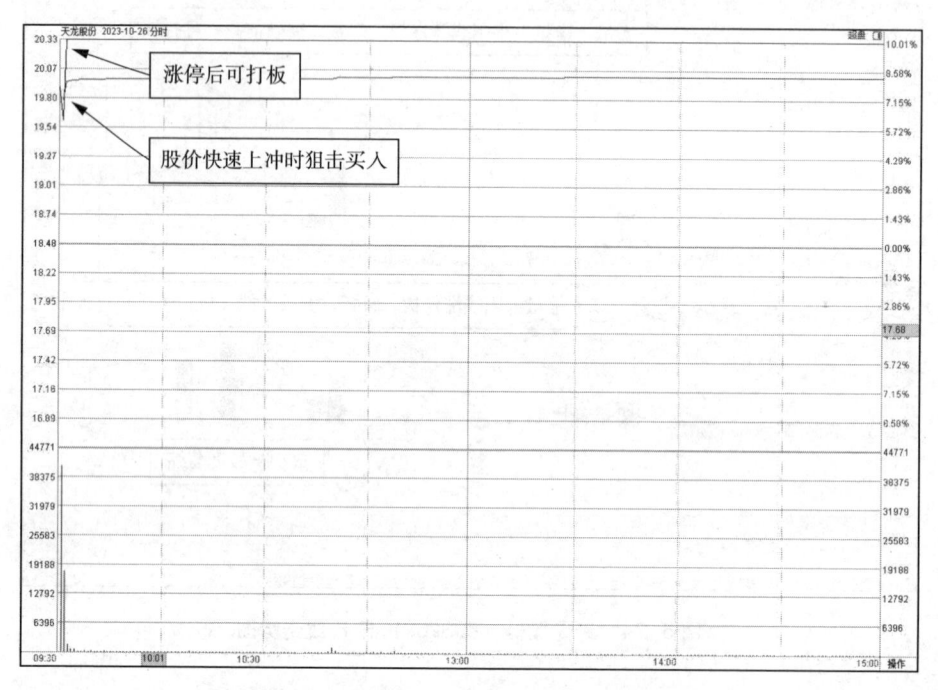

图 5-75　天龙股份（603266）分时走势图

图 5-76 是 603266 天龙股份 2023 年 10 月 26 日星期四下午收盘时买入金额最大的前 5 名龙虎榜。龙虎榜数据显示，上塘路等知名游资榜上有名。财通证券股份有限公司杭州上塘路证券营业部买入 2255.43 万元位居第一，中信证券股份有限公司杭州崇仁路证券营业部买入 450.44 万元位居第二，国金证券股份有限公司上海奉贤区金碧路证券营业部买入 355.35 万元位居第三。机构和游资的大额买入，显示出对该股后市短期较强的看涨信心。

排序	营业部名称	买入金额（万）	卖出金额（万）	净额（万）
上榜类型1：日涨幅偏离值达7%的证券				前往数据中心
买入金额最大的前5名　买入总计 3569.26 万元，占总成交比例 25.54%				
1	财通证券股份有限公司杭州上塘路证券营业部	2255.43	0.00	2255.43
2	中信证券股份有限公司杭州崇仁路证券营业部	450.44	0.00	450.44
3	国金证券股份有限公司上海秦贤区金碧路证券营业部	355.35	0.00	355.35
4	中国银河证券股份有限公司揭阳临江北路证券营业部	269.24	0.00	269.24
5	华福证券有限责任公司连江丹凤东路证券营业部	238.80	0.00	238.80

图 5-76　天龙股份（603266）2023 年 10 月 26 日龙虎榜

第四节　均线上的涨停打板路径

均线上的涨停打板路径，是指从目标板股股价突破重要均线或均线形态的盘口语言中，比如突破生命线、决策线、均线黏合或交叉向上发散形态等细节中，分析搞清主力机构（游资）的操盘目的和意图，预判股价短期运行趋势，确定打板进（出）场的买（卖）点位。

寻龙诀里有"寻龙千万看缠山，一重缠是一重关；关门若有千重锁，定有王侯居此间"的口诀，套用到均线打板上，就是"打板定要看缠山，一重缠是一重关，关门若有千重结，短期上涨有希望"。这里的"缠"可以理解为均线的缠绕，"关"可以理解为均线的黏合或交叉。从均线技术的角度分析，就是均线的反复缠绕（即股价的震荡整理）代表着技术层面上的考验，普通投资者要通过这些调整来判断目标板股的走势；每一次均线的交叉或粘合，如同经过了一道难关，预示着可能出现新一轮的上涨机会。但机遇与风险并存，打板追高之后，如果下一交易日股价表现不及预期，一定要止盈或止损出局，确保资金安全。

一、生命线上的涨停板股打板路径分析

生命线上的涨停板股，是指目标股票某一交易日收出一个突破 30 日均线的涨停板，此时 30 日均线拐头向上，预示股价波段上涨信号出现。像这种情况，普通投资者可以在该股涨停时，快速下单打板买入。

30 日均线也称生命线，是一条非常重要的均线，具有极强的支撑或阻力

245

作用。它是大波段行情的启动线,股价一旦从下向上以涨停的方式(放量)突破30日均线,预示着波段行情已经展开,短期爆发力强,波段套利的机会已经出现。

实战打板中,普通投资者要注意的是,目标板股涨停突破30日均线时,如果此时大均线系统已经走平或者黏合,则后市短期行情级别可能较大,可加仓操作,如果此时大均线系统尚未走平,则属于短期反弹行情,应该轻仓操作。

图5-77是605199葫芦娃2024年11月26日星期二下午收盘时的K线走势图。这是一个股价由下向上以涨停的方式放量突破生命线即30日均线的实战案例。当时该股属于"流感+医药+海南"概念炒作。在软件上将该股整个K线走势图进行缩小后可以看出,该股走势处于上升趋势中。股价从前期相对低位,即2024年8月28日的最低价9.18元止跌企稳后,主力机构开始向上推升股价,展开初期上涨行情,K线走势呈涨多跌少态势,其间收出过1个涨停板,为吸筹建仓型涨停板,股价的上升趋势已经形成。

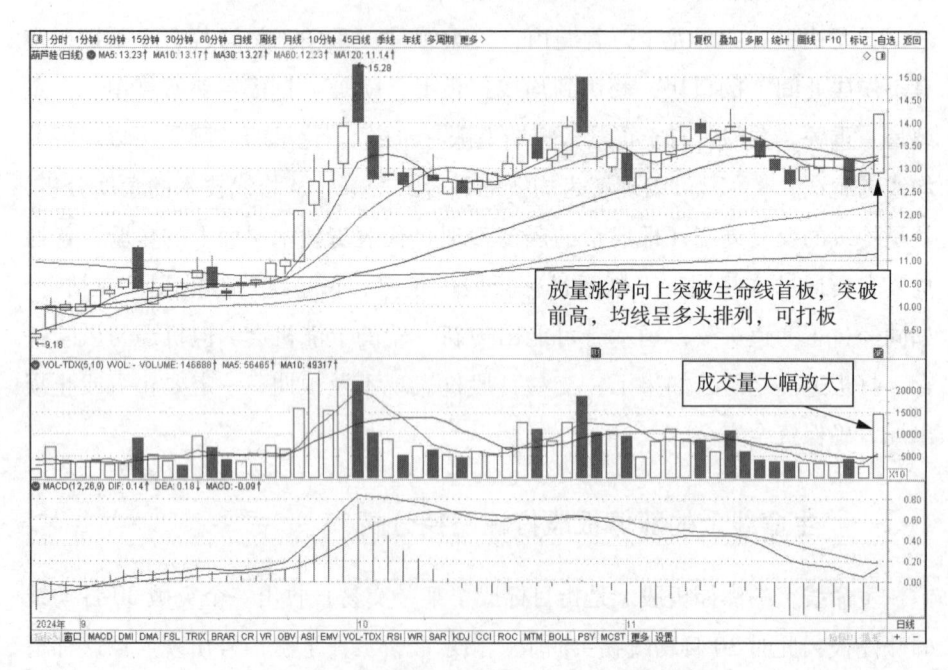

图5-77 葫芦娃(605199)日K线走势图

2024年10月8日，该股大幅高开（向上跳空9.62%开盘），股价回落，收出一根带下影线的假阴真阳K线，成交量较前一交易日放大，主力机构展开横盘震荡洗盘吸筹行情。

2024年11月26日截图当日，该股小幅低开，收出一个小阳线涨停板，为首板，突破前高，成交量较前一交易日放大5倍多，形成放量大阳线涨停K线形态。当日股价由下向上以涨停的方式放量突破生命线即30日均线。此时，该股均线呈多头排列，KDJ、RSI、均量线等技术指标走强，股价的强势特征十分明显，后市主力机构短期快速拉升的概率大。像这种情况，普通投资者可以在当日该股涨停后跟庄打板。

图5-78是605199葫芦娃2024年11月26日星期二下午收盘时的分时走势图。这是该个股收出的股价由下向上以涨停的方式放量突破生命线即30日均线的大阳线涨停首板。从当日分时走势可以看出，该股早盘小幅低开后，分时价格线快速上冲，分3个波次于9:44封上涨停板，9:45涨停板被打开后在同一分钟内封回，9:46再次被打开，9:47封回至收盘没有再打开，封板时间早，分时盘口强势特征明显。从成交量看，当日换手率为3.67%，最高封单量为1139.46万股，收盘封单量为369.13万股，占实际流通盘的3.95%，占当日成交量的25.16%，属放量涨停，涨停板封板结构优。

收盘数据显示，当日DDE大单资金（主力机构资金）净流入6690.36万元，主力净量（dde大单净额/流通股）为1.20%，两市排名77/5112。当日主力净量为正，且值较大，表明主力大幅流入，主动买入明显多于主动卖出，主力机构拉升明显。像这种K线走势已经处于上升趋势，当日股价由下向上以涨停的方式放量突破生命线即30日均线的大阳线涨停首板，普通投资者可以在该股涨停后跟庄打板，或在涨停板被打开后快速下单买入，当然也可以在股价即将涨停前快速狙击买入。

图5-79是605199葫芦娃2024年11月26日星期二下午收盘时近5日资金流向一览表。11月26日该股主力机构资金净流入6690.36万元，占总成交额的32.53%；游资资金净流出3018.23万元，占总成交额的14.68%；散户资金净流出3672.13万元，占总成交额的17.86%；显示出主力机构对后市有较强的看涨信心。

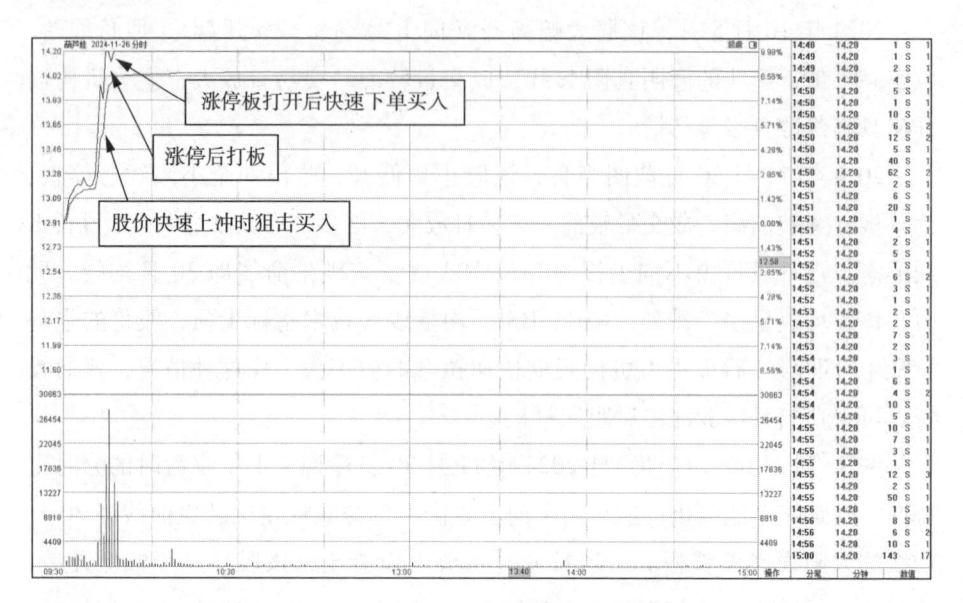

图 5-78　葫芦娃（605199）分时走势图

图 5-79　葫芦娃（605199）近 5 日资金流向一览表

二、决策线上的涨停板股打板路径分析

决策线上的涨停板股，是指目标股票某一交易日收出一个突破 60 日均线的涨停板，此时 60 日均线拐头向上，预示中线大趋势多头行情启动信号出现。像这种情况，普通投资者可以在该股涨停时，快速下单打板买入。

60 日均线也称为决策线，是一条非常重要的均线，它是中线大趋势多头行情的启动线，股价一旦从下向上以涨停的方式（放量）突破 60 日均线，预示着中线多头行情已经展开，此时应以积极做多为主。

实战打板中，普通投资者要注意的是，目标板股涨停突破60日均线时，成交量最好能同步放大，MACD指标线最好上穿到零轴线上方或接近零轴线，这样，中线趋势多头行情信号更加明确。像这种情况，普通投资者可以在股价放量涨停突破决策线后，积极跟庄打板，重仓操作。

图5-80是000627天茂集团2024年8月30日星期五下午收盘时的K线走势图。这是一个股价由下向上以涨停的方式放量突破决策线即60日均线的实战案例。当时该股为"保险、大金融"概念热股。在软件上将该股整个K线走势图进行缩小后可以看出，股价从前期相对高位，即2023年8月4日的最高价3.91元，震荡下跌，至2024年7月9日的最低价1.61元止跌企稳，下跌时间长，跌幅大。股价止跌企稳后，主力机构展开横盘震荡整理行情，洗盘吸筹。

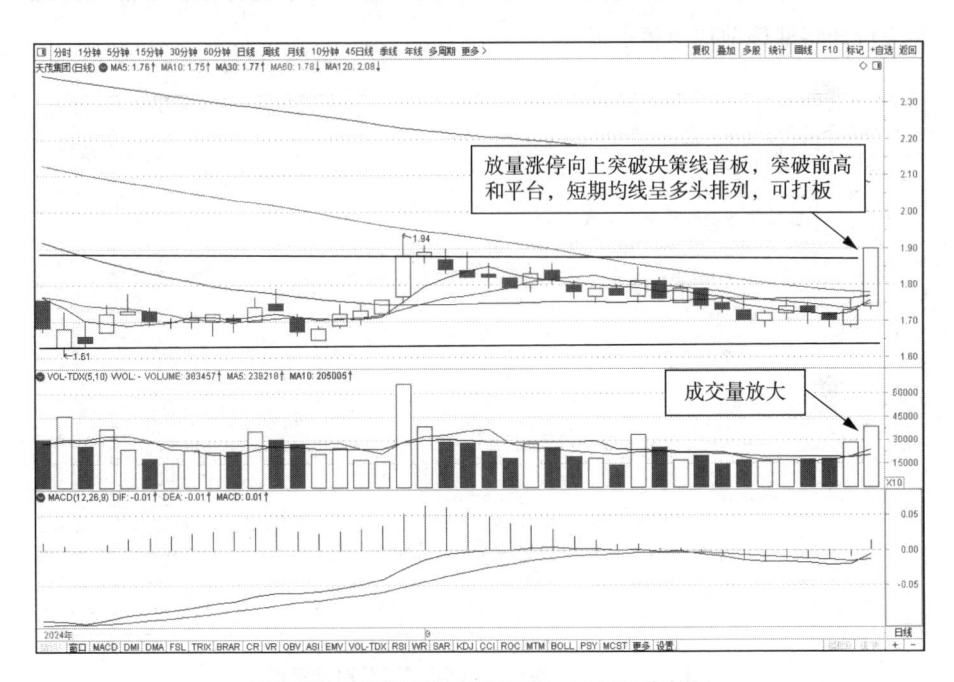

图5-80　天茂集团（000627）日K线走势图

2024年8月30日截图当日，该股小幅高开，收出一个大阳线涨停板，为首板，突破前高和平台，成交量较前一交易日放大，形成放量大阳线涨停K线形态。当日股价由下向上以涨停的方式放量突破生命线即60日均线。此时，该股短期均线呈多头排列，MACD、KDJ、RSI、均量线等技术指标走强，股价的强势特征相当明显，后市股价短期快速上涨的概率大。像这种情况，普通投资者可以在当日该股涨停后跟庄打板。

图 5-81 是 000627 天茂集团 2024 年 8 月 30 日星期五下午收盘时的分时走势图。这是该股收出的股价由下向上以涨停的方式放量突破决策线即 60 日均线的大阳线涨停首板。从当日分时走势可以看出，该股早盘小幅高开后，股价震荡上行，9:36 分时价格线勾头向上，一个波次快速上冲，于 9:38 封上涨停板，至收盘没有打开，封板时间早，分时盘口强势特征明显。从成交量看，当日换手率为 0.84%，最高封单量为 10154.38 万股，收盘封单量为 1580.10 万股，占实际流通盘的 0.95%，占当日成交量的 41.21%，属放量涨停，涨停板封板结构优。像这种股价由下向上以涨停的方式放量突破决策线即 60 日均线的大阳线涨停首板，普通投资者可以在该股涨停后跟庄打板，当然也可以在股价即将涨停前快速狙击买入。

图 5-81　天茂集团（000627）分时走势图

图 5-82 是 000627 天茂集团 2024 年 8 月 30 日星期五下午收盘时近 5 日资金流向一览表。8 月 30 日该股主力机构资金净流入 3036.16 万元，占总成交额的 42.82%，游资资金净流出 1431.14 万元，占总成交额的 20.18%，散户资金净流出 1605.02 万元，占总成交额的 22.64%，显示出主力机构对该股后市有较强的看涨信心。

日期	收盘价	涨跌幅	主力净流入	主力净占比	游资净流入	游资净占比	散户净流入	散户净占比
2024-08-30	1.90	9.83%	3036.16万	42.82%	-1431.14万	-20.18%	-1605.02万	-22.64%
2024-08-29	1.73	1.76%	876.15万	17.85%	-647.67万	-13.20%	-228.49万	-4.66%
2024-08-28	1.70	-1.16%	-582.55万	-18.92%	535.49万	17.40%	47.05万	1.53%
2024-08-27	1.72	-1.15%	-123.38万	-4.15%	114.08万	3.83%	9.30万	0.31%
2024-08-26	1.74	1.16%	109.38万	3.72%	-31.13万	-1.06%	-78.26万	-2.66%

图 5-82　天茂集团（000627）近 5 日资金流向一览表

三、趋势线上的涨停板股打板路径分析

趋势线上的涨停板股，是指目标股票某一交易日收出一个突破 120 日均线的涨停板，此时 120 日均线拐头向上，预示中长线大趋势多头行情启动信号出现。像这种情况，普通投资者可以在该股涨停时，快速下单打板买入。

120 日均线也称为趋势线、半年线或牛熊线，它是中长线大趋势多头行情的启动线，股价一旦从下向上以涨停的方式（放量）突破 120 日均线，预示着中长线多头行情已经展开，同时趋势线会引导大波段大级别行情运行于既定的趋势之中，此时应以积极做多为主。

实战打板中，普通投资者要注意的是，目标板股涨停突破 120 日均线时，成交量最好能同步放大，其他技术指标走强，这样，中长线趋势多头行情信号更加明确。像这种情况，普通投资者可以在股价放量涨停突破趋势线后，积极跟庄打板，重仓操作。

图 5-83 是 002178 延华智能 2024 年 9 月 27 日星期五下午收盘时的 K 线走势图。这是一个股价以涨停的方式放量突破趋势线即 120 日均线的实战案例。当时该股属于"智能交通+智慧医疗+数据中心"概念炒作。在软件上将该股整个 K 线走势图进行缩小后可以看出，该股走势处于上升趋势中。股价从前期相对低位，即 2024 年 6 月 6 日的最低价 2.99 元止跌企稳后，主力机构开始向上推升股价，收集筹码，K 线走势呈涨多跌少态势，其间收出过 2 个涨停板，均为吸筹建仓型涨停板，股价的上升趋势已经形成。

2024 年 9 月 27 日截图当日，该股高开，收出一个大阳线涨停板，为首

板，突破前高和平台，成交量较前一交易日大幅放大，形成放量大阳线涨停K线形态。当日股价以涨停的方式放量突破趋势线即 120 日均线。此时，该股短中期均线呈多头排列，MACD、KDJ、RSI、均量线等技术指标走强，股价的强势特征相当明显，后市股价短期快速上涨的概率大。像这种情况，普通投资者可以在当日该股涨停后跟庄打板。

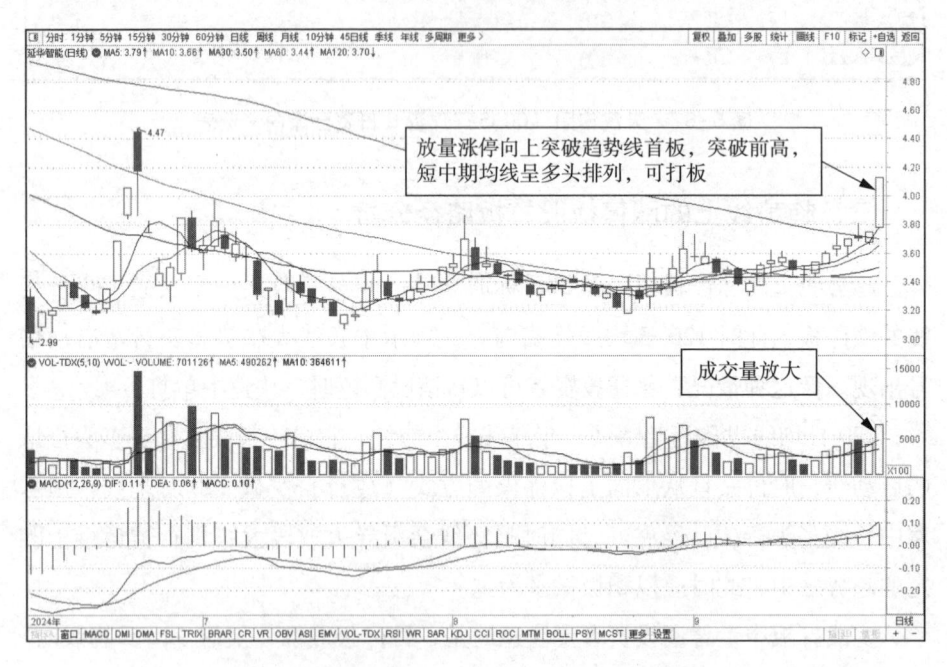

图 5-83 延华智能（002178）日 K 线走势图

图 5-84 是 002178 延华智能 2024 年 9 月 27 日星期五下午收盘时的分时走势图。这是该个股收出的股价以涨停的方式放量突破趋势线即 120 日均线的大阳线涨停首板。从当日分时走势可以看出，该股早盘高开后，股价震荡上行，10:13 分时价格线勾头向上，一个波次快速上冲，于 9:16 触及涨停板瞬间被打开，股价展开高位震荡整理，10:26 分时价格线勾头向上，一个波次快速上冲，于 10:28 封上涨停板，至收盘没有再打开，封板时间较早，分时盘口强势特征比较明显。从成交量看，当日换手率为 0.84%，最高封单量为 7046.30 万股，收盘封单量为 791.28 万股，占实际流通盘的 1.67%，占当日成交量的 11.29%，属放量涨停，涨停板封板结构较优。像这种股价以涨停的

方式放量突破趋势线即 120 日均线的大阳线涨停首板，普通投资者可以在该股涨停后跟庄打板，或在涨停板被打开后快速下单买入，当然也可以在股价即将涨停前快速狙击买入。

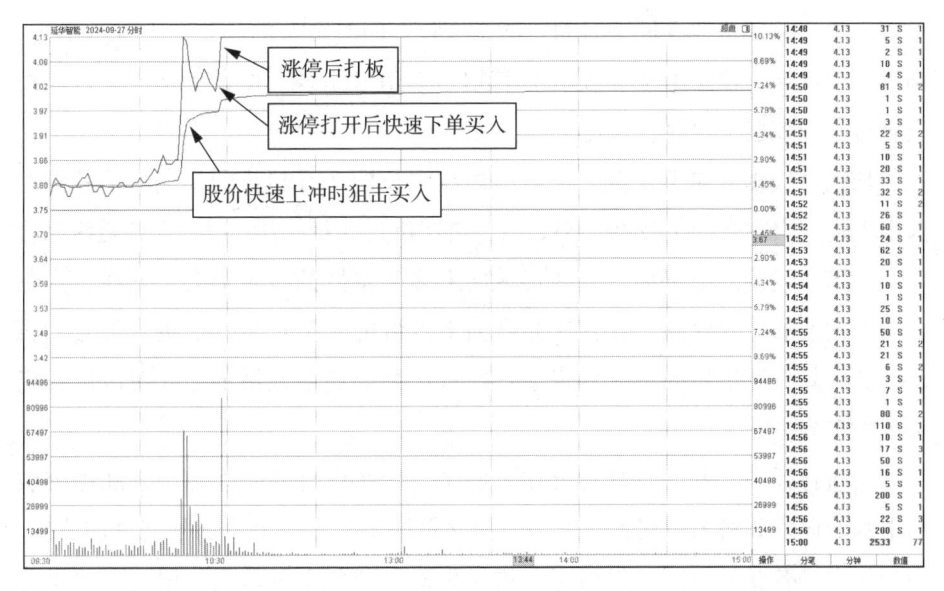

图 5-84　延华智能（002178）分时走势图

图 5-85 是 002178 延华智能 2024 年 9 月 27 日星期五下午收盘时近 5 日资金流向一览表。9 月 27 日该股主力机构资金净流入 5747.50 万元，占总成交额的 20.49%；游资资金净流出 2970.21 万元，占总成交额的 10.59%；散户资金净流出 2777.29 万元，占总成交额的 9.90%：显示出主力机构对后市有较强的看涨信心。

图 5-85　延华智能（002178）近 5 日资金流向一览表

四、均线再次黏合向上发散涨停板股打板路径分析

均线再次黏合向上发散涨停板股，是指目标股票某一交易日收出一个突破短、中、长期均线在同一时间、同一点位、同时金叉的黏合向上发散形态，预示趋势反转，快速上涨（拉升）行情启动信号出现。像这种情况，普通投资者可以在该股涨停时，快速下单打板买入。

均线再次黏合向上发散，多数出现在中长期上升趋势的初期，是其在此前出现过一次黏合向上发散形态之后，再次出现 5 日、10 日和 20 日均线黏合形态，随后股价向上突破，均线形成向上多头发散的技术形态。均线再次黏合向上发散的位置要高于其首次黏合向上发散的，是对第一次买入信号的再次确认，其看涨信号的可靠性强于均线首次黏合向上发散的，此时应以积极买入做多为主。

实战打板中，普通投资者要注意的是，均线黏合的时间越长，涨停突破后上涨的概率和潜力就越大，突破时成交量同步放大，上攻信号就更加明确。但如果大势有变或出现突发情况，均线再次黏合向上发散后，股价上攻可能发生波折，普通投资者要注意盯盘，谨慎操作。

图 5-86 是 605179 一鸣食品 2024 年 11 月 26 日星期二下午收盘时的 K 线走势图。这是一个股价以涨停的方式放量突破均线再次黏合向上发散形态的实战案例。当时该股为"乳品+电商+冷链物流"概念热股。在软件上将该股整个 K 线走势图进行缩小后可以看出，此时该股走势处于上升趋势中。股价从前期最低位，即 2024 年 9 月 18 日的最低价 8.14 元止跌企稳后，主力机构开始向上推升股价，收集筹码，K 线走势呈涨多跌少态势。股价上涨的过程中，短期均线首先拐头上行，9 月 24 日，5 日、10 日和 20 日均线出现首次黏合向上发散形态，之后，短中期均线随着股价的上行和震荡整理，逐渐缠绕交叉。

2024 年 11 月 26 日截图当日，该股小幅低开，收出一个大阳线涨停板，为首板，突破前高，成交量较前一交易日放大近 3 倍，形成放量大阳线涨停 K 线形态。当日 5 日、10 日和 20 日均线再次出现黏合向上发散形态，股价以涨停的方式放量突破均线再次黏合向上发散形态（一阳穿四线）。此时，该股均

线呈多头排列，KDJ、RSI、均量线等技术指标走强，股价的强势特征相当明显，后市股价短期快速上涨的概率大。像这种情况，普通投资者可以在当日该股涨停后跟庄打板。

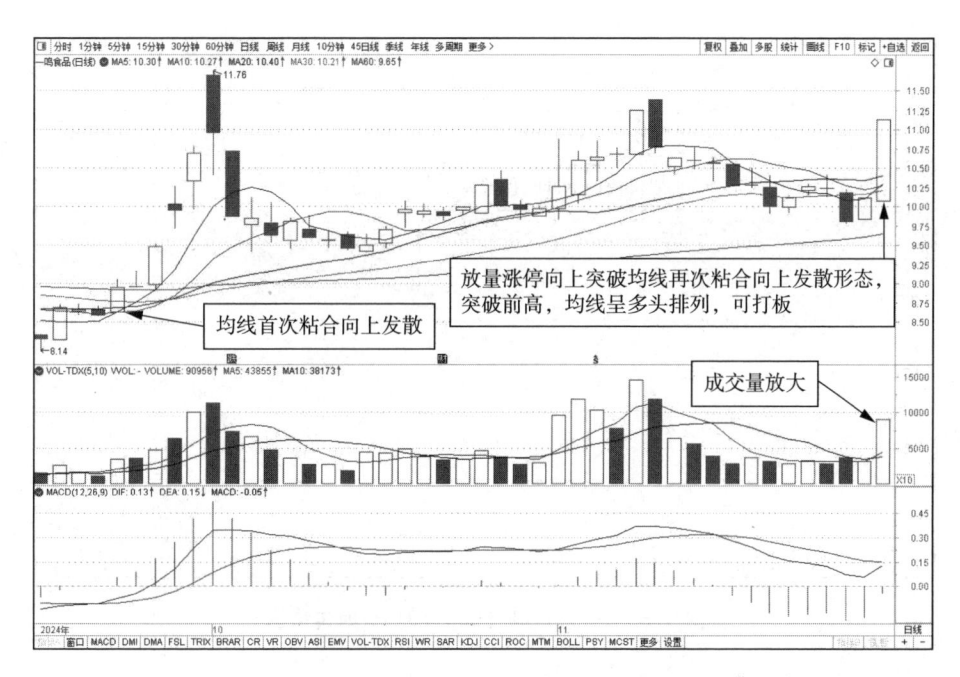

图 5-86　一鸣食品（605179）日 K 线走势图

图 5-87 是 605179 一鸣食品 2024 年 11 月 26 日星期二下午收盘时的分时走势图。这是该个股收出的股价以涨停的方式，放量突破均线再次黏合向上发散形态的大阳线涨停首板。从当日分时走势可以看出，该股早盘小幅低开后，分时价格线依托分时均价线稳步震荡上行，10:13 分时价格线直线上冲，成交量同步放大，于 10:29 封上涨停板，至收盘没有打开，封板时间较早，分时盘口强势特征明显。从成交量看，当日换手率为 2.27%，最高封单量为 1855.77 万股，收盘封单量为 372.48 万股，占实际流通盘的 4.46%，占当日成交量的 40.95%，属放量涨停，涨停板封板结构较优。

收盘数据显示，当日 DDE 大单资金（主力机构资金）净流入 5160.78 万元，主力净量（dde 大单净额/流通股）为 1.15%，两市排名 86/5112。当日主力净量为正，且值较大，表明主力机构大幅流入，主动买入明显多于主动卖出，主力机构拉升明显。像这种 K 线走势已经处于上升趋势，当日股价以涨停的方式放量突破均线再次黏合向上发散形态的大阳线涨停首板，普通投资者可以在该股涨停后跟庄打板，当然也可以在股价即将涨停前快速狙击买入。

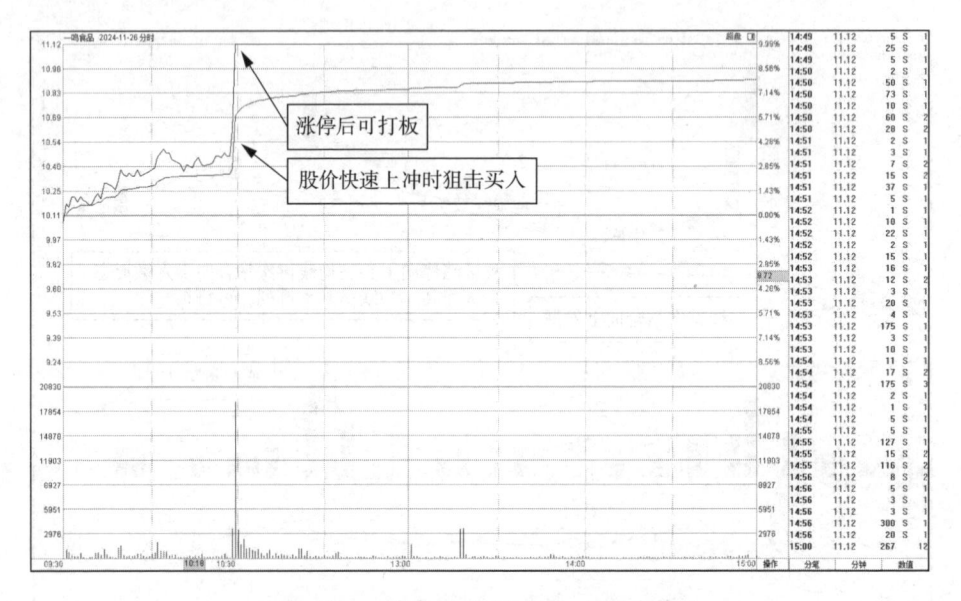

图 5-87　一鸣食品（605179）分时走势图

图 5-88 是 605179 一鸣食品 2024 年 11 月 26 日星期二下午收盘时近 5 日资金流向一览表。11 月 26 日该股主力机构资金净流入 5160.78 万元，占总成交额的 52.17%；游资资金净流出 2519.01 万元，占总成交额的 25.47%；散户资金净流出 2641.76 万元，占总成交额的 26.71%；显示出主力机构对后市有较强的看涨信心。

日期	收盘价	涨跌幅	主力净流入	主力净占比	游资净流入	游资净占比	散户净流入	散户净占比
2024-11-26	11.12	9.99%	5160.78万	52.17%	-2519.01万	-25.47%	-2641.76万	-26.71%
2024-11-25	10.11	3.27%	-217.91万	-7.01%	-206.27万	-6.64%	424.18万	13.65%
2024-11-22	9.79	-4.30%	-527.99万	-14.40%	-197.73万	-5.39%	725.72万	19.80%
2024-11-21	10.23	-0.29%	-180.55万	-6.33%	-110.41万	-3.87%	290.96万	10.20%
2024-11-20	10.26	1.38%	-287.49万	-8.57%	22.78万	0.68%	264.71万	7.89%

图 5-88　一鸣食品（605179）近 5 日资金流向一览表

五、均线再次交叉向上发散涨停板股打板路径分析

均线再次交叉向上发散涨停板股，是指目标股票某一交易日收出一个突破短、中、长期均线在同一时间、同一点位、同时金叉的交叉向上发散形态，预示趋势反转，快速上涨（拉升）行情启动信号出现。像这种情况，普通投资者可以在该股涨停时，快速下单打板买入。

均线再次交叉向上发散，又称均线再次复合金叉，多数出现在长期上升趋势的初期，是均线在此前出现过一次交叉或黏合向上发散形态之后，再次出现5日、10日和20日均线在同一时间、同一点位、同时金叉的技术形态。均线再次交叉向上发散，大多出现在逐浪上升走势中，是对首次交叉向上发散或首次黏合向上发散买入信号的再次确认，可靠性更强，此时应坚定做多信心，积极跟庄打板买入。

实战打板中，普通投资者要注意的是，均线再次交叉向上发散离上一次发散或黏合的时间越长，继续上涨的潜力就越大。均线交叉再次向上发散，无论是对激进型投资者，还是稳健型投资者来说都是一个比较好的买点，普通投资者可以在均线交叉向上发散的第一时间打板买进，风险小，溢价有预期。但如果大势不好或出现突发情况，普通投资者应谨慎打板。

图5-89是002265建设工业2024年12月2日星期一下午收盘时的K线走势图。这是一个股价以涨停的方式放量突破均线再次交叉向上发散形态的实战案例。当时该股属于"机器人+中兵系（军工）+无人驾驶+购买股权"概念炒作。在软件上将该股整个K线走势图进行缩小后可以看出，该股走势处于上升趋势中。股价从前期相对低位，即2024年8月28日的最低价7.75元止跌企稳后，主力机构开始向上推升股价，收集筹码，K线走势呈涨多跌少态势，其间收出过1个涨停板，为吸筹建仓型涨停板。股价上涨的过程中，短期均线首先拐头上行，9月12日，5日、10日和20日均线出现首次交叉向上发散形态，之后，短中期均线随着股价的上行和震荡整理，逐渐缠绕交叉。

2024年12月2日截图当日，该股小幅高开，收出一个大阳线涨停板，为首板，突破前高，成交量较前一交易日放大，形成放量大阳线涨停K线形态。当日5日、10日和20日均线再次出现交叉向上发散形态，股价以涨停的方式放量突破均线再次交叉向上发散形态（一阳穿三线）。此时，该股均线呈多头排列，

KDJ、RSI、均量线等技术指标走强，股价的强势特征相当明显，后市股价短期快速上涨的概率大。像这种情况，普通投资者可以在当日该股涨停后跟庄打板。

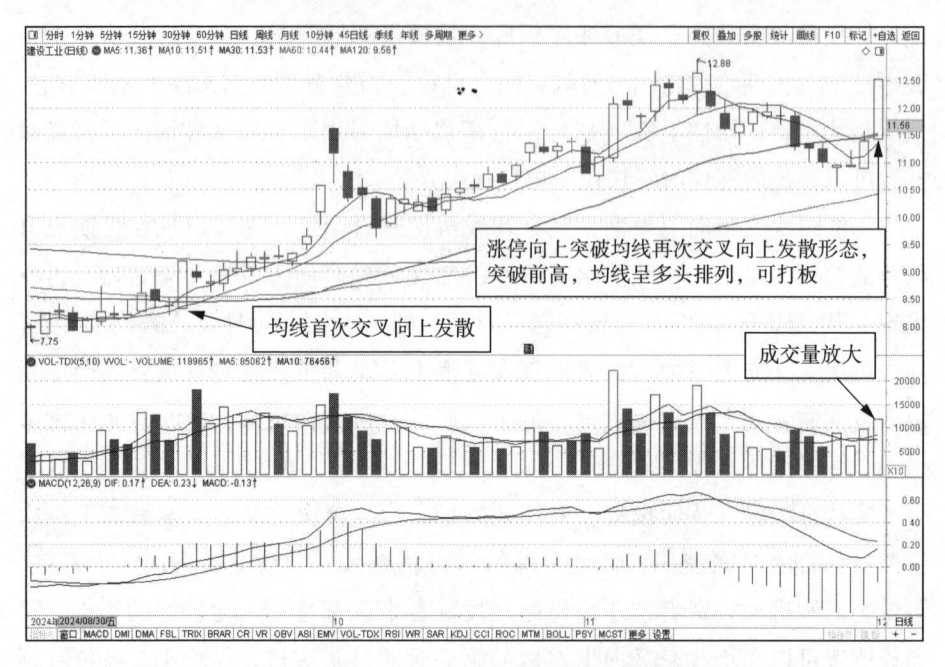

图 5-89　建设工业（002265）日 K 线走势图

图 5-90 是 002265 建设工业 2024 年 12 月 2 日星期一下午收盘时的分时走势图。这是该个股收出的股价以涨停的方式，放量突破均线再次交叉向上发散形态的大阳线涨停首板。从当日分时走势可以看出，该股早盘小幅高开后，股价直线上冲，至 9.22 元（涨幅 7.30%），展开高位震荡整理，9:45 分时价格线直线上冲，成交量同步放大，于 9:49 封上涨停板，至收盘没有打开，封板时间较早，分时盘口强势特征明显。从成交量看，当日换手率为 2.95%，最高封单量为 2776.59 万股，收盘封单量为 754.48 万股，占实际流通盘的 3.33%，占当日成交量的 63.42%，属放量涨停，涨停板封板结构优。

收盘数据显示，当日 DDE 大单资金（主力机构资金）净流入 4580.16 万元，主力净量（dde 大单净额/流通股）为 0.91%，两市排名 141/5113。当日主力净量为正，且值较大，表明主力大幅流入，主动买入明显多于主动卖出，主力机构拉升明显。像这种 K 线走势已经处于上升趋势，当日股价以涨停的方式放量突破均线再次交叉向上发散形态的大阳线涨停首板，普通投资者可

258

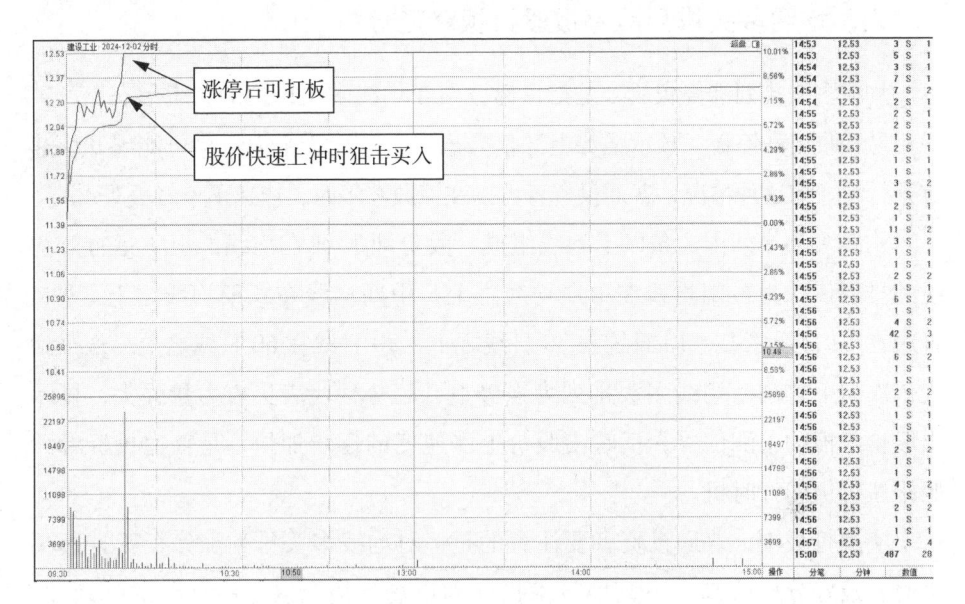

以在该股涨停后跟庄打板，当然也可以在股价即将涨停前快速狙击买入。

图 5-90 建设工业（002265）分时走势图

图 5-91 是 002265 建设工业 2024 年 12 月 2 日星期一下午收盘时近 5 日资金流向一览表。12 月 2 日该股主力机构资金净流入 4580.16 万元，占总成交额的 31.3%，游资资金净流出 1219.38 万元，占总成交额的 8.33%，散户资金净流出 3360.78 万元，占总成交额的 22.97%，显示出主力机构对后市有较强的看涨信心。

日期	收盘价	涨跌幅	主力净流入	主力净占比	游资净流入	游资净占比	散户净流入	散户净占比
2024-12-02	12.53	10.01%	4580.16万	31.30%	-1219.38万	-8.33%	-3360.78万	-22.97%
2024-11-29	11.39	4.02%	-1100.19万	-10.07%	715.61万	6.55%	384.58万	3.52%
2024-11-28	10.95	-0.09%	-271.54万	-3.98%	151.20万	2.21%	120.34万	1.76%
2024-11-27	10.96	-0.27%	-534.00万	-5.57%	-613.01万	-6.39%	1147.02万	11.96%
2024-11-26	10.99	-2.31%	-516.07万	-7.86%	-487.07万	-7.42%	1003.14万	15.28%

图 5-91 建设工业（002265）近 5 日资金流向一览表

六、均线多头排列涨停板股打板路径分析

均线多头排列涨停板股，是指目标股票在均线多头排列的技术形态上，某一交易日收出涨停板，预示强势上涨信号出现，意味着主力机构可能展开快速拉升行情。像这种情况，普通投资者可以在该股涨停时，快速下单打板买入。

均线多头排列由3条以上均线组成，股价即K线在均线的上方运行，均线的排列依次为短期均线在中期均线之上，中期均线在长期均线之上，如5日线在10日线之上，10日线在30日线之上，30日线在60日线之上，从小到大依次向下排列。均线多头排列为强势上升趋势，代表买方力量强大，显示出股价积极的上涨信号，反映出股价上涨速度的逐步加快，是普通投资者大胆跟庄打板的好时机。

实战打板中，普通投资者要注意的是，对均线多头排列涨停板股打板买进时，最好分析研判一下其他技术指标和市场环境，以提高判断的准确性。在股价快速上涨（拉升）的后期，要注意成交量的变化，出现放量滞涨或5日均线拐头向下，就要注意和控制风险了，比如卖出一半仓位，如果股价跌破5日均线，最好立马出局，落袋为安。

图5-92是002593日上集团2024年11月27日星期三下午收盘时的K线走势图。这是一个均线多头排列涨停板股（首板）打板实战案例。当时该股属于"汽车车轮+车联网+钢结构+华为"概念炒作。在软件上将该股整个K线走势图进行缩小后可以看出，该股走势处于上升趋势中。股价从前期相对低位，即2024年9月18日的最低价2.51元止跌企稳后，主力机构开始向上推升股价，收集筹码，K线走势呈涨多跌少态势。股价上涨的过程中，短期均线首先拐头上行形成金叉、均线银（金）山谷形态，随后，短中长期均线随着股价的上行和震荡整理，逐渐缠绕交叉，向上发散。

2024年11月27日截图当日，该股小幅低开，收出一个大阳线涨停板，为首板，突破前高，成交量较前一交易日放大3倍多，形成放量大阳线涨停K线形态。当日5日、10日、30日、60日和120日均线依次向下排列，呈多头向上发散形态，股价以涨停的方式放量突破并收在均线多头排列形态之上。此时，该股MACD、KDJ、RSI、均量线等技术指标走强，股价的强势特征相

当明显，后市短期快速上涨的概率大。像这种情况，普通投资者可以在当日该股涨停后跟庄打板。

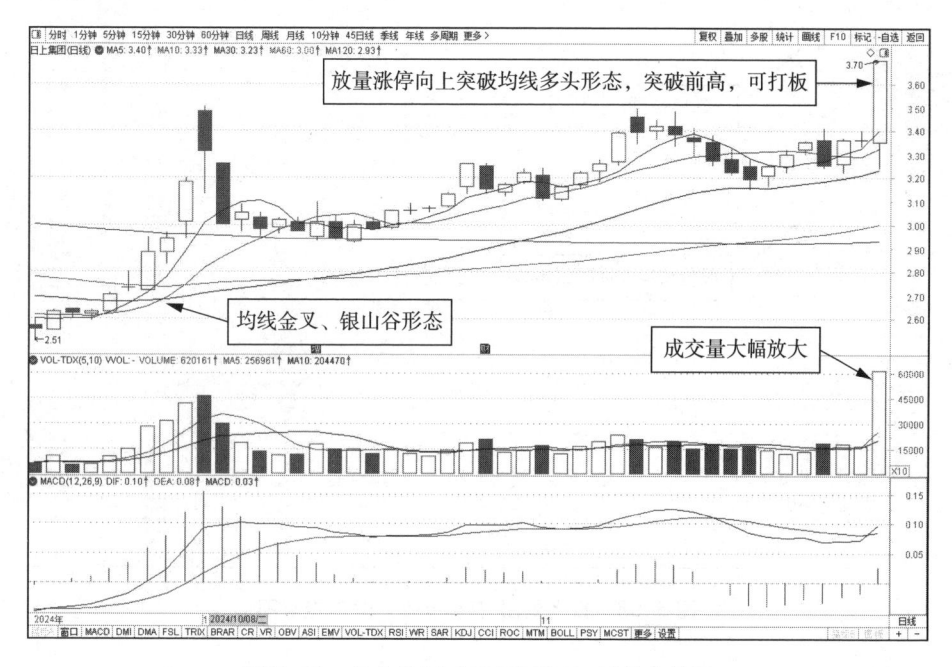

图 5-92 日上集团（002593）日 K 线走势图

图 5-93 是 002593 日上集团 2024 年 11 月 27 日星期三下午收盘时的分时走势图。这是该股收出的股价以涨停的方式放量突破并收在均线多头排列形态之上的大阳线涨停首板。从当日分时走势可以看出，该股早盘小幅低开后，股价震荡回落，成交量萎缩，最低回落至 3.24 元（跌幅 3.13%），9:57 分时价格线直线上冲，成交量同步放大，于 10:01 封上涨停板，至收盘没有打开，封板时间较早，分时盘口强势特征比较明显。从成交量看，当日换手率为10.87%，最高封单量为 7708.67 万股，收盘封单量为 1091.00 万股，占实际流通盘的 2.76%，占当日成交量的 17.59%，属放量涨停，涨停板封板结构较优。

收盘数据显示，当日 DDE 大单资金（主力机构资金）净流入 4989.73 万元，主力净量（dde 大单净额/流通股）为 2.41%，两市排名 37/5112。当日主力净量为正，且值较大，表明主力大幅流入，主动买入明显多于主动卖出，主力机构拉升明显。像这种 K 线走势已经处于上升趋势，当日股价以涨停的方式放量突破并收在均线多头排列形态之上的大阳线涨停首板,普通投资者可以在该股涨停后跟庄打板,也可以在股价即将涨停前快速狙击买入。

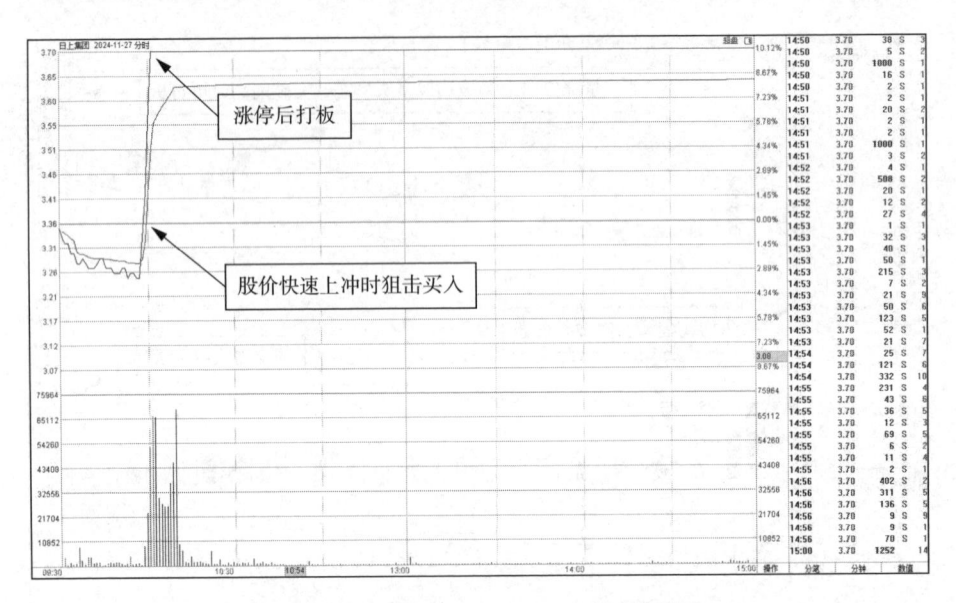

图 5-93　日上集团（002593）分时走势图

图 5-94 是 002593 日上集团 2024 年 11 月 27 日星期三下午收盘时近 5 日资金流向一览表。11 月 27 日该股主力机构资金净流入 4989.73 万元,占总成交额的 22.19%；游资资金净流出 2146.23 万元,占总成交额的 9.54%；散户资金净流出 2843.50 万元,占总成交额的 12.64%：显示出主力机构对后市有较强的看涨信心。

日期	收盘价	涨跌幅	主力净流入	主力净占比	游资净流入	游资净占比	散户净流入	散户净占比
2024-11-27	3.70	10.12%	4989.73万	22.19%	-2146.23万	-9.54%	-2843.50万	-12.64%
2024-11-26	3.36	0.00%	-265.38万	-4.77%	816.62万	14.68%	-551.24万	-9.91%
2024-11-25	3.36	3.38%	-83.34万	-1.40%	-133.19万	-2.23%	216.54万	3.62%
2024-11-22	3.25	-2.99%	239.52万	3.85%	-524.60万	-8.44%	285.08万	4.59%
2024-11-21	3.35	1.52%	99.34万	2.24%	-263.35万	-5.95%	164.02万	3.70%

图 5-94　日上集团（002593）近 5 日资金流向一览表

主要参考书目

［1］明发．炒股就炒强势股①强势分时盘口操盘跟庄实战技法［M］．北京：中国经济出版社，2023．

［2］明发．炒股就炒强势股②强势 K 线组合形态操盘跟庄实战技法［M］．北京：中国经济出版社，2023．

［3］明发．炒股就炒强势股③强势量价关系操盘跟庄实战技法［M］．北京：中国经济出版社，2023．

［4］明发．炒股就炒强势股④强势均线形态操盘跟庄实战技法［M］．北京：中国经济出版社，2023．

［5］明发．炒股就炒强势股⑤强势涨停操盘跟庄实战技法［M］．北京：中国经济出版社，2023．

［6］明发．短线操盘跟庄关键技术［M］．北京：中国宇航出版社，2024．

［7］黑马王子．股市天经　量波速涨停［M］．北京：经济日报出版社，2022．

［8］凌波．量价时空　波段操作精解［M］．天津：天津人民出版社，2021．

［9］麻道明．短线抓涨停［M］．北京：中国经济出版社，2020．

［10］郭建勇．分时图超短线实战：分时图捕捉买卖点技巧［M］．北京：中国宇航出版社，2020．

［11］均线上的舞者．涨停接力［M］．北京：清华大学出版社，2019．

［12］张华．狙击涨停板：修订本［M］．成都：四川人民出版社，2019．

［13］麻道明．庄家意图：股市技术图表背后的庄家操盘手法［M］．北京：中国经济出版社，2019．

［14］毕全红．新盘口语言解密与实战［M］．成都：四川人民出版社，2019．

［15］股震子．强势股操盘技术入门与精解［M］．北京：中国宇航出版社，2019．

［16］杨金．参透 MACD 指标：短线操盘　盘口分析与 A 股买卖点实战［M］．北京：人民邮电出版社，2018．

［17］杨金．分时图实战：解读获利形态　准确定位买卖点　精通短线交易［M］．北京：人民邮电出版社，2018．

［18］杨金．极简投资法：用 11 个关键财务指标看透 A 股［M］．北京：人民邮电出版社，2018．

［19］李洪宇．从零开始学 KDJ 指标：短线操盘　盘口分析与 A 股买卖点实战［M］．北京：人民邮电出版社，2018．

［20］李洪宇．从零开始学布林线指标：短线操盘　盘口分析与 A 股买卖点实战［M］．北京：人民邮电出版社，2018．

［21］杨金．从零开始学筹码分布：短线操盘　盘口分析与 A 股买卖点实战［M］．北京：人民邮电出版社，2017．

［22］杨金．从零开始学量价分析：短线操盘　盘口分析与 A 股买卖点实战［M］．北京：人民邮电出版社，2017．

［23］曹明成．一本书搞懂龙头股战法［M］．上海：立信会计出版社，2017．

［24］曹明成．龙头股必杀技［M］．北京：中国宇航出版社，2017．

［25］齐晓明．强势股交易从入门到精通［M］．北京：机械工业出版社，2017．

［26］王江华．短线：典型股票交易实战技法［M］．北京：清华大学出版社，2016．

［27］王江华．成交量：典型股票分析全程图解［M］．北京：清华大学出版社，2016．

［28］王江华．操盘：新股民炒股必知的 128 个细节［M］．北京：清华大学出版社，2016．

［29］无形．一天一个涨停板之寻找强势股［M］．北京：中国经济出版社，2016．

［30］高开．涨停揭秘：跟操盘高手学炒股［M］．北京：清华大学出版

社，2016.

［31］邢岩．盘口三剑客：K 线、量价与分时图操作实战［M］．北京：清华大学出版社，2015.

［32］尼尉圻．实战掘金　跟操盘高手学炒股［M］．北京：清华大学出版社，2015.

［33］杨明．均线：典型股票盘口分析［M］．北京：清华大学出版社，2015.

［34］笑看股市．跟庄：典型股票分析全程图解［M］．北京：清华大学出版社，2015.

［35］黑马王子．伏击涨停［M］．北京：清华大学出版社，2014.

［36］黑马王子．涨停密码［M］．北京：清华大学出版社，2014.

［37］黑马王子．股市天经（之一）量柱擒涨停［M］．成都：四川人民出版社，2014.

［38］黑马王子．股市天经（之二）量线捉涨停［M］．成都：四川人民出版社，2014.

后 记

股票投资交易是一种高风险技术职业（技术活），操盘盯盘既苦又累，不仅脑子累，心也累。打板确实是股票投资交易中资金增长效率最快的交易方式，但同时也是资金亏损最快、心最累、压力最大的一种玩法。打上好的板，也许能连续吃上几个涨停板，快速实现资金翻倍，但如果打到主力玩你的板，一个天地板就会亏掉20%的资金，要是创业、科创和新三板的股票，亏损会更大。所以，打板风险极高，需要有极高的技术分析能力和极强的心理承受能力。也所以，股市有风险，打板需谨慎。

交易是一场局，想要打板交易，就得入局，就看我们能不能选择好入局的标的（板股），把握好入局和出局的时机。但这场局里红红绿绿的K线和快速变化的数字（股价），很容易让我们冲动甚至迷失心智，而匆忙入局打板，忘记了先前复盘时制订的打板计划，将确定性预期变成了侥幸，亏损就变成大概率事件，入的这个局大概率是个败局。希望本书对普通投资者跟庄打板有所指导和帮助，祝您账户长红，一切顺利！

本书得以顺利出版，非常感谢中国经济出版社的大力支持，特别感谢本书责任编辑叶亲忠先生的精心指导、无私帮助，其专业水准和敬业精神，始终值得作者和读者信赖和期待。感谢许存权、杨军、颜昌庚、邓懂懂等老师和朋友的指导帮助。感谢谷芬女士的理解、支持、包容和奉献。

在本书创作过程中，笔者查阅、参考了大量相关作品和资料，从中得到了不少启发和感悟，也参考借鉴了一些非常有价值的观点。但由于阅读参考的文献资料来源广泛，部分资料可能没有注明来源或出处，在此表示感谢和歉意。

后 记

  本书虽然几易其稿，也经过反复校对，但由于仓促成文，加之笔者水平有限，肯定有不少错误、残缺或不当之处，尚祈读者批评指正，不胜感激。

2025 年 3 月　于北京